[또 하나의 문화]
제5호

누르는 교육 자라는 아이들

[또 하나의 문화]
제5호

도서출판
또 하나의 문화

[또 하나의 문화]

「또 하나의 문화」는
인간적 삶의 양식을 담은
대안적 문화를 만들고 이를 실천해 가는
동인들의 모임입니다.
이 모임은 남녀가 진정한 벗으로 협력하고
아이들이 자유롭게 자랄 수 있는 사회를 꿈꾸며,
특히 하나의 대안 문화를 사회에 심음으로써
유연한 사회 체계를 향한 변화를 이루어 갈 것입니다.

누르는 교육 자라는 아이들
[또 하나의 문화] 제5호

책을 다시 펴내며 —— 13
책을 펴내며 —— 15

권두시
자라는 아이들이 평등 평화 길이라네 / 고정희 —— 19

좌담1
내일을 여는 어린이 교육 —— 24

논설
교육의 신화를 깨자 / 조혜정 —— 51
여성 해방론적 교육학 / 조경원 —— 65
우리 삶을 담는 교과서 만들기 / 심미옥 —— 75

현장 연구
농촌의 어린이 교육 / 조옥라 —— 86
어린이 공부방 이야기 / 유승희 —— 97
어린이 컴퓨터 교육 / 조혜순·강성혜 —— 113
학교 급식 확대를 위한 모색 / 곽동경 —— 128
수업 외의 잡무로 바쁜 우리 교사들 / 이용숙 —— 138
나의 체험적 봉투론 / 박혜란 —— 148

실험 교육
우리 아이들이 역사의 주인이 되는 교육 / 전성은 —— 161

어린이 철학 운동 / 김찬호 —— 180
정직한 삶, 살아 있는 글 ―「글쓰기 연구회」의 교육 운동 / 석재은 —— 188
숙제와 성적표가 없는 학교, 서머힐 / 김은산 —— 197
우리 문화, 우리 아이들 / 김정자 —— 202
새로운 경제학에 토대를 둔 지역 사회 학교의 출현과 그 의미
　/ 헬무트 베커·위르겐 짐머(박혜란 옮김) —— 212
컴퓨터와 함께 자라는 아이들 / 쉐리 터클(허향 옮김) —— 225

'또 하나'의 실험 캠프
「싫다반」이 있는 캠프 /「또 하나의 문화」어린이 교육 모임 —— 242
'89년 여름「하나 공부방」어린이 캠프를 마치고 / 호용수 —— 267
두일리와 서울 어린이의 참만남을 위해 / 김미경 —— 270
자유롭게 사는 아이들에 대한 신념을 굳히며 / 이병국 —— 276
아이들에게 받기만 한 캠프 / 정영오 —— 285
「또 하나의 문화」에 한 발을 내딛고 나서 / 남상희 —— 288
어린이 캠프 신문 —— 292
어린이 캠프 노래 —— 296

좌담2
우리 아이 걱정에서 학부모 운동으로 —— 318

창작
시·우리 전사들의 일기 외 2편 / 김혜순 —— 338

▎소설·뒷골목 예수 / 이남희 —— 344

▎**서평**
현대 교육과 인간 해방 / 최현희 —— 367
제대로 숨을 크게 쉬기를 하나 …… / 김효선 —— 374

▎표지 사진 / 「또 하나의 문화」 어린이 교육 모임
본문 그림과 사진 / 「또 하나의 문화」 어린이 교육 모임, 샛별 국민학교
글 편집 / 고석주, 고정희, 김미경, 김효선, 김찬호, 박혜란, 석재은, 유승희
　　　　　정영오, 조형, 조혜정, 호용수 외

책을 다시 펴내며

「또 하나의 문화」는 지난해 창립 10주년을 맞았다. 거의 해마다 1~2권씩 펴내 온 동인지들의 호수도 10호를 넘어섰다. 우리는 창립 10주년을 기념하는 차원에서, 도서출판 또 하나의 문화가 설립되기 이전에 다른 출판사의 도움을 얻어 펴낸 동인지의 판권을 인수하여 다시 출판하는 계획을 세웠다. 또 하나의 문화 제5호인 『누르는 교육 자라는 아이들』도 그 계획의 하나다.

활판으로 인쇄한 초판을 읽기 편하게 하기 위해 다시 제작하려고 보니 다듬으면 좋을 문장도 더러 있고 들어가면 좋을 사진도 발견되었다. 표지나 본문 디자인도 다른 동인지와의 연결을 생각해 손을 보아야 했다. 6여 년의 세월이 흐르는 동안 글쓴이들의 형편도 더러 달라졌기에 그에 대한 소개도 덧붙여야 했다. 당시 학생이던 이들은 직장인이 되거나 학부모가 될 준비를 하고 있고, 예비 학부모로 이 책의 편집에 참여하였던 이들은 '예비'자를 떼고 학부모가 되었다. 또 「또 하나의 문화」 어린이 캠프에 참가한 어린이들 중에는 대학생이 된 이들도 있다. 여전히 같은 직장에서 일하는 이가 있는가 하면 연락이 끊겨 현재의 거취를 알아낼 도리가 없는 이들도 생겼다.

이러저러한 변화에도 불구하고 개정판을 펴내는 지금 교육 환경은 별로 달라진 것 같지 않다. 전교조 해직 교사들의 복직, 본고사 부활로 대변되는 대학 입시 제도의 변화 등 부분적인 변화가 있었다. 그러나 여전히 입시 위주의 교육 환경은 변하지 않았다. '모든 길은 과외로 통하는' 현실이나,

입시 스트레스로 인한 청소년들의 자살, 입시 부정 상황이 여전히 신문 지면 한구석을 차지하고 있다. 이 틈을 비집고 학령 전 아동으로부터 고등학생까지를 대상으로 한 과외 산업은 날로 번창하고 기업화하여 일간 신문에 거대 광고로 등장하기도 한다. 어쩌면 이런 교육 현실이야말로 이 책이 그 동안 절판되지 않고 여전히 오늘의 이야기로 읽히고 있는 까닭이기도 하다.

도시와 농촌의 교육 환경 격차도 여전하다. 농촌 청소년 인구의 감소라는 이유로 「두밀 학교」와 같이 학생들이 남아 있는데도 분교를 폐쇄하는 행정 편의주의 정책이 남발한다. 이 문제를 계기로 그 동안 뜸했던 교육 운동 단체들이 힘을 모아 보았지만, 기성 세대나 정책 관련자들이 말로 표현하는 교육 현실의 문제에 대응하기에는 역부족이다.

이 책을 다시 펴내면서 이러한 '누르는 교육' 현실에도 불구하고 아이들은 여전히 자라고 '자라는 아이들'을 위해 교육 공동체의 일원으로서―부모로서 선생으로서 또는 선배로서―우리 모두가 감당해야 할 일이 적지 않음을 절감한다.

끝으로 이 자리를 빌려 과거 동인지 출판에 도움을 주신 청하 출판사 장석주 전 사장님을 비롯한 관계자 여러분께 감사의 말씀을 전한다.

1995년 5월에

책을 펴내며

1.

「또 하나의 문화」 동인들이 활동을 시작한 지도 어느덧 6년의 세월이 흘렀다. 그 동안 우리는 '남녀가 해방된, 보다 인간적인 삶의 방식을 담은 대안적 문화를 창조하고 이를 역사 속에 뿌리 내려 가겠다'는 의지를 여러 가지 작업을 통해 펼쳐 왔다. 그중에도 다양한 실험과 토론을 거쳐 매년 한 권씩 차례로 펴낸 다섯 권의 책은 「또 하나의 문화」의 성격을 그대로 담은 대표적 산물이라 할 수 있다.

첫번째 동인지 『평등한 부모 자유로운 아이』(1985)가 민주적인 가족 문화에 초점을 맞추었다면, 두번째 동인지 『열린 사회 자율적 여성』(1986)은 가정인과 직장인으로, 그리고 시민으로서 새로운 삶을 살아가는 '현대적' 여성들의 삶에 초점을 맞추었다. 세번째 동인지 『여성 해방의 문학』(1987)은 여성 해방의 문제를 문학적 역사 인식과 접근 방법을 통해 본격적으로 다루었으며, 네번째 동인지 『지배 문화 남성 문화』(1988)는 남성 중심석 제제가 낳은 현대 문명의 위기와 비인간화, 그리고 남성 소외 현상을 다루었다.

2.

이번 호에서는 병이 들 대로 들어 있는 현 교육계를 다각도로 해부하고 치유의 가능성을 모색하였다. 사실상 이 주제는 몹시 다루기 힘든 주제였으며, 이 문제를 전문적으로 다루는 교육학자들의 노력만으로는 해결하기 어려운 문제임을 실감하였다. 이 책에 교육학자의 글이 의외로 적게 실렸다면 바로 이런 이유에서이다. 책을 만드는 과정에서 가장 무기력하게 교육 문제를 포기하고 있는 이들이 바로 교육학자가 아닌가 하는 의구심을 버릴 수 없었는데, 이런 현상 자체가 현재 우리 사회가 앓고 있는 병의 심각성과 아울러 전문성의 한계와 교육계의 병폐를 적나라하게 드러내는 단서라고 해석할 수 있을 것이다.
　근대화 이후 우리 사회가 제도 교육에 걸어온 기대는 매우 컸다. 교육의 대중화가 우리의 삶을 보다 풍요롭고 행복하게 하리라는 희망은 절대적이었고, 따라서 '배운 세대'에 거는 기대 또한 높아만 갔다. 그러나 '배운 세대'가 세대를 거듭한 지금 근대 교육 3세대인 우리는 그 기대가 한낱 환상이었음을 깨닫기 시작했다. 해방 이후, 아니 근대 교육이 본격화된 일제 때부터 우리 사회의 교육은 정치적 통치의 도구로 이용되어 왔으며, 한편 생활과 유리된 서구 지향적 교육은 탈정치화 내지 '우경화'된 순응 인간을 양산해 온 것을 부정하기 어렵다. 그래서 제도 교육은 애초의 기대와는 달리 오히려 세상을 바로 읽는 아이나 세상을 바로 살아가는 어른이 드문 어두운 사회를 만드는 데 큰 몫을 담당해 온 셈이다. 한편 이 문제들은 급격한 공업 자본주의화를 거치고 있는 제3세계적 상황과 남북이 분단된 국가적 특수성, 그리고 '입신 양명'을 향한 강렬한 열망을 키워 온 가족주의 전통과의 관련 속에서 풀어야 할 과제이기도 하다.

3.
우리는 이전에 펴낸 네 권의 책에서와 마찬가지로 이번 호에서도 체험의 장에서부터 논의를 시작하였다.

먼저 좌담과 논설, 현장 연구를 통해 돈봉투, 점수와 숙제, 극단적 학력 경쟁의 풍토 속에서 시들어 가고 있는 어린이들과 학력 관리자로 전락해 가고 있는 어머니, 과중한 잡무와 낮은 사회적 처우에 시달리는 교사의 소리를 들어 보았다. 그들의 고민은 극히 '개인적이면서 공적인, 그래서 정치적인' 차원의 문제로서, 실은 성장주의 사관에서 헤어나지 못하고 있는 공식적 교육 이념, 교육계에서 적나라하게 행사되는 공권력과 금력, 그리고 경직된 행정 체계의 문제와 직결되어 있다.

이 책은 이러한 어두운 현실을 고발하고 분석하는 데서 그치지 않는다. 늘 그래 왔듯이 우리는 그러한 어두움 속에서도 밝음을 준비해 온 대안적 움직임들을 찾는 데 힘을 기울였다. 해방 교육, 자율 교육, 자주 교육에 관한 이론적 논의들과 현장 연구 및 활동 보고서들이 바로 우리들의 상상력과 실천력을 부르고 있는 부분이다.

어려운 제도 교육권 내에서도 꺾임 없이 지탱해 온 샛별 학교 이야기와 「또 하나의 문화」 교육 모임이 실험해 온 「싫다반」이 있는 캠프 보고서를 눈여겨 읽어 주기 바란다. 글쓰기 모임, 어린이 철학 동화 모임, 어머니들이 만드는 민속 캠프 역시 작으나 그만큼 귀중한 움직임을 보여 주고 있다. 현장 교육과 현장 조사를 통하여 우리는 어린이들이 말을 통해 배우는 것이 아니라 실제 행동을 통해 배운다는 사실을 새삼 확인하였다. 그리고 그들이 어른들의 속임수에 속고 있는 것이 아니라 속은 척할 뿐이며 그들 나름의 반란을 수시로 꾀하여 왔음도 알게 된다.

 컴퓨터와 친구 하며 사는 어린이 세대의 출현에 대한 외국 사례와 전통을 살리는 교육에 관한 번역 논문은 우리 눈앞에 닥치고 있는 정보화 내지 후기 자본주의 사회에 대비하기 위하여 실었다. 일면 역사란 주변 상황에 장기적으로 적응하는 과정인만큼 우리는 보다 적극적으로 새로 오고 있는 상황에 대비하여 어린 세대를 준비시켜 나가야 한다.

4.
이 책은 아이를 밝고 개성 있게 자라도록 돕는 일을 통하여 자신의 삶이 풍요로워짐을 느끼는 모든 '욕심 없는' 부모와 교사들을 위해 만들어졌다. 그들은 이 책을 통해 아이 하나를 행복하게 기르는 작업이 아이를 둘러싸고 있는 비인간적인 거대한 벽들을 허물지 않고는 불가능하다는 것을 재차 확인하게 될 것이다. 그래서 보다 각오를 단단히 하고 작업 계획을 세워 갈 그들에게, 곧 우리에게, 우리 스스로 거는 기대는 그만큼 높다. 누르는 교육 속에서도 아이들은 자란다. 힘을 합쳐 돕기만 하면 그들은 훌륭하게 자라 줄 것이다. ■

권두시 · 교육 해방 염원 제문

자라는 아이들이 평등 평화 길이라네

고정희*

천지 신명 한울 어머님은 들으소서
한 나라의 운명은 자라나는 아이들에
달려 있다 하였고 자라나는 아이들의
운명은 그 나라 가르치는 길에
달려 있다 하였거늘
오늘 우리 가르치는 길과 힘이
어디에 있는가 머리 조아려 고민할 제
들으소서, 가르치는 길은
누르는 길이 되어 버렸나이다
들으소서, 가르치는 힘은
누르는 힘이 되어 버렸나이다.

소리 1**
우리는 명문대 입학의 역사적 사명을 띠고 이 땅에 태어났다. 선배의 빛

---

* 1948~1991. 전남 해남에서 태어나 한국 신학 대학을 졸업했으며, 교사, 잡지사 기자, 『여성신문』 주간, 「또 하나의 문화」 동인으로 활동하였다. 1991년 6월 평소 그의 시의 모태가 되어 온 지리산 등반중 실족, 43세를 일기로 불타던 삶을 마감하였다. 조형 외, 『너의 침묵에 메마른 나의 입술』을 참고.
** 문화 교육 연구회, 「고교 교육 헌장」, 『학교야 학교야 뭐하니』, 풀빛, 1989.

난 입시 성적을 오늘에 되살려 안으로는 이기주의의 자세를 확립하고
밖으로는 친구 타도에 이바지할 때다. 이에 우리의 나아갈 바를 밝혀 입
시의 지표로 삼는다.

대저 태어나는 아이마다 누릴 존엄한 권리란
우리 아이 존엄한 생명
우리 아이 자유로운 삶
우리 아이 각자 가질 행복 아니리까
민주 교육 실시한 지 사십여 성상이 넘었다고는 하나
가르치는 농사 검불 농사 되었나이다
자녀 양육 농사 가시덤불 농사 되었나이다
명문 출세 깃발뿐인 부모 설움 때문에
짓눌리고 짜부라진 우리 아이 머리
유치원에 들어가서 경쟁심 배우고
중고등학교 들어가서 이기주의 무장하고
대학 들어가서 출세 제일주의 물려받아
주는 대로 받아먹고
시키는 대로 좇아가는
물질 만능주의 노예들로 둔갑하고 있나이다

　　소리 2
　　영악한 마음과 빈약한 몸으로 입시의 기술을 배우고 익히며, 타고난 저
　　마다의 소질을 무시하고 우리의 성적만을 행복의 기준으로 삼아 찍기의
　　힘과 눈치의 정신을 기른다. 시기심과 배타성을 앞세우며 능률적 찍기
　　기술을 숭상하고 경애와 신의에 뿌리 박은 상부 상조의 전통을 완전히
　　타파하여 메마르고 살벌한 경쟁 정신을 북돋운다.

십 년을 내다보면 나무를 기르고
백 년을 내다보면 사람을 기른다 하였건만
이 땅에 태어난 우리 아이들은
가나다라 첫 글자 익히는 그날부터

공부해라 공부해라 공부해라
더도 덜도 말고 공부만 잘해라
시도 때도 없이 출세 성공 타령에 들볶이니
지 뜻 한번 펴보지 못하고
지 자유 한번 누리지 못하고
지 길 한번 걸어가 보지 못한 채
미리미리 자포 자기하거나
새코날 알약으로 피신처를 삼거나
참지 못할 분노로 환각제 복용에
유년 시절 청년 시절 다 보내는가 하면
죽기 아니면 살기로
경쟁 입시 부름에 부응하고 있나이다

소리 3
나의 눈치와 이기주의를 바탕으로 성적이 향상하며 남의 성공이 나의 파멸의 근본임을 깨달아 견제와 시샘에 따르는 책임과 의무를 다하며 스스로 남의 실패를 도와주고 봉사하는 척하는 학생 정신을 드높인다.

오늘날 자녀 사랑 부모 사랑 제자 사랑의 근본이 무엇이리까
대학 졸업장이 행복 증명서요
석사 박사 학위증이 출세 증명서요
의사 판사 자격증이 신분 상승 증명서 아니리까
피 냄새 자욱한 역사의 벼랑에
성모순 계급 모순 민족 모순 분단 모순
정치 모순 체제 모순 그리고 교육 모순
가시덤불처럼 얽히고 설켰으나
비 사이로 끼어 가는 입시 기술 습득하야
앞뒤 좌우 돌아봄 없이
지시하는 대로 복종하라 하는 것이 사도요
남이야 어찌 되든 니 한 몸 일신 영달 성취하라 하는 것이 부모 자녀 지도요
복종 적성 검사 순종 적성 검사 경쟁 과업 달성 적성 검사 만세 삼창이 교

과 학습 자율 학습 현장 아니리까

소리 4
이기 정신에 투철한 입시 전략이 우리의 삶의 길이며 명문대 입학의 이상을 실현하는 기반이다. 길이 후배에게 물려줄 영광된 명문대 입학의 앞날을 내다보며 신념과 긍지를 지닌 눈치 바른 학생으로서 남의 실패를 모아 줄기찬 배타주의로 명문대에 입학하자.

오 천지 신명 한울 어머님전 고하나이다
이 나라 가르치는 길에 병마 들끓어
있는 부정 없는 부정 다 깃들고
천지 사방 허튼 넋 다 모였다고는 하나
사람의 마음속에 하늘의 도가 숨어 있다 하였으니
이제 우리에게 점지하신 자유가 있다면
자라는 우리 아이들이 자유의 씨앗이요
이제 우리에게 점지하신 행복이 있다면
자라는 우리 아이들이 행복의 나무요
이제 우리에게 점지하신 남녀 평등 세상이 있다면
자라는 우리 아이들이 평등 세상 뿌리이외다
자라는 우리 아이들이 인류 평화 세상 꽃이외다
오늘, 해로는 기사년이요 달로는 시월 상달 길일을 택하야
열의 열성에 신실한 정성을 가진
우리 자매 형제들이 한자리에 다 모여
낳은 정성 기르는 정성 보내는 정성으로
가르치는 길에서 차별을 뽑아 내고
자라는 길에서 억압을 뽑아 내어
경쟁 없고 시기 질투 없고 거짓 없고 폭력 없고 전쟁 없는 해방 대천 세계
교육 해방 염원 기원 축수 드리나이다
향내 나는 우리 정성
되 재미 말 재미 섬 재미로 받아 주시고
여기 모인 모든 형제 자매들 손톱눈 하나 틴 사람 없이

교육 해방 신명으로 거듭나서
남녀 평등 세계 세계 평화 세계
앞앞이 걸린 행복 되찾게 하나이다

소리 5
자라는 아이 속에 우리 행복 있네
자라는 아이 속에 우리 평등 평화 길 있네
온 지구가 한집으로 어우러지는 세상
지평선 끝까지 우리 운동장인 세상
경쟁 전쟁 없는 자유의 나라
그곳은 그곳은
우리 아이들의 미래라네 ■

좌담 1

내일을 여는 어린이 교육

사회: 조형 참석: 윤구병, 이오덕, 전성은, 조은 외 30여 명
때: 1989년 5월 13일 오후 3~6시
곳: 연세대학교 논지당

교육 환경은 시골이 도시보다 오히려 좋다?

조형·
교육 문제라고 할 때 여러 가지로 접근할 수 있는데, 우선 국민학교 어린이에 대한 교육을 중심으로 해서 현재 교육 과정에서 제도상으로 또는 실제로 어떤 것이 문제인지, 선생님들 말씀을 차례로 들어 보는 것으로 이야기를 시작하겠습니다.

윤구병·
우선 제가 있는 곳이 초·중·고등학교의 교육 현장이 아니기에 실제 그곳의 교육에 대해서는 피상적으로밖에 모른다는 점에 대해 양해를 구하겠습니다. 다만 제가 일선의 여러 선생님들을 통해 배운 바에 따르면, 사람이 하나의 인격체로 자라나는 데는 민주화를 비롯한 이 사회의 모든 측면에 걸쳐 초등 교육이 미치는 영향이 대단히 크다는 생각을 하게 되었습니다. 그런데 전국의 교사들을 만나 이야기하면서, 얼핏 시골의 교육이 낙후되어 있을 것 같지만 교육 환경은 오히려 시골이 도시보다 낫다는 인상을 받습니다. 우선 시골에서는 교실에서 추상적으로 책을 통한 학습만을 하는 것이 아니라, 부모가 직접 노동하는 환경 속에서 그 노동에 참여할 수 있습니다. 그것이 아이들의 몸과 마음의 건강을 아울러 지켜 주는 방파제 역할을 하지요. 그리고 시골에는 공동체적인 관습이 남아 있어서 서로 협동하며 일하고 놀고 배우는 분위기가 되어 있습니다. 또한 부모나 이웃의 모든

일들이 공개되어 있기 때문에, 아이들이 사회가 어떤 방식으로 짜여 있고 거기서 어떤 일들이 일어나는지 알 수 있거든요. 물론 도시보다 경제적으로는 어려운 점이 있지만, 정신적으로는 훨씬 좋은 환경에 있다고 봅니다.
이오덕·
저도 동감입니다. 인간 교육은 생활을 통해서 이루어져야 되는데, 도시의 아이들은 생활이라는 것이 없지요. 하지만 농촌의 아이들은 학교를 나서면 부모들과 일을 하는 생활이 있습니다. 몸 전체로 움직여 활동을 하지요. 물론 일이 너무 고되어 문제가 되긴 합니다만, 그래도 일에 시달리는 것이 방안에 갇혀 공부에 시달리는 것보다는 낫습니다. 덧붙여 학교 규모에 대한 건데요, 농촌에서는 학생 수가 200명쯤 되면 큰 국민학교 축에 듭니다. 100명 이하의 학교가 얼마나 많은지 모릅니다. 학생 수만 갖고 본다면 농촌은 이상적인 교육 환경이라고 볼 수도 있지요. 한 교실에 아이들을 10명 가량 모아 놓고 교육하니 얼마나 바람직한 인간 교육이 되겠느냐고 생각들 하지요. 그런데 그게 안됩니다. 그게 안된다는 것을 다들 이해를 못합니다. 설명하려면 한참 걸립니다만, 간단히 몇 가지만 이야기하지요.

우선 상부의 지시가 끊임없이 내려옵니다. 가령 글쓰기나 그림 그리기를 하려고 해도 상부에서 언제 어떤 제목으로 어떤 행사를 열어 가지고 하라는 지시가 내려옵니다. 했다고 보고만 해서 된다면 문제가 아니죠. 40여 년간 시달려 온 선생들은 거짓말 보고쯤 면서기 저리 가랄 정도로 얼마든지 할 수 있습니다. 하지만 참으로 교활하게도 상부에 작품을 내라고 하니 꼼짝을 못합니다. 반공 독후감 등은 말할 것도 없고 글쓰기 경우도 마찬가지입니다. 가난한 농촌에서 그 가난한 이야기를 쓰면, 왜 하필 명랑하지 못한 이야기를 쓰냐고 합니다. 그러니 교육을 어떻게 합니까. 아이들이 정직한 이야기를 써도 그것을 발표하지 못합니다. 왜 허락도 없이 발표를 하느냐는 것이죠. 무엇이든지 창의적으로 해보려 하면 못하게 합니다. 현 교육 상황이 그렇습니다. 이렇게 온갖 간섭을 받으며 10여 명을 교육하는 것보다 간섭 없이 80명을 교육하는 것이 오히려 낫습니다(전체 웃음).

교육에 대한 외부 간섭이 너무 심하다

전성은·
그건 국민학교만의 문제가 아니라 초·중·고등학교가 모두 겪고 있는 문제입니다. 교육 현장에서 가장 큰 문제는 간섭이 너무 심하다는 것입니다. 교육 담당자가 하고 싶어하는 것을 거의 다 못하게 합니다. 일단 시도를 해봐야 무엇이 문제인지를 알 터인데, 시도조차 해볼 수가 없는 게 가장 큰 문제입니다.

윤구병·

교육을 중앙 집권화하여 제도적으로 통제하기 때문이죠.

전성은·

교과서 선택권, 다시 말해 아이들에게 무엇을 가르칠 것인가에 대한 선택권이 없는 것은 물론이고 학교의 모든 행사도 지시에 따라야 합니다. 예를 들면 가정 방문 등 개별 학교들이 하는 교육 활동에 대해서도 무엇을 하고 무엇을 하지 말라는 것이 정해져 있습니다. 올해만 해도 운동회를 하지 말라고 해서 못했지요. 개별 학교가 결정해야 되는 것까지 모두 지방 교육 위원회가 결정하고 있습니다. 교육 위원회는 문교부의 지도를 받는 것이고요. 현재 상태는 문교부→교육 위원회→군 단위 교육청 등으로 내려와 지역 자치 단체가 결성되어 있는 것 같지만 사실상 그것들이 감시 통제 기능을 강화하는 것이지 분권화되어 있는 것은 아니거든요. 감시 감독의 눈길이 말단에까지 뻗어 있는 것이지요. 방학 날짜도 도(道) 교육 위원회별로 통보가 오는데 그것을 학교 생활에 따라 당기거나 늦춰도 싫어합니다. 싫어한다는 말은 아주 부드러운 표현인데(전체 웃음), 그러니 무엇을 해보겠습니까.

조은·

이를테면 교과서에서 가르치지는 못하는 것을 숙제를 통해 가르치거나, 어린이들을 창의적으로 키울 수 있는 숙제를 내준다거나, 숙제를 아예 안 내주는 등의 실험적인 일을 해보는 정도도 허용이 안됩니까?

전성은·

그런 문제는 단순히 감독 기관의 통제에 한정되는 문제는 아닙니다. 예를 들면 각 교실의 숙제 같은 사항은 교육 감독 기관이 모르고 넘어갈 수도 있겠지요. 그러나 이번엔 학부모들이 대번에 '왜 그렇게 아이들을 가르치느냐'고 전화를 합니다. 숙제를 안 내주면 안 내준다고 전화하고, 내면 내준다고 전화를 합니다. 거기다가 어떤 교사가 무언가 새로운 시도를 하면 곧 전화를 해서 교장 선생님도 알고 있느냐고 합니다. 문교 행정이 간섭하지요, 학부모가 간섭하지요 뭐……

조은·
제 아이가 국민학교 때 '열 번 쓰고 열 번 읽기' 숙제를 했는데 그것을 하고 나서 꼭 도장을 받아 갔습니다. 처음에는 못마땅했지만 하기 싫은 일도 하면서 사는 것이라고 하면서 열심히 열 번 쓰고 읽으라고 했어요. 그런데 비교적 자유로운 생각을 하던 아이가 그 열 번 쓰고 읽기식 교육을 한 1년 가량 받고 나서 일기가 무척 재미없어지는 것을 보았습니다. 이거 큰일 났구나 싶어 학교에 가서 선생님과 의논한 적이 있지요. 그러면서 우리 부모들은 참을성이 많구나(웃음) 하는 생각을 했죠. 개별적으로 전화를 걸어 대는 학부모가 있기는 하지만 그것이 이런 문제들에 대해 학부모들의 힘을 합하는 노력으로 모아지지 못하는 것이 안타깝습니다.

전성은·
일반적으로 공·사립과 초·중·고를 막론하고 최소한 교육을 정상적으로 해보고 나서 문제를 이야기해야 하는데, 정상적으로 하지 못하고 있는 상황에서는 먼저 그 원인 규명이 되어야 할 것입니다. 학부모들이 대개 육성회 같은 곳에 모이면 돈이 좀 많은 분들이 회장, 부회장이 됩니다. 그런데 그 분들이 학교에 찾아와서 애들 공부시키라고 압력을 넣지, 놀게 해주라고 압력을 넣지는 않거든요(웃음).

자율과 신뢰의 교육이어야

조형·
정상적인 교육을 해보지 못한다고 하셨는데, 그 정상적인 교육이란 무엇을 말하는 겁니까?

전성은·
아직 해보지 못해서 잘은 모르지만, 자율성이 확보된 교육이겠지요. 예를 들면 어린이들에게 숙제를 안 내주는 교사가 있는데, 그 분이 처음에 저에게 숙제를 안 내면 어떻겠냐고 하길래 그것은 담임의 책임이니 생각대로 하라고 말했습니다. 그런데 그 후 제가 학부모들을 설득하느라 아주 혼이 났습니다. 실질적으로 교육을 해보면 학부모들이 깊이 생각을 해서 왜 교육을 잘하지 못하느냐는 문제를 들고 나오기보다 성적에 직접 영향을 미치는 부분에만 일치 단결하는 모습을 많이 봅니다.

그리고 상을 안 주는 게 좋다는 생각에서 상을 없애려 했는데, 그 생각이 우리 교사 회의에서 통과되는 데 1년 가량 걸렸습니다. 교사 회의에서 통과된 후 한 반당 학부모 2명씩 24명을 초대해 점심을 사면서(웃음) 설득을 했습니다. 강경하게 반대하는 분들이 있길래, 정 그렇다면 아이를 전학 시켜도 좋다고 했습니다. 저희 학교는 일 년에 네 번씩 학부모들을 모시고 교육 방침을 설명하는데, 중요한 일을 해보려고 하면 관청보다 학부모들과 먼저 부딪치게 됩니다. 학부모님들더러 대표를 뽑으라고 하면 꼭 '유지'라는 분들을 뽑고, 그런 유지일수록 새로운 시도에 반대하는 경향이 심하지요.

조형·
벌을 주는 일은 어떻습니까?

전성은·
그런 모든 것을 각 선생님의 자율성에 맡깁니다.

조형·
모든 것을 개별 교사의 자율성에 맡길 때 문교부나 학부모가 걱정하는 것 중 하나는 아마도 모든 교사가 수준 있는 교육을 할 수 있을까 하는 우려일 겁니다.

전성은·
대부분의 학부모들이 말하는 수준이라는 것은 성적을 두고 말하는 것이지요(웃음).

조형·
그렇겠죠. 학부모들은 대개 성적 걱정이고 문교부에서는 또 다른 염려가 있을 것 같은데……. 그럼 전 선생님께서는 현재 교사들에게 자율적 권한을 준다면 교육이 잘될 것이라고 전제하시는 겁니까?

전성은·
못해 봤으니까 모르지요 뭐(전체 웃음).

조형·
하지만 전 선생님께서는 간섭을 최소화하려고 노력해 오지 않으셨습니까? 물론 어려운 점이 많았을 줄 알지만 지금까지의 실험적 시도에서 발견하신 결과에 대해 잠시 말씀해 주셨으면 좋겠습니다.

전성은·
글쎄요, 교육을 어떤 성과로 이야기하는 것은 좀 뭐한데, 추상적으로 표현하면 신뢰감이라고 할 수 있겠습니다. 교사와 학생 간에 신뢰감이 형성되니까, 교사가 하는 말이나 행동을 잘 따르게 되죠. 믿음은 무서운 힘을 가진 것입니다. 몇 년 전의 이야기인데, 하루는 밤 12시에 더워서 시원한 것을 마시며 아이들 몇 명과 이야기를 하고 있었습니다. 그중 한 녀석이 "교장 선생님, 우리는 다 통일하고 싶은데 그 둘이서 안하려고 해서 안되는 것 아닙니까?" 하더군요. 그래서 "너 이놈, 누굴 죽이려고 그런 질문을 하는 거냐?" 하고 막 뭐라 했더니(전체 웃음), "아, 알았습니다, 알았습니다" 하더군요. 제 말 자체가 대답이 되는 거예요.(웃음) 말하자면 신뢰감이 형성되어 있기 때문에, 밤 12시에 교장과 이야기하면서 못 물어 볼 것 물어 봤을 때, "이놈, 누굴 죽이려고 그런 질문을 하느냐?"고 소리 질러 혼을 내도 알아 듣고 "알았습니다" 할 수 있는 거지요. 결국 신뢰감이 형성되어 있기 때문에 그런 질문을 할 수 있었고, 질문의 의도를 알고 그런 대답을 해도 그 아이가 오해 없이 받아들일 수 있었던 것이지요. 그런 신뢰감이 만들어져 있으면 교사가 가진 사상이나 행동을 모방하고 따르는 학생이 많이 나오게 되고, 그것이 성과라면 성과라고 할 수 있겠지요.

샛별에 대해 요즈음 밖에서 많은 관심을 보이는 이유는 그런 시도를 우리가 계속했다는 데에 있을 텐데, 사실은 시도해 본 것보다는 해보고는 싶은데 못 해 본 것이 몇 배 더 많습니다. 일반적으로 국민학교 교육에서 무엇이 문제인지 살펴보면 자율성이 없다는 것이 제일 문제입니다. 우리가 교육을 놓고 어떻게 한번 해보고 나서 따져야 하는데, 지금까지 뭔가 해볼 수 있는 기회 자체가 없지 않습니까. 그래서 오늘 이 자리에서는 나타난 현상에 국한해서 논의할 것인지, 아니면 원인을 찾을 것인지를 확실히 해야 할 것 같습니다.

교사를 가르치는 기계로 만들어서야

조형 ·
그럼 현상적인 것을 먼저 추려 보고 그 다음에 원인을 점검해 보는 것이 어떨까요? 문교 행정이나 학부모들의 간섭에 대해서는 이야기가 나왔는데, 교사 쪽에는 혹시 발견할 수 있는 문제가 없는지요?

전성은 ·
없을 수가 없지요. 국민학교 교사를 양성하는 교육 기관이 2년제에서 4년제로 바뀐 지 불과 몇 년 안됐습니다. 2년 동안에 무엇을 익혔겠습니까. 오르간은 바이엘까지 뗀다는 식으로 국민학교 교사를 하는 데 필요한 기초적인 기술만 가르쳐 내보내기에 급하니까, 교사들의 교육학적인 자질에 문제의 여지를 많이 남겼습니다. 교육 대학 졸업 후 국민학교 교사 자격 시험이 있었는데, 그에 대비해 교육 대학 나온 사람들이 마지막으로 보는 마무리 프린트물이 가관입니다. 객관식으로 되어 그것만 달달 외면 누구나 합격할 수 있는 것입니다. 저도 그것을 보고 시험을 봐서 준교사 자격 시험에 합격했습니다(웃음). 그 이전에 제가 교육학 석사 학위를 받고 나서 자격 시험에 떨어진 적이 있었습니다. 그래서 그 다음에 어떻게 하면 되느냐고 주위 사람들에게 물어 보니까 프린트물을 보라더군요. 이틀 동안 또르르 그것을 보고 시험을 보니까 합격되더라구요(전체 웃음). 교사 양성을 그렇게 해왔으니 더 이야기할 것이 없지요. 교사를 전문직이라고 하는데 사실은, 현재 교직에 계신 분들이 들으면 서운해 하시겠지만, 비전문가가 더 많습니다. 이것이 현재 우리나라 국민학교 교사의 일반적인 자질 문제를 대변하는 게 아닌가 합니다. 물론 인격적인 자질말고요(웃음).

이오덕·
제가 교감으로 있을 땐데 교대 출신 교사가 '닭이'를 써놓고 '달기'라고 읽지 못하고 '다리'로 읽으면서 아이들에게도 그렇게 가르치더군요. 그래서 그 교사가 결근했을 때 그 교실에 가서 '닭이' 읽는 법을 한 시간이나 가르쳤는데도 아이들이 보고도 못 읽더라구요. '달기'라고 읽으라 해도 '다리, 다리' 하더군요. 그 교사도 교대를 나온 분이었습니다.

또 자질 문제 이상의 문제가 있습니다. 문교부에서 끊임없이 지시 명령을 해서 교사를 꼼짝달싹 못하게 하는 것이 그것입니다. 무슨 공문과 지시가 그렇게 많은지 그것들을 감당하는 데 시간을 다 보냅니다. 그러니 그것이 없으면 할 것이 없습니다. 아니 할 줄을 모릅니다(웃음). 지시 명령을 안 내리면 움직일 줄을 모릅니다. 아이들을 기계로 만들었을 뿐만 아니라 선생을 다 기계로 만들었습니다. 제가 교장을 10여 년 했는데, 교사들에게 생활 지도, 학습 지도를 이렇게 하면 좋겠다고 민주적으로 의견을 제시하면서 권유를 해도 하지 못합니다. 공문과 지시가 내려오면 그것에는 긴장을 해도 교장이 이야기하는 것은 안 듣습니다. 민주적인 교장을 아주 형편없이 보는 것이지요. 이건 조금도 과장 없는 실상입니다.

윤구병·
저는 정부, 또는 통치 질서를 담당하는 사람들 또는 집단이 교사의 중요성을 어느 정도 인식하고 있는가에 따라 교사의 자질이 상당히 달라지리라 생각합니다. 우리의 경우 교사의 자질, 중요성에 대하여 거의 인식하지 않고 있었다고 여겨집니다.

자기네들의 통치 질서를 원활히 하기 위해서이기는 했으나, 일제 식민주의자들이 이 땅에서 교사들을 선발할 때의 기준은 엄격했었지요. 대단한 지적 능력이 요구됐지요. 그런데 해방 이후에 오히려 선발 기준에 있어서는 훨씬 후퇴한 셈입니다. 오늘날 우리나라에서 교육 민주화를 위해 노력하는 많은 교사들을 의식화 교사로 내몰면서 의식화라는 것이 소위 용공 좌경인 듯 매도해 가고 있듯이, 해방 직후에도 많은 훌륭한 선생님들을 교육 현장에서 의도적으로 배제해 버렸지요. 저는 이런 역사적 사건이 바로 교육 풍토를 흐려 놓은 하나의 중요한 원인이라고 봅니다.

초등 교육 기관 이름이 '국민'학교인 이유

조형 ·
교사 양성이나 그 자질에 대해 그 동안 정부가 별로 관심을 갖지 않았다고 해도 과언이 아니라는 말씀이군요. 그러면 정부가 가지고 있는 초등 교육에 대한 개념은 어떤 것이라고 보시는지요. 물론 겉치레로 이야기하는 것은 얼마든지 있겠죠. 즉 다음 세대를 건강하고 지성 있는 국민으로 기르는 과정이라는 등의 좋은 말은 얼마든지 있겠지만 정부의 여러 가지 행태를 볼 때 정부가 초등 교육을 어떻게 생각하고 있는지 궁금합니다.

전성은 ·
알고 물어 보시는 것 같은데요?(전체 웃음) 일제 때의 소학교(primary school)에서 국민학교라고 이름을 바꾼 것부터가 우연한 일이겠습니까? 다 기본적인 의도가 있는 것이지요.

조형 ·
선량한 백성으로 키우는 학교라는 뜻이 되는 겁니까?

윤구병 ·
공교육 제도가 발달함으로써 교육의 혜택을 받은 사람이 혜택을 받지 못한 사람에 비해서 상당히 이익을 얻는 일도 있지만, 궁극적으로 우리나라에서 국민학교 교육은 의무 교육 아닙니까? 의무 교육이란 정부에서 의무적으로 가르쳐야 할 뿐 아니라, 국민들이 다니기 싫어도 의무적으로 받아야 하거든요. 다시 말해 자본주의 발달과 더불어 이 정도 교육은 시켜 놔야 나중에 단순한 육체 노동이 아닌 노동을 할 수 있다는 생각을 가지고 교육을 시키는 것입니다. 그렇기 때문에 이 단계에서는 교육 과정을 각 학교에서 자율적으로 결정하도록 맡겨 놓지 않고 거의 획일적으로 통제를 하죠. 여기서 국민학교 교육이 의무 교육으로 베풀어지는 데에는 대단히 많은 강제 요소가 숨어 있다는 것이 분명해집니다. 교육을 베푸는 근본 목적이 교육의 주체인 학생들의 이익보다는 국가를 운영하는 통치 질서의 이익을 위하는 측면이 강하기 때문이죠. 그 목적이 교묘하게 위장되어 있기는 하지만요.

조형·
통치 질서의 유지를 생각한다면, 이미 말씀하신 것처럼 자본주의 사회의 교육에는 기본적인 노동력으로 활용할 수 있도록 하는 노동력을 재생산하는 기능이 있겠고, 한편 반공 이념을 내세우는 국가 체제 아래 있었기 때문에 교육이 그런 성향의 정치적인 시민을 만들어 내는 데에도 상당히 중요한 위치를 차지하는 것 아닙니까?

윤구병·
예, 이데올로기적인 통제의 기능도 상당히 강하지요. 그건 뭐 자본주의 사회에서만은 아니겠지만…….

전성은·
사실 문장으로 명문화되어 있는 것은 그렇게 중요하지 않다고 봅니다. 제가 그대로 외우지는 못하겠는데, 일제 때 교육 목표는 '충실한 황국 신민을 양성한다'였을 겁니다. 그때나 지금이나 그런 식의 국가 위주의 신민 양성의 발상은 근본적으로 변하지 않은 것이죠. 물론 문장은 달라졌지만……. 제가 이승만의 호를 기억하는데, 그것은 제가 어릴 때 글짓기 대회에 나가 '우남 이승만'이라는 제목으로 글짓기를 했기 때문입니다(웃음). 그러니 일제 때에 하던 그 틀에서 크게 벗어났다고 보기 어렵죠.

조형·
그런 것이 식민지 시대나 제1공화국 이래 지금까지 제일 밑에 깔려 있는 공통된 기반이라는 말씀인데, 정치적인 압력이나 행정적인 간섭이라는 면에서 70년대와 현재 상황을 어떻게 비교할 수 있을지요?

전성은·
변화가 없는 것 같아요. 강도도 똑같은 것 같습니다. 87년 민주화 열기가 한창일 때도 특별한 변화가 없었습니다.

윤구병·

통치 권력이 바뀜에 따라 교과서는 개편되어 왔지만, 그 내용의 질적인 변화는 없었던 것과 같지요.

조은·

그래도 의식화 교사를 찾아내라는 명문 규정이 내려온 것은 올해가 처음이지 않습니까?

전성은·

그렇지 않습니다. 형태는 다르지만 86년 교육 민주화 때 우리 지역에는 36가지 항목에 걸친 지시가 내려왔는데, 그것을 전달받는 모임에 저도 있었습니다. 제가 거창에 있을 때는 주로 고무신을 신었는데, 그 36가지 중에 고무신을 신으면 안된다는 조항까지 나오더군요. 그것을 중앙에서 만들었을 리는 없겠죠. 최근의 의식화 교사 색출 기준과 조금은 다를지라도 이런 저런 지시들은 지금까지 계속 있어 왔습니다.

윤구병·

이렇게 생각할 수 있겠죠. 그 동안은 교사들이 상당히 억눌려 왔기 때문에 의식화 또는 민주화 교사를 찾아내는 방법 등을 특별히 지시하지 않아도 다 순순히 체제의 명령을 따랐는데, 80년도 이후로 계속 그런 지시가 내려온다는 것은 교육계의 모순이 심화되면서 그것을 의식을 하는 교사가 늘고 있다는 반증 아니겠습니까? 그것은 80년대라는 시대적인 특성도 있습니다. 제가 보기엔 80년대에 대학을 나온 선생님들은 그 이전에 대학을 나온 선생님들과 의식 면에서 상당히 차이를 보입니다. 젊은 선생님들 가운데 진보적인 교육관을 가진 분들이 많다는 것입니다.

어떤 경전보다 절대적인 교과서

조형·

그럼 좀 이야기 방향을 돌릴까요? 국민학교 2학년쯤 되면 그때부터 입시 준비 비슷한 훈련을 시키는 것 같은데 어떤지요? 예를 들어 네 개의 답 중 하나를 고르는 형태의 숙제지를 보면, 문제를 읽고 답을 생각하는 것이 아니라 답 네 개를 다 보고 그중에서 가장 그럴 듯한 답 하나를 고르는 훈련을 일찍부터 하는 것 같습니다. 그래서 국민학교 교육에도 벌써 대학 입시와 관련되는 문제들이 나타나지 않나 하는 우려를 했는데, 어떻게 생각하십니까?

윤구병·
다 아시다시피 우리나라 교과서는 성경이나 다른 어떤 종교 경전보다도 위대합니다. 다른 종교 경전의 경우에는 적어도 다양하게 해석할 여지가 있는데(전체 웃음), 우리 교과서의 해답은 하나뿐이거든요. 그래서 그 하나를 제대로 쓰지 못하면 낙오될 수밖에 없는, 따라서 이 세상에서 가장 권위 있는 책이라고 볼 수 있습니다. 그런데 우리가 사물을 볼 때도 여러 측면에 따라 달라 보이듯이 삶의 문제는 여러 가지가 유기적으로 복합되어 있기 때문에 해답이 그 때와 장소에 따라 달라질 수 있지 않습니까? 진정한 현대 교육은 한 가지 문제에 대해 얼마나 많은 해답을 이끌어 낼 수 있느냐 하는 것을 가르쳐야 하는데, 우리는 거꾸로 된 것이지요. 그리고 실제 이런 문제들이 모두 대학 입시와 연결되어 있습니다.

실험적 경우입니다만, 인가를 안 내고 시작한 홍성의 풀무 학원의 경우, 교과서를 따로 만들어 썼습니다. 그런데 정부가 학력 인정을 안해 주니까 83년도에는 입학생이 둘밖에 되지 않았습니다. 그래서 할 수 없이 농업 고등 기술 학교라고 고등학교 학력을 인정받는 학교로 인가를 냈죠. 인가 내기 전에는 몰라도 인가 낸 후에는 문교부 간섭을 안 받을 수 없습니다. 인가를 내니까 장학사가 간섭을 하게 되고, 결국 그 학교에서 만든 교과서는 일주일에 한 번 과외로 가르치고 나머지는 문교부 교과서를 가르칠 수밖에 없게 되었답니다.

전성은·
국민학교 교과서는 절대 1종으로 되어 있습니다. 또 중·고등학교 영어 교과서의 경우 다섯 종류가 있기는 하지만 어느 것을 골라도 거의 마찬가지입니다. 사회 과목에는 새마을 운동이 들어가게 되어 있고, 박정희 전 대통령과 이순신 장군이 같은 범주로 대비되도록 되어 있고, 그 다음에 군부 엘리트가 조국 근대화를 이룩했다는 것이 들어 있습니다. 저는 이렇게 된 주요 원인은 분단 현실에 있다고 봅니다. 현대사에서 감춰야 할 게 너무 많거든요. 그러니 역사나 사회 교과서를 마음대로 쓰게 할 수가 없습니다. 그러면 역사나 사회 교과서는 독점하고 나머지는 자율적으로 만들도록 허가해 준다고 하는 것도 안되거든요. 그렇기 때문에 몽땅 다 국정으로 하는 길밖에 없지 않았나 싶습니다.

탄압받는 '의식화'

윤구병 ·
요즘 '의식화, 의식화' 하는데 교과서 밖의 것을 가르치면 그게 곧 의식화의 주요 증거인 셈이지요. 그래서 자율적으로 반을 운영하고 학급 문화를 이루어 나가려는 선생님들을 의식화 교사라며 탄압하고 있는 것입니다. 그 '의식화'라는 것이 무엇입니까? 사실 이제까지의 교육이 아이들을 끊임없이 무의식화시키는 것이었으니, 이제부터는 정말 아이들을 의식화시켜야 합니다. 끊임없이 아이들에게 새로운 것을 일깨워 주고, 우리 기성 세대가 해결하지 못한 문제나 미래와 연결된 문제 등에 대해 계속 주의를 집중시킴으로써 그 문제를 해결하여 더 나은 미래를 살도록 준비시키는 것이 진정한 교육의 목표일 것입니다. 이것이 바로 의식화 교육입니다. 교육이 미래 세대의 형성에 결정적 역할을 하는 것이기에 이러한 의식화 교육은 끊임없이 이루어져야 합니다.

농민의 자식이 부모인 농민이 겪는 어려움을 깨우치지 못하고 노동자의 자식이 노동자의 어려움을 모르는 등 각 계층에 속하는 자식들이 그 부모의 어려움을 깨닫지 못한다면 그 아이의 삶은 건강해질 수 없습니다. 그리고 그들의 미래는 현재의 부모의 삶과 똑같이 될 수밖에 없습니다. 우리가 아이들을 교육하는 이유는 우리 아이들이 현재 우리가 겪고 있는 모순과 갈등에서 벗어나 더 나은 미래 세계 속에서 살게 하자는 것인데, 그러자면 문제가 있을 때 있는 그대로 가르쳐 주고 깨쳐 나갈 궁리를 할 힘과 지혜를 넣어 주어야지요. '밝고 맑고 긍정적인 것만 가르쳐라' 하는 것은 완전히 아이들을 무의식 상태로 머물게 해서 우리의 미래를 현재와 똑같이 두겠다는 것이지, 진정한 교육적 의도에서 나온 것일 수는 없습니다.

최근 신방학 국민학교의 최종순 교사의 경우는 시사하는 바가 큽니다. 그 분은 숙제도 안 내고 되도록이면 토론을 통해서 아이들이 학교나 가정에서 주체적이고 자율적으로 자랄 수 있도록 애쓰는 분인데, 현재 담임직을 빼앗겼습니다. 그런데 다행인 것은 학부모들이 일반적으로 그런 선생님들의 교육을 지켜 보고, 진정 아이들을 사랑하며 교육한다는 것을 알게 되면 그 다음부터는 전부 호응을 한다는 점입니다. 최종순 교사는 신방학 국민학교로 옮겨 온 지 두 달 만에 학부모들로부터 고발을 당했는데, 그 전 방학 국민학교에 재직할 때의 학부모 80여 분이 그 사실을 전해 듣고 최

선생님은 그런 분이 아니라고 진정서를 낸 것이 그 증거입니다. 그래서 전반적인 교육 환경이 굉장히 악조건하에 있기는 하지만 희망이 전혀 없는 것은 아닙니다. 선생님들이 해볼 만하다고 생각됩니다.

자율적으로 가르치는 선생님들에 대한 문교부의 생각은 매우 왜곡되어 있습니다. 이미 앞에서 지적되었지만 며칠 전에 교장 선생님들에게 내려보낸 이른바 '의식화 교사 선별 기준'은 참으로 어처구니가 없는 것들입니다. 예를 들면, 학생들을 지나치게 사랑하는 교사(전체 웃음), 학생들로부터 지나치게 사랑을 받는 교사, 촌지 거부 교사(계속 전체 웃음), 그리고 숙제를 잘 안 내주는 교사, 『한겨레 신문』을 읽거나 그 내용을 아이들에게 말하는 교사, 이런 교사들을 의식화 교사라면서 학부모들도 주목해 감시하라는 것이지요.

조은·
학부모들이 단결해야 하는 것이 아니라 학부모들끼리 서로 갈라서야 하는 (웃음) 상황이 일어나고 있군요. 신방학 국민학교의 경우 한편에서는 고발하고 다른 한쪽에서는 지원하는 식으로 말이에요. 어떤 의미에서는 구체적으로 학부모들의 의식이 운동으로 변할 수 있는 계기라고 생각되는군요. 그 동안 한쪽은 입다물고 있었고 한쪽만 이야기를 해왔던 것인데, 이제는 학부모로서의 의견 또는 교사에 대한 태도가 서로 다르다는 것이 드러나기 시작한 것이지요.

윤구병·
그래서 민주 학부모의 단합된 힘이 생기면 좋겠습니다. 물론 그렇게 되면 정부에서는 틀림없이 '의식화 학부모'라고 할 것입니다(전체 웃음).

성적 매기는 학교, 등급 매기는 사회

조은·
한 가지 궁금한 게 있는데, 샛별 국민학교의 경우 성적표는 있습니까?
전성은·
다른 데와 좀 다르기는 했지만 있었습니다. 그런데 금년부터는 아주 없애고 가정 통신란으로 대체하기로 했습니다.
조은·
저는 국민학교 저학년 성적표 항목들을 보면서 벌써부터 이렇게 등급을 매겨야 하나 하는 생각이 들었습니다. 2학년 올라가면서 숙제하고 답 고르고 하는 것을 보면서 적어도 국민학교 저학년의 경우는 성적표를 아예 없애는 것이 하나의 방법이 아닐까 하는 생각을 해보았는데, 그것이 제도권 안에서 불가능한 건지요?

전성은·
실제 교육법상으로는 없앨 수가 없습니다. 금년에 우리는 시험을 일 년에 네 번만 치고 성적표는 없애기로 했는데, 교육법상으로는 수·우·미·양·가로 평가하게 규정되어 있습니다. 그런데 우리는 일단 없애는 실험을 시도하는 거지요.

조은·
제가 성적표 없애기 운동이 필요하다고 여기게 된 이유는, 어릴 때부터 철저하게 석차를 매기고 등급화하는 것이 우리 사회의 등급화, 다시 말해 대학 입시 그리고 사회 전체의 등급화와 연결된다고 보았기 때문입니다.

전성은·
그러니까 결국에는 등급화가 되는데 뭐 일시적으로 학교 성적 등급을 안해 봤자 무슨 효과가 있느냐는 말도 들을 수 있습니다.

이오덕·
대학 입시에서는 어차피 등급을 내서 끊지 않습니까? 국민학교의 경우 상대 평가를 하다가 여러 해 전부터 절대 평가를 하고들 있습니다. 즉 모두 잘하면 모두 수를 주라는 것이지요. 그런데 말만 그렇지 실제로는 시행이 안되고 있습니다. 입시 질서라는 것이 꽉 짜여 있으니 변화가 쉽지 않은 것이지요. 문제 해결은 학부모인 국민들이 교육 목표부터 다시 설정해서, 목표를 어디에 두고 우리 아이들을 키우자는 식의 근본적 요구를 하는 데에서 시작되어야 한다고 봅니다. 돈봉투 문제만 해도 단지 그것만 갖고 해결하려 하지 말고 올바르게 인간답게 아이들을 키우려고 노력하는 가운데 자연스럽게 해결되도록 해야 합니다. 사회적으로 교육의 목표가 입신 출세로 되어 있는데, 돈봉투만 딱 떼어서 받자, 받지 말자 하니까 해결이 안되는 것이지요.

조혜정·
그 문제와 연관된 것인데 만일 아이가 '난 대학 안 가겠다'고 하면서 철학적인 고민을 할 때, '그래, 안 가도 좋다'고 할 수 있는 부모가 얼마나 될까요? 학부모 운동이 근원적 사회 변혁 운동이 되려면 결국 그 수준에서 인생관이랄까 철학이 정리되지 않으면 힘듭니다. 대학 입학이 워낙 사회적 성취와 직결되어 있는 상황이기 때문이죠. 입시 위주 교육이 가져오는 병폐를 잘 알면서도 그 게임을 전적으로 안하겠다고 할 수 있는 지점까지 가기는 어려운 일이거든요. 저는 실제로 대학에 들어와 하는 공부와 예비 고사 성적이 별관계가 없다고 봅니다. 제가 가르치는 학생들의 이야기도 그렇습니다. 예를 들어 제가 하는 인류학 강좌가 상당히 학생들을 머리 아프게 만드는 과목인데요, 스스로 의미를 만들어 가는 작업 위주이지요. 한 학생이 못 알아듣겠다고 괴로워하면서 찾아와 하는 말이 자기 친구가 들었으면 참 좋아했을 텐데 그 친구는 고등학교 때 사회 과학 서적을 읽고 하다가 예비 고사 성적이 나빠 다른 학교를 갔다고 하더군요. 딱한 것은 그 친구가 소위 2류 학교에 갖기 때문에 열등한 학생이고 생각할 줄 모르는 학생이라고 낙인을 찍히기 때문에 자포 자기하게 된다는 사실입니다. 참 이율 배반적인 세상이지요. 지금은 거의 대안이 없는 상황입니다. 그리고 이기는 편이 없이 모두가 지는 상황이구요. 하여간 입시 준비로 제대로 삶을 모르는 아이, 또 그 와중에 부당하게 낙오를 강요당하는 아이들을 살릴 수 있는 방법을 찾아야 된다고 봅니다.

전성은·

그것이 바로 제가 강조하고 싶은 점입니다. 저희 샛별 국민학교의 교육 방침은 '마음껏 자유롭게 뛰어 놀자'이고, 샛별 중학교는 '마음껏 뛰어 놀고 틈틈이 공부하자'(전체 웃음)입니다. 그런데 거창 고등학교는 현실과 많이 타협하고 있습니다. 그래서 '열심히 공부하고 틈틈이 놀자'(전체 웃음)이지요. 인문 고등학교, 즉 대학 준비 교육을 하는 학교이기 때문입니다. 그러니까 대한민국 인문 고등학교의 유일한 존립 기반은 인간적 교육이 아닙니다. 일단 대학 입학만을 소망하는 학부모들도 만족시켜야 하거든요.

조은·

거창 고교에서는 그래도 다른 학교에 비해서 아이들을 놀게 해주는 편인데, 진학률은 어떻습니까?

전성은·

4년제 대학 진학률이 75% 가량 됩니다.

조은·

그렇게 교육해도 대학에 갈 수 있다는, 아니 웬만한 서울 학교보다 훨씬 성적이 좋다는 것은 오히려 새로운 교육 방침이 현 체제 내에서도 효과적일 수 있다는 가능성을 보여 주는 것 아닙니까?

현재의 상황에서 참교육은 얼마나 가능한가?

조형 ·
지금과 같은 교육 구조에서도 샛별 국민학교나 거창 고등학교와 같은 노력이 있어 왔고, 한편으로는 모순이 커짐에 따라 참교육을 하려는 교육 운동에의 요구가 커지고 있습니다. 현재 사회 구조 안에서 참교사의 몸부림으로 제대로 된 교육을 얼마나 해낼 수 있다고 보시는지 궁금합니다. 다시 말해서 경직된 체제 내에서 교육자들의 노력이 얼만큼 의미 있는 역할을 할 수 있을지 말입니다.

전성은 ·
제가 아까 초등 교육자의 수준을 언급했을 때 학문적인 수준만을 말하는 것이지 인격적인 수준을 말하는 것은 아니라고 했는데, 제도나 학문적 수준이 일반적으로 인격적 수준과는 상관 관계가 적은 것 같습니다. 솔직히 60년대 이후, 특히 70년대에 들어와서는 사범 대학의 대학 입시 성적이 그리 높은 편은 아니었지 않습니까? 교육 현장에서 제 제자들을 보면서 교사의 학문적 수준과 인격적 수준은 상관 관계가 적다는 것을 느꼈습니다. 그들을 보면서 저는 희망이 있다고 보는 편입니다. 제가 외국에 나갈 기회가 있으면 주로 학교에 가서 특히 나이 많은 교사들과 이야기해 보는데, 교육 문제에 대해 우리만큼 관심을 많이 가진 교사를 가진 나라를 보지 못했습니다. 제가 다녀 본 십여 나라 중에서는 우리나라 교사처럼 교육에 대해 걱정을 하는, 직장에서 자기 목을 걸고 싸울 정도의 교사를 가진 나라를 보지 못했습니다. 그래서 학문적 수준이 낮고 제도나 환경이 열악하여 교육자가 자율권을 충분히 발휘할 수 없다고 해서 희망이 없다고 볼 수는 없습니다. 구조가 열악한 만큼 오히려 교육에 대한 관심이 깊어지고, 깊은 관심을 가진 사람들이 모여서 목소리를 갖게 됨에 따라 그 동안 눌렀던 만큼 더 새로운 가능성이 솟아오르는 것 같습니다.

조형 ·
바꿔 말해서 환경은 교사들이 규격화된 교육에서 벗어나기 어려운 상황이지만, 그렇기 때문에 참교육에 대해 관심을 가진 교사가 나올 수 있으므로 앞으로 좀더 나아질 희망이 있다는 말씀이군요. 다시 확인하고 싶은데, 현재 구조 그 자체를 변화시키지 않고, 다시 말해 전체 환경을 그대로 둔 채 대안적인, 즉 전인적인 교육을 시킬 수 있다고 보시는지요? 개선의 가능성에 대해 말씀해 주시지요.

전성은·

대답이 될지는 모르겠으나, 우리 경우를 말씀드리지요. 문교부의 간섭을 받지 않기 위해 인가를 내지 않고 시작한 홍성의 풀무 학원과는 달리, 우리는 인가를 내고 시작했습니다. 특수한 실험만 하기보다는 일반화시킬 수 있어야 한다는 생각에서였지요. 스승과 제자가 인격적으로 만나면 그것이 곧 교육이라는 것이 우리 주장입니다. 아무리 제도가 나쁘고 환경이 열악해도 인간과 인간 사이에 이루어지는 일이니 한번 해보자는 생각에서 몇 년을 두고 토론한 끝에 인가를 낸 것이지요. 한때는 인가를 반납하려 했습니다. 그러나 인가를 반납한다면 우리 생각이 틀린 것이 아니냐, 누군가는 해봐야 할 것이 아니냐 하는 생각에서 그대로 하자고 다시 결정을 했습니다. 그렇다고 개혁을 바라지 않는다는 이야기가 아닙니다. 그러나 아무리 제도와 환경이 나쁘더라도 교사와 학생은 만날 수 있고, 그런 노력은 계속되어야 합니다.

고정희·

스승과 제자가 만나면 그것이 곧 교육이라고 하셨는데, 그 만남이란 구체적으로 어떤 것을 말하는지요?

전성은·

일반적으로 교사와 학생을 교육의 양대 주체라 하지 않습니까? 그래서 이 둘이 어떻게 인격적으로 만날 수 있는지는 매우 중요하다고 보는데, 우선 교사와 학생 간의 몸 접촉이 잦아야 합니다. 샛별 국민학교의 경우, 모두가 참가하여 어우러져 놀 수 있는 행사가 월별로 계획되어 있는 것은 물론, 매일 20분간 쉬는 시간이 있는데 이때도 반드시 교사는 아이들과 같이 놀아야 합니다. 무엇을 하든 될 수 있는 대로 같이 놀도록 합니다. 물론 아이들이 자율적으로 할 수 있는 것은 스스로 하게 하고 함께할 것은 함께하지요. 두번째로 거짓말을 해서는 안됩니다. 아무리 피부 접촉을 많이 하고 정을 많이 줬어도 흰 것을 검다고 하고 검은 것을 희다고 하면, 신뢰감이 생기겠습니까? 신뢰감이 없어지면 교육은 불가능하지요. 예를 들면 사회적으로나 역사적으로 중요한 사건들이 있을 때 거기에 대해 뭐라고 가르치라는 공문이 내려와도, '학교가 문을 닫아도 교육은 살아야 한다'는 신념을 가지고 절대로 거짓말을 해서는 안된다고 생각합니다.

이오덕·

예, 정직이란 참 중요합니다. 교사들이 권위를 이야기하는데 권위란 정직에서 오지, 군림에서 오는 게 아닙니다. 교사들이 초·중·고를 막론하고 각 학교의 모든 규칙을 아이들과 같이 지켜야 합니다. 아이들 위에서 군림하려 하지 말고 내려오면, 자연히 아이들과 만나는 것 아닙니까? 배우는 것이 없이는 결코 가르치지 못한다고 생각합니다. 교사가 아이들에게 배울 것이 아주 많지요. 그런 자세를 늘 유지해야 합니다.

전성은·

그리고 세번째로 돈봉투 문제인데, 아이들은 예민해서 금방 압니다. 또 자기들끼리 정보 교환도 다 합니다(전체 웃음). 어른들이 아무리 변명을 하고 미사 여구를 사용해 설명을 붙여도, 돈봉투를 주고받고 거기에 따라 자기들에게 돌아오는 반응이 달라질 때 어떻게 교사에 대한 신뢰가 생기겠습니까. 다시 말해 행사와 계획된 마당을 통해 자주 어울리고 매일매일 피부 접촉을 하고 절대로 거짓말을 안하고 봉투를 안 받는다면 교사와 학생은 신뢰 속에서 만날 수 있고, 그러면서 기본적 교육이 이루어질 수 있다고 생각합니다.

윤구병·

저는 조금 생각을 달리합니다. 교육 제도 개혁이 없는 가운데 그런 개별적인 노력이나 부분적인 시도를 통해 과연 우리나라가 지니고 있는 구조적이고 근본적인 교육의 모순을 얼마나 들춰 내고 고칠 수 있을지 의문입니다. 물론 현 교육 제도 아래서도 정말 참된 교육을 하려고 피나는 노력을 하는 교사가 대단히 많습니다. 그리고 그것이 우리의 희망이지요. 하지만 현 교육 제도 안에서 제대로 참교육을 받지 못하고 왜곡된 교육을 받고 나가는 학생들이 거의 대부분이기 때문에, 참교육을 시키기 위해 노력하는 선생님들이 해놓은 교육의 결과가 수포로 돌아가게 된다는 것이 문제입니다. 물론 전부 수포로 돌아가지 않고 삶의 지주로 남기도 하지요. 그러나 국민학교 때 아무리 애써서 잘 가르쳐 놓아도 중·고등학교로 올라가면서 잘못된 교육의 홍수 속에서 성과가 사라져 버리는 경우가 태반입니다. 그리고 사실 전체적으로 볼 때 샛별 국민학교나 풀무 농업 고등 기술학교는 극히 예외적인 경우거든요. 그래서 이런 부분적인 사례를 들어, 제도의 개혁이 없이 교사들의 힘에 의해 제대로 된 교육이 될 수 있다는 의견에는 상당히 회의적입니다.

교육은 '운동'

조은·
한 가지 궁금한 점이 있습니다. 지금 운영하고 있는 샛별을 실험적인 학교로 생각하는지, 아니면 정말 우리 제도 교육의 대안이 될 수 있는 모델로 생각하는지 말씀해 주십시오.

전성은·
저희는 처음부터 지금까지 교육이란 하나의 '운동'이라고 생각하고 있습니다. 어떤 모델이 있는 것이 아니라 역사적·시대적 상황에 따라서 변할 수밖에 없는 운동 말입니다.

이오덕·
문제는 어떠한 교육에 희망을 두어야 하는가입니다. 제가 40여 년 교직 생활을 한 뒤에 내린 결론인데, 우선은 위의 지시 명령에 어떻게든 맞서 잘못된 지시 명령을 막아 주고 아이들을 지켜야 합니다. 지금 상황에서 교육은 그것이 어떤 형태든지 운동이 아니고는 절대로 하지 못한다고 봅니다. 전 선생님이 교육은 운동이라고 했는데, 그것이 남이야 어떻든 내 교실, 우리 학교만 잘하면 된다는 것은 아닐 것입니다. 서로 손잡고 많은 사람이 참여해야 교육 운동은 가능합니다. 정치·경제·사회 등 모든 부분에 걸쳐 아래서부터의 변혁 운동이 필요한 시점인데, 교육 운동의 원동력은 교사 한 사람 한 사람에게 있습니다. 거기에 불을 붙이고 제도를 고쳐 교육은 우리가 한다고 자신하게 될 때 희망이 있지, 다른 데는 희망이 없습니다.

　몇 년 전에 전국 교사 협의회 구성에 앞장 선 사람들과 이야기했을 때 저는 좀 실망했습니다. 교육 운동에 앞장 서겠다는 사람들이 이래서야 되나 하는 생각을 했었는데, 운동이 점점 퍼져 나가면서 바람직해지더군요. 역사라는 것이 그런 것 같아요. 3·1 운동만 봐도 독립 선언서를 만든 사람들은 큰 힘이 되지 못했습니다. 대부분 나중에 친일했지 않습니까? 선구자는 그 나름의 역할이 있긴 있지요. 그러나 3·1 운동은 전체 민중이 한 것입니다. 운동은 그렇게 되어야 한다고 생각합니다.

조형·
처음 선구적 교육 운동가들을 만났을 때 실망했다고 하셨는데 실망이 무엇에 대한 것이며, 나중에 운동이 확산되니까 그것이 바람직해졌다고 하셨는데 그 바람직한 것은 무엇인지요?
이오덕·
우선 운동에 대한 제 생각부터 말씀드리지요. 저는 무슨 운동이든지 외부에 대한 권리 주장과 아울러 자기 스스로 바로 서려는 확고한 의지가 있어야 한다고 생각합니다. 여성 운동, 노동 운동, 문화 운동, 교육 운동 등 모든 운동에 그 두 가지가 동시에 필요하지요. 그런데 대개의 경우, 자기 자신이 바로 서려는 운동은 거의 없는 것 같습니다. 교육 운동이 제대로 되려면 권력을 휘두르며 지시 명령만 하는 정치 행정에 대한 비판과 아울러 교육자 스스로가 바로 서려는 운동을 해야 합니다. 교육자는 특히 자신에 대해 철저해야 합니다. 그리고 교육자가 바로 서는 데 가장 중요한 것은 학부모와의 관계입니다. 거대한 권력 기구와 문교 행정에 맞서 싸우려면 교사들의 힘만으로는 안됩니다. 학부모와 손을 잡아야 합니다. 교사들이 '여건이 안 좋은데 우리가 무엇을 할 수 있겠는가'라고 생각하면서 우리도 먹고 살아야 한다고 자포 자기하고 돈봉투가 들어오면 적당히 받고 또 아이들을 채찍질해서 점수 경쟁시키고 하면 아무것도 안되거든요. 문교부라는 거대한 권력 기구와 맞서려면 우선 교사가 스스로를 추스리고, 학부모들을 모아서 기탄없이 의견을 주고받아 일대 국민 운동을 벌여야 합니다.

이제 좀전의 질문에 대답하겠는데, 초기에는 교사들이 스스로 바로 서려는 면에서 약했습니다. 돈봉투 이야기가 나올 때 교육 운동에 앞장 선다는 사람들이 열이면 그중 여섯이 뭐가 나쁘냐는 식이었습니다. 그런데 운동이 전국에 퍼져 가면서 제대로 되더군요. 참 제가 감동했습니다. 민중의 실체가 이런 것이구나 하는 생각이 들었습니다. 아마 3·1 운동도 그런 식으로 됐을 겁니다.
전성은·
참고로 말씀드리면 몇 년 전에 돈봉투 안 받기 운동을 시작하려 했을 때 시골 교사들은 호응을 하는데, 특히 교사가 많이 집중된 서울에서는 한 분도 동참을 안하더군요.
윤구병·
시골 교사가 좀 편한 점이 있지요. 돈봉투 가져오는 사람이 적거든요(전체 웃음). 그런데 이제는 서울에서도 교육 운동을 하는 교사들은 봉투를 안 받는 쪽으로 변했습니다. 이오덕 선생님은 한 3년 앞서신 거지요(전체 웃음).

학부모 운동의 시작은 '내 아이 우선주의'를 버리기부터

조형·
그런데 교사가 돈봉투를 받지 말자는 운동은 있지만, 학부모가 돈봉투를 주지 말자는 운동은 없었지요. 물론 이런 구호에는 문제점이 있습니다. 거기에는 교사와 학부모 사이의 신뢰감이라는 아주 중요한 것이 빠져 있거든요. 돈봉투는 점수와 인격을 사고 파는 것인데, 학부모의 운동은 교사의 자존심과 입지를 세워 주는 방향이 되어야 할 것 같습니다. 그리고 사실 아이들을 몇 년 동안 학교에 보내면서 차마 선생님에게 봉투를 갖다 드리지 못하는 엄마들이 많이 숨어 있을 것입니다.

박혜란·
바로 세 시간 전의 제 생생한 체험담을 말씀드리지요. 저는 세 아이를 학교에 보내고 있는 중산층 주부입니다. 그런데 저의 생각이 그런 환경에 잘 맞지 않는 것 같아요. 둘째 아이가 요즘 말썽 많은 8학군의 신흥 명문고에 다니고 있는데 여지껏 봉투를 가져간 적이 없었습니다. 저는 저 나름대로 비록 짧게는 아이들이 피해를 볼 수 있을지언정 길게 보면 피해를 보지 않는다고 생각하거든요. 또 저는 참 존경하는 선생님들이 많아요. 제가 아는 선생님들 중 80%는 굉장히 존경합니다. 그래서 가만히 두어도 저 같은 학부모가 점점 많아져 한 30년 지나면 좋아지리라는 희망을 갖고 살고 있었는데, 오늘 봉투의 주범이 되어 그것을 선생님께 갖다 드리고 오는 길입니다.

개인으로 드린 게 아니라 반에서 모은 것입니다. 학교에서 반 공식적으로(전체 웃음) 명단과 함께 배당이 나왔길래, 먼저 어머니 회의를 했지요. 내 생각으로는 이것을 거부하고 나아가 사회 문제화시켜야 한다고 했더니, 어머니들이 겁을 내면서 그렇게 하면 아이들에게 피해가 간다고 하더군요. 참석한 8명 중 6명이 반장 어머니의 소신대로 해서는 안된다면서, 학교에서 우리 아이들 학급이 유별나면 안되니 당신 뜻은 알지만 개인 소신을 굽히고 '민의'를 대변해 달라더군요. 오늘 전달자로서 봉투를 드리면서 그 과정까지의 고민도 선생님께 전하게 됐습니다. 그랬더니 의외로 "학부모가 교사의 사기를 높여 주는 일은 이 방법밖에 없으니 괜찮습니다"라고 그 선생님이 대답하시더군요. 그리고 덧붙여서 "어머니께서 대학 강사로 사회 참여를 하신다고 자식에게 관심이 없으시다간 나중에 큰코 다치실 터이니

(전체 웃음) 다음 학기부터는 강의를 조금 맡고 관심을 기울여 주십시오"라는 충고까지 하시더군요. 그 충고를 어떻게 받아들일지 참 당혹했습니다.

조혜정·
그런데 그것이 서울에만 국한되는 문제는 아닌 것 같아요. 제가 그저께 진주에 갔을 때 학부모들과 토론할 기회가 있었습니다. 그 분들 이야기로는 그 근방 중소 도시에서도 촌지가 3~10만 원이 된다고 합니다. 1년에 3~4회 해야 하구요. 그러면서 촌지는 차라리 괜찮은데 학교 끝나고 맥주 좀 안 마셨으면 좋겠다고 하더군요. 공부 끝나고 어머니들이 교사들에게 통닭을 사고 맥주를 사서 학교에서 대접한대요. 그러니까 서울 같으면 회식하는 것을 그곳에서는 학교에서 맥주로 하는 것인데, 그것이 부담스럽고 교육적으로도 좋은 것 같지 않다고 말씀하시더군요.

조은·
안 받기 운동에 대해 안 주기 운동을 한다고 할 때 저는 그것이 여태껏 받아 온 선생들에 대해 안 주어야 한다는 생각보다는, 엄마들이 자기 아이가 다른 아이보다 총애를 받거나 특별한 대우를 받아야 된다는 생각에서 벗어나서 반성의 토대를 밑에 깔고 시작해야 한다고 생각합니다. 잘하다가도 "아이가 큰코 다칠 겁니다"라고 하면 엄마들 마음이 약해지거든요. 내 아이가 제일 잘 대우받아야 한다는 생각에서 벗어나야 합니다. 그런 선에서 학부모 운동이 일어나야 한다고 생각합니다.

제도 변혁 운동과 의식화 운동의 병행

조형·
그럼 촌지 이야기는 이 정도로 그치고 다른 주제를 생각해 보지요. 전 교장께서 아까 교육은 '운동'이라고 하셨는데 교육 운동의 목표는 어떻게 잡아야 할지요?

전성은·
좀전에 이오덕 선생님이 말씀한 것처럼 두 가지가 있겠지요. 우선 안으로 자기가 바로 서는 것이 중요하고, 밖으로 우리의 주장을 펴 나가는 것이 병행되어야 합니다. 후자에는 단계와 시점이 있는데, 지금은 교원 노조를 결성하는 것이 시급하고 그것이 되면 또 그 다음 목표가 설정되는 식이 되겠지요. 물론 전자는 끝이 없는 각고의 길입니다만.

이오덕·
결국 목표는 아이들을 살리는 인간 교육이지만, 아이들을 살리기 위해 지금 당장 급한 것은 학교의 자율성 확보입니다.
윤구병·
비슷한 이야긴데, 결국 밖으로 향하는 제도 변혁 운동이라고 할 수 있겠죠. 교육을 제대로 하지 못하게 하는 온갖 제도를 바꾸는 운동 말입니다. 여기서 교육법만이 문제가 아닙니다. 교육법이라는 것은 더 큰 틀 속에 자리잡고 있는 것이기에, 그 틀 자체에 대한 운동이어야 합니다. 그리고 앞에서도 이야기했습니다만, 의식화 운동이 필요합니다. 아이들을 무의식화하는 모든 것에 맞서서 아이들이 현재의 삶 자체를 정직하고 정확하게 볼 수 있는 의식을 가질 수 있게 도와야 하거든요. 앞서 두 분 선생님이 말씀하신 것을 제 나름으로 정리하자면, 제도 변혁 운동과 의식화 운동이 끊임없이 병행되어야 한다고 봅니다.
조혜정·
구체적으로는 교과서를 새로 쓰는 운동은 어떨까요? 국정 교과서를 경전화하는 문제를 고쳐야 하고, 교과서를 선택할 수 있도록 하며, 동시에 우리 내부에서 정말 인정받는 교과서가 나와야 되겠어요. 채택되면 좋고, 안되면 부교재로 쓰거나 과외로 읽는 등 어떤 방법을 써도 되는 게 아닙니까(웃음). 교과서도 우리가 쓰고 학교도 우리가 만든다는 생각을 하고 행동으로 옮기는 적극적인 운동이 되어야 하지 않겠나 생각합니다.
윤구병·
예, 구체적으로는 자기 나름으로 교과서를 만들었던 풀무 학원의 경우처럼 그런 작업이 끊임없이 이루어져야 합니다. 그래서 학교마다 교과서가 다르고 선생마다 교과서가 다를 수 있어야 합니다.
조은·
그런데 교사마다 교과서가 다를 수 있다고 할 때, 운이 좋아 괜찮은 교사를 만나면 정말 좋겠지만 그렇지 않은 경우는 문제가 되지 않을까요? 지금의 상황에서는 학부모에게 학교나 교사에 대한 선택권이 없거든요.
윤구병·
그건 현재의 상황만 생각하니까 걱정이 되는 것이겠지요. 교과서가 완전히 자율화되는 때까지는 실제로 교육의 주체인 학생, 교사, 학부모 이 3자 공동의 끊임없는 집단적 노력이 있어야 합니다. 그러면 그 과정 속에서 선생님들이 의식을 바꾸게 되고, 학부모가 의식을 바꾸게 되고, 거기에 따라 학생도 의식을 바꾸게 될 겁니다. 그렇게 되면, 지금과 같은 교육 현장이 그대로 머물러 있는 데서 생기는 그런 걱정은 없어지지 않을까 합니다.

**교과서 자율화, 돈봉투 안 주고 안 받기, 학교 규모 줄이기,
민주 교사 지켜 주기, 그리고 전체적인 틀에 손을 대기까지……**

전성은·
저는 학부모님들께 세 가지를 부탁드리고 싶습니다. 그 첫째는 서명 운동을 벌인다든지 해서 교과서 자율화를 위한 법개정 운동을 해야 합니다. 이것이 현재로서 명분이 서는 제일 중요한 작업이라고 봅니다. 그리고 두번째는 학생의 권리 문제와 이어지는 돈봉투 안 받고 안 주기 운동입니다. 우리는 학생의 권리를 잘 생각하지 않는 것 같아요. 어떻게 생각하면 학생은 자기가 잘못하면 혼나고 매맞을 권리도 있는 겁니다. 그런데 부모가 돈을 주면 혼도 안 내고 때리지도 않거든요(전체 웃음). 학생들이 올바른 인간 교육을 받을 권리가 있는데 학교 현장에서 여러 요인들, 그중에 특히 돈봉투로 인해 그 권리가 무너지고 있습니다. 이 봉투 안 받고 안 주기 운동은 명분은 물론, 봉투에 대한 피해 의식을 느끼는 분들도 계시기 때문에 상당히 잘되리라 봅니다. 세번째는 학교 규모 줄이기 운동입니다. 제가 교장으로 있는 샛별 국민학교나 거창 고등학교가 그래도 교육다운 교육을 해보려 할 수 있었던 것은 우선 시골이었기에 가능하지 않았나 싶습니다. 서울 같으면 벌써 문닫았겠지요. 뭐 관청뿐만 아니라 학부모 등쌀에 견디지 못하죠. 그 다음에는 학교가 작았기 때문에 가능했던 겁니다. 학급당 학생수는 다른 데와 비슷하지만, 샛별 국민학교는 한 학년이 두 학급이고 거창 고등학교는 한 학년이 네 학급입니다. 저는 학생이 3학년쯤 되면, 운동장 저 끝에서 도망 가는 뒤통수만 봐도 "아무개야!" 하고 부를 수 있습니다. 이렇게 부를 수 있는 상황과 이름을 몰라서 "야, 이리 와!" 하는 것은 교육적으로 엄청난 차이가 있습니다. 학교가 큰 것이 자랑이 돼서는 안됩니다. 몇천 명씩 데리고 어떻게 교육이 됩니까? 그래서 저는 학부모님들께 교과서 자율화 운동, 봉투 안 받고 안 주기 운동, 그리고 학교 규모 줄이기 운동 이 세 가지를 해주셨으면 합니다.

윤구병·
한 가지 꼭 덧붙일 게 있는데요. 학부모들이 민주 교사 지켜 주기 운동을 해야 합니다(전체 웃음). 그리고 이건 선생님들께 부탁드리는 것인데, 물론 지금은 학부모들에게 가정 통신문을 보낼 자유도 없습니다만, 어려운 일이 있을 때 무슨 방법을 써서라도 그 일을 학부모들께 알려야 한다는 겁니다. 그래야 어떤 어려움을 겪고 있는지 알고 서로를 이해하게 되고 학부모들끼리 모여 의논할 수 있거든요. 학부모가 모르면 교사도 교육도 아이도 지켜 줄 수 없습니다.

이오덕·
예, 학부모들께서 교사들의 교육 운동을 좀 지원해 줘야 할 것 같아요. 아까 제가 교사들이 수십 년 동안의 잘못된 행정으로 인해 형편없이 되었다고 했는데, 그래도 희망은 교사들에게 걸 수밖에 없거든요. 백성들이 잘못된 정치로 인해 어려움에 처했다고 해도, 희망은 그 백성들에게 걸 수밖에 없는 것과 마찬가지죠.

 그리고 하나 짚고 넘어갈 게 있습니다. 학교 규모가 작아야 한다는 것이 정상적인 교육 상황에서는 맞는 이야기지만, 온갖 간섭을 받는 현재의 교육 체제에서는 규모만 작다고 교육이 제대로 되는 건 아닙니다. 전 선생님처럼 학교를 운영하는 것은 예외적인 경우죠. 농촌이고 도시고 간에 학생들이 많아야 교장이나 선생들이 경쟁을 하는 데 유리하거든요. 학생 수가 많아야 다른 학교와 경쟁하는 데 유리하고 여러 가지 선수를 뽑는 데도 유리합니다(전체 웃음). 그런 일면이 있다는 점도 알아 두실 필요가 있습니다.

조혜정·
그렇게 되면 학부모 운동에 학교간의 각종 대회, 경기, 콩쿠르 등을 없애는 것도 들어가야겠는데요. 지엽적인 일 같지만, 학교세가 크다는 것이 아무 의미가 없다는 풍토를 만들기 위해서는 말입니다. 영국의 경우 교내 운동회에서도 경쟁을 안 시키더라구요. 각 팀이 따로따로 작업을 끝내면 점수를 합산해서 청·백·홍군 중 어디가 이겼다고 박수는 쳐주지만 모든 면에서 각자 최선을 다해서 뛰게 하는 원리를 고수하려고 하지 절대 두 명이 같이 뛰게도 안해요.

이오덕·
예, 지금 교육은 모든 것이 경쟁 일색인 셈인데 어떻게 경쟁적이지 않은 상황에서도 스스로 최선을 다할 수 있게 할지가 문제의 핵심입니다. 게다가 지금은 군대식 아닙니까? 획일적으로 지시·명령하거든요. 그렇게 하는 데는 십여 명을 앞에 놓고 호령하는 것보다 한 70여 명을 놓고 호령하는 것이 더 신명도 나고 잘된다고 대부분 생각합니다. 그러니 교사가 아이들에게 어떻게 다가가느냐의 방법과 신념이 논의될 때입니다. 교사가 어떻게 생각하고 실천하며 운동을 펴 나가느냐로 고민하고, 그런 분위기를 만들어 가는 작업이 중요한 거지요.

조은·

하지만 규모가 작을수록 자율성을 확보할 여지가 커지는 것은 사실이지요. 규모의 확대는 행정의 집중화와 자율성의 감소, 그리고 비인간화와 연결되니까요.

이오덕·

물론 그렇죠. 제 말은 현재 그보다 중요한 게 있는데, 덜 중요한 것을 강조한다는 것도 문제라는 것이지요. 학부모들이 학교가 작아야 한다고 생각하는 것은 당연합니다. 그러나 현재 그것에만 매달려서는 효과가 없습니다. 그것보다는 아이들을 어떻게 하면 사람답게 키우나, 꼭 대학에 가야, 극단적으로 말하면 고등학교를 졸업하고 사람답게 살면 되지 않나? 아이를 살리는 교육을 하자, 이것이 훨씬 중요하다는 겁니다.

전성은·

저도 한 가지 덧붙일 것이 있는데, 그건 학력에 따른 임금 격차가 우리처럼 심한 나라가 별로 없다는 사실과 관련됩니다. 아무리 잘되어 있는 나라일지라도 한 2,30년만 우리처럼 학력에 따른 임금 격차를 두어 보세요. 그 나라 학부모는 논 팔고 집 팔고 법석 떨며 자기 자식 대학에 안 보내겠습니까? 그래서 저는 대학 입시 지옥의 근본 원인이 입시 제도에 있는 것이 아니라, 학력에 따른 임금 격차 내지 사회적 차별이 극심한 우리의 사회 체제에 있다고 봅니다. 어느 나라 부모라도 일단 공부를 시켜야 자기 자식이 먹고 사는 데 유리하다면 논 팔아 집 팔아 대학 보내게 마련이고, 논 팔아 집 팔아 자식을 대학 보내는 부모가 있으면 입시 경쟁이 치열해지는 것이고, 그럴수록 그 여파가 대학에서 국민학교로 내려가는 것입니다. 결국 정치·경제 구조와 교육의 관계는 불가분의 관계입니다. 그러니까 학부모들과 교사와 교육에 관계된 모두가 힘을 합해 조직을 만들어서 교육의 '정상화'를 위해 장기적으로 운동을 하는 수밖에 없습니다.

조형・
예, 우리의 미래 사회를 꾸려 나갈 아이들을 살리려면 교육과 관련된 모든 사람들이, 학부모는 학부모대로 교사는 교사대로 철저한 자기 반성을 토대로 굳게 손을 잡고 함께 운동을 해 나가야 하리라 봅니다. 물론 앞에서 이야기된 문제들이 한꺼번에 해결되는 것은 아니니까, 단계적으로 적절한 시기에 전개시켜 나가야겠지요. 그래서 구체적인 문제들을 해결해 나가면서 전체적인 틀에까지 손을 대야 하리라고 봅니다.

오랜 시간 동안 좌담에 진지하게 임해 주신 여러 선생님들께 감사드립니다. ■

논설

교육의 신화를 깨자

조혜정[*]

1. 머리글

지금 이 땅에서 어린이를 기르는 일에 관여하고 있는 사람들 중에 교육에 지대한 관심을 갖지 않은 사람은 아마 하나도 없을 것이다. 그리고 그들 중에 교육이 잘되어 가고 있다고 생각하는 사람 또한 흔치 않을 것이다. 아이가 제도 교육에 적응을 잘하면 잘하는 대로 지나치게 이기적이고 기계처럼 되어 가는 모습에, 또는 지나치게 경쟁적이고 신경질적이 되어 가는 모습에 불안해 하고, 적응을 하지 못하면 못하는 대로 실패감을 안고 사는 무기력한 인간으로 남게 될 것을 염려하게 된다. 교육 문제에 관한 한 우리 모두가 이런저런 면에서 위기감을 느끼고 있는데, 모두가 어떻게 할 수 없다고 자포 자기하는 데에서 그 심각성은 더욱 커지고 있다.

이 글은 현 우리나라의 제도 교육의 실상이 어떠하며 왜 그런 모습으로 나타나게 되었는지, 그리고 현 상황을 타개할 길은 무엇인지를 공업 자본주의의 발달 과정, 그리고 우리나라 특유의 역사적 진행 과정 속에서 파악해 가는 데 목적이 있다.

---

[*] 1948년생. 연세 대학교에서 문화 인류학을 가르치고 있으며, 『한국의 여성과 남성』, 『탈식민지 시대 지식인의 글 읽기와 삶 읽기』 1-3권을 썼다.

2. 모두를 좌절시키는 한국의 교육

나는 이 논설을 쓰기 위해 네 학교에 질문서 응답을 의뢰했었다. 강남, 강북, 공·사립을 기준으로 계층 변수를 고려하여 국민학교 4~5학년에게 질문서를 돌렸는데 놀랍게도 응답은 너무나 획일적이었고 참으로 건질 것이 없는 미비한 자료였다. 질문서의 질문은 ① 어머니께서 자주 하시는 말씀, ② 아버지께서 자주 하시는 말씀, ③ 어머니가 매우 좋았을 때, ④ 아버지가 매우 좋았을 때, ⑤ 취미와 특기, ⑥ 장래 희망 직업, ⑦ 나의 소원 순서였는데, 부모에 상관없이 가장 자주 하시는 말씀은 정해져 있었다. 그것은 너무나 일관되게 '공부해라,' '밥 먹어라,' 'TV 보지 마라'는 대답이어서 질문서를 돌린 나 자신이 부질없는 짓만 했다는 생각이 들 정도였다. 220명 중 2명의 예외가 있었는데 한 명은 '남에게 해를 끼치지 말라'는 말을 어머니와 아버지가 가장 자주 하시는 말씀으로 썼고, 또 한 경우는 어머니는 '하기 싫으면 하지 말라,' 아버지는 '밖에서 운동을 했니?'라는 말이었다.

'부모가 가장 좋았을 때'에 대한 응답은 대다수가 '선물을 사주었을 때'와 '칭찬을 하셨을 때'였고, 장래 직업에 있어서는 '과학자,' '운동 선수,' '의사' 등 학교에 관계없이 인기 직종 지향이 현저하게 드러났다. 단지 '소원'에 있어 약간의 차이가 보였는데, '남북 통일,' '공부 잘해 보이 스카우트에 드는 것,' '○○대에 가는 것,' '말이 안되지만 시험 없는 나라에 사는 것,' '공부하라는 말을 듣지 않는 것,' '방학이 늦을 때까지' 등의 내용은 공통적으로 많이 나왔다. 이런 공통점 이외에 경제 상황에 따른 차이도 나타나는데, 경제적으로 어려운 편인 학교에서 '부모님을 호강시켜 드리는 일,' '부모님과 오래오래 사는 것,' '가정 화목' 등의 응답이 주된 항목이었던 반면, 경제적으로 윤택한 편의 학교에서는 '강아지 갖는 것,' '세계 일주하는 것,' '부자 되는 것,' '코가 좀 높고 이뻐지는 것' 등의 항목이 주목되었다. 이렇게 그들이 처한 사회·경제적 환경에 따라 약간의 차이가 보이나 전체적으로 국민학교 4~5학년 어린이들은 '공부해라'의 압력 속에 살고 있고, 가족 문화의 부재 속에서 공부 없고 시험 없는 세상을 꿈꾸고 있음을 알게 된다.

실제로 일 년에 수십 명의 자살에까지 이르는 입시 전쟁은 갈수록 치열해서 그 여파가 유치원에까지 이르고 있다. '대학 입시'라는 정점을 향해 단단히 옭아 매어져 가는 한 중산층 어린이의 성장(미성장) 과정을 스케치해 보자. 실상 대학 입시를 위한 장기전은 유치원 이전부터 시작된다고 보아야 할 것이다. 어머니는 어릴 적부터 나이 어린 아이와 노는 것도 별로 좋아하지 않는데, 이유는 자기보다 큰 아이와 놀아야 뭔가 배운다고 생각하기 때문이다. 작은 아이들과 놀면 지도력이 길러질 수 있다는 가능성조차 미처 생각하지 못할 정도로 어머니들은 '공부' 잘하는 아이 만들기에 집착하기 시작한 것이다. 국민학교 저학년 때까지 글자 먼저 익히기, 주산 및 속셈 학원, 피아노, 미술, 웅변, 태권도, 수영 등을 익히게 하여 학업 성적에 도움이 되고 예능 점수를 잘 받으며 신체적으로도 기죽지 않는 아이로 단련시켜 놓는다.

 이 기초 과정은 4학년이 되기 전에 '잡아 주어야' 하며 고학년에는 학업만을 위해 가능한 한 기초 예술 과목은 졸업시킨다. 단 4학년 겨울 방학 때까지 수채화를 '잡아 주어야' 하는데 5학년부터 수채화를 하기 때문이다. 이때부터 영어, 컴퓨터, 붓글씨 등을 시작하기도 하나 기본적으로는 문제집 풀이에 주력한다. 제자리에 앉아 공부하는 버릇이 들게 '잡아 주어야' 한다는 것인데, 하루 서너 시간은 책상 앞에 앉아 있어야 한다는 것이 자녀 교육에 '관심'을 갖는 어머니들의 생각이다. 어머니는 교사가 숙제를 조금 내면 더 오래 책상에 붙어 있도록 숙제를 좀 많이 내 달라고 교사에게 부탁을 한다. 중학교에 들어가면 완전히 공부하는 틀이 잡혀야 하는데, 만약 중학교 3학년까지도 틀을 잡지 못하면 낭패다. 고교 1학년부터는 본격적인 지구전에 들어가고 고2까지 전 고교 과정을 끝내야 한다. 고교 시절은 각자가 이미 확보해 놓은 자리를 지키는 시기이지 새 자리로 올라간다는 것은 극히 불가능하다고 어머니들은 믿고 있다. 많은 중산층 어머니들은 이 장거리전의 코치로서 자녀 입시의 승패가 곧 자신의 삶의 승패라 믿고 이와 같은 게임에 맞추어 자녀를 키워 가고 있다. 아이들은 아이들대로 '입시 전선 우방 없다,' '졸면 죽는다,' '사당 오락(四當五落)' 등의 문구를 책상머리에 붙여 놓고 살벌하게 공부한다. 부모들은 '대학에 들어가는 것이 효도'라고 번번이 말한다. '인생은 성적순'이고, '남을 제치고 이겨야 산다'는 생각을 아이들은 일찍부터 뼈아프게 터득하게 된다. 어머니, 교사, 아이들이 어우러져 만들어 내고 있는 이 입시극에서 행복한 사람은 하나도 없으나 과장과 신화에 싸인 이 연극이 최대의 관객을 끌고 있는 것은 외면하지 못할 비극적 현실인 것이다.

이런 삶이 비단 도시의 중산층에만 국한된 것이 아님을 우리는 너무나 잘 알고 있다. 방학이 시작되면 빈민 지역 어머니들이 이곳저곳 모여 애들 성적 얘기로 시끌벅적해진다. 부모들의 재력과 학력의 차이 때문에 또는 주거 환경 때문에 실행상 차이가 있을 뿐이지 향해 가고 있는 곳은 한곳이다. '덜 가진' 어머니들은 아이들이 전전한 학원의 가짓수가 좀 적다든지 또는 학원에 보내지 못해 가슴 아파하며 아이들에게 미안한 감만 더 가질 뿐이다. '원래 머리는 좋은 아이인데 부모를 잘못 만나 공부를 못하는' 것이라는 자책감만 커지는 것이다. '대학 진학이 유일한 살 길'이라고 믿고 아이들을 사정없이 내몰고 있다는 점에서 도시나 농촌, 강남과 강북이 그다지 차이가 있어 보이지 않는다.

어린이들로부터 배우는 기쁨을 앗아 가는 학교, 지식은 삶과 연결된, 삶을 풍부하게 하는 것이라는 사실이 허구임을 가르치는 제도 교육 현장에 대해 더 이상의 고발이 필요할까? 그러면 이제 우리의 교육 현실이 왜 이런 상황으로 치닫게 되었는지를 우리가 지난 백여 년 간 정신없이 휘말려 온 공업 자본주의화 과정과 관련하여 살펴보자.

3. 공업 자본주의와 학교 교육

(1) 초기 자본주의 단계의 제도 교육의 대중화

원래 농경 사회에서 제도 교육은 극소수의 귀족 관료층에 한정된 것이었다. 문자는 지배층에 의해 독점된 것이었으며 주로 문자적 지식은 통치를 위해 사용되었다. 대다수의 피지배 계층은 그 부모가 하는 일을 어깨 너머로 보고 심부름을 하다가 자연스럽게 넘겨 받을 뿐, '공부' 시간을 따로 가질 필요가 없었다.

제도화된 교육이 대중의 것이 된 것은 산업화 이후의 현상이다. 이념적으로는 시민 혁명을 거치면서 만인이 '평등해진' 사회에서 만인에게 배울 권리와 의무가 주어져야 한다는 뜻에서 대중 교육이 실시되었으나, 실제로는 경제 및 정치적인 면에서 보다 큰 의의를 갖는다. 경제적으로는 인위적 공장 노동을 보다 잘 수행해 낼 참을성 있고 시간을 잘 지키는 표준화된 인력이 필요한 때문이었고, 정치적으로는 국가주의 시대로 들어서면서 새 지배 계급의 권위를 확실히 하고 개인이나 교회, 지역 사회 등 전통적 집단에 충성하기보다 국가의 이익을 우선시하는 '국민'을 기르기 위해서였다. 다시 말해서 자유 경쟁 자본주의 시대의 교육은 자신이나 자기 가족을 위해 또는 국가를 위해 참기 힘든 반복적 공장 노동을 14시간씩 사명감에 차서 해내는 노동자, 그들 위에 군림하는 관료, 그리고 전쟁이 빈발하던 세기에 전쟁이 나면 그 전쟁의 정당성을 따져 보기 이전에 울분에 차서 전쟁에 자원해 나가는 애국 청년을 기르는 데 있었던 것이다. 따라서 이 시대의 학교는 보호, 선발, 교화, 교육이라는 네 가지의 기능 중에서 제도화된 생산 노동에 참여하지 못하고 걸리적거리는 어린이 세대의 격리 '보호,' 숙련된 노동자 '선발'과 국가주의적 인간을 만드는 세뇌(교화) 기능을 중점적으로 수행해 온 것을 알 수 있다.

(2) 독점 자본주의 단계의 학력 사회

공업 자본주의화가 진전됨에 따라 사회는 보다 복잡한 조직화 과정을 거치게 되고 보다 전문화된 인력을 필요로 하게 되었다. 지배 체제가 확립되는 독점 자본주의 단계에 들어서면 전문화된 인력을 배양하고 선발·교화하는 학교의 기능은 보다 강화된다. 과학 기술이 인류 역사에 진보를 가져다 주리라는 신화가 지배하는 가운데 전문가가 왕이 되는 사회가 형성되고, 이런 사회에서 인간은 한 줄로 등급이 매겨졌다. 특히 전문가와 그렇지 못한 '막인간'이라는 두 집단으로 구성원들은 범주화되는데 실제로는 어중간하게 전문화된 과도기적 상황에서, 전문가란 진정으로 전문적인 일을 해내는 사람이라기보다 자격증이나 졸업장을 가진 사람을 뜻하였으며, 이들만이 한 분야의 전문인으로 높은 임금을 받고 사회적 시위를 누리게 되었다. 이는 곧 학력이 낮거나 자격증을 갖지 못한 사람은 그가 갖고 있는 경력이나 실제 기술에 관계없이 제대로 대우를 받지 못함을 의미한다. 이렇게 학력이 곧 권력과 지위를 보장하는 학력 위주의 신분 사회로 들어서면서 교육의 인플레이션 현상이 일어나고 어떻게든 졸업장만 따내 보려는 '졸업장 병'(diploma disease) 현상이 나타난다. 증서만을 따내기 위한 학력주의가 만연하는 사회에 들어서면 교육의 본질은 더욱 왜곡되고 계층간 평등의 가능성은 더욱 희박해진다.

실제로 '졸업장 병'이라든가 학력 인플레이션은 공업 자본주의가 상당히 성숙하는 단계에서 현저하게 나타나는데 영국의 경우는 20세기 초에, 일본의 경우는 세기 중반에, 우리나라는 최근 20년간에 그 극에 달하고 있다고 할 수 있다. 현재 우리의 제도 교육은 경제 성장을 지상 목표로 하는 가운데 선발 기능을 유일한 기능으로 삼고 있다 해도 지나치지 않는다. 거대한 생산 체계의 한 부속품으로 말없이 순응하는 훈련된 기계를 양산하는 데 학교와 우리 부모들이 이의 없이 협조하거나 앞장을 서고 있다. 우리나라의 경우 신분 상승열에 바탕을 둔 학력 경쟁은 더욱 치열하다고 볼 수 있는데, 그것은 과거 급제를 통한 출세주의의 전통과 아울러 100여 년에 걸친 혼란한 근대사 과정에서 자격증만이 믿을 수 있는 평가 기준이 되어 왔던 역사적 상황과도 무관하지 않다.

(3) 생활 세계의 식민화와 정보 자본주의

학력주의가 극에 달해 있는 우리 사회는 또 한편 정보 자본주의적 세계 체제 질서 속으로 급속히 편입되고 있다. 이미 탈공업화 과정(deindustrialization)을 거쳐 후기 산업화 내지 탈산업화 경향을 현저하게 드러내는 구미 사회의 경우, 표면적으로 학력주의는 상당히 청산된 것으로 보인다. 시험이 없거나 따로 학력이라는 것에 치중하지 않는 대중 교육이 벌써 20~30년간 실시되어 온 것이다. 이런 교육이 고등학교를 졸업하고도 글자를 해독하지 못하는 집단을 낳고 국제 경쟁력을 약화시킨다는 등의 자체 내 반성 어린 지적이 없지 않으나, 이 때문에 근본 방향에서 예전으로 복귀하는 식의 전환이 있을 것 같지는 않다. 선진 자본주의 국가의 학제를 자세히 들여다보면 학제가 크게 두 체제로 나뉘어 있다. 하나는 일찍부터 대학 따위는 관심이 없는 대중을 교육시키는 장이고, 다른 하나는 대학을 목표로 한 고도의 전문가를 양성하는 장이다.

어떤 면에서 정보화 사회라는 고도로 성숙한 세번째 자본주의 단계에 들어서서 교육계는 보다 구조적으로 전문화 내지 양분화되고 있다. 서너 개의 외국어를 자유 자재로 사용하는 창조적이고 전문적인 새 계급을, 비싼 사립 학교나 특수 공립 학교를 거친 후 가게 되는 대학 교육의 장에서 기르는 한편, 일반 대중 교육의 장에서는 겨우 먹고 살 정도의 월급에(또는 실업자 연금에) 자기 나름의 취미 생활에 몰두하며 조용히 사는 지방민들을 길러 내고 있는 것이다. 이는 자본과 지식의 유통량이 크게 늘어나 국가간의 경계선의 의미가 희미해지고 있는 상황에서 국제적 안목과 언어 능력을 갖춘 국제 단위의 새 계급이 형성되고 있음을 의미하며, 태어난 곳에서 평생 크게 벗어나지 않고, 벗어나 보고 싶어하지도 않는 대중의 운명은 이들의 선의(또는 악의)에 좌우되는 방향으로 역사가 나아가고 있다는 하나의 예견으로 이어질 수 있는데, 이는 상당히 비관적인 전망이다. 낙관적인 전망을 펼친다면 한편으로는 새 계급이 공동체의 운명에 대해 보다 정확한 이해를 갖고 인간주의적 세계관을 확립하여 지역의 한 주민으로 제자리를 찾게 되고 동시에 지방 주민의 자치력이 커져서 실질적으로 지방 자치가 실현되는 사회, 다른 한편으로 국가간의 무기 경쟁이 자발적으로 포기되고 인류의 생존 문제가 보다 우선적인 과제로 논의되는 사회가 도래할 것이라는 상상을 할 수도 있다. 하여간 지금 상황에서 분명한 것은 세계적 전망을 가지면서 한편 극도로 개인주의적이고 합리적인 삶을 추구하는 새 계급이 국제적으로 출현하고 있다는 것이고, 일반 민중은 우민화 교육에서 헤어나지 못하고 있다는 것이다. 크게 볼 때 이 두 집단 모두 자신의 삶의 진정한 토대를 저당잡히고 있다고 하겠는데, 최근 이렇게 뿌리 깊게 탈정치화되고 식민지화된 사회 현상에 대한 체계적 비판이 일고 있다. 이를 교육 운동을 중심으로 살펴보자.

4. '자율 교육'과 '해방 교육'

지금까지의 세계 공업 자본주의화 과정을 경제 생산 및 권력 체계에 의한 생활 세계의 식민화 과정이라고 규정하는 연구들이 최근 들어 많은 호응을 얻고 있다. 앞 장에서 본 것처럼 초기 자본주의 및 독점 자본주의 과정은 일면 인간이 통제된 일터의 원리와 국가 이데올로기에 엄격히 종속되는 시기였다. 정보 자본주의 시기로 들어서면서 그 양상은 크게 바뀌고 있으나, 지나친 주관주의가 강조되는 가운데 개인적 삶의 분열 양상은 더욱 심화되고 있다.

이 장에서는 두 교육 이론가를 중심으로 이러한 상황적 전개와 관련하여 인간성이 극도로 억압된 위기 상황을 극복하고자 대두된 실험 교육 내지 탈제도 교육 운동을 살펴보고자 한다. '닐'은 엄밀히 독점 자본주의 시기의 교육에 반기를 든 교육 사상가이자 교육자이며, '프레이리'는 선진 자본주의 국가에 종속된 상태에서 이 세 단계를 급격히 거쳐 가고 있는 제3세계의 문제를 다룬 교육 이론가이다.

닐은 인간이 거대한 생산 체계의 부속품이 되어 가는 1920년대 당시 영국 및 선진 서구 사회에 '삶을 사랑하는 인간'을 기르겠다고 선언함으로써 커다란 충격을 던졌다. 끝없는 기술 개발과 자본 축적을 향하여 움직이는 거대한 기구로 전락한 사회가 멈추지 않고 잘 돌아가기 위해서는 엄격한 훈육, 표준말 사용, 지적 훈련 등을 골자로 하는 규격화 교육이 요구되었고, 이는 18세기부터 서구 계몽주의 사상가들이 부르짖어 온 자유, 자율, 자결의 이념과는 달리 '살아 남는다'는 목표만이 있는 도구적, 기계적, 타율적 인간만을 양산해 냈다. 닐은 당시 제도 교육이 양산해 내는 인간은 거대 기구에 복종하는 의지 박약한 인간이지 자신 속에 닻을 내린 성인이 아님을 분명히 밝히고 당시 학교가 자유롭고 독립적인 개체를 키워 간다는 것은 신화이며 착각일 뿐, 실제로는 '생에 적대적이고 죽음에 편드는' 노예와 졸개들을 키워 가는 것에 불과하다면서 '삶'의 편에 서는 교육 철학을 제시했다.

닐의 기본 정신을 상기해 보자. 닐에게 있어 교육의 목적은 즐겁게 일하며 행복해지는 데 있다. 많이 소유하거나 소비하는 것이 아니라 풍부한 인간이 되는 것이 중요하다는 것이다. 행복은 '삶에 대한 흥미를 느끼는 것'을 의미하며 두뇌로서만이 아니라 전인격적으로 삶에 반응하는 것을 뜻한다. 닐은 특히 현대 교육에 있어 지적인 면과 정서적인 면을 분리하는 것을 극복해야 한다고 주장한다. 즉 어린이는 복종이나 지배가 아닌 자신이 살고 있는 세계와의 조화 속에서 안정을 찾아야 하며, 따라서 지적·감상적·예술적으로 세상을 파악하는 능력을 기르고 스스로 안정을 찾는 법을 배우도록 돕는 것이 교육의 주요 목적임을 강조하였다. 아동이 자기 자신이 되는 것을 돕고자 한 닐은 또한 독단적으로 가해지는 훈육과 벌은 공포심을 자아내며 그 공포심은 적의를 불러일으킨다고 보아 이를 거부한다. 이는 어린이의 심리적 발달을 저해하며 자기를 다스리는 자의 목표를 위해 기꺼이 죽을 준비를 하고 생을 혐오하는 인간을 만든다는 것이다. 궁극적으로 닐에게 있어 교육의 핵심은 삶에 대한 타협 없는 경외를 갖게 하는 것이다. 삶이라는 것을 있는 그대로 파악하고 자신의 내면적 힘과 창의력을 살리는 것, 생의 편에 서는 것, 놀이, 재미있는 일, 큰 웃음, 음악, 춤, 남에 대한 배려, 인간에 대한 신뢰가 교육의 주 내용이어야 한다는 것이다.

한편, 프레이리는 급격한 변동 과정 속에 휩싸인 제3세계의 문화 식민주의와 권위주의적 교육 풍토에 반기를 들고, 삶과 이론을 통합시키는 대화식 교육을 주창해 왔다. 교육 내지 공식 교과 과정의 상징적 폭력은 제3세계의 경우 더욱 두드러지게 나타나는데, 구체적으로 장기적 군사 통치의 결과로 나타난 브라질 사회의 교육 제도를 점검하면서 프레이리는 '글 읽기'와 '세상 읽기'로 이분화된 교과 방식에 대해 집중적인 비판을 가한다. '글 읽기'의 세계가 경험의 세계에 대해 침묵할 때, 그 교육은 침묵의 문화를 낳고 무기력한 인간을 낳을 뿐임에 그는 주목한다. 생활 세계와 무관한 문제의 정답만을 기르치는 공식 교육의 결과는 지식 전달 수업에 익숙한 수동적 학생 내지 삶의 방관자를 낳으며, 이는 곧 실망과 포기, 그리고 냉소주의로 연결된다는 것이다. 실제로 수동성, 침묵, 무기력 등은 자연스런 상태가 아니기 때문에 청소년 사회에 '사보타주의 문화'를 형성하게 된다.

프레이리는 이 '사보타주의 문화'에 깔린 반란 의식은 비판적인 자각이 없는 반란 의식으로 일시적 무기력의 분출에 지나지 않는다고 분석하면서, 이들의 반란 의식을 제대로 된 사회 변혁 의식으로 바꾸어 가는 것이 이 시대 교사의 주요한 과제임을 강조한다. 그가 제시하는 교육 운동의 내용은 기존 교과서에는 없는 사실의 세계, 생명의 세계, 투쟁과 위기의 세계를 교과서와 연결시키는 방법을 핵심으로 한다. 그의 교육론의 중심은 어린이들이 자신의 삶과 관련된 사회적 위기에 대해 알고 함께 토론할 권리가 있다는 데 있다. 학생이 삶을 외면하게 만들고 탈권력화시키는 것은 결과적으로 사회 변혁을 막으려는 음모일 뿐이므로 보나 인간석 사회를 이루기 위해 '교사는 학생을 변혁에 초대하고 권위적이지 않게 대화식으로 가르치고 사회를 비판적으로 파악할 수 있는 학생을 모범으로 삼아 갈 것'을 실천해야 한다고 그는 주장한다. 비판적 호기심을 싹틔운 학생 하나하나가 사회 변혁의 씨가 되며, 이런 면에서 교사의 역할은 본질적으로 '인간 해방' 운동에 참여하는 것이 된다.

이러한 해방 교육론을 펴면서 프레이리는 동시에 교실 내 변혁의 한계를 분명히 하고 있다. 그는 '끔찍한 비판주의'로 빠질지도 모르는 '순진한 낙관론'을 경계하며 교육을 사회 변혁의 일차적 지렛대로 믿고 변혁 운동을 교실에만 제한시킨다면 패배주의로 치달을 위험이 크다는 것을 지적한다. 교육 혁명은 교육 운동이 엄청난 정치적 실천임을 자각하고 보다 포괄적이고 장기적인 저항 운동으로 발전할 수 있을 때 비로소 실현되리라는 '점진적 급진론'을 그는 펼치고 있다.

죽음의 편이 아닌 삶의 편에 서는 '자율 교육,' 지식과 삶이 통합되는 '해방 교육'이 제대로 실현되고 있는 곳은 아직은 세계 어디에서도 찾아보기 어렵다. 이들의 실험은 아직 끝나지 않았으며, 어쩌면 이제 본격적 실험 단계로 들어서고 있는지도 모른다. 분명한 것은 보다 많은 사람들이 이제 교육이 교육 운동이 될 수밖에 없고, 지금 내가 서 있는 자리에서부터 그 변화를 일으켜야 한다는 데 동의하기 시작했다는 것이다.

5. 내일이 있는 한국 교육을 위하여

(1) 분단 상황의 교육

일면 강요되고 압축된 공업 자본주의화 과정을 급격히 거치고 있는 우리 사회의 경우, 앞에서는 논의된 교육 문제는 보다 긴박하고 절실한 문제로 다가와 있다. 이에 덧붙여 우리 사회가 남북으로 분단되어 있음으로 인하여 빚어지는 파행성 또한 간과할 수 없다. 하나의 민족이 강대국들의 냉전 체제 속에서 두 개의 국가로 나뉜 이후 우리는 '민족의 자주'라든가 '체제 개혁'이라는 문제를 제대로 토론조차 하지 못하고 살아왔다. 분단이 어떤 식의 근본적 개혁도 일어나기 힘든 상황을 초래한 것인데, 곧 지배 집단의 편에서 볼 때 불리한 모든 개혁의 움직임은 '좌경'이라는 이름 아래 편리하게 거세되어 왔다. 사회적 삶이 건강하게 이루어지려면 개혁 운동이 끊임없이 일어나고 수용되어야 함은 상식이다. 이때 개혁 운동은 체제 개혁까지를 포함한다. 체제는 시대적으로 변하는 것이며, 따라서 절대적으로 고수되어야 할 체제란 어디에도 없다. '자유 민주주의 체제'라든가 '사회주의 체제' 등이 의미하는 바도 지금 후기 산업 사회적 세계 질서 속에서 크게 달라지고 있으며, 사회 체제의 선택은 궁극적으로 자신의 삶을 보다 건강하게 바라보고 이끌어 갈 수 있는 국민들에 의해서 이루어져야 하는 것임에 대한 인식도 깊어지고 있다. 근본적인 개혁 논의를 미리 봉쇄

하는 반공 이데올로기(내지 북한의 경우 반제국주의 이데올로기)가 여전히 논의의 근거로 남아 있는 한 어떠한 형태의 변혁 운동도 제대로 뿌리 내리기 힘들 것은 자명한 사실이다.

(2) 생활 세계 속의 운동

이런 어려운 한국적 상황에서 교육 운동의 방향과 내용은 어떤 것이어야 할까? 대중의 탈정치화 현상을 분석하면서 하버마스는 정당성을 갖지 못한 국가일수록 공공 영역에서 제기되는 정당성의 의문을 줄이기 위해 구조적으로 탈정치화된 공중, 곧 구조적으로 조장된 개인주의가 확대된다고 하였다. 국가는 이때 국민의 정당한 요구를 두 개의 잔여 요구로 축소시켜 버리고자 하는데, 하나는 국민의 사생활 지향(승진, 여가, 소비 지향과 관련된 정치적 포기)이며 또 하나는 과학 기술주의에 토대를 둔 기술 관료적 지배이다. 현대의 많은 사회 문제 해결의 고리는 바로 이 회의하지 못하도록 면역되어 버린 대중을 다시 정치화하는 데 있다고 하버마스는 보고 있다. 축소·단절되어 가고 있는 공공 영역을 부활시켜 삶의 세계를 체계(정치, 경제)의 침투로부터 막아 줄 합리화된 생활 세계의 제도화 방식을 모색해야 한다는 것인데, 그것은 자기 동질성을 잃지 않고 학습할 수 있는 능력과 의사 소통의 중요성을 새롭게 인식하는 새로운 형태의 사회 운동을 통해서만 가능하다.

새로운 사회 운동으로서의 교육 운동은 따라서 탈정치화 내지 침묵에 길들여진 대중으로 하여금 자신의 삶을 보게 하는 데 일차적 목표를 두어야 한다. 즉 원래의 바로 선 인간, 공동체에 관여하는 정치적 인간으로 되돌아가게 도와야 한다는 것이다. 이런 면에서 교육 운동은 거대한 구호들을 내걸기 이전에 눈앞에 닥쳐 있는 긴박한 삶의 문제들에 눈을 놀려야 한다. 우선 일 년에 수십 명의 청소년들을 자살하게 만들고 또 더 많은 이들을 정신병자가 되게 하는 입시 지옥에서 아이들을 해방시키는 일, 무조건 대학을 가야 인간 대접을 받는 사회 제도와 풍토를 바꾸는 일, 교과서를 다시 쓰고 교수 방법을 혁신적인 대화식으로 바꾸며, 교사들의 교육 조건을 향상시키는 일 등을 하나씩 하나씩 풀어 가야 한다.

실제로 대학을 가야 인간 대접을 받는 현 사회 구조는 단순히 독점 자본주의 단계의 산물이라고만 보기 어렵다. 우리 사회 나름의 특이한 문화가 이를 더욱 부채질하고 있는 것이 사실이다. 글 읽는 '양반'과 숫자를 만지는 '아전'과의 구분, 그리고 인맥 위주의 사회 구성이 그것인데 일하는 것은 아전이고 양반은 머리만 굴리는 사람이라는 신분 의식은 현재 고졸, 대졸을 기준으로 그대로 우리의 사회 생활을 지배하고 있다. 이런 고질적 양반 의식에 따른 이분화가 산업 사회에 초래하는 역기능은 이미 기업체나 연구소 등 많은 조직체 내에서 현저하게 드러나고 있지만, 여전히 기세 좋게 재생산되고 있고 모두가 한 단계 높은 집단에 끼이려고 기를 쓸 뿐, 그 체제 자체를 변화시킬 엄두를 내지 못하고 있다. 위 집단에 속한다는 것은 정치적, 경제적 이권과 가까이할 수 있는 인맥(연줄망) 속에 든다는 뜻이 되며, 이렇게 되면 곧 억울함 내지 억압이 상당히 줄어든다는 의미도 된다. 반면 그 집단에 끼이지 못하면 더욱 억울하게 된다. 이러한 사회·문화적 요소는 경제적 상황의 변화, 즉 임금 체제의 재조정 및 대졸 출신 실업자의 증가와 고졸 출신 노동력의 부족 현상 등으로 앞으로 변화될 전망이 없지 않으나 동시에 그러한 봉건적 전제를 근본적으로 바꾸기 위한 운동 역시 주변에서부터 일어나야 할 것이다.

지금 시점에서 꼭 필요한 또 하나의 실험 내지 운동은 대학을 꼭 가야 한다는 획일적 가치 기준을 깨뜨릴 수 있는 탈교육 내지 대안 교육의 장을 열어 가는 작업일 것이다. '대학만 가면 모든 것이 제대로 된다'는 것이 환상임은 자명한 사실로 드러나고 있고, 또 다른 한편에서는 아이들을 그런 억압적 틀 속에 꼭 넣어야 하는지에 대해 분명한 거부감을 갖는 사람들도 나타나고 있다. 인간성을 살릴 수 있는 보다 건강한 교육을 하는 새로운 학교가 생길 수 있도록 현재의 교육법을 바꾸어야 하고 교육 행정을 보다 개방적이고 민주적으로 만들어 가야 한다. 이 역시 교육에 깊은 뜻을 둔 사람들이 보다 적극적인 실천으로 이루어 내야 할 과제이다. 널이 만든 식의 '자율 학교,' 그리고 반드시 학교가 아니더라도 방학을 이용한 '탈학교 교육,' 캠프 내지 '현장 학교' 또는 평생 교육 프로그램 등이 다양하게 개발되어 새로운 교육 양식과 내용이 실험되고 탐색되어야 할 것이다.

(3) 주체가 주체로 서는 과정

교육의 위기 상황에서 궁극적으로 우리가 끊임없이 해야 하는 작업은 교육의 주체가 누구인지를 확실히 하는 작업일 것이다. 교육의 주체는 어린이, 교사, 그리고 부모이다. 우선 어린이가 주체가 되는 교육을 하기 위해 교육 현장에서 탈권위주의적 운동이 일어나야 한다. 어린이가 도구화되고 있지 않은지, 어린이가 스스로의 자각을 통해 삶을 인지하고 이해해 가는 데 지나치게 억압을 가하고 있지 않은지를 살피기 위해 교육 현장은 보다 개방되고 교육 문제는 보다 폭넓고 활발하게 토론에 부쳐져야 한다. 어린이들이 가장된 질서에 안주하리라고 더 이상 기대하지 말자. 그것은 환상일 뿐이다. 어린이들은 부모보다 더 '돈봉투' 문제에 민감하며, 거짓말하는 사회에 저항감을 갖는다. 전국 교직원 노동 조합에 가입한 교사를 징계하는 TV 뉴스를 들으며, 기성 세대에 대한 그들의 불신감은 깊어 간다. 이들의 반항은 부모가 자녀에게 삶에 무지하기를 강요할수록 더욱 거세질 것이다. 제도 교육을 이대로 둔다면 우리의 청소년들은 시한 폭탄일 수밖에 없으며, 사실상 거대 압력에 맞서서 눈부신 장기전을 펴온 대학생 운동의 열기도 이런 억압적 제도 교육의 '성과물'임을 대학 주변의 사람들은 잘 알고 있다. 개방적 토론과 자유로운 대화로 풀어 가는 교육 없이 어린이가 주체가 되는 학교란 있을 수 없다.

다음으로 교사들의 상황을 보자. 우리나라 교육계의 관료적 권위주의는 악명 높다. 그런 점에서 교사들의 자율 영역 확보는 교육 혁신을 위해 시급히 풀어야 할 과제이다. 최근 교사들의 조직화가 던지고 있는 파문이 그리 쉽게 풀릴 것 같지 않으나 원론적 차원으로 돌아가 교육의 주체인 교사들의 단체 교섭권을 국회와 정부는 서둘러 인정하고 그들의 개혁 운동을 격려해야 할 것이다. 동시에 교사들은 건강한 시민이자 지식인 집단으로서의 제자리를 스스로 찾아가야 한다. 국가가 여전히 대중 교육과 대중 매체를 통해 교묘하게 '숨겨진 권력'을 행사하고자 할 경우 교사와 학부모는 연대 운동을 통해 교사들의 단체 교섭권을 확보해 나가야 할 것이다.

학부모는 학교와의 관계를 음성적으로 맺고 눈치를 살피기보다 자신이 낸 세금이 어떻게 자녀 교육에 쓰이고 있는지, 교사들의 처우와 교육법 개정, 그리고 국민 교육의 근본 향방에 대해 보다 깊은 관심을 기울여야 할 것이다. 그렇게 할 때 참교육에 관심을 가진 교사들과 학부모는 서로의 사 궁심을 높여 주는 준거 집단이 될 수 있을 것이다. 프레이리는 아이들을 진정으로 삶에 마주 서게 하는 교육에 참여하기를 원하는 교사나 부모는 '일탈 신용장'을 갖고 있어야 한다고 했다. '일탈 신용장'은 주류에서 벗어나는 용기, 그러면서 주류의 신뢰와 존경을 얻을 수 있는 성실성을 일컫는 단어이다. 일탈 신용장을 쥔 부모와 교사들은 제도권이 무엇인가를 바꾸어 주리라는 기대를 빨리 버리고 스스로 주체가 되어 자신의 힘과 지혜로 사랑하는 아이들을 길러 가겠다는 각오로 나서야 한다. 학부모 운동과 교사 운동이 손을 잡고 실천력을 갖게 될 때, 우리는 비로소 창조적 비판자로서 역사의 주체자가 될 희망 있는 세대를 기르는 보람과 기쁨을 안게 될 것이다.

건강한 사회란 어떤 사회를 말하는가? 개개 구성원이 건강한 욕망을 가지며 그들이 바라는 삶이 최대로 이루어지는 사회, 즉 구성원들이 스스로 만들어 가는 공동체가 건강한 사회일 것이며 이 원칙론에는 변함이 있을 수 없다. 이때 '건강'한 상태에 관한 기준에 대해서는 갖가지 이론이 있을 것이나, 여기서 가장 중요한 부분은 치유되어야 할 부분에 대한 토론이 제대로 되는지 아닌지의 차원일 것이다. 결국 한 사회의 '건강'은 그 사회 구성원들이 자신들의 문제를 공동체의 운명과 연결시켜 풀어 갈 언어를 갖고 있는지, 그리고 그들이 상황 변화에 따라 활발한 논의를 펼치고 의견을 모아 행동으로 연결시키는 공론의 장이 확보되어 있는지의 문제와 직결된다. 자본주의건, 사회주의건, 동양이건, 서양이건, 이 지구상에 건강하게 살아 남을 사회는 바로 이 영역이 활성화되어 있는 사회일 것이며, 교육은 바로 그런 조건을 마련하는 기본 토대여야 하는 것이다. ■

논설

여성 해방론적 교육학
비관론과 낙관론을 넘어서

조경원[*]

이 글의 목적은 남녀 평등을 위해 학교 교육에 거는 낙관적 기대와 비관적 기대를 검토하고, 이를 바탕으로 남녀 평등을 추구하는 학교 교육의 가능성을 탐색하는 데 있다. 끝부분에 변화 가능성을 제시하는 대안적 모델로서 여성 해방적 교육학을 살펴봄으로써 남녀 평등을 추구하는 교육의 한 형태를 모색할 것이다.

1. 낙관론과 비관론: 학교 교육에 대한 상반된 기대

학교 교육이 얼마나 남녀 평등을 도모할 수 있을까? 이 질문에 대해 상반되는 두 견해가 있는데, 하나는 학교야말로 남녀 평등을 실현하는 곳으로 학교 교육을 통하여 성억압의 문제를 근본적으로 변화시킬 수 있다는 낙관적인 대답이다. 다른 하나는 학교 교육을 통해 남녀 평등을 도모한다는 것은 헛일이라고 반박하면서, 학교는 보다 큰 사회의 경제적, 문화적 가부장적 질서를 그대로 반영하는 곳으로 학교 교육을 통하여 사회의 남녀 불평등이 재생산될 뿐이라고 주장한다.

학교 교육에 대해 낙관적인 기대를 하는 첫번째 관점 뒤에는 학교가 성차별을 하지 않거나 사회보다는 덜할 것이라는 가정이 깔려 있다. 근대 여성 교육이 시작된 이후로 형식 교육에 접근할 기회가 크게 확대되어 왔고,

---

[*] 이화여대에서 교육학을 가르치고 있다.

그래서 능력만 있다면 여성도 남성과 똑같이 교육받고 좋은 직장에서 일할 수 있는 기회가 얼마든지 있다는 믿음이다. 학교 교육에 낙관적인 기대를 거는 입장은 제도상의 열려진 교육 기회가 여성에게 진정한 남녀 평등의 기회가 되지 못한 것은 교육적 이익과 재원 분배를 포함하여 교육 내용과 방법이 성차별적인 데에 기인한다고 가정한다. 성중립적인 교과 내용의 구성과 교재 활용, 남녀에게 똑같은 교육 과정 및 남녀 공학 등을 제안한다. 좀더 구체적으로 말하면, 교과서에 나오는 남녀 인물 묘사나 성역할 인식을 바꿔 남자가 가사에 좀더 참여하고 여성이 생산적인 직업에 적극적으로 종사하도록 권유하면서 전통적인 남녀의 성역할을 변화시켜 성평등을 도모하고자 한다. 또 이전에 여성들이 꺼려하거나 잘 가지 않던 학문 영역에 진출하도록 격려하고 권장하며, 남녀 별학의 학교 형태를 남녀 공학으로 바꾸고자 시도한다. 이 낙관적 접근은 학교 안의 성별 불평등 문제에 초점을 맞추고, 학교가 성중립적인 교육 내용과 방법을 통하여 초기 사회화 단계부터 남녀에게 각각 다르게 요구되는 태도와 특성을 없애고 성역할 평등을 도모한다. 이들은 현재 여성의 성격이나 태도, 능력이 여성의 본래 모습과 능력이 아니며, 이는 사회 문화적으로 여성의 종속적 역할 수행에 대한 기대로부터 결과된 속성들로 여성의 성역할에 기대되는 사고 방식, 태도, 성격, 가치관 등은 여성의 자아 발달에 부정적인 영향을 미친다고 본다.

낙관적인 관점에서는 성중립적인 교육 내용과 방법이 교육 현장에서 보장된다면, 여성도 남성과 같이 능력에 따라 자유 경쟁, 기회 균등의 원리에 입각하여 원하는 대로 직업을 선택하여 자율적이고 주체적인 삶을 영위할 것이라고 믿는다. 바꿔 말하면 학교 교육이 남녀 차별 문제를 해결해 줄 수 있다고 가정한다. 시도된 교육적 대안은 우리의 생각이나 관념상의 변화를 목표로 하고 있고, 또한 암암리에 이 관념상의 변화가 궁극적으로 물적, 이데올로기적 사회 실재(social reality)의 기반을 변화시킬 것이라고 생각한다.

낙관적 관점에서 이루어진 교육적 노력은 적어도 전통적으로 당연시해 오던 관습적인 여성 역할 기대를 비판하고, 그와 같은 여성 역할을 거부하며, 여성 자신으로 하여금 지적인 삶을 살게 하는 하나의 계기를 마련하였다고 하겠다. 그러나 낙관적 관점하에서 기울인 교육적 노력은 아직까지는 큰 수확을 가져오지 못했다. 이 접근은 남녀 평등을 단순히 갈등 없는 변화에서 찾고 있어 평등이 힘의 분배에 관련된 문제임을 간과한다.

한편 비관적인 생각을 하는 입장에서는 낙관적인 관점에서 나온 교육적 대안은 실패할 수밖에 없는데, 그 원인은 여성의 불평등한 삶을 조건 지우는 가부장적 자본주의적 사회 구조의 성격을 깊이 있게 파악하지 못한 데 있다고 비판한다. 교육상의 성차별은 사회의 성별 위계 구조를 반영하는 것이며, 학교는 그와 같은 성별·계급별 위계 질서를 재생산하는 수단일 뿐이라는 것이다. 비록 학교 교육이 성별 노동 분업을 만들어 내는 것은 아니라 할지라도 기존하는 성과 계급의 불평등한 구조를 받아들임으로써 현 사회 관계를 재생산 내지 강화한다는 것이다.

교육에서 남녀에게 주어지는 차별 구조는 노동 시장의 성별 이중 구조와 대응 관계를 이룬다. 예를 들어, 남성 관리자가 여성 노동자를 통제하는 노동 구조의 형태는 학교에서 남교장하의 많은 여교사들로 구성된 권위 구조에서 그대로 나타난다. 남녀의 위계 관계를 재생산하는 교과나 지식 자체도 남성적인 것 또는 여성적인 것으로 분류되며, 이는 또한 학생들로 하여금 노동의 성별 분업을 받아들이도록 돕는다. 즉 여성은 사적인 측면의 가사 노동을 주요 임무로 하며, 남성은 공적 차원의 생산 노동을 담당한다는 이데올로기를 학교로부터 재강화받게 된다. 이 같은 노동의 성별 분업의 이데올로기는 다시 여성의 교육 형태, 수준, 지식의 형태에 영향을 미치게 된다.

남성과는 다르게 드러나는 여성 교육의 형태는 특히 남녀에게 달리 운영되는 교육 과정 및 그에 따른 시험과 과목 선택을 통하여 여성에게 보다 더 '가정성'이 강조되고 이 같은 교육 경험은 여성을 임금 노동자로보다는 장래의 가정 주부 역할자로 내면화하도록 한다. 결국 교육 제도를 통하여 남녀는 다른 길을 가게 된다는 것이다.

요약해 볼 때 이 비관적인 입장에 따르면 가정, 노동 시장, 학교 간에 부응하는 성별 노동 분업은 가부장제와 자본주의 체제 간의 상호 작용의 결과이다. 따라서 가부장적 자본주의적 사회 관계의 근본적인 변화 없이는 남녀 평등이니 남녀간의 교육 기회 균등이라는 주장은 형식적이고 추상적인 차원에서만 가능할 뿐이라는 것이다. 여성 억압은 근본적으로 학교 안의 문제가 아니라 사회의 구조적 문제이며 힘의 문제이기 때문에 사회 구조 자체의 변혁 없이는 교육 개혁이 실패할 수밖에 없다고 주장한다. 이 비판적 관점은 학교 교육에서의 여성 억압과 불평등의 경험을 큰 사회 구조 안에서 이해하게 함으로써 교육에서의 성의 문제를 인식하는 우리의 시각을 넓혀 주는 반면, 학교 교육을 통해 성별·계급별 불평등이 어떻게 재생산되는가 하는 생생한 과정을 설명하지 못한다. 성억압의 구조와 이데올로기가 개인에게 어떻게 받아들여지는가 하는 문제에 있어 인간 주체를 기계적·수동적인 존재로 환원시키며, 학교의 기능도 사회의 요구에 기계적으로 부응하는 것으로 이해되는 한계를 지닌다.

2. 개인 수준에 머무는 저항과 모순의 양상

앞에서 살펴보았듯이 학교 교육을 통하여 성억압의 문제를 근본적으로 변화시키려 하는 낙관적 입장은 학교를 더 큰 사회 구조의 맥락에서 보지 못한 한계성 때문에 실패할 수밖에 없었다. 반면 학교가 사회·경제적 가부장적 질서를 그대로 반영하기 때문에 교육을 통해 남녀 평등의 사회를 만들어 나가는 노력이 허사라고 보는 비관적 입장은 행위 주체자인 개인과 사회 구조와의 변증법적 관계를 일방적인 관계로 파악하는 한계를 지닌다. 교사와 학생을 단순히 수동적인 존재로 규정함으로써 변화 주체자로서의 인간이 사회 변화에 적극 참여하는 가능성을 배제한다. 결국 교육을 통한 사회 개선의 가능성은 희박해진다.

  우리에게는 이러한 두 입장의 한계와 오류를 피하고 새로운 문제 해결의 가능성을 모색하는 이론적 대안을 찾는 일이 필요하다. 이 일의 시작을 위해서는 인간이 외부로부터 부과되는 세계관과 성이나 계급에 대한 정체감을 수동적으로 수용하기만 하는 존재가 아니라, 저항하기도 하며, 의미를 새로이 구성해 가는 존재임을 인식하는 일이 필요하다. 여성의 예속은 결국 여성 자신의 동의를 통해서 이루어지며, 바로 여기서부터 여성이 대항해서 싸워야 할 싸움터가 전개된다. 여기서 행위 주체자의 능동적 성격을 강조하게 되며, 사회 변화를 위한 교육의 중개 가능성을 열어 놓게 된다.

  역사적으로 볼 때, 학교는 여성들에게 고정화된 성관념을 심어 주고 종속적인 위치로 유도하는 전통적인 기능을 수행하기도 했지만, 동시에 학교는 여성으로 하여금 지적 삶과 직업을 가능하게 하는 하나의 통로 역할도 해온 것이 사실이다. 이렇게 본다면 학교는 여성의 억압 구조를 유지시키는 기능을 하면서도, 여성 해방을 가능하게 하는 모순적인 역할을 담당하고 있다.

학교는 단순히 사회의 지배 이데올로기가 그대로 반영되는 곳이 아니다. 학교는 사회와 하나의 특별한 관계를 갖는 상대적으로 자율적인 기관이다. 또 학교는 지배와 복종만으로 특정 지워지는 것이 아니라, 저항과 항거가 함께 있는 곳이기도 하다. 여기서 저항의 개념은 행위 주체자의 적극적인 그러나 모순적인 참여 과정을 시사한다. 학교 교육을 통한 변화 가능성을 모색하는 노력은 지배-복종의 구조에 내재한 모순과 갈등을 밝히는 일에서 시작된다.

이 갈등과 모순의 모습은 대단히 복잡하여 일괄적으로 규정하기란 쉽지 않다. 여기서는 캐슬러(Kessler) 팀의 연구(1985)[1]를 중심으로 이 같은 저항과 모순의 양상을 살펴보자.

노동 계층의 학교에서 남학생들은 남성적임을 확인하고 과장하는 방식으로 학교에 저항하는 반면, 여학생들은 전통적인 여성성에 저항하는 모습으로 학교에 대항한다. 학교와의 갈등으로 학교에서 낙오한 남학생들은 남성적이거나 육체적인 것을 정신적인 것보다 더 가치 있는 것으로 여김으로써 결국 스스로 자본주의 사회 속에 억압당하는 육체 노동자로 남게 되는 선택을 하는 것이다. 한편 학교와의 갈등으로 일찍 학교를 그만두는 노동 계층 여학생들은 불완전한 고용 구조에 들어가게 된다. 이 경제적 불안정은 다시 결혼을 통해 남편에게 의존하는 결과를 낳는다. 그러나 이들은 대개 경제적인 필요 때문에 다시 직업을 갖게 된다. 반면 이 학교에서도 공부 잘하는 여학생들은 사회와 학교 문화에 순종적으로 타협함으로써 교사의 공감적 지지를 얻어 미래의 결혼과 직업에 대해 앞서 말한 학업에 실패하는 소녀들과 다른 견해를 갖는다.

한편 상류 계층 사립 여학교의 경우는 여학생들에게 과학 분야 등에 진학하게 하고, 여성 직업에 대한 인식을 변화시키며, 남편의 수입에 여성이 단순히 종속되는 것에 도전하는 여성 해방적 변화가 전개된다. 이 상류 계층 소녀들의 성차별주의에 대한 투쟁은 노동 계층의 여학생들의 투쟁과는

---

[1] S. Kessler, D. J. Ashenden, R. W. Connell & G. W. Dowsett, "Gender Relations in Secondary Schooling," *Sociology of Education*, 58(1), 1985, pp.35-48.

다르게 나타난다. 이들은 전통적인 여성성에 강하게 도전하고 있다.

그러나 같은 상류 계층의 사립 남학교에서는 그런 변화가 전혀 없다는 점에 주목할 필요가 있다. 공학의 경우 같은 학교 안에서도 모든 남녀 학생이 동일한 성역할과 성역할 의식의 패턴을 전수받지 않는다. 성(gender)은 고정되어 있는 범주가 아니라 가족, 학교, 국가 간의 상호 교차적인 차원을 내포하는 복잡한 사회적 구성체이다. 학교는 성을 구성하는 하나의 제도로서 학생·교사·학부모의 배경과 태도에 따른 개인의 성 구성에 다르게 작용하고 있고, 특히 동급생 남학생과의 상호 작용이 여성을 '여성화'시키는 데 상당히 큰 비중을 차지한다는 점이 여기서 간과되고 있다.

위의 학교에 관련된 여교사와 어머니의 입장에서도 저항과 갈등의 경험을 볼 수 있다. 여교사들의 경우, 개인마다 차이는 있지만 학교나 사회에 존재하는 성차별에 대해 분명하게 의식하고 나름대로 해결책을 모색하거나 타협을 하고 있다. 비록 여성주의자라고 스스로 생각하고 있지 않는 여교사도 여학생들이 경험하는 성차별의 현실과 여교사 자신이 경험하는 여성성과 직업과의 갈등, 여성이라는 이유로 받는 부당한 대우 속에서 나름대로의 선택을 하고 있다.

어머니들의 경우도 그들이 겪은 여성으로서의 차별적 경험은 그들 딸의 교육이나 미래에 상당한 정도로 영향을 미치고 있다. 특히 노동 계층의 여성들은 자본주의와 가부장제를 통해 이중적 억압을 받고 있으면서, 가족 내에서 가부장적 권위에 도전하고 동시에 직장 내에서의 여성에 대한 편견이나 차별 대우에 대해서 날카롭게 의식하고 권위에 도전하기도 한다. 또한 상류 계층 여성들은 고등 교육을 받고 전문직을 가지는 기회가 많긴 하지만 그때에라도 남편의 반대나 자녀 양육 등 가사에 대한 책임 때문에 자신의 일을 포기한 쓰라린 경험을 많이 갖고 있다. 이러한 좌절이나 자기 포기의 쓰라린 경험들은 그 딸들이 직업과 결혼에 대한 새로운 견해를 갖는 데 영향을 준다.

사회 경제적 배경에 따라 다른 양상이 나타나긴 하지만, 여학생·여교사·어머니들에게서 여성의 행위 주체적 존재로서의 일면들을 엿보이게 된다. 그러나 매일매일의 행동 양식으로 드러나는 동화나 저항은 대부분의 여성이 개인적으로 느낀 사회적 갈등이나 억압을 타협하는 방법이었을 뿐, 그 저항이나 타협이 그저 개인적이고 단편적인 수준에 그쳐 버린 것에 문제가 있다. 과제는 이 개인적이고 단편적인 그리하여 결국 자기 억압적인 행동을 초래할지도 모르는 저항이나 갈등의 경험을, 여성 해방을 위한 사회 변화를 도모할 수 있는 집단적 행동이 되도록 하는 일이다. 이때 학교는, 여성들에게 단편적으로 존재하는 개인적 저항을 비판적 반헤게모니가 되게 하는 공적인 장소가 될 수 있다.

3. 대안적 모델로서의 여성 해방적 교육학

앞 장에서 살펴본 교육 이론을 대표할 수 있는 대안적 형태는 여성 해방론적 교육학(feminist pedagogy)에서 찾아볼 수 있다. 여성 해방론적 교육학이란 '학습자 공동체가 상호간에 그리고 교과에 대해 책임 있게 행동하고, 배운 바를 사회적 행동으로 옮기도록 힘(혹은 능력)을 길러 주는 학습·교수 과정'이다. 초보적 단계에서 여성 해방론적 교육학은 성평등에 관심을 갖고 성억압을 극복하는 것을 주된 목표로 한다.[2] 이 입장은 자유주의적 입장이 추구하는 성평등 정책에 부분적으로 동의한다. 그러나 자유주의적 입장이나 남녀 평등을 성중립적인 교과 내용이나 방법, 교과 과정 운영, 남녀 공학 등에서 추구한다면, 여성 해방론적 교육학의 입장에서는 때에 따라 그와 같은 방법을 받아들이지만, 다른 경우에는 전혀 그와 반대되는 정책을 주장한다. 예를 들어 남성 위주의 헤게모니에 근거한 남녀 공학보다는 여성 분리적 교육, 성중립적 교육 방법보다는 여성 중심의 교육 방법을 주장할 수도 있다.

여성 해방론적 교육학에서는 힘 기르기(empowerment), 공동체(community), 지도력(leadership)이라는 세 개념에 중점을 둔다. 힘 기르기라 함은 학생이 자신감을 가지고 자신의 목적을 성취해 나가도록 능력을 키워 주는 일이다. 학생들로 하여금 자기 자신의 소리와 힘을 발견하게 한다. 또 진정한 능력의 발휘가 집단적인 자존감과 상호성이 있을 때 가능하다고 보아 학습자 공동체로서의 학급 상황에서 이루어지는 학습을 중요시한다. 대화와 상호 작용을 통하여 여성의 능력을 확인하고 발전시키며 이해의 확대를

---

2) C. M. Shrewsbury, "What Is Feminist Pedagogy," *Women's Studies Quarterly*, Vol. 14. No. 3-4, 1988.

도모한다. 마지막으로 지도력은 이론과 실제, 생각과 행위를 연결시켜 가면서 사회 변화, 정의로운 사회를 추구하는 힘의 개발을 의미한다. 개인의 의식 변화는 사회의 제도적 개혁과 병행되어야 하지만, 사회의 제도적 변화는 다시 응집된 개인들에 의해서 가능하다.

그러므로 남녀 평등 사회를 추구하기 위해서는 먼저 남성 위주의 세계 속에서 침묵에 잠겨 있었던 여성의 세계에 귀기울이고, 여성 자신의 존재에 부합하는 실재의 세계를 정의하는 일에서부터 시작하지 않으면 안된다. 이는 세계를 남성과 여성으로 이분화시켜 파악하려는 것이 아니라, 오히려 진정한 남녀 평등 사회의 실현은 남녀 모두의 해방이 전제되어야 하기 때문이다. 현재 우리의 인식의 틀이 이미 너무 남성 편향적이어서, 먼저 여성 자신의 목소리로 여성의 경험과 의미를 발견하는 일이 필요하다는 것이다. 스펜더(Spender)의 지적처럼 '우리 사회와 교육에서 평등과 공정성은 남성에게 더 많은 관심이 주어지도록 구조화되어 있기'[3] 때문에, 성평등을 도모하는 어떤 접근 방법이 정말 남녀 평등을 지향하며, 성에 자유로운지 아닌지를 적절히 판단하기가 힘들다. 여성은 한편으로는 기존의 가부장적 자본주의적 사회 질서를 부분적으로 수용하고, 다른 한편으로는 온전히 자유롭고자 하는 의지 사이에서 모순적이고 양면적인 필요를 경험한다. 이에 남녀 평등을 진정으로 바라는 교육은 더욱 적극적인 입장에서 여성의 인간화를 도모하고 새로이 나타나는 여성의 필요와 관심에 적절히 부응해 나가는 교육이어야 할 것이다.

남성 중심의 세계에서 여성으로 사고한다는 것은 비판적으로 사고하는 일이며, 주어진 것을 그대로 받아들이기를 거부하는 일이며, 서로 연결되지 않은 채 남아 있는 사실과 생각들을 연결시키는 일이다.[4] 여성은 다양한 방법으로 여러 수준에서 성억압을 경험하면서 남성과는 다르게 여성이라는 정체감을 의식해 왔으므로 여성 해방적 교육학에서는 이러한 여성의 세계에 대한 합법성을 인정하면서, 종래의 학습과 교수에 있어서 주변적이고

---

3) D. Spender, *Invisible Women: The Schooling Scandal*(London: Writers and Readers Publishing Cooperative Society, 1982), p.55.
4) A. Rich, "Taking Women Students Seriously," *Gendered Subjects The Dynamics of Feminist Teaching,* (eds.) M. Culley & C. Portuges(London: R. K. P., 1985), p.28.

수동적이던 여성의 위치를 능동적인 위치로 또 교육 활동의 중심으로 전환해야 한다. 여기에서 학습자 중심의 학습, 주체가 능동적으로 동등하게 참여하는 학습·교수 과정이 중시된다. 이렇게 할 때 여성이 자신을 행위 주체자로 이해하고 비판하며, 행동하는 인간으로서의 능력을 발휘할 수 있는 인간 해방적 관점에서의 학습과 교수가 이루어질 것이다.

여성 해방적 학습·교수 활동을 위한 구체적 방안은 앞으로 우리 교육 현장의 실정에 맞게 연구·개발되어야 할 것이다. 여기서 몇 가지 가능한 개략적인 제언을 하자면, 먼저 교육 내용의 재구성과 그에 따른 학습·교수 방법상의 변화를 말할 수 있을 것이다. 교육 내용의 구성에 있어 남녀 불평등한 사회 질서와 구조를 강화 혹은 유지하던 차원에서 기존 질서를 비판하고 문제 의식을 갖도록 조직하는 일이 요망된다. 바꿔 말하면 현재 구성되어 있는 교과 내용 안에 보이게, 보이지 않게 침투되어 있는 의식이나 사고의 틀을 여성 경험에 비춰 비판적으로 보고 주체적으로 사고할 수 있도록 교과 내용을 구성하고 가르치는 일이다. 학습·교수 방법 면에서 기존의 교사 중심의 권위적인 수업 방식보다는 학생들 스스로가 경험을 이야기하고 사고해 볼 수 있는 대화적 방식이 두드러지다고 생각되는 과학 교과의 경우에 여성 과학 교사의 증대, 교과 내용의 변화, 여성 과학자상의 확대, 교사의 태도 변화, 학습 장면에서의 상호 작용의 변화로 여학생들도 남학생과 동등하게 과학 수업에 적극 참여하고 학업 성적에 있어서도 유사한 결과를 낳았다는 연구가 있다.

한걸음 더 나아가 지금까지 실시되어 오거나 지향하고 있는 교육 기회 균등 정책을 재고하는 일이 필요하다. 예를 들어 교육 재원과 혜택을 남녀에게 균등하게 배분한다거나 형식적 기회를 동등하게 하는 차원을 넘어, 진정한 여성 해방, 인간 해방을 가져올 수 있는 석극적 차별 지원 정책이나 여성의 입장을 고려한 교육적 노력이 더 필요하다. 기회 균등 정책에 의해 시행된 남녀 공학 교육이 피상적인 남녀 평등을 의미할 때는 오히려 역효과를 낳는다. 실제 남녀 공학이 된 학교에 여자 주임이나 교장이 감소되고, 수업과 학생 자치 활동에서 여학생이 상대적으로 위축되어 주변적 위치에 머무르게 됨으로써 여성에게 더 불리한 교육 경험을 제공하는 사례를 자주 보게 된다. 이런 경우에 비하면 오히려 여성 중심의 학습·교수 활동이 더 바람직한 경우가 있을 수 있다. 따라서 실제적 상황에 따라 보다 적극적인 차원에서의 여성 해방을 도모하는 교육 활동을 추구해야 할 것이다.

끝으로 이 같은 교육적 노력이 남녀 평등을 지향하는 보다 큰 사회의 구조적 변화 없이는 극히 제한된 성과밖에 거둘 수 없음을 인식하여, 학교가 여성 해방을 위한 집단적 노력을 도모할 수 있는 지도력을 키우는 방안을 모색하는 일이 필요하다. ■

논설

우리 삶을 담는 교과서 만들기

심미옥*

1. 교과 내용의 의심스러운 객관성

전통적으로 학교에서 다루는 교과 내용은 객관적이고 보편 타당한 것, 즉 누구에게나 최상의 가치를 지니는 것이 선택된다고 생각되어 왔다. 학교에서 가르치는 내용이 이런 것이라면 부모나 교사의 관심은 학생들이 이런 내용을 어떻게 더 잘 배울 수 있도록 할 것인가 하는 문제가 될 것이다. 교사들이 효율적인 교수 방법을 추구하고 부모들이 자녀들에게 더 열심히 공부할 것을 요구할 때는 교과 내용 자체에 대한 믿음을 지니고 있기 때문이다. 또한 학교 교육이 개인적 성장과 사회적 상승 이동의 기회를 제공하는 수단으로 생각되는 이면에도 이런 믿음이 전제되어 있다.

  학교의 교과 내용은 그 사회가 축적·발전시켜 온 문화 가운데서 선택된다. 그런데 한 사회 속에는 특정한 생활 양식을 공유하는 집단이 여럿으로 나뉠 수 있으며, 따라서 이들이 발전시켜 온 문화 역시 복잡 다양하다. 그런데 학교에서는 이 모든 것을 가르칠 수 없기 때문에 많은 문화 자원 가운데 특정한 내용을 선택하여 가르치게 된다. 이때 도대체 누가 그 내용을 선택하는가, 어떤 내용이 선택되고 어떤 내용이 배제되는가 하는 것이 문제가 된다. 특정한 지식을 공식화하고 제도화하면 결국 한 집단에는 유리하고 다른 집단에는 불리하기 때문이다.

---

* 춘천 교대에서 교육학을 가르치고 있다.

이러한 문제는 70년대에 이르러 본격적으로 제기되기 시작했다. 그 동안 당연시해 왔던 교과 내용에 이 같은 의문을 제기한 학자들이 교과 내용의 사회적 성격을 탐구하기 시작하였다.

이들은 사회 내에서 어떤 지식은 높은 가치를 지닌 지식으로 간주되어 학교 안에서 가르쳐지며 어떤 지식은 그렇지 않다고 간주되어 배제되는가 하는 것은 지식을 통제할 수 있는 사람들의 힘의 행사와 관련된다고 설명한다. 영(Young)은 권력 있는 위치에 있는 사람들이 무엇을 지식이라고 할 것인지, 서로 다른 집단들이 특정 지식에 어떻게 접근할 것인지, 서로 다른 지식 영역 사이의 관계는 어떠해야 하며, 서로 다른 지식을 습득하여 사용하는 사람들 사이의 관계는 어떠해야 하는가를 규정하려 한다는 점에 주목한다.[1]

브르디외(Bourdieu)는 교과 내용이 개인이나 집단에 의해 생산·분배·소비되는 경제적 자본과 같은 의미를 갖는 '문화적 자본'(cultural capital)이라고 보았다. 마치 경제적 자본이 불평등하게 소유·분배되듯이 문화적 자본도 사회 집단간에 불균등하게 소유·분배된다는 것이다. 그는 교육 장면 속에서 학업 성취가 계층에 따라 차이가 나는 것은 학생 개인의 적성이나 능력 등의 개인적인 차이에만 기인하는 것은 아니고 근본적으로 문화 자본의 소유·분배 유통상의 구조적 불평등에 기인한다고 보았으며, 권력과 특권의 전수가 문화적 자본을 매개로 교육을 통해 이루어져 왔다고 본다.[2]

다시 말해 학교 지식은 정치·경제·사회적 권력을 지닌 집단의 존재 조건의 산물이며, 따라서 교과 내용으로 선택된 지배 문화를 지닌 집단의 아동과 교육 내용에서 배제된 문화 속에서 사는 집단의 아동은 학교 지식의 습득과 성취에서 차이가 나고, 그것은 궁극적으로 경제적·사회적 보상과도 연결된다는 것이다. 결국 학교 안에서 가르치는 교과 내용을 통해 사회 내의 특정한 집단이 다른 집단에게 권력과 통제를 행사하게 되고, 이들

---

1) Michael F. D. Young, "An Approach to the Study of Curricular as Socially Organized Knowledge," *Knowledge and Control,* ed, M. F. D. Young(London: Collier Macmillan, 1971), p.32.
2) Pierre Bourdieu, "Cultural Reproduction and Social Reproduction"(1973), ed, J. Karabel and A. H. Halsey, *Power and Ideology in Educatian*(N.Y.: Oxford Univ. Press, 1977), pp.487-511.

집단간의 불평등한 경제적·정치적·사회적 관계가 학교를 통해 계속 유지된다는 것이다. 이는 학교 교육이 사회 통제적 기능을 하고 있음을 보여 주는 것이다. 이와 같은 맥락에서 애플(Apple)은 지배 집단이 겉으로 드러나는 공식적인 지배의 메커니즘을 사용하지 않고도 문화를 보존·분배하는 학교와 같은 기관을 통하여 사람의 의식 구조를 형성함으로써 사회 통제를 지속시켜 나갈 수 있다고 주장한다.[3]

즉 교과 내용은 보편 타당한 고정 불변의 진리라기보다 문화의 계속적인 선택과 배제 과정을 통해 지배 이데올로기적 성격을 띤다는 것이다. 학생들에게 학교에서 가르치는 내용을 더 많이, 더 열심히, 더 효율적으로 배우기를 강요하기 이전에 무엇을 배울 것인가를 생각해 보아야 할 이유가 바로 여기에 있다.

이상과 같은 논의에 더해 교과 내용과 사회 통제의 관련성을 밝히기 위한 실증적 연구들은 크게 두 가지 경향으로 나뉜다. 그 하나는 학교에서 가장 중요한 학습 자료로 다루어지는 교과서를 분석한 연구이고, 다른 하나는 학급 내의 사회적 상호 작용 속에서 다루어지는 지식의 문제이다. 학급 내의 상호 작용 연구는 실제로 전수되는 과정을 다루는 것이고, 교과서는 공식적으로 분석화된 내용으로서 한 사회 내에서 보다 획일적으로 영향을 미치는 것이다. 여기에서는 교과서 분석 연구를 중심으로 살펴보기로 한다.

2. 교과서에 스며든 지배 이데올로기

교과서 분석 연구는 국내외에 걸쳐 다양한 연구 성과가 집적되었다. 일반적으로 연구 결과들은 교과 내용의 선택과 배제가 사회의 지배 이데올로기를 반영함을 보여 주고 있다. 우리나라 교과서 분석 연구의 예를 들면, 고등학교 국사 교과서를 분석한 박준성은 국사 교과서의 내용이 역사를 내재적 요인에 의한 변화 발전 과정으로 보지 않음으로써 사회 내부의 모순·대립을 숨겼으며, 지배층 중심의 역사, 왕조 중심의 시대 구분, 나열식 서술로 현실 고착적 역사 인식을 초래하며, 시대의 과제와 과제 해결의 주체

---

3) Michael W. Apple, *Ideology and Curriculum*(London: R. K. P., 1979), p.3.

를 배제하고 있다고 결론 짓고 있다.[4]

또 중학교 사회 교과서를 분석한 홍후조는 사회 교과서의 정치·경제·사회 생활 영역의 내용은 사회적 합의·안정·질서를 강조하는 데 비해, 사회 갈등은 소홀히 다룸으로써 교육적으로나 사회적으로 중요하지 않은 사실로 다루고 있으며, 사회 갈등에 대해 비호의적이거나 중립적인 태도를 취하고 있어 사회 갈등이 개인의 삶의 형성과 사회 발전에 대해 갖는 긍정적 계기를 포착하지 못하고 있고, 현실적으로 직면하는 사회 갈등에 대한 관리 및 극복 방안의 제시가 미흡하여 사회 갈등이 교과서에 제시된다고 하더라도 그것이 학생들의 개인적, 집단적 삶과 구체적으로 어떻게 연결되어야 하는지를 제시하지 못하고 있다고 보았다.[5]

김정자 등은 우리나라 중등학교 교과서 분석 결과 문장에서 성별 출현 빈도가 남성 중심적이고, 남성의 직종은 다양한 데 비해 여성 직종은 제한되어 있으며 전통적인 성별 분리 이미지를 나타내고 있고, 가정에서의 남녀 불평등 내용이 많이 나타났다고 보고하고 있다. 또한 가정과 실업 교과는 남녀에게 분리되어 제공되며, 그 내용도 남학생에게는 장차 생산 과정과 관리에 참여할 수 있는 진로 지도, 여학생에게는 소비자·양육자의 위치에서 가사 노동에 필요한 면만을 강조함으로써 성별 분업의 이데올로기를 심어 주도록 되어 있음을 보였다.[6]

이상의 연구들은 중등학교 교과서를 분석한 연구지만, 국민학교를 포함하여 우리나라 교과서의 전체적 경향을 인식하는 데도 의미 있는 시사점을 준다.

이렇게 특정한 측면에서의 지배 이데올로기를 밝히는 작업 이외에도 최근 우리 사회에 대한 사회 과학적 인식과 더불어 우리 사회의 총체적 성격을 밝히기 위해 교과서에 제시되는 지배 이데올로기를 보다 포괄적으로 분석한 연구들도 있다. 예를 들어 윤구병은 봉건적 전통, 일제 식민지 유산,

---

4) 박준성,「올바른 역사 이해와 국정 교과서의 문제점」, 국어 교육을 위한 교사 모임,『교과 교육』창간호, 푸른나무, 1988, 163-208쪽.
5) 홍후조,「사회과 교과서의 사회 갈등 내용 분석」, 교육 출판 기획실 편,『교육 현실과 교사』, 청사, 1986, 271-320쪽.
6) 김정자·임선희·이영세·강선혜,『중등학교 교육 과정에 나타난 성역할 연구』, 한국 여성 개발원, 1986.

반공 이데올로기를 초·중·고 교과서 전반에 걸쳐 제시되고 있는 지배 이데올로기로 들고 있다.[7]

3. 우리 삶과 관계된 교과 내용 만들기

교과 내용이 사회 구조에 의해 규정되고 기존 사회 구조의 유지에 기여한다는 이론은 학교와 사회와의 관계를 구체적으로 규명하려는 의도를 가지고 출발하였다. 그러나 이들의 논의는 사회 구조적 측면을 지나치게 강조함으로써 문화 형성 과정에서 사회 구성원의 주체적이고 자발적인 역할이 차지하는 비중을 너무 약화시켰다는 비판을 받고 있다. 사실 어떤 사회 구조를 지속시키려는 기제들은 결코 완벽한 것이 아니며, 사회 내의 개별 혹은 집단적 행위자는 이념을 수동적으로 따르기만 하는 존재도 아니다. 이들은 주관적으로 판단하며, 외부적 압력과 갈등을 일으키고, 이를 조정하거나 이에 대해 저항하는 역동성을 지니고 있다. 따라서 문화는 정태적인 것으로 인식될 것이 아니라 보다 넓은 사회의 이데올로기적, 구조적 결정 요인과 특정 사회 집단의 주체적 행동이나 실천이 상호 작용하여 끊임없이 재형성되는 변화 가능한 것으로 인식되어야 할 것이다.

그러므로 제도화된 공식적인 문화 자체도 고정적인 것이 아니고 계속적으로 생성·소멸하는 과정중에 있는 것으로 생각할 수 있으며, 또 이러한 과정 자체가 상황 의존적이며, 타협과 재타협에 의해 끊임없이 역동적으로 이루어지는 것이기 때문에 이런 맥락에서 기존의 교과 내용에 대한 대안적 교과 내용의 방향을 모색해 보는 것은 의미 있는 일일 것이다.

대안적 교과 내용의 방향으로 고려해야 할 점은 첫째, 교과 내용이 인간 본성의 한 측면만을 지나치게 강조하는 것이어서는 안된다는 점이다.

일반적으로 학교에서 가르치는 교과 내용 가운데 보다 가치 있다고 여겨지는 것은 지적인 내용들이다. 주지적 교육은 오로지 학업 성적만 강조하고 높이 평가하게 만드는데, 이런 경향은 인간성의 다른 측면, 예를 들어 친구와 사귀고 서로 협조하며 아름다움을 느끼고 자신의 사고와 느낌을 표현하는 즐거움을 중요하지 않은 것으로 여기게 할 뿐 아니라 지적인 활동

---

7) 윤구병, 「민족 교육과 이념 교육」, 윤구병 편, 『교과서와 이데올로기』, 천지, 17-44쪽.

의 성격마저도 왜곡한다.

지적인 활동은 인간이 자기 주변 세계를 이해하려는 내재적 동기의 표현이라 할 수 있다. 그런데 문자화된 추상적인 학습 내용의 체계를 학생의 지적 발달 수준이나 인지 양식, 흥미와 관계없이 강요하면, 어린이는 학습 그 자체에서 기쁨을 맛보고 만족감을 느끼기보다는 부모나 교사를 기쁘게 하기 위해, 벌을 피하기 위해, 성취가 가져다 주는 다른 물적 보상 때문에 학습 동기가 유발되기 때문에 학습하는 과정 자체에 대한 흥미를 잃게 될 뿐만 아니라, 기껏해야 암기 학습을 하는 것에 지나지 않게 되므로 그 내용은 오래 기억되지도 않는다.

또한 지적 학습이 주로 개인적인 학습 활동을 통해 이루어기 때문에 지적 성취 결과만을 강조하면 경쟁적, 이기적인 인간 관계를 조장하게 된다. 경쟁은 학생들에게 필요 이상의 긴장감을 주며, 더 나아가 타인에 대한 적개심을 갖게 하거나, 경쟁에서 이기는 것이 본래의 목적보다 더 우선시되어 수단과 방법을 가리지 않게 된다거나, 뜻대로 성취할 수 없을 때 심한 좌절감을 맛보게 만든다. 이는 개인의 자아에 손상을 주며 계속적인 학습을 위한 건전한 동기의 형성을 방해한다.

따라서 어린이의 지적 발달에 맞는 교과 내용을 선정해야 할 뿐만 아니라 비지적인 내용들, 즉 정의적·심미적·사회적·신체적 체험을 통해 건전한 인간 관계를 형성하고 자신의 가능성을 넓혀 가도록 하는 것이 앞으로 보다 더 강조될 필요가 있다.

여기에서 고려되어야 할 점은 학생 개개인의 의지와 관계없이 어떠한 인간이 되어야 한다고 미리 정해져 있거나, 확고 부동하게 부과된 내용으로 그들을 압도해서는 안된다는 점이다.[8] 그리고 교육의 전반적 과정 속에서 학생의 자발성과 창의성이 존중되어야 하며, 교육은 자기 자신을 발견하고 스스로를 형성해 가는 과정으로서 의미를 지녀야 할 것이다.

둘째, 교과 내용은 학습자의 문화와 경험에 적합한 것이어야 한다는 점이다. 이는 교과 내용이 학습자 집단의 주된 경험을 중심으로 다루며, 생활 정서에 부합되는 것이며, 그들의 현실적 목표에 기여할 수 있는 것이어야 함을 의미한다. 학생들은 학교에 오기 전부터 가정이나 지역 사회로부터

---

8) 곽병선,『교육 내용에 있어서 민주화의 과제』(미간행), 1988, p.16.

많은 경험과 지식을 얻어 가지고 있다. 그렇기 때문에 학교에서 다루어지는 지식이 자신들의 문화나 경험, 정서, 목표에 부합되면 의미 있는 내용으로 받아들일 수 있으며, 그렇지 않은 경우 그 내용은 자신과는 거리가 먼 공허한 것으로 생각하여 충분히 의미 있는 것으로 받아들일 수가 없게 된다. 자신에게 의미가 없는 학습 내용은 쉽게 내면화되지 못하기 때문에, 학교에서 추구하는 문화와는 다른 문화 속에서 성장한 아동은 학업 성취에서 불리할 수밖에 없다. 따라서 학습자가 쉽게 의미를 만들 수 있고, 가치 있게 생각하는 지식을 교육 내용에 포함시켜야 할 것이다.

오늘날 많은 연구 결과들은 기존의 학문이나 교과 내용이 중상층 중심, 도시 중심, 남성 중심 문화의 소산임을 밝히고 있다. 따라서 학습자에게 적합한 교과 내용의 선정을 위해 선행되어야 할 과제는 지금의 교과 내용에 배제되어 있는 집단의 문화를 이해하는 것이다. 예를 들어 노동 문화, 농촌 문화, 여성 문화 등 계층적으로는 하층 집단, 성별로는 여성 집단, 지역적으로는 농어촌에 사는 집단들의 생활 경험과 생산 활동, 정서, 가치관, 언어, 인지 방식 등을 알아야만 다수의 학습자가 쉽게 습득할 수 있으며, 자신의 삶에 의미를 부여할 수 있는 교과 내용 선정이 가능해질 것이다. 애플도 지적했듯이 이제는 사회에서 가장 혜택받지 못한 사람들의 이익을 증대시키는 데 초점을 두고 교과 과정을 구성할 필요가 있다.[9]

셋째, 대안적 교과 내용은 우리 사회가 지니고 있는 문제와 역사적 과제를 포함해야 한다. 이러한 것들이 결여되거나 왜곡되어 있다면 학생들은 그릇된 사회 의식과 역사관을 갖게 되므로 사회의 실상을 바르게 알려 주는 내용이 필요하다. 교육의 목표가 미래 사회의 구성원을 육성하는 것이라면, 교육을 통해서 현재 우리 사회의 현안 문제의 원인과 상황을 분석하고 그 해결책을 모색하는 경험을 할 수 있어야 한다. 따라서 우리 사회가 당면하고 있는 여러 가지 사회 문제들의 현황과 그것의 역사적 근원을 다각적인 측면에서 다루어야 할 것이다.

말하자면 우리 사회가 해결해야 할 주요 과제인 통일 문제, 여러 가지 사회 갈등의 해소, 민주적 문화의 창달, 공해 문제, 인구 문제, 국제 관계 등은 우리의 삶과 관련을 맺고 있는 문제들이며, 이런 문제들에 대해 일상

---

9) M. W. Apple, *Ibid.*, p.158

생활의 구체적 수준에서부터 출발하여 관심을 갖는 것은 궁극적으로는 거대한 조직 사회에서 무력해지기 쉬운 개인들에게 참여 의식을 갖게 하고 미래에 대한 전망을 갖게 하는 것이다.

환경 문제를 예로 든다면, 초등 학교의 환경 교육 내용의 조직을 어린이의 발달 단계에 맞게 구성하기 위해서 저학년에서는 어린이가 자연을 즐기며 자연미를 감상하고 생명체를 존중하도록 하는 내용을 다루고, 고학년에서는 어린이가 수집한 자료의 분석을 통하여 환경 문제를 해결하기 위한 방도를 강구하고 이를 실천에 옮기도록 하는 내용이 주가 되어야 할 것이다.[10]

여기서 자주 논의되는 문제들에 대해서는 다양한 시각에서 접근이 가능하다. 어떤 접근 방식을 택하는가에 따라 사회 문제나 역사적 과제의 성격에 대한 인식이나, 서술 방식, 해결 방법도 달리 생각될 수 있다. 그렇기 때문에 교과 내용 선정에서 특정한 시각만을 수용하고 다른 시각을 배제하는 것은 문제에 대한 올바른 접근이라 할 수 없다. 교과 내용에서 이들을 다룰 때는 다양한 사회 과학적 연구 성과를 반영하여 학생들로 하여금 가치 판단을 할 수 있는 근거를 제공해 주어야 할 것이다. 이는 달리 말해 학생들이 어려서부터 스스로 가치 판단을 하는 방법을 배우도록 하는 것이다. 이때 도덕적 사고와 가치에 관한 논의를 주로 다루고 있는 철학적 분석의 도움을 받을 수 있을 것이다.

4. 구체적 걸림돌: 교과서 편찬 과정

적합한 교과 내용을 선정해 가기 위해 고려해야 할 중요한 문제로 교육 내용의 제도화가 어떤 경로와 절차를 통하여 이루어지며, 그 통제의 방식은 어떠한가 하는 것이 있다. 지식의 제도화 과정이 어떤가에 따라 교과 내용의 변화 가능성의 폭이 결정되기 때문이다. 최근 관심의 대상이 되고 있는 교과서의 편찬 과정의 문제도, 교과서의 편찬 과정이 엄격한 통제하에 이루어질 때 새로운 교과 내용의 창출은 제한을 받게 된다는 인식에 그 근거를 두고 있다.

---

10) 홍웅선, 『새 초등 교육 과정』, 교학 연구사, 1988, 434쪽.

예를 들어, 교과 과정의 경우 프랑스에서와 같이 중앙 집권적 교과 과정을 채택하고 있는 국가에서는 중앙 정부가 직접적으로 교과 과정을 제정하고 지배한다. 이에 대해서 영국에서는 교사가, 미국에서는 지역 사회인들이 교육 과정에 영향을 미칠 수 있도록 되어 있다. 또한 교과서의 제작과 발행은 주로 일반 저자와 출판사에 의해 자유롭게 이루어지며 교과서의 채택 권한도 영국이나 프랑스는 교장과 교사에게 있으며, 미국은 지역의 교과서 선정 위원회의 영향력이 크다.

우리나라에서는 현행 법규상 국민학교 전과목 교과서와 중·고등학교의 국어, 도덕, 국사, 국민 윤리 교과서는 한 가지 종류뿐이며, 모든 학교는 반드시 문교부가 저작권을 가진 국정 교과서를 사용해야 한다. 또한 평가에 의해서 교과서에 명기되지 않은 내용은 수업에서 배제되도록 간접적으로도 통제된다. 그만큼 우리나라에서는 교과 과정과 교과서에 대한 통제가 획일적이라는 얘기가 된다. 따라서 우리나라에서는 중앙 집권적인 통제를 탈피하여 교육에 대한 결정권을 분산시키고 다양성을 추구하는 문제가 교육 내용의 성격에 관한 문제와 더불어 중요한 쟁점이 되고 있다. 구체적으로 국정제의 폐지, 교재의 다양화, 교과 과정의 지역화 등이 거론되고 있는데, 이는 중앙 집권적 교과 과정 결정 방식이 획일적인 교육 내용과 교과 과정 운영 방식을 초래하는 것에 대한 우려에서 비롯되는 것이기도 하다. 그러나 근본적으로는 새로운 교과 내용이 효율적으로 자리 잡기 위한 실제적 방안에 대한 모색이므로 대단히 의미 있는 작업이라 할 수 있다. 다양한 학문적 성과와 관점을 교과 내용 속에 수용한다거나, 지역 사회의 특수한 자연적·사회적 환경과 개별 학교의 상황, 학생의 현실에 맞는 교과 내용과 자료를 채택할 수 있도록 하기 위해서는 획일적인 방식보다는 지역 사회 혹은 학교 단위의 결정에 따라 다양한 가능성 속에서 선택할 수 있는 여지가 있어야 하기 때문이다.

그런데 이러한 다양성의 추구는 교육 현장에 혼돈을 초래하고 배워야 할 내용을 제대로 배우지 못해 교육의 질을 떨어뜨리거나 교육적 수준의 기준을 엄격히 제시하지 못함으로써 지금보다도 지역간, 계층간의 교육 격차를 더 심화시킬 수도 있다는 우려가 있다.

사실 다양성의 논리가 아무 내용이나 아무렇게나 가르쳐도 된다는 극단적 상대주의의 입장으로 비약되어서는 안될 것이다. 그런 의미에서 교육 수준이나 내용에 대해 국가 편에서의 통제가 전혀 없을 수도 없을 것이다. 그러나 교사, 학생, 지역 사회의 요구와 실정이 융통성 있게 교육 활동 전반에 걸쳐 반영될 수 있으려면 통제 방식의 변화가 요구된다. 즉 국가나 사회가 제시하는 교육 과정은 교육 목표의 기준을 제시해 주되 교육 활동의 전과정 속에서는 가능한 한 폭넓은 다양성과 융통성, 창의성이 허용될 수 있도록 계획되는 것이 바람직하다는 것이다. 실제적으로 교과서와 교육 자료를 누가 제작하고 누가 심사하며 누가 선택하는가, 대학 입시와 같은 중요한 선발이 어떤 방식으로 이루어져야 할 것인가 하는 문제는 여전히 해결되어야 할 과제로 남겠지만, 중요한 것은 학생들에게 교과의 기본 구조를 이해시키고 학습의 수준과 질을 향상시킬 뿐만 아니라 학습자들의 보다 나은 삶을 성취시키려는 교사의 전문적 능력과 교육적 신념에 대한 교사 자신의 책임과 그에 대한 사회의 신뢰가 기반이 되어야 한다는 점이다. ■

내가 농부가 된다고 하면
어머니 아버지는
'이 촌놈아 할 일이 없어서 농부가 되냐!'
하고 말할 것이다.
그러나, 그러나, 농부가 된다면
착실히 농사를 하여 돈을 많이 벌겠다.
그리고 남은 돈은 농촌을 위해 쓰고
나는 한평생 곤충하고 살 거다.
— 유태욱(성일국 6), 「내가 농부가 된다면」

현장 연구

농촌의 어린이 교육

조옥라*

시골의 부모들은 어린이들에게 갖는 기대감은 근본적으로 도시 부모와 차이가 없다. 똑같은 사회적 이상을 갖고 있는 한 국가의 구성원으로서 그러한 유사성은 어쩌면 당연한 것인지도 모른다. 그러나 이렇게 도시와 다름없는 이상을 갖고 있기 때문에 파생되는 문제들도 적지 않다.

시골 어린이들이 살고 있는 물리적 환경은 도시 어린이들보다 객관적으로 더 낫다고 표현될 수 있는 요소들이 많다. 뛰어 놀 장소가 없는 도시에 비해 집 밖으로 나서면 넓은 공간에 냇가며 자연의 놀이감이 되는 흙, 돌, 나무들이 가득하며 손쉽게 어른들의 눈에서 벗어날 수 있는 장소들도 널려 있다. 학교에 가도 60여 명에 가까운 학생들로 가득 차 있는 도시 교실에 비하여 30명 내외의 학생밖에 없어 공간을 더 넓게 쓸 수 있다. 전교생이 100명 남짓한 학교들도 많다.

그러나 농촌에는 이렇게 표면적으로 나타나는 좋은 조건들이 충분히 활용될 수 없는 사회적 제약이 있다. 그래서 농촌 어린이의 교육이 안고 있는 문제는 도시와는 다른 차원에서 심각한 양상을 띠게 된다.

이 글에서 주로 사용되는 예들은 글쓴이가 남쪽의 한 평야 마을에서 살면서 느끼고 경험한 데서 나온 것들이다. 그러나 여기서 지적되는 내용들이 이 지역에만 해당되는 것은 아니라고 생각된다. 그 동안 농촌 지역 연구를 위해 답사를 해온 산간 지역과 다른 중부 평야 지역에서도 매우 비슷

* 1950년생. 서강대에서 인류학을 가르치고 있다.

한 양상을 보이기 때문이다. 농촌의 어린이 교육은 교육 자체의 문제가 아니라 전체 한국 사회에서 농촌이 처한 위치에서 나온 문제들과 밀접하게 연관되어 있다. 농민들이 사회에 대해 느끼는 상실감, 현재 농가와 농민이 안고 있는 문제들, 즉 부채의 증가, 노동 강도의 심화 등이 어떻게 농촌의 어린이 교육에 영향을 미치고 있는가를 구체적 생활 속에서 지적해 보는 일은 의미 있는 일이다. 또한 교육의 실제 담당자인 교사들과의 면접을 통하여 나타난 문제들이 이러한 측면과 어떻게 연관되어 있는가를 살펴보면서 농촌의 어린이 교육이 안고 있는 문제의 심각성을 지적해 보기로 한다.

1. 농촌에서 어린이의 의미

60년대 이후 농촌 젊은이들의 지속적인 이농으로 현재 농촌에는 젊은 노동력이 부족하여 노동 연령이 연장되고 노동의 성별 분업 현상이 완화되는 경향을 보이고 있다.

젊은 층이 적다는 것은 곧 마을에 어린이가 적다는 것을 의미한다. 따라서 농촌 학교들은 학생 수의 격감에 따른 문제들을 안게 되었다. 또 마을 주변에서 눈에 띄는 어린이들의 수가 훨씬 줄어들었다. 어른들과 긴밀하게 접촉하면서 자라던 어린이의 모습은 자취를 감추어 버렸다. 집안일에 바쁜 어머니의 치마끈을 잡고 따라다니던 딸의 모습이나 들에 가 아버지의 일을 도와주거나 집 주변에서 잔일을 하면서 친구들과 장난을 치던 농촌 어린이들은 더 이상 찾아볼 수 없다. 실제로 농촌 어린이들이 부모와 접촉하는 시간은 별로 길지 않다. 이 점은 도시 어린이와 다를 바가 없다. 특히 가중된 노동의 부담으로 농사철이면 눈코 뜰 새 없이 바쁜 농촌 부모들은 아이들과 보내는 시간이 짧을 수밖에 없다.

집안일을 함께하면서 직·간접으로 주던 사회 규범이나 사회 교육은 시간이 없어서 또는 더 이상 가치를 찾지 못하여 흐지부지되어 버렸다. 가족은 짧은 식사 시간에 겨우 만나고, 마을 어른들과의 관계는 친척이나 마을 어른을 만날 때 인사하는 정도로 그치고 만다.

농촌 어른들에게 어린이는 더 이상 자신의 삶의 연장으로 간주되지 않고 있다. 도시 지역에서도 일부 그러한 경향이 보이지만, 현재 농촌만큼 '단절'의 문제를 심하게 느끼는 지역은 없으리라 생각한다.

이러한 단절은 어떻게 하든 자식들에게는 힘든 농민의 삶을 전수시키지 않겠다는 농촌 부모의 결심에서 잘 나타난다. 어른들을 대접하는 방법이나 마을 사람들과 잘지내는 방법 등이 더 이상 구체적인 생활 규범으로 기능하기 힘든 것은 어린이들이 앞으로 살아야 할 사회와 현재의 환경이 너무나 다르리라는 이상(理想)의 시각에서 이해될 수 있다.

따라서 자녀에게 다른 아이들과 잘지내고 어른을 존중하는 생활 규범을 강조하기보다는 공부만 잘하기를 바라는 부모가 대부분이다. 농사일을 하나의 노동으로 치부하고 있기는 하나, 그렇다고 그들이 노동 과정과 여가를 이웃과 함께 나누는 농촌의 삶 전체를 부인하는 것은 아니다. 다만 이렇게 힘든 노동을 하고도 그 수입이 형편없어 자식에게조차 큰소리 치지 못하는 농사일을 대물림하지 않겠다는 뜻일 뿐이다. 그렇기 때문에 자녀를 통하여 자신의 삶을 연장시키려 하기보다는 자식을 둔 부모의 도리로 현대의 도시화된 사회에 잘 적응하도록 키우는 데 최선을 다하겠다는 것이다.

반면에 농촌 어머니들에게 자녀와의 심리적, 감정적 연대는 중요하다. 힘든 생활에서 자녀에게 주고 또 자녀에게서 받는 애정이 중요한 심리적 기반이 된다. 이러한 의미에서 자녀에 대한 애정에 절제가 없고 농사일을 하면서 힘들게 얻은 수입을 아낌없이 자식들에게 투자한다. 자녀를 보살피는 것이 곧 사람된 도리임을 의문의 여지 없이 받아들여 자녀가 있음으로써 풍족한 삶을 누릴 수 있고, 진정한 사람이 될 수 있다는 자녀관이 확고하다. 자식이 없는 부부는 희망이 없는 불쌍한 사람으로밖에 보이지 않는다.

규범적 측면에서의 교육은 놀라울 정도로 적지만 가족간의 의례적인 행사들이 많아 그러한 행사에 참여하면서 어린이들이 사회에 대해 얻을 수 있는 교육적 잠재력은 크다. 그러나 적어도 의도적인 가정 교육 내지 사회 교육은 거의 없다.

자녀에 대한 적극적 교육의 부재는 곧 자신들이 이제까지 살아온 생활에 대한 자신감의 상실을 반영하는 것이다. 자기 삶의 경험에서 자녀들에게 가르쳐 줄 것이 없다는 자기 비하가 매우 강하다. 그 비하는 경제적인 빈곤에서 오기도 하지만 더 나아가 흙 속에서, 땡볕 아래서 일하는 농민의 지위를 빗대는 것이기도 하다. 이러한 자기 비하 심리에서 마을 내의 사회 관계란 그저 조심해야 하는 정도로서 말이 많거나 서로 협력하지 않으면 살기가 힘들어진다는 차원에서 유지된다.

　이렇게 숭고하지도 않고 수입도 적어 희망이 보이지 않는 노동을 하게 된 이유는 자기 탓이나 아니면 자신의 부모가 능력이 없어 자신을 가르치지 못한 탓으로 돌린다. 그렇기 때문에 더 이상 농촌에서 살지 않도록 하기 위해 교육시키는 부모들은 자녀들에게 마을 전통에 관하여 관심 있는 조언을 해주지 않는다. 오히려 지금까지 남아 있는 관습들마저 구시대의 낡은 것이므로 앞으로는 없어져야 하는 것으로 간주하는 경향이 크다. 이러한 의미에서 자녀 교육의 연속성보다는 단절성이 강조되는 현실이 정당화된다.

　가정 교육과 지역 교육의 이러한 경시와는 대조적으로 공식 교육 기관인 학교에 대한 신뢰감은 매우 높다. 농촌에서 자신들의 현 처지가 부모 잘못 만나 교육을 제대로 받지 못했기 때문이라고 보는 부모가 많으므로 자신들의 자녀만은 힘닿는 데까지 교육시키려고 노력하고 있다. 공부를 잘 해서 대학까지 나와 직장을 얻게 되면 결국 자녀가 도시에서 안정된 생활을 누릴 수 있게 될 것이며, 그렇게 되면 부모 노릇을 잘한 것이라고 믿고 있다.

　이러한 의미에서는 도시와 농촌 간에 부모가 자녀에게 갖는 기대 내용은 비슷하다. 다만 도시 생활에 비해 뒤떨어진 생활 수준과 소비 수준 때문에 부모가 자녀의 미래에 부담과 책임감을 더 많이 느끼고 있다는 점에서 차이가 있을 뿐이다. 이러한 차이가 결과적으로는 농촌 부모와 교육받은 자녀 간의 거리를 넓히는 데 기여한다.

2. 농촌 어린이의 생활

농촌 어린이의 일과는 비교적 빨리 시작된다. 해가 뜨는 시간이 곧 기상 시간이므로 도시의 어린이들처럼 게으름을 부리기가 힘들다. 농사철이면 해뜰 때부터 해질 때까지 일해야 하는 어른들과 함께 이른 아침을 먹고 곧 학교에 간다. 학교 수업은 도시와 마찬가지로 9시경에 시작하지만 7시부터 학교에 가는 아이들이 많다.

　한 마을의 어린이들은 연령과 성별에 관계없이 항상 어울려 놀면서 자라기 때문에 학교 가는 길에서 장난 치고 놀면서 가는 경우가 많아 학교

가는 시간이 굉장히 오래 걸린다. 마을에서 학교까지 거리가 멀기도 하지만 학교로 오가는 중간에 장난 치는 시간이 더 길다.

어린이들에게는 농촌의 들판 전체가 놀이 무대가 된다. 도시의 아이들과는 달리 가게에서 파는 놀이 기구를 많이 사용하지는 않지만 친구들과 어울려 하는 장난은 심하다. 나무에 올라가고 나무 주위를 맴돌고 산에 오르고 물에서 노는 등 자연과 함께 어우러지는 놀이가 다양하다. 기구를 즉석에서 만들어 사용하는 놀이도 수를 헤아리기 힘들 정도로 많다. 어른들의 자전거도 좋은 장난감이 된다. 몇몇 어린이들은 어린이 자전거가 있어 그것을 타고 달리기도 하지만, 서로 빼앗아 타는 놀이도 즐겁다. 그런 놀이에 동네 아이들이 모두 어울리는 모습이 독특하다. 아주 어린 아이들은 조금 나이가 든 아이들의 장난에 끼지 못해 그 주위에서 구경을 한다. 여자 아이와 남자 아이들은 서로 밀치고 싸우기도 하지만, 어느 정도 국민학교 고학년이 되면 남자 아이들은 자전거를 타고 마을 주위를 돌아다니거나 산비탈 쪽으로 가버려 마을 근처 어린이들이 자주 모이는 장소에는 많지 않다.

성에 따른 놀이 유형의 차이가 흥미롭다. 여자 아이들은 어린아이들과 함께 놀거나 땅 따먹기, 고무줄 놀이를 하는 모습이 자주 보이는 데 비하여 남자 아이들은 나이 든 중고생들의 주위를 맴돌거나 함께 장난 치는 것을 더 선호한다. 그래서 놀이터에서 여러 층의 어린이들이 섞여 다른 놀이들을 할 때는 여자, 남자 아이들을 모두 볼 수 있지만, 서너 명이 짝을 지어 마을 주변에서 조금 떨어진 언덕 등에서 놀 때는 남자 아이들만 따로 논다.

아이들의 놀이는 거의 해가 질 때까지 계속되어 해가 넘어가고 부모들이 집으로 돌아와 저녁이 준비될 때가 되어야만 집으로 돌아간다. 여자 아이들은 어머니한테 저녁상을 준비하라는 부탁을 자주 받지만, 남자 아이들은 해가 넘어가도록 마을 앞 놀이터에서 시간을 보낸다. 이렇게 정신 없이 노는 아이들에게 부모들은 공부하지 않고 놀기만 한다고 야단을 치지만 부모들이 아이를 붙잡고 앉아 공부시킬 만한 여유가 없기 때문에 소용이 없다.

도시 아이들처럼 농촌 아이들도 텔레비전 보기를 즐긴다. 그러나 날씨가 좋고 밖에 장난거리가 있는데 텔레비전에 매달리는 어린이는 많지 않다. 저녁 먹기 전후에 보는 시간이 더 길다.

놀이에서 나타나는 농촌의 고유한 모습과는 달리 군것질에서는 도시 아이들과 다른 점이 잘 나타나지 않는다. 마을 안 가게나 학교 근처의 가게는 동전을 손에 든 어린이들로 붐빈다. 한 푼이라도 절약하는 농촌의 어머니들도 어린이의 성화에는 약해서 거의 매일 돈을 주는 것을 목격할 수 있다.

그러나 이렇게 어울리는 기회가 많고 같은 마을에 사는 아이들끼리 가깝게 지내기는 하지만, 농촌에서도 도시에서와 같이 부모들의 부에 따른 차이가 보이기도 한다. 자전거, 운동화, 모자 등에서 여유가 있는 집과 없는 집의 차이가 나타나고, 경제적으로 어려운 집의 아이들이 사 달라고 떼를 쓰는 경우도 드물지 않다. 성화에 못 이겨 한 어머니는 곡식을 내다 팔아 아이들이 원하는 운동화나 옷 등을 사주기도 한다.

학교 외에 공부나 취미 활동을 과외로 배우는 어린이가 몇 명 있기도 하다. 글쓴이가 살았던 마을에서 자동차로 15분 정도 걸리는 거리에 있는 주산 학원에서 학생을 봉고차로 통원시키는 사업을 시작한 이후 소를 키우는 두 집에서 어린이를 보냈고 다른 집 아이들도 몇 명 함께 다니게 되었다. 여유 있는 두 집에서는 어린이들이 싫어했고 다른 집에서는 매달 드는 비용이 너무 부담스러워 결국은 몇 달 지나지 않아 그만두어 버렸다. 컴퓨터 게임 같은 오락실은 아직 이 농촌 근처에는 없다. 이 농촌 아이들이 서로 몸으로 부딪치는 장난을 주로 하면서 여전히 마을 앞 놀이터를 차지할 수 있는 것은 도시 아이들보다 자유 시간이 비교적 많기 때문이다.

3. 농촌 학교

농촌 아이들이 다니는 학교는 외면적으로는 어느 도시 학교보다도 환경이 좋다. 글쓴이가 살았던 마을에 있는 학교도 농촌 학교라면 어느 곳에서나 볼 수 있는 독서하는 소녀 석고상, 이순신 장군 동상, 그리고 자연 실습을 위한 조그마한 식물 표본장이 화단과 함께 잘 정리되어 있다. 또 이 학교는 넓은 운동장 중앙이 잔디밭으로 된 것이 인상적이다. 운동장은 항상 개방되어 있어서 방과후에도 얼마든지 친구들과 놀다가 집에 갈 수 있다.

더욱 좋은 점은 이 환경을 200명 미만의 학생들이(194명) 함께 즐길 수 있다는 점이다. 각 학년마다 한 학급뿐이며 한 교실의 학생 수는 평균 32

명이다. 아이들은 대부분 학교를 좋아한다. 눈만 뜨면 아침을 먹는 둥 마는 둥 하고 곧장 학교로 오는 아이들이 많다.

그러나 선생님들은 이곳이 도시 학교에 비하여 교육 환경이 나쁘다고 이구 동성으로 말한다. 그 첫째 이유로 드는 것은 학교 교육이 될 수 있는 분위기 형성이 불가능하다는 점이다. 여기서 의미하는 교육 환경은 아이들이 실제로 접할 수 있는 세계가 오로지 농촌 들판뿐이라는 점으로 교과서에서 이야기하는 사회, 그리고 과학 등에 대하여 얻을 수 있는 지식이 제한될 수밖에 없다는 것이다. 그래서 학교에서 배우는 것과 연관시켜 학생들이 얻을 수 있는 상상력의 범주가 극히 좁아 아이들을 이해시키기가 힘들다고 한다.

둘째 이유는 부모들이 자녀 지도 능력이 부족하기 때문에 야단 치는 것 외에는 아이들에게 공부할 수 있는 자극을 줄 수 없다는 점이다. 그래서 선생님들은 학부형을 만날 때마다 최소한 오늘은 무엇을 배웠느냐고 아이들에게 물어 보라고 부탁을 하지만 소용이 없다고 한다. 그뿐 아니라 학생들이 교실에서 선생님에게 배우는 것 이상을 얻을 수 있는 참고서도 부족하고 다른 책을 찾아볼 수 있는 능력이 없다고 한다.

선생님 말은 잘 듣지만 수업 시간에 자기 의견을 발표하는 아이가 드물어 수업에 활기가 없다고 한다. 한 선생님은 이 점을 개선하기 위해 숙제를 많이 내주지만 숙제할 때 참고할 책이 없어 크게 도움을 받지 못한다고 지적한다. 아무리 예를 들어 보아야 참고 자료가 부족하니 일방적인 주입식 수업에 그치게 된다고 한다.

학부형들은 자신들이 교육을 많이 받지 못한 것을 원통해 하므로 때려서라도 잘 가르쳐 달라고 하지만, 이에 대해 선생님들은 '속수 무책'이라는 표현을 사용하여 얼마나 그들이 실망하고 있는가를 보여 준다. 자녀 교육에 대한 부모의 관심이 높아 농번기에 결석하는 학생도 거의 없고 선생님만 믿는다고 아이를 전적으로 학교에 맡기지만 학습의 효과를 높일 수 있는 지원을 기대할 수는 없다고 한다.

셋째 이유는 작은 학교가 안고 있는 특수한 문제로, 행정적인 서류의 양이 큰 학교와 동일하기 때문에 한 선생님에게 돌아오는 행정 업무의 양이 너무 많다는 점이다. 그래서 교육 자료가 좀더 풍부하게 제공되고 선생님 각 개인에게 할당되는 사무량이 줄어들어야만 그런대로 효과적인 수업을 해 나갈 수 있으리라는 제안을 개선책으로 제시하고 있다.

앞의 지적들에서 주목해야 할 점은 국민학교 제도가 지나치게 도시 중심으로 구성되어 있다는 것과 그 교육 담당자인 선생님들조차 농촌 학교가 안고 있는 교육의 문제에 대해 현실적인 고민을 하지 않으며 고민을 하는 경우에도 행동 대안을 가지지 못하고 있다는 점이다. 학교 교육이 지나치게 도시 중심으로 구성되어 있다는 점을 지적하는 선생님도 있지만, 주변 도시에서 출퇴근하는 선생님들 스스로가 무엇이 농촌 어린이에게 중요한가에 대해 깊이 있는 생각을 하고 있지 못하다는 점이 더욱 큰 문제가 아닐까 생각된다.

농촌 지역 사회에서 학교가 담당하는 역할은 그리 크지 않다. 여전히 교장 선생님은 노인당 건립 같은 지역 행사에 귀빈으로 초대되고 운동회 같은 학교 행사에 마을 유지들이 초대되지만, 지역 주민들과 학교와의 관계는 과거에 비해 점점 형식적으로 되어 간다는 느낌이 들었다. 예를 들어 운동회는 지역 주민 전체의 행사로 되어 있지만, 글쓴이가 참석한 운동회에서는 학부형이 어린이와 함께 준비해 간 점심을 먹는 것만이 중심이 될 뿐이었다. 학생들의 운동 경기들은 그런대로 활기를 띠었지만, 마을 단위의 경기, 할머니, 할아버지 경기 등에는 너무나도 참석자가 없어 겨우 인원수를 채워 때우는 식으로 운영되었다. 운동에서 표방하는 제목들도 '총화 단결' 그리고 올림픽을 염두에 둔 '모두의 화합을 다지는 줄다리기' 등으로서 지나치게 행정 기관 냄새가 짙었다. 초대받은 마을 유지(전부 남자)들이 모두 기부금을 내고 연단으로 올라갔으며, 이들을 위한 특별 점심이 지역 교육 협의회의 이름으로 제공되었다. 여기서 학부형들간에는 보이지 않는 서열이 드러나고 있었다.

대부분의 학부형에게 학교는 여전히 낯선 곳이며 다만 아이들이 농사일에서 벗어날 수 있는 출구인 교육을 제공해 주는 도시 중심적인 곳이다. 학교는 지극히 형식적이고 마치 행정 기관과도 같이 정부가 내려 보내는 이념을 전파하고 명령을 수행하는 기관일 따름이다. 그러므로 농촌 학교가 갖고 있는 자연 환경, 작은 규모의 학교, 순박함 등은 장점이 아니라 취약점으로 존재할 수밖에 없다.

4. 어린이, 교사, 학부형

농촌의 어린이가 살고 있는 세계는 앞에서 살펴본 바와 같이 문젯거리로 가득 차 있다. 다만 놀이의 세계만은 놀이감이 자연 환경 속에서 널려 있으며 연령에 크게 구애 없이 아이들이 어울려 다닐 수 있다. 어른들은 농사일이 너무 바빠 직접적인 간섭을 하지 않고 아직까지는 아이들이 도시적인 도구나 기관 등에 의하여 지배받지 않고 있다. 그러나 어린이가 주위 어른들, 특히 부모로부터 받는 가장 큰 요구는 도시 어린이들과 다름없는, '성적'과 거의 동일시되는 공부이다. 그리고 의식적이든 무의식적이든 아이들은 부모들이 과중한 농사일로 지쳐 있는 모습과 농촌 생활에 대한 자기 비하적 언어를 접한다. 자신들과 가장 가까운 어른들로부터 얻은 농촌 생활에 대한 자기 비하와 텔레비전에 비치는 도시 중산층 생활 수준과 끊임없이 유혹하는 상품 선전들의 부추김은 아이들에게 도시 생활에 대한 막연한 기대감을, 아니 농촌으로부터의 탈출 욕구를 키워 준다. 이때 자신이 태어나서 현재 친구들과 더불어 사는 세계를 거부하는 것과 어른들이 기대하는 생활과 어떠한 관계가 있는지 아무도 가르쳐 주지 못한다. 이러한 질문들이 제기조차 되지 않은 상황에서 어린이들은 자라고 있는 것이다.

학교 교육도 이러한 상황에서 도움이 되지 못하고 있다. 농촌 어린이들이 주위를 보고 사물을 판단하고 사회 생활을 꾸려 가는 방식을 배우는 것과 학교에서 주어지는 주입식 교육의 내용은 동떨어져 있다. 교육적 환경의 빈곤으로 표현되는 자료, 참고 서적, 견문의 부족이라는 지적은 오히려 농촌 환경만이 고유하게 제공할 수 있는 교육적 요소들에 대해 사려 깊은 고려가 전혀 반영되지 못하고 있다는, 이제까지와는 다른 차원에서 비판되어야 한다.

학교 교육을 제대로 지도할 수 없는 학부형이 갖고 있는 문제는, 농촌 어린이들이 자신들의 부모를 잘 이해할 수 있고 대화할 수 있는 사고 방식을 갖게끔 학교가 좀더 관심을 주지 않고 있다는 자책과 연관되어야 할 것이다.

그러나 그보다 앞서 짚고 넘어가야 할 문제는 보다 근본적인 것으로, 우리는 다음과 같은 질문을 던져야 하고 그에 대해 숙고해야만 한다. 현재와 같이 형식적인 단순 암기 위주의 시험으로 모든 것을 평가하는 교육 제도 내에서 농촌 어린이 교육이 안고 있는 문제들이 어떻게 해결될 수 있겠는 가? 더 나아가 상급 학교의 진학이 그러한 성적으로 결정되고 고등 교육이 곧 도시에서의 좋은 직장으로 연결되는 현실 속에서 어떻게 부모들이 갖고 있는 일방적인 기대와 학교 교육의 현실을 비판만 할 수 있겠는가?

물론 이러한 질문들에 대한 명쾌하고도 완전한 답은 불가능할 것이다. 어디서 이러한 문제를 풀 수 있는 실마리를 찾을 수 있을는지조차 막연하다. 그러나 분명한 것은 농촌 어린이의 교육 문제가 매우 심각하다는 점이다.

어렸을 때부터 단절성을 강조하는 자기 부정의 이념을 익히고 성공을 위하여 암기식 공부에만 몰두한 농촌 어린이가 앞으로 안을 부담은 너무 크다. 문제는 현실이라는 조건에서 농촌 부모들의 이상을 충족시켜 줄 수 있는 어린이가 별로 많지 않다는 점이다. 이미 글쓴이가 관찰한 농촌 어린이들 중에 이러한 모순된 기대 속에서 삐뚤어지기 시작한 아이들이 있었다. 어머니는 농업 노동자로 근근이 살아가면서도, 가능한 한 아이들의 모든 요구를 들어주면서 자녀들을 키웠다. 그러나 그 어머니의 국민학교 2학년짜리 막내 아들은, 자신이 텔레비전 선전에 나오는 과자, 시리얼 등만 먹는다면서 서울 갈 계획만 떠들고 있었다. 그리고는 자신보다 더 좋은 물건을 지닌 학생들을 괴롭히곤 하여 동네에서 따돌림을 받기 시작하였다.

이 사례가 그리 특수한 예는 아니라고 본다. 물론 국민학생들 사이에서는 드물지만 중·고등학생들 중에는 빈번하다. 유명 상표의 운동화를 사기 위하여 며칠 동안 어머니가 품일하여 번 돈을 아무런 꺼리낌 없이 요구하는 경우를 몇 번이나 목격할 수 있었다.

이러한 농촌 어린이 교육의 실재적, 잠재적 문제는 우리 사회에서 농촌이 처한 위치와 연관되어 있다. 현재의 경제 구소 속에서는 농촌 부모들이 자녀들을 당당하게 대할 수 있는 조건들을 찾을 길이 없다. 소작지가 전체 농지의 30%가 넘고 소작농이 60%가 넘으며 가구당 평균 빚이 300만 원이 넘는 현실에서 어떻게 현실적인 좌절감을 느끼지 않을 수가 있겠는가? 더구나 그리헌 경제 상대가 더 나아길 희망이 크지 않은데 해야 하는 농사일 부담은 여전히 많은 상태에서 자녀들에게 '농촌으로부터의 탈출'을 권하는 것은 너무나 자연스러운 일인지 모른다.

그러나 농촌이라는 조건 아래에서, '탈출'을 목적으로 자녀들을 근처 학교에 보내면서 농촌 사회가 이제까지 발달시켜 왔던 문화적 자산, 지혜, 전통 등을 얻을 수 있는 기회가 차단되는 것을 방관하는 현재의 교육 방식은 아무에게도 도움이 되지 않는다. 농촌 문제가 탈출로만 해결될 수 있는 성질의 것이 아닌만큼 농촌 어린이에게 농촌에 대한 객관적인 인식을 심어두는 노력도 중요하다. 그래야만 현재와 같은 부모와 자녀, 현실과 이상 사이의 단절감을 어느 정도 완화시킬 수 있으리라 본다.

결론적으로 말하여, 무엇보다도 지나치게 도시 중심의 경제 구조와 교육 행정은 반드시 수정되어야 한다. 농촌 어린이들이 안고 있는 문제는 이러한 근본적인 개선책이 주어지지 않는 한 빠른 시일 내에 해결되기 어려울 것이다. ■

현장 연구

어린이 공부방 이야기

유승희*

88년 3월 31일 맑음
오늘은 몹시 힘든 하루였다.
일은 산더미같이 쌓였는데, 나 혼자 다 해야 하는 해도해도 끝없이 자꾸만 쌓이는 공장 시다일.
몹시 지치고 피곤하여, 몸살 감기가 영 떨어지지를 않는다.
며칠 푹 쉬었으면……, 제기랄 인생살이가 이다지도 힘들 줄 알았으면 태어나지나 말 것을!
서방은 자기 마누라 고생하는 줄은 눈꼽만치도 모르고 오로지 술타령에 젖어 세월 가는 줄 모르는 있으나마나 한 존재. 돈벌어 자기 뱃속 채우기 바빠 자고 나면 이불 개고 나갈 줄도 모른다.
저녁에 집에 와보면 또 일거리가 나를 기다린다. 하기 싫은 일…….
따끈한 방에 누워 영원히 잠들어 버리면 나도 멀지 않아 죽을 텐데. 젠장 세상만사 될 대로 되라지 뭐!
사는 농안 그저 남에게 욕먹을 짓 안하고, 돈꿈질이나 하지 말았으면……. 한 가지 희망이 있다면, 자식 새끼 잘되는 것인데, 내 주제에 지나친 욕심일까?
서방 덕 없는 년이 자식 덕 있으랴마는, 그래도 미련한 마음에 한 가닥 희망을 걸어 본다.
― 해님방 수식지 『해님』, 1988. 4, 7쪽, 이순우 씨의 일기 중에서

---

* 「천주교 사회 정의 연구회」에서 연구원으로 일할 당시에 이 글을 썼으며, 현재는 도서출판 또 하나의 문화에서 책을 만들고 있다.

97

빈민 지역에는 이순옥 씨와 같은 바람을 가진 엄마들이 많이 살고 있다. 어려운 생활 형편 속에서도 자식에게만은 자신과 같은 가난을 대물림하지 않겠다는 다짐으로 살아가는 사람들. 자식은 이들에게 유일한 희망, 아니 삶의 전부이다. 그러나 과연 이 자녀들이 엄마들의 소망대로 교육을 통해 가난을 탈출할 수 있는 것인가?

네 평짜리 방안에 혼자 남겨진 아이

산동네에 살고 있는 미영이는 네 살이 되었는데도 같은 또래의 아이들에 비해 말을 잘 못한다. 그렇다고 미영이가 선천적 언어 장애자인가 하면 그런 것은 아니다. 다만 말을 배우는 것이 더딜 뿐이다. 왜 미영이는 말을 배우는 것이 더딘 것일까?

먼저 미영이네 가족 상황을 살펴보자. 미영이네는 엄마, 아빠, 미영이, 그리고 이제 막 돌이 지난 동생 인영이 이렇게 모두 네 식구이다. 그러나 요즈음은 네 식구가 함께 살지 않는다. 얼마 전까지만 해도 같이 살던 막내 인영이는 돌이 지나자마자 시골 외가에 맡겨졌다. 미영이네 아빠는 미영이가 태어나기 전, 미영이 엄마와 만나기 전에는 솜씨 좋은 기능공이었다. 그런데 미영이 엄마와 만나 같이 산 지 1년쯤 지났을 때, 그러니까 미영이가 엄마 뱃속에서 꼼지락거리고 있을 때 공장 천장에 달린 쇳덩어리가 떨어지는 바람에 미영이 아빠가 크게 다쳤다. 그 일이 있고 나서 얼마 뒤부터 미영이 엄마는 일을 나가게 되었다. 지금 사는 데서 멀리 떨어진 동네로 화장품 외판을 나간다. 남편 병원비며, 아이 먹을 것 등을 마련하기 위해서이다. 지금은 미영이 아빠도 직장에 나가게 되었지만 수입이 다치기 전보다 못하기 때문에 미영이 엄마도 부지런히 일을 해야 한다. 엄마, 아빠가 일을 나간 뒤 미영이는 하루 종일 네 평짜리 방안에 갇혀 지낸다. 엄마가 일 나가기 전에 틀어 놓은 녹음기에서 '뽀뽀뽀' 노래 테이프는 엄마가 올 때까지 저절로 돌아가고, 배가 고파지면 밥상에 차려진 것을 먹는다. 먹고 놀다 엄마 생각이 나면 울다가 잠이 들곤 한다.

이것이 미영이가 탁아방에 오기 전까지 지낸 생활이다. 그러니 자연히 미영이가 말이 더딜 수밖에. 말이란 저절로 배워지는 것이 아니기 때문이다. 이런 일은 산동네 탁아방에 갓 나오기 시작한 어린아이에게서 흔히 볼 수 있는 일이다. 비단 언어 능력뿐만 아니라 신체적인 발달면에서도 그 또래 아동의 평균 체위에 미치지 못하고 있다.

　미영이 옆집에 사는 돌이는 국민학교 5학년이다. 돌이네도 미영이네처럼 엄마 아빠가 모두 바쁘다. 시장에서 장사를 하는 돌이네 부모는 새벽 일찌감치 집을 나선다. 돌이가 엄마 아빠를 보는 시간은 저녁 나절 잠들기 전 잠깐 동안뿐이다. 돌이는 방과후가 되면 책가방을 방에 던져 놓고는 종일 동네를 싸돌아다닌다. 중학교에 다니는 동네 큰 형들과도 잘 어울려 지낸다. 큰 형들은 돌이를 돌산에 데려가기도 하고, 때로는 시내를 쏘다니기도 한다. 가끔 이상한 짓도 하는 모양이다. 돌이도 그 짓을 흉내 내지만 잘 안 된다. 작년에는 그 짓을 흉내 내다 순경 아저씨께 들켜 혼난 적도 있다. 큰 형들과 어울리지 않으려고 하지만 별 소용이 없다. 큰 형들이 돌이네 집을 찾아오기도 하고, 혼자 지내는 것보다는 큰 형들과 지내는 것이 덜 심심하기 때문이다. 공부에는 취미가 없다. 모르는 것이 많아도 가르쳐 줄 사람이 없다. 학교에서는 공부 못한다고 단골로 야단을 맞기 때문에 공부할 맛이 없어진 지 오래되었고 집에서는 가르쳐 줄 사람이 없다. 동네 큰 형들은 공부와는 담쌓은 지 한참 되어 물어 보면 구박만 받는다. 그러니 공부를 좀 해보려 하다가도 금방 하기 싫어지고 성적은 자꾸만 떨어지게 되는 것이다. 돌이 엄마는 돌이가 성적표 받아 올 적마다 건넛방 경숙이 오빠 얘기를 하곤 한다. 경숙이 오빠처럼 공부 잘해서 엄마 소원 좀 풀어 달라고 야단이지만 어디 그게 맘같이 쉽게 되는 일인가.

　빈민 지역에는 미영이나 돌이와 같은 어린이가 많다. 이순옥 씨의 아이들도 여기에서 예외적이라거나 특수한 부류에 들지 않으리라는 것은 쉽사리 예측할 수 있다. 빈민 지역에 살고 있는 어린이들의 부모는 거의 예외 없이 바쁘다. 아침 일찍 나가서 밤 늦게까지 일해야 입에 풀칠이라도 하기 때문이다. 이런 탓에 아이들은 어릴 때는 문이 잠긴 조그만 방에서, 커서는 길거리를 방황하며 하루를 보낸다.

　1960년대부터 시작된 정부 주도의 경제 개발 계획은 값싼 노동력을 바탕으로 하는 수출 위주의 공업화 정책이었다. 자본이 부족한 상태에서 진행된 이러한 공업화 정책은 세계 시장의 경쟁 속에서 살아 남기 위해 싼값의 상품을 대량으로 공급하는 전략을 취하였고, 저렴한 가격의 상품을 생산하는 저임금 노동자의 생계 유지를 위해 저농산물 가격 정책과 미 잉여 농산물 수입 등을 실시하였다. 이러한 과정 속에서 농가 경제는 피폐해져 빚더미밖에는 가진 것이 없는 농가가 속출하였다. 농촌에서는 더 이상 살 수 없다고 판단을 내린 농민들은 빈곤 상태를 벗어나려는 자구책으로 이농의 발걸음을 내딛었다.

별로 내놓을 만한 학력이나 기술을 갖지 못한 이들을 기다리고 있는 일터는 저임금의 공장이나 막노동판, 행상, 외판, 파출부 등의 일자리뿐이었다. 이들이 저임금으로 살아갈 만한 잠자리는 그들보다 농촌을 먼저 떠난, 그만그만한 사람들끼리 모여 살림을 꾸려 나가는, 빈민 지역의 불량 주택일 뿐이다. 비오는 날이면 우산을 제대로 펼 수 없을 정도로 비좁은 골목길을 사이에 두고 빽빽이 들어찬 집들에 여러 식구가 단칸방에서 생활하고 있다. 화장실, 상하수도 시설이 제대로 되지 않아 비위생적인 것은 말할 것 없고, 날씨가 궂은 날에는 온 동네가 연탄 가스로 가득 차 때로 인명 사고가 발생하기도 한다. 고지대의 빈민 지역에는 방치된 채로 골목길에서 놀고 있는 아이들에게 여러 가지 사고의 위험이 도사리고 있다.

60년대 초부터 도시의 하천변이나 산등성이에 들어서기 시작한 판자촌은 곳곳에 산재해 있다. 봉천동, 신림동, 신당동, 서초동(꽃동네), 도화동, 목동, 돈암동, 상계동 등등에 걸친 이들 지역은 대부분 도시 재개발 정책의 대상이 되는 곳들로 언제 닥칠지 모르는 철거의 위협 속에 노출되어 있다. 이제는 이농민 2세들이 이곳에서 학교를 다니거나 학교를 마친 뒤 자신의 부모들과 별로 다르지 않은 삶을 살아가고 있다.

빈민 지역에 생겨난 어린이 사랑방

이러한 지역들에 최근 2~3년 사이에 생겨나기 시작한 작은 공간들이 있다. 생계를 위해 맞벌이를 해야 하는 빈민들이 아직 많은 보살핌이 필요한 나이의 자녀들을 마음 놓고 맡기고 일터에 나갈 수 있게 하고, 거리를 방황하는 아이들이 모여 공부하고 쉴 수 있는 공간, 탁아소 또는 공부방이 바로 그것이다. '산돌' '소망' '빛을' '작은 나무' '어린이 사랑방' 등으로 불리는 이들 공부방들은 빈민 지역에 사는 아이들에게는 '소망'이자 '빛'을 보는 곳이며, 하나의 '작은 나무'로 자라날 수 있는 '어린이 사랑방'인 것이다.

【표 1】 전국 공부방 현황

지역 이름		동이름	공부방 이름
서울	북부	미아동	새뜻
		도봉동	나란히 공부방
		상계동	빛을, 소망
		하계동	영은
		하월곡동	산돌
	중부	아현동	나눔
		후암동	어린이 사랑방
		염리동	하나 공부방
	남부	봉천동	친구네, 희망
		서초동	꽃동네
		신림동	낙골, 작은 나무
인천		만석동	기찻길 옆, 만석
		송림동	송림 사랑방
		십정동	해님방
		화수동	민들레집
경기	안산		반월
	성남	은행동	새순
	남양주군	별래면	나래
대구		남산동	이웃
대전		대화동	빈들
부산		부암동	부암
		서동	서동

* 이밖에도 정확한 소재가 파악되지 않은 곳이 여러 군데 더 있다.

    현재 전국에는 약 50여 개의 탁아소와 약 20여 개의 공부방이 운영되고 있다. 현장 교회, 여성 단체 등에서 운영하는 것이 대부분이지만, 최근에 들어서는 일반 사회 운동 단체들에서도 지역 운동의 일환으로 탁아소, 공부방 운영에 큰 관심을 가지고 있다. 개인의 경우에는 뜻을 같이하는 몇몇 여성들이 모인 여성 공동체에서 탁아소나 공부방을 운영하고 있기도 하다.

공부방의 대상은 실무자의 특성에 따라 국교부만 운영하는 곳과 중·고등부만 운영하는 곳, 또는 국교부와 중·고등부를 같이 운영하는 곳 등 그 성격이 다양한 실정이다. 탁아소와 공부방을 겸하고 있는 곳도 여럿 된다. 그 예를 한번 살펴보자. 노원구 하계동 양돈 마을 영은 교회에서 운영하고 있는 '영은 공부방'의 7월 시간표를 보면, 아래와 같다.

월·화·목·금 　오후　3:00~4:00 유치부, 국민학교 1·2·3학년생
　　　　　　　　　　4:30~6:00 국민학교 4·5·6학년생
　　　　　　　　　　7:00~9:00 중학생
　　　　　　　　　　＊ 방학 후에는 변경 예정

빈민 지역 어린이들이 어려운 환경 속에서도 건강하고 바르게 자라날 수 있는 토양을 마련하고자 설립된 비영리의 탁아소와 공부방은 어린 자녀들을 집에 방치해 두고 일을 나갈 수밖에 없는 여성들에게 절대적으로 필요한 사업이다. 가사 노동, 육아나 자녀 교육 등이 여성의 전담물로 인식되고 있는 현 상황에서 제한적이나마 탁아의 사회화를 이루려는 시도는 매우 바람직한 일인 것이다. 또한 교육 사업을 통한 지역 안의 초·중·고생의 올바른 인격 형성, 즉 민주 시민·지역 주민 의식 함양과 지역 사업을 통한 주민들의 의식화 및 조직화를 통해 현 사회에 대한 인식과 지역 문제 해결을 목표로 하는 공부방 운동은 제도 교육의 많은 문제점들을 일상적인 영역에서 고민하고 그 대안을 모색해 본다는 점에서 큰 의의를 지닌다.

공부방의 얼개

공부방이 제대로 움직여 나가려면 공부방을 책임 지고 운영·관리하는 실무자와 공부방의 재정을 꾸리는 데 도움을 줄 후원회, 그리고 공부방의 운영을 도와줄 자원 봉사자들이 있어야 한다. 공부방에 다니는 어린이의 부모들의 관심도에 따라 학부모 대표, 학생 대표, 그리고 실무자로 구성되는 자치회가 있는 공부방도 있다. 이를 그림으로 보면【표 2】와 같다.
　현재 공부방 실무자의 대부분은 여성이다. 하나의 공부방이 제대로 운영되기 위해서는 실무자가 2~3명 정도 필요하나 현재로서는 재정과 인력 부

【표 2】 공부방 운영 조직

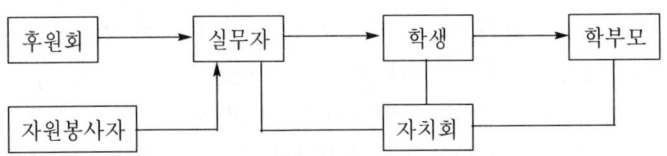

족으로 1명에 의해 운영되고 있는 곳이 많다. 이들 실무자의 생활 형편은 공부방이 터하고 있는 지역의 실정과 거의 같은 처지에 놓여 있다. 재정을 거의 전적으로 후원회에 의존하고 있는 현재의 형편에서 실무자는 10~20만 원 정도의 사례비를 받고 하루 평균 14~15시간의 장기간 근무와 과다한 업무에 시달리고 있다. 이러한 근무 조건은 재충전 기회의 부족이나 과로로 인한 질병의 발생으로 인해 자칫 활동의 위축이나 중단을 가져올 소지가 될 수도 있다.

자원 봉사자의 경우 공부방 졸업생, 대학의 동아리 회원, 각 대학 여학생 협의회 등과 관련을 맺고 있는 이, 교회 신자 등 공부방이 연계를 맺고 있는 집단에 따라 그 구성원이 다양하다.

······나의 자원 봉사는 이렇게 시작되었다······
명색이 자원 봉사라 하지만 그들에게 해준 것 없이 몇 달 동안 정작 받기만 한 것 같다.
그들은 항상 똑같은 모습으로 날 반겨 준다.
한 가닥의 위선이나 겉치레는 이들에게 중요하지 않다.
나를 가장 순수하게 해주고 정화시켜 주는 어린 교육자들이다.
이들과 함께 있는 시간은 몸은 피곤하지만 내가 살아 있음을 느낀다.
사회 사업을 전공하는 학생이라 지역 사회 복지, 청소년 복지, 아동·가정 복지 등을 공부했지만 이론과 실제 사이의 엄청난 차이를 발견해 내고 나의 교만에 역겨움을 가져 본다.
이론적 측면도 중요하지만 무엇보다도 이들과 함께 호흡할 수 있는 자세와 마음을 비운 참사랑이 필요하다는 것을 새삼 깨닫는다.
아직도 내가 그들이 될 수 없음을 부끄럽게 생각한다.
— 산돌 공부방 소식지 『산돌이네』 네번째, 1988. 8. 4, 7쪽, 이준기의 글에서

바쁜 시간을 쪼개어 같이 배운다는 자세로 임하는 자원 봉사자들이야말로 공부방 실무자들에게 없어서는 안될 협력자이다. '언니'나 '형' 또는 '선생님'으로 불리는 이들 자원 봉사자들은 비록 사는 형편이나 자라 온 환경이 다소 달라 애를 먹거나 나름대로 고민을 하고 있긴 하지만, 아이들과의 만남을 통해 이웃의 삶을 이해하게 되고 자신을 되돌아보는 기회를 가지게 된다. 그런데 이들 자원 봉사자의 성실성 결여와 이념 차이 등이 문제점으로 지적되고 있다. 자원 봉사자가 자주 바뀌거나 약속한 날짜나 시간에 빠진다든가 하는 일은 공부방 아이들에게 별로 좋지 못한 교육적 효과를 가져올 수 있기 때문이다. 또한 자원 봉사자와 실무자 사이에 공부방의 목표에 대한 이념적 통일이 이루어져야 하는데, 단순한 봉사나 자선의 차원에 머물거나 목적 의식적인 성급한 태도로 임하는 등의 문제가 대두되기도 한다. 이러한 문제들을 해결하기 위해서는 실무자와 자원 봉사자들 간의 정기적인 모임을 통해 계획과 평가가 이루어져야 한다.

후원회는 구성에 있어서 크게 두 종류로 분류되는데, 첫째는 실무자와 개인적인 관계를 맺고 있는 사람들이 지원하는 개별적 차원의 후원이고, 둘째는 정식 조직이 있거나 교회 및 사회 운동 단체가 후원자가 되는 경우이다. 후원회는 공부방 살림살이의 주된 수입처가 되고 있는데, 교회나 단체가 후원자가 되는 경우는 실무자가 공부방 운영에 전념할 수가 있는 반면, 개별적 후원이 주를 이루는 공부방의 경우는 실무자가 후원회 관리에도 많은 신경을 써야 하는 어려움이 있다.

전국의 공부방 실무자들은 현재 「기독 여민회」와 「전국 여교역자회」 사회 선교팀이 중심이 되어 실무자 모임을 갖고 있다. 1988년 9월 8일에는 서울 지역의 공부방 실무자들이 모여 「서울 지역 공부방 협의회」를 결성하였다. 이들 모임에서는 실무자들의 자세, 공부방 활동에 대한 의견 교환 등이 이루어지고 있다. 이보다 앞서 1988년 1월에는 서울, 성남, 인천, 안양, 의정부, 안산, 부천, 광주, 대구, 부산, 군산, 전주 등 전국에 흩어져 있는 50여개의 탁아소의 실무자들이 중심이 되어 「지역 사회 탁아소 연합회」를 조직하였으며 회보 발간, 자원 봉사자 결연 사업, 교육 사업 등을 실시하고 있다.

살림살이

공부방 살림살이 수입은 거의 전적으로 후원회에 의존하는 경우가 일반적이다. 탁아소의 경우, 학부모들이 형편에 따라 간식비에 해당되는 약간의 보조금을 부담하는 곳도 있다. 그런데 이러한 상황이 때로는 공부방에 나오는 아이들의 부모들에게 의존 심리를 길러 주고 자녀에 대한 책임 의식을 낮출 우려가 있으므로 실무자들은 학부모들로 하여금 공부방 운영의 필요성을 스스로 깨닫게 하여 더 적극적인 관심 속에서 공부방이 발전해 나갈 수 있기를 바라고 있다. 자녀에 대한 부모들의 올바른 책임 의식이 전제될 때 비로소 학생, 학부모, 실무자 등으로 '자치회'가 구성될 수 있는 것이다.

한편 대부분의 공부방이나 탁아소가 자기 집을 갖고 있지 못한 상태여서 전세금이나 월세가 오르는 경우에는 기금 마련을 위해 사업을 벌여야 하고, 방을 비워 달라는 요구가 있을 때에는 새로운 공간을 찾아 헤매 다녀야 하는 등 매우 불안정한 형편에 놓여 있다. 일차적으로 공간 확보가 제대로 되어야만 지속적인 교육 효과를 기대할 수 있다는 점에서 공간 확보가 대다수의 공부방이 겪고 있는 가장 큰 어려움이라고 할 수 있다.

제도 교육을 넘어선 공부방의 교육 내용

지난해 가을 「전국 여교역자회」와 「기독 여민회」가 주최한 제1차 공부방 실무자 훈련 과정에서는 예장(통합) 내의 공부방들인 '산돌' '작은 나무' '친구네' '소망' 공부방에서 운영하고 있는 프로그램이 소개되었는데, 이를 살펴보면 현재 공부방에서 이루어지고 있는 것들이 기존의 제도 교육의 문제점들을 어떻게 해결해 나가려는지를 알 수 있다.

대부분의 공부방에서 일상적으로 이루어지고 있는 주요 프로그램은 숙제를 중심으로 하는 학습 지도이다. 공부방에 아이들을 보내는 부모들은 자녀들이 차분히 공부를 하게 되어 성적을 올릴 수 있지나 않을까 하는 기대감을 많이 가지고 있다. 이 점은 공부방 실무자들로 하여금 많은 고민을 하게 만드는 요소이기도 하다. 아동에 대한 실무자의 태도나 교육 방식은 자주 이러한 부모들의 요구와 갈등을 일으키기도 한다. 공부방의 역사가

【표 4】 공부방 주요 프로그램

월	산돌	작은 나무	소망	친구네
1	동계 수련회 공동체 의식 함양	방학 특별 학습 (방학 숙제 지도, 기초 학습 보강)	동계 수련회 공부방 소식지 발행 윷놀이, 세배 다니기 새해 계획 발표	1년 평가 가정 방문
2	주부 야학 세배 드리기 창립 잔치 졸업 잔치	참고서 바자회 실시	졸업 축하 도서 비치 대여 형식	회원제 회비 실시
3	봄소풍	가정 방문 회원 점검	입학 축하식 공부방 활동 기념 잔치, 공부방 소식지 발행	학생들 자체 회의
4	4·19탑·기념관 방문(준비 학습, 조사, 발표, 후속 -글쓰기)	그림 지도 (주1회)	부활절 행사 (색계란 동네 돌리기)	
5	체육 대회 어린이·어버이날 행사, 돌산 아이들 잔치	어린이날 행사 청소년 행사	어린이날 기념 잔치 야유회(종교부) 소풍(국교부) 어버이날 기념 행사	야외 놀이 (관악산)
6	단오절 주민 잔치 (4개 자모 중심)	교사 모임(방학 프로그램 구상) 교사 MT	국교부(야외 학습) 조기 축구(중고부)	도서 이용 시작 학부모 회의
7	하계 수련회 국교부 물놀이 대동놀이	방학 프로그램 실시, 수련회(학생) 기초 학습 보강 공동체 훈련	역사 탐방(국교부) 공부방 소식지 발행 자치회 및 생일 잔치 슬라이드(성교육)	1주년 기념 잔치 수련회
8	동네 청소 방역 청소		공부방 방학 수련회(중고부) 슬라이드 상영(흡연) 놀이 마당	야유회 문화 교육 (풍물)
9		도서 정리 도서실 이용 공부방 재점검	독서반 조직, 인형극 공부방 소식지 발행 무료 이·미용	한가위 잔치

10	연합 체육 대회	공부방 단합 대회 (초, 중, 고)	연합 체육 대회 학부모 친목회 무료 진료	매달 마지막 주 토요일 생일 잔치 시작, 풍물 경로 잔치
11	학생의 날 월동맞이 바자 (돌산 장날)		문화 발표회 아이들 회지 발행 월동맞이 바자회 학생의 날 기념 행사	
12	중3 엿파티 생, 크, 망 잔치	지역 봉사 활동 (지역 아동 중심) 공부방 1년 평가	김장 공동 구매 중 수험생 위한 잔치 X마스 망년회 자모 놀이 마당	X마스 행사

* 전국 여교역자회·기독여민회,『제1차 공부방 실무자 훈련 과정 보고서 및 자료 모음』, 1988. 9. 16, 27-28쪽.

짧을수록 그러한 갈등은 더 첨예하다. 학습 지도를 열심히 하고 있지 않다고 판단되는 경우 학부모들은 자녀들이 공부방에 나가는 것을 방해하기도 하는 것이다. 또 실제로 빈민 지역에는 중·고등학교에 다니면서도 맞춤법이 엉망이거나 기초 학습이 부진한 아이들이 많다.

그러나 공부방과 지역 어린이들의 만남이 주로 학습을 통해 이루어진다고 해서 공부방이 기존의 제도 교육을 보완하고자 하는 것은 아니다. 어려운 여건 속에서도 탁아 운동의 차원에서 헌신적으로 일하고 있는 공부방 실무자들은 빈민 지역의 공부방은 빈민 지역 어린이들이 건강한 자아상을 키워 가는 발판이 되어야 한다고 강조한다.

대부분이 학습 부진아로 나타나는 지역 아동들은 학교 성적의 상하에 따라 인격적 능력마저도 평가 절하되는 교육 현실 속에서 공부를 못한다는 사실 하나만으로도 이미 위축되어 있고 올바로 자신의 모습을 보지 못하고 있다. 공부방의 역할은 바로 이 같은 잘못된 인간상의 기준으로부터 탈피하여 자신의 모습을 바로 보고 자기의 특성에 맞는 소질을 발견·계발하도록 도와주는 전인적 교육의 장이 되어야 한다. 그것은 가난 구조가 대물림되는 모순된 사회 구조 속에서 결국은 빈민 지역의 아동들이 가난의 담보가 될 수밖에 없는 상황에서, 공부방이 지향하는 교육 목적이 건강한 의식을 회복한 빈민, 또는 노동자로서의 존재의 자각에로 그 초점이 맞추어져야 한다는 것을 의미한다.
― 이정연, 「빈민 지역에서 공부방의 역할」, 『우리네 아이들』 제4호, 1988.12.11.

자치 능력을 키워 가는 아이들

공부방에서 이루어지고 있는 것은 숙제 위주의 학습 지도 외에 글짓기, 그림 그리기, 만들기 등을 통해 스스로의 재능을 찾아내도록 한다든지, 토론을 통해 발표 능력과 사고 능력을 키워 주는 등 현재 학교 교육에서 제대로 이루어지지 않고 있는 부분들을 보완해 나가는 데 힘을 쏟고 있다.

엄 마

아침 7시에 엄마가 공장을 가셨다.
저녁에는 오빠와 함께 밥을 먹었다.
밤 늦게 엄마가 오셨다. 공장에서 끝날 때 달걀 찐 걸 사 오셨다.
나는 엄마가 오신 것이 기분이 좋았다. 나는 달걀 2개를 먹었고
엄마는 안 먹었다. 나는 엄마에게 달걀을 주었다. 어머니는
싫다고 했는데 나는 먹으라고 했다. 엄마는 할 수 없이 먹었다.
― 해님방 소식지 『해님』, 1987. 10, 정진선(십정국 4)이 쓴 동시

또한 아이들 스스로가 구성한 자치회에서 공부방의 방칙을 정하고 당번을 정해 공부방의 도서 대출이나 청소 등을 감당하게 하여 자치 능력을 키우고 공부방 회보 제작을 통해 스스로 결과물을 만들어 낼 수 있다는 자신감을 키워 주고 있기도 하다.
「산돌 공부방」의 고참인 상명이는 지난해 새로 이사한 헌집을 공부방으로 꾸미느라 많은 고생을 했지만 자기뿐만 아니라 어린 동생들이 이제 전보다 넓고 깨끗한 곳에서 지내게 된 것이 무엇보다도 기쁘단다.

지난 6월 9일부터 30일까지 장장 20일간 수리를 했다. 새로 산 집이 워낙 낡아서 수리를 하지 않고는 도저히 여름 장마를 넘기지 못하고 아이들이 공부하는

데 너무 비좁아 수리를 하지 않고서는 이사를 할 수가 없었다. 새집을 사는 데 돈이 너무 많이 들었고 더구나 수리를 하기 위해서는 돈이 필요했으나 그 돈을 다 충당할 수 없어 한 사람의 기술자만을 고용하고 그 외의 모든 잡무는 공부방 학생들이 도맡아 했다.

낮에는 야간 학교 학생들이 일을 하고 오후에는 주간 학교 학생들이 책가방을 들고 와서 일을 했다. 공부방을 직접 우리 손으로 만든다는 생각에 우리는 열심히 일을 했다. 일주일 잡은 공사가 하루하루 늦춰졌다. 수리하는 동안 점심과 참은 제대로 먹었지만 저녁은 라면으로 때우거나 집에 가서 늦게 먹어야만 했다. 공사가 하루하루 늦춰질 때마다 우리는 점점 몸이 무거웠다. 그러나 집이 점점 새롭게 변할 때마다 우리는 힘이 절로 솟았다. 방에 보일러를 깔고 도배를 하고, 쟁을 하고, 점점 집의 형태가 되어 갔다. 마지막으로 페인트를 칠하고, 짐을 옮겼다.

우리는 우리 집을 만드는 것처럼 모두 열심히 일을 했다. 그 덕분에 지금은 새 집이 수리하기 전의 집보다 100배 좋은 집으로 변하였다.
— 산돌 공부방 소식지 『산돌』 제16호, 1988. 7. 15, 3쪽, 고3 서상명, 「산돌 수리를 끝내고」 중에서

공부방을 졸업하고 이제는 방위 근무를 하고 있는 재욱이는 저녁에는 동생들을 돌보러 공부방에 들른다. 여상에 다니고 있는 진이는 졸업 후 취업하여 공부방을 후원할 결심을 하고 있다. 영태는 공부방이 아니었다면 요즈음 사회에서 문제가 되고 있는 비행 청소년 집단에 끼어 거리를 방황하고 있을지도 모르는 자신을 생각한다.

더 나아가 공부방은 체육 대회, 주민 잔치, 바자회, 졸업·입학 축하식 등의 연례적 행사를 통하여 공부방 아동뿐 아니라 지역 주민들과의 만남을 시도하고 있고 또한 주민들 사이의 연대감, 공동체 의식을 키워 나가려는 시도도 하고 있다. 이들 공부방에서 하고 있는 또 다른 사업은 '어머니 교실'로 엄마들을 대상으로 한다. 이들 엄마들이 모르기 때문에 겪어야 하는 어려움들을 조금이나마 해결하고 이러한 모임을 기반으로 하여 공부방 운동에 대한 지역 주민들의 관심을 높이기 위한 것이다.

강남으로 파출부 일을 나가는 명희 엄마는 국민학교만 졸업하고 서울에 올라와 공장 생활을 하다가 결혼을 하여 명희와 욱이가 국민학교에 들어가면서부터 일을 시작하였다. 처음 파출부 일을 할 때는 여간 고생이 아니었

다. 우선 아침 일찌감치 밥을 해놓고 아이들 상을 차려 주도 난 뒤 버스로 50분 거리에 있는 아파트에 출근하여 빨래며 청소, 식사 준비 등을 하고 나면 저녁상을 차리기 위해 부지런히 발걸음을 집으로 돌린다. 지금은 그래도 익숙해져서 괜찮지만 처음에는 아파트를 제대로 찾지 못해 고생을 많이 하였다. 명희 엄마 최씨는 영어, 아니 영어 알파벳을 몰라 처음 소개받은 에이아이디(AID) 아파트를 찾지 못해 첫날부터 지각을 하고 만 것이었다. 그 후로도 그 같은 일을 몇 번 반복하고 말았지만 이제는 더 이상 그런 불상사는 없게 되었다. 명희가 다니는 공부방에서 주말에 실시하는 '어머니 교실'에 나가 '에이 비 시 디'를 배운 지금은 적어도 AID를 읽을 줄 몰라 지각하는 일은 없어져 한시름 덜게 되었다.

이처럼 공부방은 어린이들만의 공부방이 아니라 일하는 빈민 여성들의 공부방이기도 하다. 또한 장날을 개설하여 헌옷이나 참고서를 싼값에 구입할 수 있는 기회를 마련해 주기도 하고, 지역 방역 사업, 학부모 합동 결혼식, 공동 판매 사업, 장학 사업 등 지역 주민들의 필요에 의한 다양한 사업을 하고 있다. 공부방 운동은 아이들의 전인 교육을 위한 교육 운동일 뿐만 아니라 여성 운동, 지역 주민 운동, 노동 운동, 농민 운동과도 밀접한 연관을 지닌다. 이 어린이들의 어머니는 바로 가사, 양육, 바깥일의 삼중고에 시달리는 빈민 여성인 동시에 노동 현장에서 일하는 기혼 여성 노동자이며, 수년 전 일자리를 찾아 고향인 농촌을 떠나온 이들이기 때문이다.

운동의 앞날

단칸방에서 많은 식구가 사는 빈민 지역 아이들에게는 아쉬운 대로 30분만이라도 공부할 수 있고 또 학교의 선생님이나 자신의 부모보다도 더 자기에게 관심을 가져 주는 언니나 형이 있는 조그만 공간, 공부방이 더할 수 없이 좋다. 이처럼 빈민 아동들의 놀이터이자 배움터가 되어야 하는 공부방은 빈민 아동들 모두를 받아들일 만한 공간과 시설이 되어 있지 않다. 지역 아동의 수에 비해 공부방의 수는 제한되어 있다. 공부방에 나오는 아이보다 전자 오락실이나 만화 가게를 전전하거나 거리를 헤매 다니는 아이들이 훨씬 더 많다. 이러한 상황을 극복할 수 있는 묘책은 없는 것인가? 빈민 아동들은 언제나 선택받지 못한, 미래의 뒷일꾼으로 남아 있어야 할 것인가?

　공부방 운동이 제대로 성과를 거두려면 무엇보다도 먼저 지역 주민들이 공부방 역할을 올바로 인식하고 그 필요성을 스스로 절감하여야만 한다. 단지 저렴한 비용에 아이를 내맡길 수 있다거나 성적을 올려 주는 과외 선생 역할 정도로 공부방이나 탁아소로 인식하여서는 곤란하다. 부모들이 아이에 대해 책임 의식을 느끼고 공부방 운동에 적극적으로 나서야 공부방은 교육의 터일 뿐만 아니라 목표하는 바, 지역 센터로서의 구실을 제대로 해낼 수 있을 것이다.

　물론 가장 바람직한 것은 빈민 아동들이 자라나서 공부방을 돕고, 운영하는 것이다. 그 지역 출신의 지역민이 실무, 자원 봉사, 후원회 모두를 담당하는 형태일 것이다. 우선 현재 공부방을 다니고 있거나 졸업을 한 이들 가운데 공부방을 책임 지고 운영할 이가 공부방을 맡아 운영하면, 자치회 구성도 더 쉬워질 것이고 지역 내의 문제점 해결이나 방향 모색에 있어 더욱 적극적일 수 있을 것이다. 빈민 지역의 생리를 보다 잘 알 수 있는 이들이야말로 빈민 지역의 미래를 스스로 꾸려 나가는 데 가장 알맞은 사람인 것이다. 또한 공부방 경험을 거친 이들이 주축이 되어 자원 봉사 활동을 하고, 후원회가 이루어진다면 지역민 스스로 일거리를 창출하고 그를 뒷받침하는 주체적인 자리가 매겨질 것이다.

　아직은 지역민이 완전하게 자치적으로 운영하는 공부방을 기대하기는 어려운 실정이다. 생활고를 우선적으로 해결해야 하는 이들에게 교육의 문제가 절실하게 다가오는 것이긴 하여도, 교육을 단지 계층 상승의 유일한 수단으로 파악하고 있거나, 그렇지 않다 하더라도 현실적인 여건에서 그 일을 감당해 낼 만한 적임자를 그들 내부에서 찾아내기란 어려운 일이다. 그러나 공부방의 역사가 다소 오래된 곳일수록 그 가능성은 크다. 특히 중·고등부를 함께 운영하고 있는 공부방의 경우는 그 시기가 앞당겨질 수 있다. 이미 공부방 졸업생을 배출한 곳에서는 졸업생들이 자원 봉사를 하고 있기도 하다. 시간적인 자원 봉사는 물론 졸업 후 곧 직장 생활을 하게 될 이들은 물질적인 봉사도 할 마음을 가지고 있다. 그들은 머지않아 새로운 가족을 이루게 될 것이고 지금대로라면 그들의 자녀들 또한 공부방을 필요로 하게 될 것이다.

　현재 공부방을 운영할 때 요청되는 것은 지역 주민의 현실에 맞는 공부방 프로그램의 개발이다. 공부방 실무자, 지역 활동가, 교육 전문인들이 함께 머리를 맞대고 논의해야 할 일이다. 현재 공부방 실무자들이 중심이 된 연합회 차원의 모임은 이러한 과제를 수행하는 데 필수적이다. 아동들을 위한 프로그램뿐만 아니라 실무자들을 위한 재교육 프로그램과 자원 봉사자들을 위한 교육 프로그램의 개발이 이루어져야 한다. 현재 공부방 실무자들간에 자료 및 경험의 나눔이 이루어지긴 하지만 보다 전문적인 연구가 뒤따라야 한다. 예컨대 남녀 평등적인 교육은 공부방이 지향하고 있는 교육 이념의 하나이지만, 접근 방법이나 효과면에서 많은 시행 착오를 겪고 있다. 공부방에서의 교육과 공부방 이외의 곳에서 접하는 문화와의 괴리를 어떻게 좁혀 나갈 것인가 하는 것이 큰 문제점으로 대두되고 있다.

또한 공부방과 탁아소의 교육 과정의 연결이 필요하다. 빈민 지역에서 탁아소를 졸업한 아동들이 열악한 교육 환경에 내팽겨쳐지거나 제도 교육 속에서 혼란을 겪지 않도록, 지속적이고 장기적인 계획으로 교육을 하려면 탁아소와 공부방의 연결은 필수적이다.

그러나 현실적인 여건에서 시급한 것은 빈민 지역에 현재보다 더 많은 공부방이 생겨나야 한다는 것이다. 이를 위해서는 재정적인 확보가 이루어져야 하는데, 현재처럼 몇몇 소수의 관심 있는 이들의 정성만으로는 부족하다. 현재 사용되고 있는 막대한 양의 사적 차원의 교육 투자가 공적인 차원의 재원으로 모아져 교육 기회의 확대를 위해 활용되는 경제적 정의가 이루어져야 한다. 최근 논의되고 있는 탁아 입법의 예와 같이 정책적인 차원의 시도들이 추구되어야 하고 그것이 구체적인 열매를 맺을 수 있도록 관심 있는 이들이 목소리를 같이해야 할 것이다. ■

* 이 글을 쓰는 데 지역 탁아소 연합회 간사님과 서울 지역 공부방 협의회 회장님의 도움말과, 전국 교역자회 · 기독 여민회,『제1차 공부방 실무자 훈련 과정 보고서 및 자료 모음』(1988)과 지역 탁아소 연합회지『우리네 아이들』, 그 외 각 공부방에서 발간하는 회지들을 참조하였음을 밝히며 감사를 표한다.

현장 연구

어린이 컴퓨터 교육

조혜순 · 강성혜[*]

머리글

교육의 본질적인 목적 중의 하나는 미래를 위한 준비이며, 급변하는 현대 산업 사회에서는 이러한 목적이 더욱 강조된다. 오늘날 자라나는 세대는 현대 사회에 잘 적응하기 위해서뿐 아니라 미래 사회를 준비하기 위해 교육을 받고 있는 것이다. 따라서 새로운 세대를 기르는 부모나 교사는 장기적인 안목을 갖고 아동이 미래 사회의 한 성원으로 살아가는 데 정말로 필요한 자질이 무엇인지 생각해 보고, 교육 내용과 방법을 신중하게 선택해야 할 것이다.

2000년대를 전망할 때, 우리나라는 현재의 공업 사회와는 다른 정보화 사회로 들어설 것으로 보인다. 정보화 사회란 단적으로 정보가 가장 핵심적 자원이 되는 사회를 말한다. 이때 컴퓨터는 막강한 도구로 등장하여 정보를 저장·교환·검색하는 데 쓰이게 되며, 현재의 전화나 텔레비전처럼 보편화될 것이다. 70년대 미국의 경우 정보 관련 산업 종사자가 전 산업 인구의 50%를 넘어섰다. 우리나라도 정보 관련 종사자가 70년대에 10%, 80년대에 17%를 넘어, 현재 점차로 증가하고 있다. 이런 면에서 컴퓨터 교육은 현대 교육의 핵심적 부분으로 등장하고 있다.

---

[*] 조혜순은 (주)데이콤에서 일하고 있고, 강성혜는 「어린이 비디오 도서관」을 운영하고 있다.

다가오는 정보화 사회에 대비하여 컴퓨터 교육은 두 가지 차원에서 생각해 볼 수 있다.

첫째, 아동들에게 컴퓨터에 관해 가장 보편적이고 기본적인 사항을 가르치는 것으로, 컴퓨터 자체와 컴퓨터의 사용법에 대한 교육이다. 교육 내용으로는 컴퓨터 프로그래밍, 컴퓨터 구조에 관한 지식, 응용 소프트웨어의 활용 등을 들 수 있다. 또한 컴퓨터의 특성을 살려 교육의 보조 도구로 이용할 수 있는데, 이것은 CAI(Computer Assisted Instruction)라는 분야로, 컴퓨터를 이용하여 많은 학습 자료를 저장·관리하고 개개인이 그 자료를 가지고 자기 능력에 맞는 속도로 학습할 수 있도록 하는 것이다. 같은 학년이라도 개인에 따라 알고 있는 정도가 다르고, 새로운 것을 배우는 능력과 이해하는 방식도 다르다. 예를 들어 똑같은 내용을 이해하는 데 30분밖에 안 걸리는 아동이 있는가 하면, 2시간 정도 걸려야 이해하는 아동이 있다. 따라서 CAI를 이용하면, 아동 각자의 이해 방식, 진도, 취향에 알맞은 학습을 할 수 있다.

둘째, 정보화 사회에 적극적으로 대처하기 위해, 사고 구조 전반에 변화를 유도하는 차원이다. 정보의 절대량이 많지 않았던 과거의 사회에서는 얼마나 많은 지식을 습득하느냐가 교육의 주요 목표가 되었다. 이러한 사회에서 채택된 교육을 위한 중요한 학습 방식은, 교사는 과거의 지식을 일방적으로 주입하고 학생은 빨리 많은 것을 암기하는 방식이었다. 그러나 최근에 들어 유효한 정보의 양이 급속도로 증가하고 있는데, 이는 세계의 과학 잡지가 1800년의 100종에서 1966년의 100,000종으로 증가한 것을 보아도 잘 알 수 있다. 이렇게 정보의 양이 방대하고 급속하게 변화하는 사회에서는 교육의 목적과 교수 방식이 크게 바뀔 수밖에 없다.

이에 사고 발달의 초기 단계인 국민학교 아동을 위한 컴퓨터 현장을 중심으로 우리나라의 컴퓨터 교육이 미래 사회에 대비하여 얼마나 적응력 있는 교육을 하는지 살펴보고자 한다. 이를 위해 우선 컴퓨터 교육에 관한 문교부 정책의 내용을 알아보고, 그 정책이 교육 현장에서 어떻게 적용되고 있으며, 어떤 효과를 나타내고 있는지를 알아보자. 다음은 컴퓨터 교육의 현황을 조사하기 위해 학교와 학원에서 실시하는 교육의 내용과 방법, 현재 우리나라 어린이 컴퓨터 교육의 주요 내용이 되고 있는 베이직(BASIC) 프로그래밍의 유래와 동기, 그리고 그 영향에 대하여 알아보자.

또한 베이직 프로그래밍 외의 새로운 컴퓨터 교육을 실시하고 있는 2개 학교를 집중 취재하였다. 그리고 4개 국민학교 4, 5학년 어린이 316명을 대상으로 설문 조사를 실시하였다. 설문 조사를 통해 컴퓨터 학원에 다닌 경험, 컴퓨터에 대한 흥미도 등을 알아보자.

문교부 정책

정부 차원의 본격적인 컴퓨터 교육의 실시는 1983년으로 거슬러 올라간다. 1983년 과학 기술처는 국내 컴퓨터 시장을 개척하고 컴퓨터 생산 기술을 발전시키기 위해 국내 5개 컴퓨터 업체에 개인용 컴퓨터 개발을 의뢰하고 90개 상업 고등학교에 무상으로 컴퓨터를 공급하도록 하였다. 그 후 1988년 초·중·고등학교의 평균 컴퓨터 보유 대수는 5.5대, 국민학교는 3.9대에 이르렀다.

그러나 이 정책은 어떠한 내용을 어떻게 가르쳐야 한다는 교육의 목적과 교육 방법을 심사 숙고한 후 세워진 정책이라기보다는 컴퓨터 하드웨어의 생산과 공급에 주력한 정책이었기 때문에 소프트웨어 생산을 제대로 해내지 못하여 결국 실패하였다. 이 당시 개발된 교육용 소프트웨어는 대우, 삼보, 삼성, 인간 교육 학회에서 초·중학교 학생을 대상으로 한 교육용 소프트웨어들로 【표 1】에 자세히 나타나 있다. 교육용 소프트웨어는 교사, 교과 과정 전문가와 컴퓨터 프로그래머가 공동으로 제작하는 것이 원칙이라 할 수 있는데, 인간 교육 학회에서 개발한 소프트웨어를 제외한 소프트웨어들은 컴퓨터 생산 회사에 의해 주로 컴퓨터를 판매하기 위한 목적으로 제작되었다.

처음 컴퓨터 교육을 실시하면서부터, 사용하기 편하고 창의적인 학습 방법을 제공하는 양질의 소프트웨어가 준비되지 않은 상태에서 각급 학교는 보급형 개인용 컴퓨터에 추가 비용 없이 제공되는 베이직을 접하게 되었다. 따라서 교육적 선택이라기보다는 공급 조건에 의해 베이직 프로그래밍 교육이 초기 컴퓨터 교육의 중심 내용이 되어 버렸다. 또한 보급된 컴퓨터들은 호환성이 없어서 컴퓨터 생산 업체에 따라 사용법이 다르므로 교사들이 조작·유지하기가 어려워 시간이 지남에 따라 고장난 상태로 있거나 보관용으로 남게 되었다. 가정 학습을 하기 위하여 컴퓨터를 가정에 설치한

【표 1】 국내 교육용 소프트웨어 개발 현황(1988.7. 현재)

기관명	구분	과목	학년	비고
대우	국민학교	산수 자연 사회	4, 5, 6 4, 5, 6 4, 5, 6	• 기존 교과서 내용과 동일 • 단원별로 구별
	중학교	수학 영어 과학	1, 2, 3 1, 2, 3 1, 2	
삼보	국민학교	산수 사회 자연	6 6 6	• 기존 교과서 내용과 동일 • 단원별로 구별
교육 개발원	국민학교 중학교	자연 수학	5 3	• 개발된 S/W 수정 개발중 • 시범 운영 후 문제점 보완
삼성	중학교	영어	1, 2, 3	• 기존 교과서 내용과 동일
인간교육 학회	국민학교	산수	4, 5, 6	• 학년별 연계성 보장 • 학습 결과 평가 가능

* 「학생들에게 교육용 S/W를」, 『컴퓨터 비전』, 1988.7에서 재인용.

경우에도 내용이 참고서보다 나을 것이 없고 오히려 그냥 책을 보고 공부하는 것보다 불편하고 시간이 많이 걸리며, 설명서도 제대로 없어서 사용하지 않게 되었다. 그래서 대개의 경우 결국은 오락을 할 때에만 사용하게 되었다.

1987년 12월 문교부는 교육용 소프트웨어의 부족, 장치 부족, 교사 부족, 행정적 지원의 결여로 인한 문제를 개선하고 보다 체계적이고 효과적인 컴퓨터 교육을 실시하기 위해 '학교 컴퓨터 교육 강화 방안'을 수립하였다. 이 계획의 추진 과제를 간추려 보면, 첫째 초·중·고 교과 과정에 컴퓨터 교육을 신설 또는 보완하는 것이며, 둘째는 1996년까지 전국 초·중·고 공립학교에 학교당 동일 기종 개인용 컴퓨터를 31대씩 보급한다는 것이다. 이에 대한 예산은 초·중등학교는 8비트 기종, 고등학교는 16비트 기종을 기준으로 책정하는데, 그 이유는 한정된 예산 내에서 전국 학교에 필요한 수만큼의 컴퓨터를 보급하기 위하여 값싼 8비트 기종을 저학년인 초·중등

학교에 보급해야 한다는 것이다. 셋째는 88년부터 96년까지 총 24억 원을 투자하여 857종의 교육용 소프트웨어를 개발한다는 것이다.

이러한 계획에 따라 국민학교는 실과 교과서에, 중학교는 기술과 가정, 상업, 특활 활동 등에 컴퓨터에 관한 내용이 신설 및 추가되고, 일반 고등학교에는 정보 산업이라는 독립 과목이 편성된다. 국민학교 교과서에 추가되는 컴퓨터 관련 단원의 내용은 실과 과목에서 다루어지며 4학년에서 「컴퓨터와 일의 세계」, 5학년에서 「컴퓨터의 종류와 쓰임새」, 6학년에서 「컴퓨터와 생활」의 제목으로 논의된다. 또한 16비트 개인용 컴퓨터가 보급되었다. 한국 교육 개발원에서는 1988년 1월부터 초·중·고등학교 교육용 소프트웨어 25종의 개발에 착수하여 10월부터 시험 운행에 들어갔다. 현재 개발된 교육용 소프트웨어 중 국민학교 교육용 소프트웨어는 산수·자연·특별 활동용으로, 산수에서는 분수·그래프·히스토그램, 자연에서는 전기 회로·날씨 변화·지구와 달의 운동 등을 다루고 있고, 특활용으로는 각 과목에 걸친 퀴즈가 실려 있다.

새로이 시범 운영되고 있는 교육 개발원의 교육용 소프트웨어 이용 결과는 아직 알려지지 않고 있으나, 이번 경우는 교육을 전문적으로 연구하는 교육 개발원에서 개발 지침을 제공하고 심의를 하였으므로 1983년 당시의 실패를 재현하지 않으리라고 기대해 볼 수도 있다. 그러나 그 개발 과정을 볼 때 교육 개발원에서 지침을 제공한 것 외에는 1983년 당시와 똑같이 각 컴퓨터 납품업체에서 실질적인 소프트웨어를 개발하였기 때문에 여전히 우려되는 바가 없지 않다.

이상의 교육용 소프트웨어는 1987년 문교부의 정책 발표 당시 초·중등학교의 보급용으로 선정되어 8비트 기종에서 운영되도록 개발되었는데, 1988년 말부디 초·중등학교의 보급용을 8비트에서 16비트로 전환해야 한다는 강한 여론이 일어 기종 문제로 문교부 정책을 재고하게 되었다. 물론 16비트, 8비트 논쟁도 중요하지만, 교육용 소프트웨어 개발 과정에 대해서 보완해야 할 문제가 있다. 지금까지는 보급될 기종과 업체가 결정된 후 각 업체별로 소프트웨어 개발에 착수하였다. 미치 교과서를 만들 때 충분한 시간을 두고 관련 분야 전문가들이 모여 교과 내용을 선정한 후에 만들어야 하듯이 소프트웨어를 만들 때에도 교육의 목적에 따라 알맞는 내용을 결정하는 데 많은 노력을 투입해야 한다. 따라서 16비트, 8비트 논쟁에서 시작된 컴퓨터 교육 정책에 대한 관심은 보다 핵심적인 양질의 교육용 소프트웨어 공급의 차원에서 논의되어야 할 것이다(단기적으로는 교육용 소프트웨어 개발을 전담한 기관에 많은 지원이 필요할 것이고, 장기적으로는 다양한 분야의 컴퓨터 교육 전문가를 양성해야 할 것이다).

학원에서의 컴퓨터 교육

컴퓨터 학원 교육은 교육용 컴퓨터 보급 이후 피아노, 웅변, 수영 등 과외 학습의 한 항목으로 등장하였다.

이번에 실시한 조사에 의하면 국민학교 4, 5학년 316명 중 약 50%가 학원에 다니고 있거나 다닌 적이 있고 대부분의 아동이 컴퓨터에 대해 매우 흥미를 가지고 있는 것으로 나타났다. 이는 적어도 컴퓨터가 현재 상당한 인기를 끌고 있으며, 그것을 못하면 뒤떨어진다는 인식이 조성되어 있음을 보여 준다. 이는 토요일에 무료로 오락을 할 수 있게 하여 학원 등록자 수를 늘리려는 학원의 상술에 의해 더욱 부채질된다. 그런데 학원에 다닌 경험이 있건 없건 간에 컴퓨터를 좋아하고 컴퓨터에 대해 자신 있어 하는 아동의 분포에는 차이가 없었다.

컴퓨터 학원에서 국민학교 아동에게 처음 가르치는 내용은 베이직 프로그래밍 언어이다. 최근에는 다양한 그래픽 기능 사용법, 개인용 컴퓨터 작동법 등을 추가해서 흥미를 유발시키려는 학원들도 있으나 아직 베이직 프로그래밍이 컴퓨터 학원의 주요 교육 내용이 된다. 그 이유는 베이직 위주의 프로그램 경진 대회가 열리고 있으며, 개인용 컴퓨터에 비용을 따로 들이지 않고 베이직을 이용할 수 있다는 점 때문이다.

학원과 학교의 교사들은 베이직을 왜, 어떻게 가르쳐야 하는지 생각해 보지도 않고 그대로 수용하여 학원가에서는 으레 베이직을 사용하여 프로그램을 만드는 법을 잘 배우는 것이 컴퓨터를 잘한다는 기준이 되고 있다. 더구나 베이직을 가르치는 방식에 있어서도 간단한 문제부터 학생 스스로 해결할 수 있도록 하는 것이 아니라, 예제 프로그램을 따라서 풀어 보는 주입식 방법을 크게 벗어나지 못하고 있다. 컴퓨터를 사용하는 장점은 컴퓨터를 이용해서 다양한 해결 방법을 모색해 볼 수 있다는 것인데, 이러한 교육 방식은 컴퓨터를 이용하는 특성을 살리기보다는 새로운 기능 교육만 하나 더 늘린 셈이 되고 말았다.

한편 컴퓨터 학원의 교육이 그 분야의 전문가도 부족하고 바람직한 교육 방법도 마련되어 있지 못한 상태에서, 이웃집 아이가 하는 것은 무엇이든지 자기 아이에게 시켜야 될 것 같은 불안감에 싸인 부모들은 무조건 자녀들을 컴퓨터 학원에 맡기고 있다. 더욱 문제가 되는 것은 컴퓨터 교육은 다른 기능 교육과는 달리 부모들이 교육 내용에 대해 알려고 하지 않고, 단지 학원에 얼마나 오래 다녔는가, 게임을 하든 무엇을 하든 모니터 앞에 얼마나 오래 앉아 있는가 등으로 컴퓨터 교육이 되고 있다고 막연히 생각하는 데 있다.

컴퓨터 교육에 있어 특히 언어의 선택은 신중하게 검토해야 한다. 여기에서 문제가 되는 것은 베이직이 비논리적인 언어라는 사실이다. 「컴퓨터에 대한 올바른 인식과 우리의 자세」라는 글에서 한정선 씨는 다음과 같이 쓰고 있다. "베이직을 가르치지도 말고 배우지도 말자고 주장하는 이유는 이 언어가 배우기는 쉬워도 사용하기 힘들고 또 비논리적인 언어이기 때문이다. 이러한 주장은 알프레드 보크(Alfred Bork) 같은 일부 학자들에 의해 시작이 되어 이제는 많은 사람들의 호응을 얻어 이미 미국의 많은 대학이 베이직을 교과 과정에서 삭제해 버렸다. 그러면 왜 가르치지 말자는 것일까? 그것은 마치 운전을 배울 때 우리가 정식으로 배우지 않으면 온갖 나쁜 습관을 다 배우게 되고, 일단 그런 버릇을 갖게 되면 고치기 힘든 것과 같은 원리이다. 따라서 이런 비논리적인 언어를 배우고 나면 후에 논리적인 언어를 배우는 데 많은 지장을 초래한다는 것이다."

한국 과학 기술원 전산학과 전길남 교수도 이와 비슷한 견해를 다음과 같이 말하고 있다. "베이직은 60년대 말의 언어로서 계산을 위주로 하던 50년대의 포트란(FORTRAN)과 근본적으로 같은 종류의 언어이다. 70년대 이후에 나온 언어는 씨(C) 또는 파스칼(PASCAL)이며, 이 언어들은 보다 논리적이고 구조적 사고 형성에 도움이 된다고 볼 수 있다. 그러나 국민학생이 배우기는 어렵다. 국민학교 학생에게는 로고(LOGO) 또는 젬(GEN) 등 그래픽(Graphic)이나 이미지(Image)로 자신의 생각을 쉽게 표현힐 수 있는 언어나 프로그램들을 다양하게 접하도록 하는 것이 바람직하다."

특히 처음 배운 컴퓨터 언어는 사고의 틀을 형성하는 데 큰 비중을 차지한다. 이런 면에서 컴퓨터 언어 선택에 보다 신중을 기해야 할 것으로 보이며, 적어도 베이직 일변도의 학원 과정은 지양되어야 할 것이다.

학교에서의 컴퓨터 교육 현황과 새로운 시도들

그 교육적 효과 여부는 어찌되었든, 1983년 교육용 컴퓨터 보급 정책은 컴퓨터를 보급시키는 기폭제가 되었고, 이러한 붐을 타고 각급 학교는 자체 예산 또는 학부모 기부 등으로 컴퓨터를 구입·보유하게 되었다. 서울 시내의 여러 국민학교에서는 컴퓨터 시설을 갖추고 특활 시간이나 별도의 컴퓨터 수업 시간을 통하여 컴퓨터를 가르친다. 이때의 교육 내용은 베이직 프로그래밍이 주이며, 해당 학교의 교사가 교육을 받아서 가르치거나, 강사를 채용하기도 한다. 베이직 프로그래밍 위주 교육의 문제점에 대해서는 앞의 학원 현황에서 언급하였다.

그러나 몇몇 학교에서는 베이직 프로그래밍 위주의 교육을 탈피해서 새로운 교육 방법을 시도하고 있다. 새로운 컴퓨터 교육을 실시하는 두 학교의 학습 현장을 조사하여, 새로운 컴퓨터 교육의 현황에 대해 알아보자. 우리가 현장 조사한 두 학교는 컴퓨터를 학습의 보조 도구로 사용하여 4학년 산수 학습을 하는 반포 국민학교와 로고(LOGO) 프로그래밍 언어를 위주로 컴퓨터를 가르치는 이대 부속 국민학교이다.

반포 국민학교: 컴퓨터를 이용한 산수 학습

반포 국민학교는 서울 강남에 위치한 공립 학교로 4학년의 산수 학습에 컴퓨터를 이용하고 있다. 소프트웨어는 앞의 표에서 본 바와 같이 인간 교육 학회에서 개발한 것이며, 컴퓨터는 S기업에서 기부한 것이다.

컴퓨터 시설로는 8비트 컴퓨터 60대가 설치되어 있으며, 이 컴퓨터들은 교사의 컴퓨터에 연결되어 있다. 아동들에게 각 1대의 컴퓨터가 배정되고, 아동들은 정해진 수업 시간 동안 컴퓨터 모니터를 통해서 수업한다.

수업이 시작되면 교육 보조원이 교사용 컴퓨터에 그날 배울 산수 수업 내용이 담긴 학습용 디스켓을 넣고 작동시킨다. 그러면 아동들 각각의 컴퓨터 모니터에 첫번째 과제가 나타난다. 교사가 과제를 칠판에 쓰면서 설명하고 나서, 아동들의 모니터에 비슷한 수준의 서로 다른 문제를 보여 주면, 아동들은 이 문제를 푼다. 주어진 문제를 풀지 못한 아동은 같은 수준의 다른 문제들을 다시 풀게 된다. 이 동안 첫번째 문제를 다 푼 아동은 기다린다. 모든 아동이 첫 단계의 문제를 풀면, 교사는 좀더 난이도가 높은 다음 단계의 문제들을 동시에 보내 준다. 이때 교사는 단말기를 통해 각 아동이 푼 문제들을 맞았는지, 맞았다면 문제를 푸는 데 몇 분이 걸렸는지, 또는 몇 번 틀려서 같은 수준의 다른 문제들을 풀었는지 등을 바로 알 수 있다.

아동은 푼 문제가 틀렸을 경우 같은 수준의 다른 문제를 풀게 되는데, 이것은 개인의 능력에 따라 개별적으로 학습하는 데 도움을 주려는 취지에서 고안된 것이다. 그러나 실제 수업 진행 방식에서 문제점이 발견되는데, 그것은 한 단계에서 다음 단계로의 이동이 교사에 의해 일괄적으로 이루어지며, 아동이 스스로 단계를 이동할 수 없다는 점이다. 이는 개개인의 능력에 따른 개별 학습을 비로소 가능하게 해주는 컴퓨터의 장점을 전혀 활용하지 못하고 있음을 나타내 준다. 이는 종래의 획일적인 학습 방식을 컴퓨터에 그대로 도입함으로써 새 도구의 장점을 제대로 살리지 못하고 있음을 단적으로 드러내는 것이다.

또한 컴퓨터에 의한 세밀한 개인 점수 평가는 개인의 학습 정도를 교사가 효과적으로 파악해서 개개인에 따라 필요한 개별 지도를 더 잘할 수 있도록 하는 것이다. 그러나 누가 몇 분 만에 몇 문제를 맞추었는가 하는 세밀한 평가는 효과적인 개별 지도를 위한 기초 자료로 이용되기보다는 지나친 경쟁심을 유발시키고 있다. 또한 산수 문제를 푸는 데 시간이 오래 걸리거나 이해를 늦게 하는 아동에게 이런 방식의 수업은 컴퓨터에 대한 친밀감을 유발시키는 데 방해가 될 소지도 없지 않다.

실제 설문 조사의 결과 이 학교의 경우 다른 학교에 비해 컴퓨터에 대해 흥미 있어 하는 아동은 95%로 5~10% 정도 높았지만, 컴퓨터에 대해 자신감을 가진 아동의 비율은 현저히 낮았다. 즉 컴퓨터를 배우는 것이 즐겁다고 대답한 아동 중에서 50% 정도만이 컴퓨터에 대해 자신감을 가지고 있는 것으로 나타났다. 컴퓨터 모니터에 나온 문제들을 푸는 것이 성적 평가와 바로 연결되므로, 점수에 대해 지나친 경쟁심이 조장된 아동들이 컴퓨터를 또 다른 두려움의 대상으로 생각하게 된 하나의 요인이 아닐까 추측해 보게 된다.

이 학교에서는 소프트웨어를 개발하고 컴퓨터 시설을 관리하는 것은 외부 기관에서 대행하고 있다. 수업 시간의 컴퓨터 조작도 연구 기관에서 나온 사람이 하고 있다. 따라서 현장에서 직접 학생들에게 교육하는 교사들이 새로운 컴퓨터 교육에 대해 충분히 알 수 있는 기회도 갖지 못하고 이해도 부족하기 때문에, 남보다 나은 시설을 갖추고도 이를 통해 얻을 수 있는 이점들을 전혀 살리지 못하고 있는 것이다. 교육학자나 컴퓨터 전문가들이 노력해서 좋은 교재를 개발하는 것도 중요하지만, 교육의 현장에서 실제 교육을 담당하는 교사의 역할은 컴퓨터 교육을 하는 데 매우 중요한 요소이다. 따라서 수업을 진행하는 교사의 재교육에 많은 관심과 노력을 기울여야 할 것이다.

이대 부속 국민학교: 로고 프로그래밍을 위주로 한 교육

이대 부속 국민학교는 서울시 강북에 위치한 사립 국민학교로 1988년부터 본격적으로 컴퓨터 교육을 실시해 왔다. 컴퓨터 시설로는 1개의 컴퓨터 교실에 16비트 개인용 컴퓨터 25대와 각 2대당 1개씩의 프린터가 있다. 각 컴퓨터에는 칼라 모니터가 갖추어져 있으며, 키보드를 조작하는 대신 간단하게 단추를 눌려서 컴퓨터를 작동시킬 수 있는 마우스가 부착되어 있다.

이 학교에서는 교사가 중심이 되어 자체적으로 교육 프로그램을 조사·개발하여, 로고 프로그래밍 언어를 위주로 한 컴퓨터 교육을 하고 있다. 그외 아동들이 컴퓨터에 대한 흥미를 느낄 수 있도록 그래픽용 소프트웨어인 젬 등을 추가로 가르친다. 현재 이 학교에는 컴퓨터 교육을 전담하는 교사가 1명 있는데, 주당 21시간의 수업을 하고 있으며, 그는 하루 1~2시간 정도 교재 준비를 한다. 그리고 또 다른 새 프로그램들을 교육 현장에서 사용하기 위해 자체 내에서 교사들이 교육 내용과 방법을 개발중에 있다.

로고는 매사추세츠 공과 대학의 사이모 페퍼드 교수가 인지 심리학자인 피아제의 교육 이론을 토대로 아동들의 사고 형성을 도와주기 위하여 제작한 프로그래밍 언어로, 과학과 수학 분야에서 지능적인 생각들을 컴퓨터를 통해 실현해 보일 수 있는 강력한 표현 능력을 가진 언어이다.

로고는 문제를 흥미롭게 전개하도록 구성되어 있으며, 프로그래밍하기가 쉽고, 그래픽 기능이 있어 아동의 창의적 사고와 흥미를 동시에 만족시킬 수 있다고 한다. 이 국민학교에서의 로고 교육의 효과는 아직 실시 기간이 짧아 장기간을 통한 효과를 검증할 수는 없으나, 수학 평면 도형 학습에서 효과를 보이고 있다는 것이 이 학교 교사의 교육 현장 연구 보고서에서 지적되고 있다. 이 학교에서는 실험적으로 주 1회 특활 시간에 베이직도 가르치고 있는데 아동들은 로고가 베이직보다 쉽고 간단하다고 생각하는 것으로 나타났다.

이 학교에서 주목할 점은 교육을 실시하기 1년 전부터 7명의 교사가 컴퓨터 교육 과정 개발팀을 구성하여 집중적 연구 작업을 해왔다는 점이다. 연구팀은 1987년 3월 한국 과학 기술원 전산학과 전길남 교수 연구실에 자문을 구하여 로고 프로그래밍 언어를 위주로 한 교육을 실시하기로 결정하고, 로고 프로그래밍 언어 교육에 적합한 컴퓨터 사양 작성, 컴퓨터 일반 및 로고에 대한 교사 연수, 교재 편찬, 컴퓨터 설치 및 테스트를 거쳐 1988년 1학기부터 컴퓨터 교육을 하기에 이르렀다. 특히 1987년 6월에는 2개월 간 2명의 교사가 미국 워싱턴 대학교에서 컴퓨터 교육에 관한 대학원 과정 과목을 이수하였으며, 미국·캐나다의 국민학교 컴퓨터 교육 현황을 참관하였다.

이 학교 담당 교사팀이 가지고 있는 50~60권의 컴퓨터 교육 관계 책은 그러한 자료가 전무한 우리의 상황에서 비추어 볼 때 이 학교가 컴퓨터 교육에 쏟고 있는 진지한 관심을 잘 보여 주고 있다. 교사 연구의 결과로 1편의 석사 논문과 교사용, 아동용 배움책 등 3권의 로고 교재가 출판되었다. 이러한 출판물은 현장에서 바로 필요하기 때문이기도 하지만, 로고 프로그래밍 언어 교육의 선두 주자로서 지금까지 연구·실험한 바를 뒤에 시작하는 타 학교나 기관에 도움을 주고자 하는 취지에서 만든 것이다.

실제로 수업하는 것을 보면, 결과보다 과정을 중요시하는 학습을 하고 있고, 학생들간의 지나친 경쟁심을 배제하고 실수에 대해 긍정적으로 느낄 수 있도록 배려하는 것을 관찰하게 된다. 수업이 시작되면 처음 예제를 어떻게 풀 것인지에 관한 교사의 질문에 아동들이 대답을 한다. 그러면 교사는 해답을 제시하거나 문제를 설명하는 것이 아니라 문제를 해결하기 위해서는 우선 절차가 중요함을 강조한다. 어느 정도 문답이 수렴되었을 때, 교사는 자료를 보여 주면서 아동들이 잘 몰라 하던 부분에 대해 설명을 한다. 그러면 아동들은 자신의 해결 방법을 다시 생각해 보고 대답하는데, 이때 다양한 대답들이 나온다. 교사는 아동들에게 자신들이 대답한 해결 방안을 가지고 첫번째 예제를 프로그래밍하라고 말한다. 여기서부터 개인차가 나타나기 시작하여 잘하는 아동, 잘 모르는 아동, 빨리 대답하는 아동, 천천히 대답하는 아동 등이 나타난다. 프로그래밍 도중에 아동 각자는 교재의 결과와 자신의 것을 비교해 볼 수 있고, 다르면 다시 해볼 수 있다. 절반 가량의 아이들이 첫번째 예제를 완성했을 무렵에 교사는 두번째 예제를 하라고 말하는데, 이때는 전혀 설명을 하지 않고 직접 실습에 들어간다. 두번째 예제에 대하여 몇몇의 아동들은 첫번째 예제의 응용만으로 두번째 예제를 풀지만, 대부분은 해결 방법을 찾지 못하고 있다. 이때 교사는 해결한 아동, 의문을 제기한 아동, 비록 틀릴지라도 나름대로 다른 방식을 써서 실험해 보았다고 하는 아동들 모두에게 묻고 대답할 기회를 준다. 그러면 몇몇은 새로운 해결 방법을 찾아 프로그래밍을 시작한다. 그러나 아직도 다수는 잘 모르는 상태이다. 이때 교사는 두번째 설명도를 보여 주면서 설명한다. 대부분의 아동은 해결 방법을 찾고 프로그래밍을 시작한다. 아직 이해를 못한 아동이 질문을 하면, 교사는 이에 대해 설명을 해주고, 이를 참고로 프로그래밍하도록 한다. 많은 아동이 두번째 예제를 끝내면, 교사는 세번째 예제를 프로그래밍하라고 말한다. 그 다음엔 책 뒷부분에 있는 연습 문제를 푼다. 이때쯤이면 수업은 거의 끝난다. 프로그램을 완성한 학생들은 교사에게 확인을 받고 교실로 돌아간다. 5분 사이에 3분의 2 이상이 다 마치고 돌아간다. 교사는 아직 해결하지 못하고 남아 있는 아동에게 설명을 하고 나서 "너는 끈기가 좋구나"라는 격려의 말을 하면서 스스로 문제를 완성할 시간을 충분히 준다.

6학년의 경우 50명의 정원을 둘로 나누어 수업한다. 4, 5학년의 경우 50명이 한교실에서 수업하는데, 대다수의 학생들보다 늦게 이해하는 학생을 끝까지 배려하기가 어렵다고 한다. 그러나 비슷한 수준의 문제를 반복해서 풀게 함으로써 될 수 있는 대로 많은 학생들을 세심하게 배려할 수 있도록 하고 있다.

이 학교의 경우 특기할 점은 컴퓨터 과목은 전혀 성적에 반영하지 않고 있는데도, 아동들이 컴퓨터에 대해 매우 흥미 있어 하고 숙제도 열심히 한다는 것이다. 이는 성적이 학교 교육의 전부인 것 같은 우리나라 교육 풍토에서 새로운 면을 보여 주고 있다.

앞으로 이 학교가 풀어야 할 과제는 현재의 로고를 위주로 한 과정을 거쳐 컴퓨터의 강력한 표현 능력을 습득하고 논리적 언어 사용을 자연스럽게 익힌 아동을 위한 그 다음 단계의 교과 과정을 개발하는 것이며, 이를 위해 보다 많은 연구 지원이 이루어져야 할 것이다. 이 책에 실은 미국의 컴퓨터 교육 사례 연구인 「컴퓨터와 함께 자라는 아이들」(225-229쪽)이 앞으로 방향을 모색하는 데 크게 참고가 되리라 본다. 동시에 컴퓨터에 한글을 도입하는 작업이 시급하다. 구체적으로 컴퓨터의 기능키와 로고 프로그래밍 언어의 명령어가 여전히 영어로 되어 있는 점에 대해 생각해 보아야 한다는 것이다. 예를 들어 우리말로는 오른쪽과 왼쪽을 혼동하지 않을 6학년 어린이가 프로그래밍 도중 거북이에게 오른쪽으로 돌라고 명령할 때의 명령어가 'LT'인지 'RT'인지를 여러 번 생각하는 것을 보게 될 때, 이것이 그냥 지나칠 성질의 문제가 아님을 알 수 있다. 빠른 시일 내에 우리 언어로 우리 문화에 맞는 컴퓨터 이용 방식이 고안되어야 할 것이다.

맺음말

이상에서 컴퓨터 교육에 관한 문교 정책, 그리고 학원과 학교에서 국민학생을 대상으로 실시하는 컴퓨터 교육의 실태를 알아보았다.

정부의 시행 착오적 정책 수행으로 인한 낭비와 소프트웨어가 제대로 개발되지 못한 상태에서 성급한 컴퓨터 보급이 낳은 문제 등을 살펴보았다. 컴퓨터 학원이나 학교의 국민학교 대상 컴퓨터 교육이 베이직 프로그래밍 일변도로 나가고 있어 문제를 야기시키고 있음을 지적하였다. 컴퓨터 교육이 제대로 되기 위해서는 우선 맹목적이며 형식적으로 외국의 선진 기술을 받아들이려는 비주체적인 태도와 사회 전반에 걸친 권위주의적 실행 방식이 극복되어야 할 것이다. 또한 부모들은 다수가 하는 일이라면 무조건적으로 따라가며 편협한 경쟁심에 얽매이기보다는 필요로 하는 자료를 수집하고 판단하여 자녀들을 지도하는 자세를 갖도록 노력해야 한다. 전문가가 아니라는 이유로 컴퓨터에 대해 막연히 두려워만 하기보다는 컴퓨터가 주로 이용되는 앞으로의 사회에 대한 안목을 키워서 자녀들과 함께 바람직한 미래상에 대해 토론하며 순비해 나갈 필요가 있다.

컴퓨터를 학습의 보조 도구로 도입한 반포 국민학교의 경우를 통하여 기존의 성적 위주, 획일적 교육 방식의 풍토를 개선하지 않은 채, 새로운 도구에 대한 철학 없이 컴퓨터를 도입하는 것은 투자된 인력과 자원에 비하여 효과를 얻어 내기 힘들다는 것을 관찰하였다. 컴퓨터를 편리한 도구로 이해하며, 다양한 목적을 위하여 활용·개발할 수 있도록 주인 의식과 창의성을 배워야 할 어린이들이 먼저 컴퓨터에 의해 효과적으로 통제받는 것에 익숙해진다는 것은 심각하게 우려해야 할 사실이다.

이대 부속 국민학교의 경우처럼 교육 프로그램을 자체적으로 개발하여 국민학교 아동들의 컴퓨터에 대한 흥미 유발과 사고 발달에 도움이 되는 컴퓨터 교육을 실시하는 현장이 있다는 것은 고무적인 사실이다. 이 학교의 경우 아동들의 만족도와 자신감 상태로 보아 현재까지의 교육은 성공적이라고 볼 수 있다. 이 학교에서 좋은 내용의 컴퓨터 교육을 할 수 있었던 것은 경제적, 인적 자원의 동원이 가능했기 때문이다. 이러한 현실적인 여건과 아동 개개인의 개성과 능력차를 인정하고 존중하며 수업의 효과를 위해 기존의 시청각 자료라도 잘 활용하려고 노력한 교사들의 태도가 성공적인 컴퓨터 교육의 원동력이 되었다.

아직 초기 단계에 있는 컴퓨터 교육 현장의 단편적인 분석으로 종합적인 결론을 도출하기는 어렵다. 그러나 여기에서 궁극적으로 컴퓨터 교육을 제대로 하려면, 교육의 원칙 및 목적 자체의 변화가 불가피하다는 점을 지적하지 않을 수 없다. 정보화 사회에서는 정보의 양은 방대하며, 매우 빠른 속도로 변화하므로 많은 정보들 가운데 자기 자신에게 의미 있는 정보를 찾아내는 작업이 우선한다. 그러므로 기존의 지식을 많이 알고 있는 능력보다는 자신에게 필요한 정보를 어떻게 찾아내고 선택할 것인가를 판단하는 능력과 선택한 정보를 종합하고 분석하는 능력이 보다 중요하게 된다. 자기 스스로 문제를 해결해 나가는 능력을 기르기 위해서는 어떠한 문제에 대해 스스로 의문을 제기하고 다양한 방법으로 해결 방안을 찾도록 하여 창의력과 사고력을 함양시키고 정보 처리 능력을 키우며, 졸업 후에도 계속 학습할 수 있는 기초를 훈련하는 것이 중요하다.

우리 사회도 곧 컴퓨터 도입 단계를 지나 본격적인 활용 단계에 들어서게 될 것이다. 정보화 사회에 진입하게 될 때 컴퓨터를 여러 방면에 도입·활용함으로써 생활 양식과 사회 구조 전반에 걸쳐 큰 변화가 일어날 것이다. 컴퓨터를 비롯한 첨단 기술을 잘 도입하고 활용하면, 복지 사회를 건설하고 국가간 상호 이해를 높이는 데 도움이 되며 삶의 질을 향상시킬 수 있을 것이다. 그러나 첨단 기술을 제대로 사용하지 못하면, 그 부작용 또한 엄청날 것이다. 정보 자체가 자원이 되는 특성을 지닌 사회에서 기술과 정보가 일부 계층 또는 몇몇 국가에 독점될 경우 개인간, 계층간, 국가간 자원의 차가 커져 더 심한 불평등 구조를 초래할 것이다. 특히 개인을 존중하고 민주적인 사고 방식이 발달하지 않은 사회에서 일부 계층에 의해 첨단 기술이 도입되고 정보화 사회로 넘어가면, 첨단 기술은 중앙 권력 집중화를 가속시키고 독재 체제를 유지시키는 수단으로 전락할 수 있다. 우리는 첨단 기술의 발달을 바람직한 인류 사회를 이룩하는 데 이용하기 위한 준비를 하고 있는가?

　1984년 타임지는 그 해의 인물로 '컴퓨터'를 선정하면서, 컴퓨터 기술이 계속 발달되면 컴퓨터가 오히려 사람을 조정하고 지배할 것이라고 우려하는 기사들을 실었다. 이에 대해 한 편집자는 '그러나 사람을 지배할 만큼 뛰어난 컴퓨터를 프로그램할 수 있는 능력 있는 프로그래머를 찾을 수 없을 것'이라면서 첨단 기술이 아무리 발달해도 사람이 만든 도구로 남아 있을 것이라고 주장하였다. 인간적 삶의 질이 향상되고 보다 민주적인 사회가 이루어질 것인지, 아니면 일부 집단의 정보 독점에 의해 정치 권력이 중앙으로 집중되고 개인의 사생활이 침해받게 되어 비인간적인 사회가 될 것인지, 이 두 가지 가능성에 대한 열쇠는 결국 우리가 쥐고 있다. 21세기의 주역들에게 기술 교육뿐 아니라 기술을 인류 복지를 위해서만 사용할 수 있는 가치관을 확립시켜 주는 것은 컴퓨터 시대를 준비하는 기성 세대가 해야 할 무거운 의무인 것이다. ■

현장 연구

학교 급식 확대를 위한 모색

곽동경[*]

지난해 10월, 성대한 올림픽이 치러진 후 문교부에 대한 국정 감사 결과에서 8천1백55명의 국민학생이 점심을 거르고 있다는 충격적인 소식이 전해졌다. 그간 화려한 경제 성장의 그늘의 실체를 접한 놀라움 속에서 학교 급식 제도의 필요성이 신문지상을 중심으로 주장되어 왔으나 그 관심은 굵직한 시국 사건 틈에 밀려 금세 사라져 버렸다.

그러나 정치와 경제 성장의 궁극적인 목표는 국민 생활의 향상에 있으며, 특히 어린이의 건강은 그 어느 것에도 양보할 수 없는 우선 가치를 지니는 것이니만큼 점심 굶는 국민학교 어린이들의 문제는 우리 사회의 현주소를 주의 깊게 되돌아보는 계기로 받아들여야 할 것이다. 이 글은 학교 급식의 확대를 위한 기초 작업으로서 학교 급식 제도의 현황과 당면 과제, 우리나라 학교 급식 제도와 외국의 학교 급식 제도를 자료 제시의 수준에서 정리하고자 한 것이다.

1. 학교 급식 제도의 세계적 추세

학교 급식 제도는 성장기 어린이들에게 신체 발달에 필요한 영양 권장량의 3분의 1을 (최소한) 1일 1식에서 공급하여 어린이들의 건강과 체위를 향상시키고 합리적인 식생활 지식과 올바른 식습관을 가지도록 하려는 교육 목

---

[*] 연세대에서 식품 영양학을 가르치고 있다.

적을 가진 단체 급식을 말한다.

학교 급식은 자본주의 태동기에 극빈자의 구호 대책으로 출발하였으나 점차 발전하여 현대 사회에서는 어느 정도 경제 성장이 이룩된 나라들에서 기본적인 복지 시설의 하나로 자리 잡아 가고 있다.

(1) 극빈자 구호로 시작

학교 급식의 시작은 1970년 독일 뮌헨 시에서부터 시작되었다. 실업 노동자를 위한 구호 급식의 일환으로 학교 어린이에게 수프 급식이 이루어진 것이 근대적인 학교 급식의 시초라고 보고된다. 그 후 1800년에서 1850년 사이에 영국, 프랑스, 노르웨이 등 유럽 여러 나라의 일부 지역에서 극빈 아동 구호를 위해 자선 단체나 독지가에 의한 학교 급식이 생겨나기 시작했다. 국고 보조나 외원 단체 등에 의해 조직적인 형태로 학교 급식이 발전하게 된 것은 19세기 후반에 들어서였다.

영국의 경우는 19세기 중엽에 시작되어 1906년 급식법이 제정되면서 정부 교육 기관이 자선 단체에 의존하던 학교 급식을 국가 정책의 일환으로 맡아 주관하게 되었다. 그 후 1944년 학교 급식법이 제정되어 제도적인 기틀을 정비하고 현재에는 세계적으로 모범적인 급식을 실시하고 있다.

미국은 1853년 일부 도시 지역에서 시작된 학생 급식을 시초로 하여 1935년 잉여 농산물을 학교 급식에 이용하도록 한 농업법을 제정하고 1946년에는 학교 급식 연방법을 제정하였다. 1966년 국회에서는 학교 아침 급식 프로그램을 정부 보조로 실험·연구하다가 1975년에 이를 법제화하였다.

또 일본의 학교 급식은 1889년 사립 충애 소학교(忠愛小學校)에서 불교 단체의 지원으로 빈곤 아동 구호를 목적으로 시작되었다가 1954년 학교 급식법이 제정되면서 급속히 발진하였다.

이와 같이 빈곤 계층에 대한 자선적인 구호 대책에서 출발한 학교 급식 제도가 현재에는 어떻게 운영되고 있는지 미국과 일본의 경우를 살펴보자.

(2) 미국의 급식 제도

―소득 수준에 따라 90% 이상의 학교가 급식 제도 마련, 아침 급식을 탁아소·육아원도 실시

미국은 학교 급식 연방법에서 학교 급식을 국가 안전 보장 정책의 일환

으로 밝히고 있다. 즉 어린이의 건강과 복지를 보장하고 영양이 풍부한 농산물과 기타 식품의 국내 소비를 촉진하기 위해서 연방 정부는 국고 보조를 비롯해 각종 원조 조치를 아끼지 않는다고 선언하고 있다.

미국의 어린이 급식 프로그램은 국립 학교 점심 급식 프로그램(NSLP: The National School Lunch Program), 학교 아침 급식 프로그램(SBP: The School Breakfast Program), 어린이 보호 기관 급식 프로그램(CCFP: The Child Care Food Program)이 주를 이룬다.

이중 CCFP는 학교가 아닌 주정부가 운영하는 프로그램이며, NSLP는 국민학교에서 고등학교까지 모든 공립 학교와 비영리 사립 학교 일부에 참가 자격을 주고 있다.

학교 급식비는 학생 가정의 소득 수준에 따라 차등을 둔다. 농림부 장관이 회계년도마다 가족 규모별 소득 수준을 종합적으로 판단해 요보호(要保護) 소득 기준을 공시하면, 이 기준에 따라 무상 급식과 할인 급식의 자격이 있는 어린이가 결정된다. 이런 어린이들이 직·간접적인 불이익을 받는 것을 막기 위해 학교 급식 연방법은, 학교 당국은 무상 급식 또는 할인 급식의 아동에 대해 차별 대우를 해서는 안되고 표식이나 명부, 인쇄물을 등 어떠한 방법으로도 이들을 식별하지 못하게 명시하고 있다.

【표 1】은 미국 학교 급식 프로그램의 실시 현황을 1980년대를 중심으로 제시한 자료이다.

1988년도 집계에 의하면 급식 아동 및 학생은 2천4백2십만 명으로 그 중 절반 이상이 유상 급식 형태이며, 그 비율은 연차적으로 증가하고 있다.

급식 비율은 전국 학교 수의 90% 이상, 총학생 수의 59% 수준을 차지한다. 1981년 이후 연방 정부 예산이 삭감된 이래 급식 수는 4백만 정도 감소되기는 하였으나 계속 일정한 수준을 꾸준히 유지하고 있다. 연방 정부의 학교 급식 프로그램을 위한 국고 지원은 1988년도에 38억 달러이며, 이중에서 3분의 2 이상이 무상 급식과 할인 급식의 보조금으로 사용되고 있다. 이러한 연방 정부의 국고 지원금은 전체 급식비의 56%에 해당되며 주정부의 지원금은 약 18%, 학부모 부담금은 약 26% 정도에 달한다.

'학교 아침 급식 프로그램'(SBP)은 1988년도에 3만 4천 개 학교의 3백6십5만 명에게 실시된 것으로 집계되었다. 이 숫자는 연차적으로 조금씩 늘어나고 있긴 하지만 '학교 점심 급식 프로그램'(NSLP)에 비해 15%에 지나

【표 1】 미국 학교 급식 프로그램의 실시 현황

(단위: 백만 명)

회계 년도	무상 급식	할인 급식	유상 급식	합계
1981	10.6	1.9	13.3	26.8
1982	9.8	1.6	11.5	22.9
1983	10.3	1.5	11.2	23.0
1984	10.3	1.5	11.5	23.4
1985	9.9	1.6	12.1	23.6
1986	10.0	1.6	12.2	23.7
1987	10.0	1.6	12.4	24.0
1988	9.8	1.6	12.8	24.2

* 자료: Food program update, Food and Nutrition Service/USDA, 1988. 5.

지 않는다. 그 이유는 연방 정부의 지원율이 '학교 점심 급식 프로그램'에 비해 50%밖에 되지 않고, 또 아직까지 아침 식사는 가정의 책임이라고 생각하므로 대부분의 학교에서 아침 급식 프로그램을 실시하기를 주저하기 때문이라고 분석된다. '학교 아침 급식 프로그램'에 대한 연방 정부의 1988년 지원금은 4억 7천7백만 달러에 달하며 '학교 점심 급식 프로그램'의 12.5%에 해당된다.

'어린이 보호 기관 급식 프로그램'(CCFP)은 탁아소와 육아원에 대한 급식을 말한다. 탁아소 급식 증가율은 매년 육아원보다 높은 수치를 보이고 있다. 1987년 자료에 의하면 1만 9천 개의 육아원과 8만 7천 개의 탁아소가 지원을 받고 있다. '어린이 보호 기관 급식 프로그램'에 대한 연방 정부의 지원금은 1988년도에 6억 9십만 달러에 달했고 매년 11% 이상 늘어나 지난 5년 동안 두 배의 증가율을 보이고 있다.

(3) 일본의 학교 급식 제도

─전체 학생 98.5%가 급식

일본의 학교 급식법은 학교 급식이 어린이의 선친한 심신 발달과 국민 식생활 개선을 위한 것이므로 학교 급식의 충실한 보급과 소학부, 중학부의 의무 교육의 교육 목적을 실현하기 위해 다음과 같은 목표를 명시하고 있다.

【표 2】 일본의 학교 급식 실시 현황(국·공·사립)

(1985년 5월 1일 현재)

구분	전국 총수	완전 급식		보충식 급식		계	
		실시 수	%	실시 수	%	실시 수	%
소학교							
학교 수	25,040	23,575	94.1	249	1.0	23,824	95.1
아동 수	11,095,711	10,885,514	98.1	40,714	0.4	10,926,228	98.5
중학교							
학교 수	11,131	7,335	65.9	137	1.2	7,472	67.1
학생 수	5,990587	3,514,472	58.7	39,167	0.6	3,553,639	59.3
특수교육제 학교							
학교 수	912	678	74.4	1	0.1	679	74.5
학생 수	95,405	73,472	77.0	41	0.1	73,513	77.1
야간 정시제 고교							
학교 수	902	550	61.0	317	35.1	867	96.1
학생 수	122,097	79,065	64.8	32,567	26.7	111,632	91.5
계							
학교 수	37,985	32,138	84.6	704	1.8	32,842	86.5
유아, 아동, 학생 수	17,303,800	14,552,523	84.1	112,489	0.7	14,665,012	84.8

* 자료: 일본 문부성

① 일상 생활의 식사에 대한 올바른 이해와 바람직한 습관 양성
② 원만한 학교 생활과 명랑한 사교성 양성
③ 식생활의 합리화, 영양 개선 및 건강 증진 도모
④ 식량의 생산 배분과 소비에 관한 올바른 이해의 지도

일본의 학교 급식은 완전식 급식과 보충식 급식으로 나뉘는데 일본 문부성이 밝힌 1985년 5월 1일 현재 국·공·사립 학교의 학교 급식 현황은 【표 2】와 같다.

일본 국민학교 실시 현황은 23,824개의 학교의 10,926,228명이며 이는 전체 학교 수의 95.1%, 학생 수의 98.5%에 해당되는 숫자다. 중학교는 7,472개교의 3,553,639명으로 학교 수의 67.1%, 학생 수의 59.3%의 급식률을 보이고 있다. 전체 급식 대상 학교는 32,842개교의 14,665,012명이다.

완전 급식을 실시하고 있는 학교를 조리 방식에 따라 분류해 보면 단독 조리장 시설을 갖춘 곳이 국민학교의 52.9%, 중학교의 33.2%이며 공동 조리장 시설로 운영하는 곳은 국민학교의 47.1%, 중학교의 66.8%로 공동 조리 방식이 점차 증가되고 있는 추세이다.

2. 우리나라 학교 급식 제도의 현실
―급식률 5.2%, 6·25 직후 해외 원조로 시작

　우리나라의 학교 급식은 6·25 직후인 1953년 국제 아동 기금(UNICEF), 세계 민간 구호 협회(CARE), 미국 민간 개발처(US-AID)가 지원하는 양곡(탈지 분유, 옥수수 기름, 식유, 소맥분 등)으로 전재(戰災) 아동의 구호를 목적으로 국민학교 아동에게 무상 급여를 실시한 데서부터 실시되었다.

　외원에 의존하던 급식에서 우리 정부의 힘으로 학교 급식이 시작된 것은 1973년 외국 원조가 중단되면서부터이다. 국가의 재정 지원으로 소수 학교에서 자활 급식 형태로 실시되었으나, 재정 지원 규모도 미약했고 급식 형태도 영양 보충 급식의 범위를 벗어나지 못했다. 그러던 중 1977년 서울 시내에서 급식빵 식중독으로 84,908명 중 5,575명이 중독되고, 1명이 숨지는 사고가 발생해 우리나라 급식 제도는 벽에 부딪쳤다.

　그 후 1978년에는 학교 급식 방향이 완전 영양 급식으로 전환되고 시범 급식 학교가 지정·운영되는 등 학교 급식의 내실화에 노력하게 되었다. 1981년 1월 29일에 학교 급식법 제정 공포, 동년 9월 8일 학교 급식법 시행령 제정, 1983년 2월 25일 학교 급식법 시행 규칙이 제정·공포되어 학교 급식의 제도적 기초가 마련되었다.

　현재 우리나라의 학교 급식은 학교 급식법 시행령에 따라 급식 학교를 도서 벽지형, 농어촌형, 도시형으로 구분하고 유형에 따라 국가의 재정 지원 비율을 다르게 책정하고 있다. 【표 3】에서 보는 바와 같이 학교 급식 시설 설비에 필요한 경비와 운영에 필요한 경비 중 대통령령으로 정하는 경비는 학교의 설립 경영자가 부담하도록 되어 있고, 식품비는 학부모 부담을 원칙으로 하되 필요한 경우 국가와 지방 단체가 지원할 수 있도록 하였다. 그러나 도시형을 제외한 대부분의 학교가 국·공립의 학교이므로 시교육 위원회가 학교의 설립 경영자가 되어 국고의 부담이 자연적으로 큰

【표 3】급식 학교 유형별 급식 경비 부담 내역

유형	국고 부담	학부모 부담	전담 직원 배치
도서 벽지형	시설비 운영비 식품비 전액	-	영양사 1명 조리사 1명
농어촌형	시설비 운영비 식품비의 1/3	식품비의 2/3	영양사 1명 조리사 1명 조리 보조원 1명
도시형	시설비 운영비	식품비 전액	영양사 1명 조리사 1명 조리 보조원 2명 제빵 기사 1명

실정이다. 도서 벽지 지역은 급식비 전액을 정부에서 지원하고 있으며, 농어촌 지역은 급식비 중 시설비, 운영비와 식품비의 1/3, 도시 지역은 식품비 전액을 학부모 부담으로 운영하고 있다. 학교 급식비의 국고 지원이 대체로 도서 벽지와 농어촌 지역의 식품비 지원에 많은 부분(학교 급식 예산의 80%)을 차지하고 있는 실정이다.

학교 급식 실시 현황을 【표 4】에 제시한 1988년도 6월 말 현재 자료를 통해 살펴보면, 전국 급식 실시 학교 수 660개교에 급식 인원은 약 249,702명으로 급식률은 전체 국민학교 수의 8.6%, 총학생 수의 5.2%에 불과한 저조한 실정이다. 급식 횟수는 토요일을 제외한 수업일로 연 180회 정도이며, 급식 내용은 주식, 부식 및 보조식 등으로 완전 1식 영양 기준에 맞도록 식단 작성을 하여 급식하고 있고, 식품 조리는 학교별로 조리 시설 설비를 갖추어 【표 1】에서 제시한 대로 학교 자체에서 전담 직원을 두어 조리하여 급식하고 있다.

3. 우리나라 학교 급식의 당면 과제

이상과 같이 우리나라 학교 급식의 현황을 외국과 비교해서 살펴보았다. 첫째, 우리나라의 급식률은 5.2%에 불과해 전체 학교의 90% 이상인 외국의 급식률에 비해 크게 뒤떨어지고 있는 형편이다. 학교 급식률의 확대는 우

【표 4】 학교 급식 실시 현황

(1988년 6월 말 현재)

유형	급식 학교			급식 인원		
	총국민학교 수	급식학교수	급식 비율(%)	총학생 수	급식 학생 수	급식 비율(%)
총계	7,644	660	8.6	4,819,769	249,702	5.2
도서 벽지형	2,523	357	14.1	300,191	55,000	18.3
농어촌형	3,391	195	5.8	1,167,494	71,694	6.1
도시형	1,730	108	6.2	3,352,084	123,008	3.7

＊자료: 체육부 학교 체육과

리 국민의 건강과 교육 환경 개선을 위해 일차적인 목표로 삼아야 할 과제이다.

둘째, 급식 형태가 가정의 소득을 고려하지 않고 지역별로 구분되어 있는 것은 바람직하다고 할 수 없다. 예를 들어 도시형은 시설비와 운영비만을 국고로 보조해 줄 뿐 식품비 전액을 학부모가 부담하게 되어 있다. 빈민 지역의 경우 어느 지역보다 학교 급식이 절실한데도 재정 지원이 되지 않는 결과가 생겨나게 된다. 농촌 지역도 마찬가지의 어려움을 겪을 것이다. 따라서 지역별 구분보다는 가정의 소득에 따라서 급식 경비 부담을 달리하는 미국식 방식을 고려해 볼 수 있겠다.

셋째, 학교 급식 행정의 일원화가 필요하다. 1982년 3월 정부 조직이 개편되면서 학교 급식 업무는 체육부로 이관되었다. 이에 따라 학교 급식은 문교부와 체육부로 이원화되어 효율적인 업무 추진이 어려운 실정이다. 앞으로 학교 급식의 발전을 위해서는 주무 부서가 문교부로 일원화되어 지원, 지도, 감독, 행정 업무가 통일된 체계 속에서 신속히 처리될 수 있어야 한다.

넷째, 학교 급식 관리가 합리화되어야 한다. 학교 급식 관리의 합리화를 실현시키기 위해서는 자원의 효율적인 활용이 필수적이다. 인적 자원 면에서 먼저 도시형의 급식 학교에 상근히고 있는 제빵 기시는 1977년의 식중독 사건 이후에 전담 직원으로 배치되었으나, 실제 급식 내용이 매일 빵급식을 하는 것이 아니므로 비효율적이며, 제빵 시설의 설치 비용도 각 급식 교마다 중복되므로 자체 제조 방법에서 탈피하여 완제품의 안전한 공급 방법을 강구하여야 한다. 학교 급식의 합리적인 운영을 위해서는 전문적인 지식과 경험이 필요하므로 급식 전담 직원의 보수 교육을 통한 자질 향상이 선결되어야 하겠으며, 급식 인원에 따른 영양사 수의 적정 배치의 기준 등이 설정되어야 하겠다. 인적 및 시설 자원의 합리화를 위해서 선진국에서 활용하고 있는 공동 조리장(급식 센터, commissary)의 설치 운영을 고려할 단계에 와 있다고 생각한다. 미국의 경우 학교 급식 운영의 25% 정도, 일본의 경우 57% 공동 조리장을 활용하고 있다. 공동 조리장의 개념을 도시 지역에서 활용할 경우 각 학교마다 중복되어 설치하여야 하는 조리 시설 및 인력 등의 중복을 피할 수 있는 장점을 기대할 수 있으므로 지역적으로 공동 조리장을 활용하여 여러 학교에 운반 급식하게 하는 체계를 연구·시도해 봄이 바람직하다고 생각된다. 단, 이를 위해서는 대규모의 기계화된 조리 시설의 설치와 운반 과정을 위한 시설, 설비의 확보 및 운영 기술 등의 조건을 갖추어야만 하기 때문에 시설비의 투자와 축적된 노하우(know-how)가 필수적으로 갖추어져야 한다는 점이다. 이를 위해 체계적이고 지속적인 연구 개발이 병행되어야 하겠다.

다섯째, 무엇보다도 학교 급식을 위한 재정 확보 대책이 세워져야 한다. 현재의 학교 급식 재정은 문교부 지방 교육 재정 교부금에 의존하고 있는데, 예산 확보가 이루어지지 않는 한 학교 급식의 확대는 거의 불가능하다.

그러나 재정 확보는 간단한 문제가 아니다. 1986년도 학교 급식 운영을 위한 국고 지원액은 78억 5천8백만 원. 하지만 학교 급식을 100% 실시하는 데는 4천억 원이 소요된다. 지난번 노태우 대통령은 결식 아동을 위해 15억 원의 예산을 지급하라고 했으나 이것이 근본적인 대책이 될 수는 없다. 과감한 예산 책정이 필요하다. 이와 함께 농수산부와의 긴밀한 유대 관계 하에 급식 물자에 대한 세제상의 특혜 조치, 과잉 생산 농작물의 이용 등으로 급식 경비의 절감과 농촌 문제를 동시에 해결하는 행정 방안도 강구되어야 할 필요가 있다.

또한 학부모가 학교 급식 제도에 적극적으로 참여해야 한다. 여유 있는 가정의 학부모는 소득만큼의 경비를 부담함으로써 유상 급식자가 어려운 학생의 급식 비용을 어느 정도 부담할 수 있는 방법이 모색될 수 있을 것이다.

학부모의 적극적인 참여는 급식 제도를 중앙 정부에 의존하지 않고 자치적으로 발전시켜 나가게 할 수 있으며 교육 제도를 바로잡아 가기 위한 학부모의 역할을 늘려 나가는 좋은 계기가 될 수도 있을 것이다. ■

현장 연구

수업 외의 잡무로 바쁜 우리 교사들
국민학교 교사들의 근무 환경에 대한 비교 연구

이용숙*

글쓴이는 1986년부터 3년에 걸쳐 서울에 있는 8개 국민학교(국립・공립・사립 포함)와 5개 외국인 국민학교를 직접 관찰하며 교육 환경에 대해 연구한 적이 있다.[1] 이 글은 이 연구 결과들을 토대로 한 것이며, 교사들의 근무 환경, 특히 과다한 업무에 초점을 맞추고 있다.

아래 제시한 글은 우리나라 국민학교 교사들의 일상적인 학교 일과를 그린 것이다. 다음의 【표 1】은 우리나라 국민학교 교사들이 우리나라에 있는 외국인 학교 교사들과 비교할 때 얼마나 많은 '수업 외 업무'를 담당하고 있는지를 단적으로 보여 준다. 첫째로 일직, 교사 연수 참석, 특활 지도, 청소 감독, 부진아 개별 지도, 아침 자습, 영어 방송, 명상의 시간 지도, 시험 및 성적 이외의 사무적 일처리, 교육과 관계 없는 잡무, 방학 기간중의 여러 가지 의무 등은 대부분의 외국인 학교 교사들과는 상관없는 일들이다. 둘째로 직원 회의 참석, 시험 출제 및 성적 처리, 공책 및 숙제 검사 등에 우리나라 교사들이 훨씬 더 많은 시간을 보내고 있다. 우리나라 국민학교 교사들이 전 과목 수업을 담당하고도 이와 같이 많은 수업 외 업무를

---

* 한국 교육 개발원에서 일하고 있다.

1) 구체적인 연구 결과는 다음의 두 보고서 참조: 이용숙・김영준・백은순・이근님・조덕주・김소연,「교수-학습 자료 활용 실태 및 교수-학습 방법에 관한 인류학적 국제 비교 연구」, 한국 교육 개발원 연구 보고서 RR 86-39; 이용숙・정환규・박금화,「국민학교 수업 방법의 개선을 위한 문화 기술적 연구」, 한국 교육 개발원 연구 보고서 RR 88-35.

담당하고 있다는 것은 퇴근 시간 이후까지도 근무를 하거나 집으로 일거리를 싸 들고 가는 경우가 자주 있다는 것을 의미한다.

아침 8시 30분경에 출근해 교무실에 들러서 전달 사항을 확인하고 일단 교실로 들어간다. 학교 방침 및 요일에 따라 애국 조회나 교직원 회의에 참석하거나, 아니면 교실에서 아침 활동 지도를 한다. 겨울이라면, 교실에 난로를 때는 일부터 시작한다. 아침 활동은 대개 '명상의 시간,' '영어 방송,' '아침 자습 지도,' '어린이 신문의 문제 및 기사 해설' 등 서너 가지로 이루어진다. 아침 활동 지도를 하는 틈틈이 교실 환경 정리 지도, 그리고 사무적인 일처리를 한다. 하루에 한 분단씩 걷어서 검사하는 일기장은 책상에 쌓아 둔 채, 명상록, 한자 공책, 조별 관찰 기록 공책 검사부터 시작한다. 수업 시작 직전에 저금, 신문, 우유 대금을 걷고 봉사 활동(새마을 청소), 실내 정숙, 화분 가꾸기, '3절 5행 운동,'[2] 폐품 걷기, 여러 가지 대회 참가 및 시상 등의 알림과 주의 사항을 학생들에게 전달하는 데 5~10분이 소요된다.

전달 사항들은 대부분 쉬는 시간 등을 이용하여 교사가 처리해야 할 일들이다. 수업 사이의 10분 쉬는 시간은 잡무를 하는 틈틈이 공책 및 일기 검사를 하고, 학생들의 말을 들어주는 시간이다. 2교시 후 20분간의 휴식 시간 중 5분은 '중간 체조' 지도, 나머지는 우유 급식 시간이다.[3] 점심 시간에는 학생들의 식사 지도를 하고, 공책 검사나 일기 검사를 하는 틈틈이 같은 학년 교사들과 짧은 대화를 나눈다.

수업이 모두 끝난 후 과목별 숙제와 준비물을 다시 일러 주고, 학생들을 교문(고학년) 또는 큰길 건너(저학년)까지 인솔한 후, 3시 30분~4시가 되면 청소가 끝나지만(고학년), 아직도 처리할 일들은 남아 있다. 걷어 놓은 공책 검사, 채점, 각종 대금의 계산 및 납부, 제출용 수업 계획안의 작성, 부진아 지도, 공문 처리, 찾아오는 학부모와의 면담 등으로 씨름하다 보면 어느새 교직원 회의나 교사 연수 시간을 알리는 방송이 나온다. 이상의 일과를 끝내면 본격적인 수업 준비는 퇴근 시간인 5시 이후로 돌려진다. 공책 검사나 채점 등의 일거리를 집으로 싸 들고 가야 하는 날도 많다.

---

2) 3절 5행 운동은 서울특별시 교육 위원회의 방침으로 강조되고 있다. 3절은 학용품·용돈·에너지 절약, 5행은 질서지키기·봉사·예절·청결·친절을 의미한다.
3) 학교에 따라서는 이 시간 중 일부가 동학년 교사들의 간단한 간식 및 대화 시간으로 활용된다.

【표 1】 국민학교 교사가 수업 이외에 학교 근무와 관련된 업무에 사용하는 시간의 학교간 비교

학교 활동	한국	독일인 학교	미국인 학교	영국인 학교	일본인 학교	프랑스인 학교
직원 회의 및 동학년 회의 참석	매주 4~7회 (주당 2~4시간)	6주에 1회	한달에 1~2회	한달에 1~2회	매주 1회 (주당 30분 ~1시간)	1년에 6회
일직	학교에 따라 다름(하루에 1~2명씩)	없음	없음	없음	없음	없음
교사 연수 참석	20분~1시간씩 1개월에 2~3회 정도	없음(?)	없음	없음	없음	없음
특활 지도	4~6학년의 특별 활동 지도(주당 40분~2시간)	없음	없음	없음	없음	없음
청소 감독	매일 20분 정도	없음	없음	없음	없음	없음
수업 시간 이외의 학생 개별 지도	학교에 따라 방과후 부진아 지도(주당3시간 이내)	없음	없음	없음	비정기적 (쉬는 시간 방과후에 조금씩)	없음
수업 시간 이외의 공책, 숙제 검사	교실마다 다름 (하루 30분~2 시간)	하루 20분 정도	없음 (조교가 채점)	오전 교사 (하루20 ~30분) 오후 교사 (하루3~ 10분)	쉬는 시간 등 사용 (불확실)	매일 30분
아침 자습 영어 방송, 명상의 시간 지도	30~40분씩 주당 4~5회	없음	없음	없음	없음	없음
중간체조지도	매일 5분씩	없음	없음	없음	없음	없음
시험 출제	4~10시간씩 1년에 4~10회 정도	?	거의없음 (인쇄물 사용)	없음(인 쇄물 사 용)	일부만 교 사가 출제 하고 주로 인쇄 사용	2시간 정도씩 1년에 5회

점심 지도	20~30분씩 주당 4회 (고학년)	없음	30분씩 1달에 6~10회 (윤번제)	없음	교사에 따라 다름	없음 (식당에서는 학생들의 옆테이블에서 교사들끼리 식사)
시험 성적 처리	10시간 이상씩 1년에 4회 정도	?	?	연1회 (1~2시간)	?	2시간씩 1년에 5회
기타 교육 관계의 서무적 일처리	주당 1시간 이상	거의없음	별로 없음	거의 없음	거의 없음	거의 없음
교육과 관계 없는 잡무	학생 저축, 우유값 처리 등 주당 1~3시간	없음	거의 없음	없음	없음	없음
방학 기간중의 의무	일직, 연수, 새마을 교육 교육 위원회 연수 과제	교장만 자료 수집	없음	없음	수영 지도	1년간의 수업 계획안 작성
수업 준비	매일 20분~2시간(공식적인 다음주의 수업 계획안 작성 포함)	매일 2시간	매일 30분~1시간	매일 1~3시간	매일 3~4시간	매일 1~2시간

당연한 현상이겠지만, 【표 1】에서 우리나라 교사들이 외국인 학교 교사들보다 비슷하거나 더 적은 시간을 사용하고 있는 업무는 '수업 준비'뿐이다. 우리나라 교사들은 최소한 한 과목 이상 전담 교사를 두고 있는 외국인 학교 교사들보다 더 많은 수업 준비 시간이 필요한데도 과중한 과외 업무 때문에 수업 준비 기간이 적어질 수밖에 없고, 그것은 수업의 질 저하와 필연적으로 연결된다.

교사들의 시간 부족은 수업의 질 저하를 가져오는 것 이외에도 다음과 같은 많은 부작용을 낳고 있다.

첫째, 많은 교사들은 수업 시간 중 일부를 수업 외 업무 처리를 위해서 사용하게 된다. 특히 미술, 비오는 날의 체육 시간, 그리고 개별 학습 시간에는 많은 교사들이 자신의 책상에서 수업 외 업무 처리를 한다.[4] 학기말 등 성적 처리가 급한 경우에는 수업 시간 전체가 자습 시간이 되기도 한다. 따라서 교사가 적극적인 수업을 하는 경우에 비해서 학생들의 학습 효과는 떨어질 수밖에 없다.

둘째, 교사의 업무 중 일부가 학부모들에게 전가된다. 우선 학부모가 숙제 검사를 전담하다시피 해야 되는 경우가 많다. 특히 숙제의 결과를 검토하고 수정 기회를 갖게 하는 것이 꼭 필요하지만 학생들 스스로 숙제의 답을 맞출 능력이 없는 저학년의 경우, 교사들은 학부모에게 숙제를 검사하도록 하고, 자신은 검사가 끝났는지만 확인한다. 예를 들어 자녀가 틀렸던 문제와 비슷한 문제를 5~20개 내주고 풀게 한 후 채점하기, 받아쓰기 10~20개 시키고 채점하기, 조사 방법을 제대로 배우지 않은 채 부과되는 사회 조사 숙제 등이 이에 해당된다. 이런 숙제들은 어느 정도의 학력이 있는 학부모가 상당한 시간(보통 1시간 이상)을 소비해야 끝낼 수 있는 것들이다.[5]

이런 숙제들은 아동이 방과후의 시간을 어머니와 함께 보낸다는 전제하에서 내주는 것이다. 그러나 최근 기혼 여성의 경제 활동 참가는 급속한 속도로 확대되어 1985년 현재 41%에 이르고 있다. 특히 학부모일 가능성이 높은 35~49세 연령층에서는 농촌 여성의 2/3, 도시 여성의 1/3 정도가 경제 활동에 참가하고 있다. 한편, 여성의 학력이 낮을수록 취업률이 높아지는 경향이 있다(노미혜 외, 1986; 한국 여성 개발원, 1985).

학력이 낮은 기혼 여성들은 대개 행상·파출부·공원·청소부·식당 종업원 등의 직종에서 장시간에 걸친 근무를 하는 한편 집안일도 전담하고

---

4) 이런 현상이 우리나라에만 있는 것은 아니다. 외국인 학교 중에서도 미국인 학교의 경우에는 교사들이 수업 시간중에 수업 외 업무를 처리하거나 다른 교사와의 잡담을 하는 경우가 여러 번 관찰되었다. 이는 미국인 학교 교사들이 수업 시간이 끝난 후 10분 이내에 퇴근하는 것이 일반적이라는 사실과 관련이 있다.
5) 전국의 교사들을 대상으로 한 설문 조사 결과에 의하면(이용숙 등, 1988), 국민학교 교사의 83.2%가 학부모의 도움이 필요한 숙제를 자주 또는 가끔 부과하고 있다고 응답하였다.

있으므로 자녀의 숙제를 돌봐 줄 시간을 내는 것은 거의 불가능하다고 보아야 할 것이다. 따라서 교사들이 어머니가 취업중인 학생들을 위하여 특별히 배려를 하지 않는 한, 이들은 숙제를 할 수 있는 기회 자체를 박탈당하는 셈이다. 부모의 협조를 요구하는 숙제들은 저학년일수록 많이 나가기 때문에, 학력이 낮고 가난한 맞벌이 부모를 가진 학생들은 처음부터 숙제를 해가지 않는 습관을 키우기 쉽다.

셋째, 교사의 업무 중 일부가 학급 임원들에게 전가된다. 학급 임원 중에서도 반장과 부반장은 대학 조교나 다름없는 역할을 수행한다. 이들은 교무실이나 다른 교사에게 심부름 가기, 패도 가져오기, 복사해 오기, 교실문 열고 잠그기 등을 도맡고, 과학실이나 운동장으로 이동할 때 교실문을 잠그고 학생들을 인솔한다. 또한 교사의 부재시나 교사가 책상에서 수업 외 업무 처리를 하는 동안, 교과서 읽히기나 산수 문제 답 맞추기, 또는 예습시키기 등을 담당한다. 그러나 학급 임원의 보다 중요한 역할은 학생들의 통제에 있다. 즉 떠들거나 숙제를 안해 온 학생들의 이름을 적었다가 교사에게 보고하는 일, 또는 직접 벌(막대기로 때리거나 무릎을 꿇게 하기도 한다)을 주는 일들까지 반장, 부반장이 하는 경우가 종종 있다.

교사들 중에는 이와 같은 반장, 부반장의 도움 없이는 많은 수의 학급을 통솔하기 어렵다고 보는 경우가 상당히 많다. 이들은 학생 통솔이 원활히 이루어지도록, 기회 있을 때마다 다른 학생들 앞에서 반장·부반장의 권위를 세워 주기도 한다.

아이들이 처음에는 (반장, 부반장의) 말을 잘 안 들어요. "네가 뭔데 그러느냐?" "내가 언제 떠들었느냐?"…… 그래서 처음에 아이들을 잡을 수 있게 하려고 "선생님이 없을 때에는 반장, 부반장이 선생님이니 미친거지야. 그러니까 너희들 잘 따라야 돼" 그랬지요. 그랬더니 그만 그 애들이(반장, 부반장) 오해를 해 가지고 떠드는 애들을 막 때리기까지 하는 거예요. 어느 날 가보니까 때렸다고 애들이 아우성이에요. 그래서 야단 쳤지요.. "때리는 것은 선생님이 할 일이고 너희들은 절대 친구들을 때려서는 안된다. 무릎 꿇리는 것까지는 괜찮지만……." 반장, 부반장이 애들을 잡을 수 있게 해줘야지, 그렇지 않으면 너무 시끄러워요.

이처럼 교사들의 일과 함께 권위의 일부도 이양받는 학급 임원의 역할은 사회, 도덕 등의 교과서에서도 언급될 정도로 공식화되고 있다. 예를 들어 4학년 2학기 사회 교과서(76-77쪽)에서는 '반장은 공부 잘하고 질서 있는 학급으로 이끌어 나가기 위해 노력하며' '학급의 모든 어린이들은 반장을 중심으로 협력'한다는 것을 강조하고 있다.

학급 임원들은 주로 성적이 좋고 부유한 가정 출신의 학생 중에서 선발되는 경향이 있다. 그들은 자신에게만 주어지는 조교 역할을 담당하면서 자신감과 통솔력을 키우게 되므로, 한번 선발되면 다음에도 계속 학급 임원으로 선발될 가능성이 높다. 그러나 이들에게 키워지는 통솔력은 민주적인 것이라기보다는 권위적인 것이며, 일종의 특권 의식까지 갖게 되는 경우가 많다. 예를 들어 이들은 스스로 떠들면서도 다른 학생들의 이름을 적거나 혼내 주는 등 탈법적인 특권 의식을 키우게 되며 독선적으로 될 위험이 크다. 또 일반 학생들의 경우는 갖가지 권위를 이양받은 임원들의 뒤에서는 불평을 하면서 앞에서는 순종하는 이중성을 키우는 경향을 보인다.[6] 다시 말해서, 이러한 교실 상황은 두 개의 집단, 즉 탈법적인 권력을 휘두르는 층과 불평을 하면서도 중앙적 권위에는 의문 없이 순종하는 소시민을 길러 내는 장이 된다고 할 수 있다.

넷째, 절대적으로 시간이 부족한 교사들에게는 '할 일을 얼마나 충실히 끝냈는가'보다는 '어떤 방법으로건 시간 내에 끝냈는가'만을 문제시하는 습관이 생긴다. 예를 들어 매주 교감에게 제출하게 되어 있는 공식적인 수업 계획안을 한 교사만 작성하고, 다른 교사들은 적당히 말만 바꾸어 베낀다거나, 숙제나 공책 검사시에도 내용보다는 형식에 맞추어 시간 내에 끝냈는지만 검사하게 된다. 학생들에게 충실한 숙제를 하라고 하면서 교사는 검사에 불충실할 수밖에 없을 때 그 교육의 효과가 어떨지 우리는 쉽게 상상할 수 있다. 한편 학생들이 현재의 진도를 벗어난 내용에 대한 질문을 하거나 새로운 과제를 스스로 찾아서 하는 경우 칭찬을 받기보다는 핀잔을 듣거나, '아직 배우지 않은 내용'이라고 일축되기 일쑤다. 새로운 과제를 가져옴으로 인해서 시간을 빼앗기게 될지도 모르기 때문에 바쁜 교사들은 먼저 거부 반응부터 일으키게 되는 것이다.

---

6) 학생들과 반장 제도에 대한 이야기를 나누는 경우 반장이 같이 있는가 아닌가에 따라서 이야기의 내용이 크게 달라지는 경향이 있었다. 즉 반장 제도에 대한 불만은 반장이 없을 때에만 표출되었다.

이처럼 우리나라 국민학교 교사들의 시간 부족 문제는 수업 결손, 수업 과정의 질적 저하, 불평등성(특히 학급 임원 제도와 학부모의 도움을 필요로 하는 숙제 제도) 등 학생들에게 직접적인 피해를 주는 결과를 가져오고 있다. 그러면 방치하기에는 너무나 심각한 이런 문제들을 발생시키는 근본적인 원인은 어디에 있으며, 그 해결은 무엇일까? 이는 다음의 네 가지로 요약될 수 있다.

　첫째, 교사들의 수업 부담이 지나치게 많다. 수업 시간 자체부터 많을 뿐 아니라 혼자서 9개 과목의 수업을 준비한다는 것은 부담이 지나치게 크다. 적어도 예·체능, 실과, 그리고 컴퓨터 교육은 전담 교사가 있어야 한다. 몇몇 사립 학교와 서울에 있는 학교에서는 1~3과목 정도는 전담 교사에게 맡기고 있다.

　둘째, 교사의 업무를 보조할 수 있는 학교 직원을 충원해야 한다. 대개의 경우 학교에서 고용하고 있는 사무 직원은 2~4명의 서무 직원과 1~2명의 학교 고용인, 그리고 실험 보조원 1명과 사환 1명 정도다. 이들은 교사의 학급 운영과 관련된 일을 전혀 도울 수 없고 돕지 않을 뿐 아니라, 오히려 교사가 각종 대금의 수납과 계산 등 서무 직원의 일을 돕고 있는 실정이다. 즉 교사들은 자신의 업무 중 일부를 학부모와 학급 임원에게 분담시키고, 그 대신에 서무 직원의 일을 하고 있는 셈이다. 외국 학교의 경우에는 수업 이외의 업무 자체가 우리나라보다 훨씬 적음에도 불구하고, 우리나라보다 훨씬 더 많은 수의 서무 직원들을 고용하여 학생들의 출결 상황 및 성적 통계 처리를 맡기고 있으며, 조교나 휴식 시간 및 점심 시간 중의 학생 감독자 등을 자원 학부모 등으로 충원하여 교사의 업무를 보조하게 한다.

　셋째, 학급당 인원수가 50~80명이나 된다는 것 자체가 교사들이 학생들의 숙제, 공책(9개 과목), 일기, 명상록, 자습장, 관찰 기록장, 한자 공책 등의 검사와 시험지 채점에 소비하는 시간을 엄청나게 늘어나게 만든다. 만약에 '한마디씩이라도 써주려면' 거의 두 시간이 걸리고, '도장만 찍어 줘도 30분 이상은 걸리는' 것이다. 즉 충실한 공책 및 숙제 검사를 하시 못하면서도 공책 및 숙제 검사에 소비하는 시간은 많다.

　넷째, 외국 학교에 비해 위계성이 강한 우리나라 학교의 문화 풍토로 인해 많은 시간이 낭비되고 있다. 문교부→교육 위원회→교육 구청/교육청→

교장→교감→교무 주임/연구 주임→일반 주임→평교사→반장→부반장→분단장→일반 학생으로 이어지는 긴 위계의 고리 속에서, 교장은 교육 구청을 통해서 전달되는 정부 시책을 거의 무조건 따르는 반면 교내에서는 절대적인 권위를 갖는다. 교장을 보좌하는 것이 스스로의 역할임을 강조하는 교감은 또한 위임된 절대 권위로 주임 교사들을 통해 교사들을 감독한다. 중요한 정책들은 교장·교감·주임 교사로 구성되는 간부 회의에서 결정되고, 교사들은 전체 직원 회의와 동학년 회의를 통해서 지시 사항을 전달받을 뿐이다.

일단 '위에서' 지시되는 내용은 거의 걸러지지 않고 다 수행될 뿐 아니라, 한 문교 직원에 의하면 '과잉 충성'의 현상도 드물지 않게 일어난다고 한다. 예를 들면 위에서 '이런 일을 하면 어떨까?' 정도로 얘기된 것이 교장이나 교사 수준으로 내려가면 '이런 일을 꼭 해야 된다'로 어느덧 변질되어 있다는 것이다. 또한 상급 관청에서 '권장'되는 교육 시책이나 행사, 각종 대회에의 참여는 대개가 그대로 '해야 되는' 일이 된다.

수시로 전달되는 올림픽, 새마을 운동, 반공 등과 관련된 정부 시책과 각종 대회에 대한 지시 사항을 전달하고 수행 결과를 보고·정리하는 일로 직원 회의는 자연히 잦아진다. 또한 교장의 훈화로 직원 회의는 더욱 길어진다. 교사들은 이 모든 직원 회의에 참석해야 하고, 지시된 공문 처리나 행사 수행을 위하여 많은 시간을 보내는 한편, 각종 대회에 참석할 학생이나 작품을 뽑고, 효과가 있건 없건 모든 지시된 수업 외 활동 지도를 해야 한다.

여러 가지 활동을 한다고 해서 반드시 그만큼의 효과가 있는 것도 아니다. 예를 들어 명상의 시간, 영어 방송, 어린이 신문 읽기, 아침 자습 등은 모두 학생들에게 유익한 활동들이지만, 이런 활동들이 짧은 아침 시간에 한꺼번에 이루어질 때에는 한 가지 활동도 제대로 이루어지지 않는 경우가 많다. 예를 들어, 어느 학교에서건 영어 방송 시간의 집중률은 50%도 안되며(1/3 이하가 일반적이다), 학생들은 이 시간에 떠들거나 아침 자습 문제 풀이, 또는 어린이 신문 읽기 등을 한다. 명상이나 영어 방송을 학년별로 하지 않고 1~6 학년에게 똑같은 방송을 일주일씩 반복한다는 것부터가 문제이긴 하지만, 학생들이 너무나 많은 활동으로 지쳐 있는 것도 주요 원인 중 하나로 생각된다. 고학년의 경우 대부분 학생들이 내고 있는 아침 자습 문제는 단순 암기 문제나 계산 문제로 이루어지므로, 좋은 문제집 한 쪽을 숙제로 내주는 것 같은 효과도 얻지 못한다. 어린이 신문 공부도 어린이들의 생활과 관련 있는 기사의 해석이나 토론보다는 제시된 학년별 학습 문제 해답 풀이가 더 많이 이루어진다. 한편, 명상의 시간에 들려주는 이야기들은 교훈적이지만, 대부분의 주제들이 이미 평소의 국어, 사회, 도덕 시간에 귀아프게 들어온 것들이다. 여기에 과연 이런 활동들이 모두 필요한 것인가를 반문하지 않을 수 없다. 교사와 학생들이 자유롭게 독서나 원하는 활동을 할 수 있는 기회를 충분히 갖는 것보다 더 나은 점이 무엇인가? 위계성이 강한 학교 문화로 인하여, 이런 의문들은 무시된 채, '권장'된 모든 활동들은 요식 행위처럼 무조건 이루어지고 있다.

이상에서 제시된 네 가지 요인 중에서 위계성의 문제를 제외하고는 상당한 경비를 들여야 해결할 수 있는 문제다. 예·체능·실과 전담 교사의 고용, 조교 제도 및 서무 직원의 확충, 학급당 학생 수의 축소를 위해서는 상당한 재원이 필요할 것이다. 그러나 교사들의 과다 업무 상태는 '예산이 부족해서'라는 한마디로 묵살되기에는 너무나 많은 문제들을 야기하고 있다. 교사들이 이러한 열악한 근무 환경에서 장시간 쉬지 않고 근무하며, 일사 불란한 위계 질서를 무조건 따르도록 강요당할 때, 그래서 단순 노동자로 전락할 때, 그들의 학생들은 과연 어떠한 인간으로 키워질 것인가?

불편함을 참으면 개선은 이루어지지 않는다. 불편함에 대한 불만을 표출해야 변화에 대한 '필요'가 인정되며, '필요'가 인정되어야 변화가 이루어질 수 있다. 우리 국민학교 교사들이 받는 부당한 대우와 그들이 감수하는 불편함은 곧 그들의 학생들과 부모들, 그리고 우리 모두가 받는 부당함과 불편함이라는 것을 인식할 필요가 있다. 아이들의 장래, 나라의 미래를 위해 교사들의 근무 환경을 개선하자. ■

현장 연구

나의 체험적 봉투론

박혜란[*]

앞소리

이 시대에 부모 노릇이란 어쩌면 하나의 형벌이 아닐까 하는 의문에 사로잡힐 때가 종종 있다. 그럴 때면 애를 낳기는 쉽지만 정작 똑 떨어지게 부모 노릇을 하는 이가 과연 몇이나 될까 자문해 보는 것으로 마음을 가다듬곤 한다. 그렇지만 다른 일 같으면 죽자고 한 20년 매달리다 보면 어느새 도통했다는 소리라도 들으련만, 이 일은 갈수록 미숙해지는 것 같고 갈등만 커가니, 도대체 이 짐을 언제 벗어나랴 싶다.

내 딴에는 지극히 성심 성의를 다 바쳐 아이들을 키운다 싶은데, 그래서 잘하면 무슨무슨 어머니상을 받을지도 모른다고 은근한 기대까지 있었는데, 웬걸 내게 붙여진 이름은 '성의 없는 엄마'라는 딱지이니 정말이지 주눅 들고 분통 터질 노릇이 아닌가.

둘째 아이가 국민학교 3학년 때던가 난생 처음 반에서 부회장이라는 감투를 쓴 적이 있다. 워낙 드러나지 않는 성격과 체구를 가진 아이이기 때문에 꽤나 신통하다고 생각했는데, 정확하게 이틀이 지나자 담임 선생님께

---

[*] 1946년생. 대학 졸업 후 기자 생활 5년 만에 전업 주부로 전환, 10년을 보냈다. 세 아이의 어머니로 39세에 여성학 공부에 도전, 현재 대학에서 여성학 강의를 하고 있다.「인간 교육 실현 학부모 연대」공동 대표로도 활동하고 있으며,『삶의 여성학』을 썼다.

서 전화를 걸어 대뜸 하시는 말씀, "아무개 엄마는 아들이 잘되는 게 기쁘지 않으신가 보죠? 통 성의가 없으시니."

성의는 곧 돈봉투라는 등식을 깨달은 건 전화를 끊고도 한참 지난 다음이었으니, 나도 실전에는 어지간히 머리가 안 돌아가는 편인가 보았다. 봉투에 대해선 나름대로 이론을 세우고 있었으면서, 실제로 일어날 수 있는 돌발 사건에 대해선 전혀 기동성을 발휘하지 못했던 것이다.

최근 민주화 바람을 타고 뒤꼍에서 수군거리던 말들이 한꺼번에 멍석 위에 펼쳐지는 세상이 되자, 갑자기 봉투 이야기가 곳곳에서 튀어나온다. 온갖 고질적인 교육계의 비리 가운데서도 가장 은밀하게 오고 가던 봉투 이야기가 각계의 조사 통계를 통해 놀라운 숫자들로 실체를 드러내 버렸다. 통계의 마술이란 말도 있듯이 조사 대상에 따라 수치들이 현저한 차이를 보이는 게 사실이긴 하지만 봉투는 이제 마치 공과금처럼 학부모와 교사 간에 제도화된 행위처럼 받아들여지고 있으며 심각한 지경에까지 이르렀다는 데 모두 입을 모은다. 일간 신문이나 월간지, 심지어는 TV의 심야 프로그램을 통해 생방송으로 원색적인 공방전이 그대로 전달되기도 하며, 그 프로그램을 보고 느낀 분노 또는 동의의 발언이 뒤이어 봇물처럼 터지고 있다.

봉투 이야기는 크게 세 갈래로 나뉜다.

첫째, 말 그대로 마디뜻[寸志]을 갖고 무얼 그렇게 침소 봉대(針小棒大)하느냐. 스승에게 감사를 표하는 것은 우리의 미풍 양속이 아닌가. 온 사회가 썩었다고 해도 아직 교직만은 깨끗하다. 서울 일부 지역의 일부 교사들의 비리를 지나치게 일반화시킴으로써 전체 교사들의 사기를 떨어뜨리지 말라는 미풍 양속론.

둘째, 액수의 다과가 문제가 아니라 현 교육 제도 안에서 교사와 학부모 간의 금품 수수는 일종의 암거래 행위로서 교육 부조리의 원흉인만큼 철저히 뿌리를 뽑아야 한다는 사회 정의론.

셋째, 이 풍진 세상에서 너무 잘난 척하다가는 결국 손해밖에 볼 것이 없다. 더도 덜도 말고 가운데만 가자는 식의 현실 타협론.

각자가 서 있는 자리에 따라 시각이 다르고 문제의 무게가 다름은 당연한 귀결일 것이다. 따라서 나는 나의 입장에서 나의 체험에 따른 봉투 이야기를 하고 싶으며, 그럴 수밖에 없다. 한국 교육이 싸안은 모든 문제가

극대화되어 나타나는 이른바 신흥 명문이라 불리는 8학군에서 아이 셋을
초·중·고등학교에 보내는 어머니의 자리에서.

봉투에 얽힌 기억

아무리 그럴 듯하게 변명을 해봐도 나는 겉으로 보면 봉투깨나 들고 학교
를 들락날락하는 여자로 치부될 수 있는 외적 조건을 모두 갖춘 셈이다.
그러나 봉투에 관한 한 나는 고집스럽게도 벽창호 노릇을 한다. 잘나지도
못했으면서 별난 데에서 잘난 척하는 엄마 때문에 멀쩡한 아이들 다 병신
만든다는 이죽거림과 충고에 아예 귀를 닫는 척해 버린다. 로마에 가서는
로마 인으로 살라든가, 좋은 게 다 좋지 뭘 그러느냐, 심지어는 몇 푼 아끼
려다 평생 한 만들거냐는 나름대로의 인생 철학에서 나온 무수한 조언들도
귓가에는 들어오지만 내 고집을 꺾기에는 역부족이다. 단 두 번의 예외를
빼놓으면 이제까지 비교적 성공한 편이라고 해도 괜찮을 거다.

거창하게 들리겠지만 피해자가 되어 본 사람만이 문제의 핵심에 접근할
수 있으며 진정으로 새로운 세계를 원한다. 내가 봉투에 대해서 과민하다
싶을 정도로 몸을 움츠리는 것은 어린 시절 겪었던 봉투의 피해자로서의
경험이 너무나 생생하게 나를 사로잡고 놓아 주지 않기 때문이다.

말단 공무원이었던 아버지의 전근을 따라 궁벽한 시골에서 서울 변두리
로 전학한 것은 국민학교 5학년 때였다. 난 어느새 가난한 계층으로 분류
되었으며, 부잣집 아이들의 엄마들이 펄럭이는 치맛바람의 회오리에 한동
안 어리둥절해야 했다. 아름답게 성장한 엄마들은 왜 그리도 선생님을 자
꾸 찾아오는지 의아하기만 했던 나에게 서울 아이들은 "응, 사바사바하러
오는 거다"라면서 입을 삐죽거렸다. 어쩌다 나는 한 번 1등을 한 적이 있
었는데, 그 동안 계속 수석이었던 아이의 엄마는 일부러 나를 불러다 놓고
"넌 시골이 어울릴 것 같은데 왜 서울까지 와서 아무개를 못 살게구니?"
하며 쩨려보기까지 했다.

그래도 나는 아는 것이 엄청나게 많은 선생님이 너무나 마음에 들었기
때문에 크게 마음의 상처를 받진 않았다. 졸업식이 닥치자 담임 선생님은
나를 교무실로 불렀다. 그리곤 미안하다, 네가 1등을 했지만 졸업식날 대표
로 상 받는 일은 다른 아이에게 맡기면 어떻겠니 하고 부탁을 해오셨다.

맹목적일 정도로 좋아하던 선생님을 곤란하게 만들기 싫다는 마음이 내 고개를 저절로 끄덕이게 했다. 그러나 마음 밑바닥으로부터, 상을 대신 받게 된 아이와 그 엄마에게 끝없는 미움의 화살을 쏘아 대고 있었다. 한편으로는 반 친구들의 전폭적인 지지와 동정을 받으면서 악의 무리에 의해 핍박받는 영웅이 된 기분이었다.

세칭 명문 여중에 입학하던 해 역시 잊을 수 없다. 사친회인가 자모회인가를 연다고 어머니들이 한 사람도 빠짐없이 오셔야 한다는 바람에, 어머니에게 떼를 쓴 것이 화근이었다. 어머닌 처음이자 마지막으로 맏딸의 학교를 찾아오셨다. 그 세련된 어머니 대표가 담임 선생님께 성의를 모아 드리자면서 공책에 자발적으로 액수를 적으라고 돌렸다. 기가 질린 나의 어머니는 한참 동안을 머뭇거리시다가 어떤 액수를 적었다. 물론 그중에서는 가장 적은 돈이었지만 당시 우리 집 형편으로서는 천문학적인 숫자였다. 나중에 그 일을 안 아버지는 있는 년들 춤바람에 덩달아 뛰었다고 펄펄 뛰시고 말주변 없는 어머닌 닭똥 같은 눈물을 뚝뚝 떨구고 계셨다. 그 모습을 보면서 나는 가진 자들의 횡포가 얼마나 무서운 해악을 끼치는가를 생생하게 겪었던 것이다. 그때의 경험이, 어렵사리나마 중산층의 삶을 누리게 된 오늘의 나로 하여금 평균적인 엄마 노릇을 하는 데 결정적인 걸림돌이 되고 있다.

어떤 이들은 자신이 피해를 당했으면, 밥을 먹고 살 만한 마당에 적어도 자식에게는 그런 피해를 주지 말아야 하지 않느냐고들 한다. 못 입고 못 먹던 유년기를 보낸 우리 또래의 어른들이 보상 심리로 아이들이 사 달라는 것마다 안겨 주는 것처럼. 그러나 단 한 번만이라도 사회 속의 존재로서 자신을 생각해 보았다면, 피해자가 되지 않겠다는 안간힘이 자칫 자신을 가해자의 위치로 밀어 올린다는 사실을 깨닫지 않을 수 없으리라. 내 아이들을 봉투의 피해자로 만들기 싫다고 내가 봉투를 건넨다면, 나는 어느새 다른 아이들의 가슴에 증오의 씨앗을 심게 되는 것이다.

아무튼 억눌린 사람은 모든 걸 부정적으로만 봐서 문제라는 비아냥이 들리는 것 같다. 또 선생님에 고마운 뜻도 전할 줄 모르는 파렴치한으로 몰리기도 한다. 그러나 단호하게 말하건대 이러한 비난까지 다소곳이 받아들일 생각은 없다. 특히 자신의 악행을 미풍 양속으로 합리화시키려는 이기적인 사람들을 만족시켜 주기는 싫다. 그들이 건네는 봉투는 인정이 오

나의 체험적 봉투론——151

고 가는 감사의 표시가 아니다. 정말 감사를 표시하고 싶으면 학년이 끝난 다음에 하면 누가 뭐라겠는가. 말은 똑바로 하고 넘어가자.

봉투가 의미하는 것

봉투를 건네는 어머니를 한꺼번에 싸잡아 매도한 것 같아 약간 미안한 감이 들지만, 실제로 그들을 모두 이기적인 가해자라고 보는 건 아니다. 그들 역시 두 부류로 나눌 수 있다.

 자녀를 국민학교에 입학시킬 즈음이면 많은 부모들(특히 어머니들)은 자식의 성장을 기뻐하기보다는, 드디어 자식을 기나긴 입시 전쟁의 문턱에 넘겨 보냈다는 심정으로 착잡해진다. 국민학교 입학은 점점 하늘의 별따기가 되어 가는 대학 입학을 향한 첫걸음으로 생각되는 것이 우리 교육의 현 주소이기 때문이다. 따라서 입학하자마자 곧장 치르는 시험인 받아쓰기에 몇 개 틀렸느냐는, 대입 학력 고사 점수만큼이나 젊은 어머니들의 사활이 달린 문제이다. 시험을 잘 보기 위해서는 엄마의 극성과 더불어 선생님의 관심을 얻어 내야 한다. 그런데 교실에는 무려 50명 이상의 똑같은 아이들이 법석댄다. 이런 환경에서 내 아이가 교사에게 얻을 관심의 분량은 백퍼센트 공평하게 분배될 경우 겨우 50분의 1에 지나지 않는다.

 절대로 남에게 뒤져서는 안될 뿐 아니라 남을 밟고 올라가야 직성이 풀리는 경쟁 시대의 어머니들에게 극단적인 이기심이 꿈틀거리기 시작한다. 어떻게 하면 교사의 관심을 내 아이에게 집중시킬 수 있을까. 옳거니. 세상에 주어서 싫다는 사람 없고, 뿌린 만큼 거둬 들이는 법이 아니던가. 선생님도 쥐꼬리만한 봉급에 이 지겨운 놀음을 하느니 쏠쏠 재미라도 봐야지. 누이 좋고 매부 좋은 일인데 양심에 꺼릴 일이 무에 있고 시간을 끌 필요가 어디 있담. 초전 박살 작전으로 나가는 게 현명한 처사이지. 한 반에서 몇몇 어머니가 이런 결론을 즉각 실행으로 옮긴다.

 아이를 학교에 들여보내고 나서 안테나를 온통 그 쪽으로 돌린 나머지 다른 어머니들에게 그런 동향이 체크당하지 않을 도리가 없다. 직접으로는 그들이 자랑 삼아 내뱉는 말에서, 간접으로는 자녀들을 유도 심문함으로써 무언가 조짐을 눈치 챈 어머니들은 갑자기 위기 의식이 엄습해 오는 것을 견뎌 낼 재간이 없다.

학교만 믿고 가만히 있다가는 이런 아수라장 속에서 내 자식 몫까지 멀쩡히 눈뜨고 빼앗길 수도 있겠다. 어쩐지 우리 아이는 암만 손을 높이 쳐들어도 한 번도 시켜 준 적이 없다더니. 이러다가 내 아이 기죽이겠다. 영 쑥스럽고 거북살스럽지만, 한구석에선 돈 아까운 마음도 있지만, 투자라고 생각하고 늦기 전에 손을 써야겠다.
  강남 지역의 학부모를 대상으로 한 어느 사회 단체의 통계에 따르면 90%의 어머니가 돈봉투를 들고 교사를 찾은 것으로 나타나서 사람들을 놀라게 했다. 그러나 내가 놀란 사실은 그래도 나머지 10%가 엄연히 존재한다는 점이었다. 내 개인적인 체험으로는 단 한 명도 발견할 수가 없었기 때문이었다.
  작년에 한 여성 잡지가 전국적으로 설문 조사를 한 바에 의하면, 많은 어머니들(64%)이 교사에게 봉투나 사례를 하는 이유를 스승으로서의 예우 때문이라고 대답하였다고 한다. 주지 않으면 교사가 차별 대우하므로 어쩔 수 없이 준다는 경우는 27%, 다른 학부모가 주니까 따라서 주게 된다는 의견은 9%에 지나지 않는 것으로 나타났다. 여기에 자신의 행위를 합리화시키려는 의도가 짙게 나타나 있다고 보아도 무방할 것이다. 왜냐하면 돈이나 선물을 주지 않았더니 자신들의 자녀가 차별 대우를 받은 적이 있다고 믿는 학부모의 숫자가 45%에 달했기 때문이다.
  그들이 차별 대우의 구체적인 예로 거론한 내용은, 내가 주위에서 귀가 따갑도록 들은 내용과 일치한다. 즉 수업 시간에 발표할 기회를 주지 않는다, 아이에게 무관심해진다, 성적(특히 예체능계)을 실력대로 주지 않는다, 맡아 놓고 청소를 시킨다, 좌석 배치 때 뒷자리로 앉히거나 짝을 조정한다, 사소한 일로 처벌을 가한다 등등이다. 이렇게 자녀가 차별 대우를 받은 경우 뒤늦게라도 사례를 하면 '그 효과가 나타난다'고 믿는 사람이 99%나 된다는 사실은, 봉투 문제가 얼마나 직접적 계산의 결과인지를 증명해 준다.
  독단적일지는 모르지만 내 생각으로는 위에 열거된 차별 대우의 예는 학부모의 지레 짐작일 경우가 대부분일 것이며 봉투의 효과에 대한 믿음도 과장이기 쉽다. 그러나 문제는 많은 어머니들이 실제로 그런 일을 당한 경험이 한두 번은 있다는 데 있는 것 같다. 세상일이라는 것이, 일이 잘 돌아갈 때는 아무 말 없이 당연하게 받아들여지지만, 한번 삐끗한 일이 있으면

열 배로 부풀려 유포되지 않는가.

젊은 어머니들의 모임, 특히 스스럼없이 말을 나눌 수 있는 동창회 같은 데서 공통 화제는 그들의 연령에 따라 달라진다. 신혼 초에는 신랑 자랑, 시어머니 흉, 조금 지나면 돈 이야기, 그리고 아이를 학교에 보내면서부터는 공부와 봉투 이야기가 전부이다. 자신이 순진해서, 즉 봉투를 가져다 주지 않아서 당한 일들이 마치 무용담(?)처럼 발표된다.

결론은 한결같다. 즉 세상이 썩었는데 나만 깨끗한 척하고 언제까지 버티겠느냐. 봉투를 안해서 계속 아이와 부모가 불편하느니보다는, 기분 나쁘지만 하고 나면 그래도 좀 덜 불편하더라. 그리고 교사들의 봉투를 받는 태도에 대해서 일장의 품평회가 벌어진다.

처음엔 사양하는데도 거의 우격다짐으로 봉투를 밀어 넣고는, 뒤돌아서서 돈을 받는 태도를 갖고 교사를 멸시하는 말들을 들으면 난 가슴이 아려온다. 내게는 아직도 선생님이, 비록 존경심은 허물어져 가지만 애정과 연민의 대상이기 때문이다. 친구들의 모임에서 나 역시 봉투에 관해 어떻게 처신하느냐는 질문을 받게 된다. 전혀 봉투를 해본 적이 없다고 잘라서 말하면 거짓말이다. 나 역시 몇 번의 강요성 봉투를 한 경험자이기 때문이다. 그 예는 이제 곧 들겠지만, 그러나 그렇다고 교사를 다 나쁘게 말하는 의견에는 절대로 찬성할 수 없다.

여태까지 아이들이 겪은 교사를 헤아려 보니 대충 30명에 가깝다. 내가 봉투를 건네지 않았기 때문에 아이들이 특별히 차별을 받았다고 생각된 적은 없다. 이렇게 말하면 사람들은, 아이들이 둔하든지 엄마가 모자라든지 아무튼 신경줄이 동아줄 같은 모양이라고 혀를 찬다. 내가 너무 무관심했나 싶어 아이들에게 묻는다는 말이, 바보같이 불쑥 "참 얘들아, 선생님이 너 미워하시니?" 하면, 아이들은 별 괴상한 질문도 다 한다는 표정으로 "미워하지도 이뻐하지도 않아요. 다 똑같아요"라고 대답해 준다.

둘째 아이는 늘 체육 점수가 60점대로 나온다. 그래서 전체 성적이 형편없이 떨어지는데 옆에서들은 그게 바로 엄마 점수라고 말들 한다. 봉투를 갖다 바치라는 신호를 왜 모르는 척하느냐고 핀잔들을 준다. 그렇지만 그 아이가 운동을 꽤 좋아하긴 하지만 기능이 뛰어난 편이 아닌 걸 나도 알고 있는 마당에, 어떻게 봉투 탓이라고 돌릴 수 있는가. 그 아이가 항상 즐겁게 공놀이를 하는 모습을 보는 걸로 족하다.

내가 겪은(?) 아이들의 교사들 중에 봉투를 강요하거나 혹은 암시한 사람은 불과 3명뿐이었다. 비율을 따져 볼 때 10%라면 크게 걱정하지 않아도 되지 않을까.

큰아이가 중학교 2학년 때였다. 사실 봉투 노이로제는 국민학교 시절로 막을 내리는 게 일반적 현상이라고 들었는데, 세상이 변하다 보니(대신 성적을 대학 입시에 반영하기 때문이란다) 중·고등학교도 마찬가지가 되어 버렸나 보다. 시험 점수가 꽤 잘 나온 날, 담임 교사가 "한턱 안 내니?" 하는 말을 아이는 기분 좋은 농담으로 받아들였다. 그런데 계속 며칠 동안을 어머니께 말씀드렸냐, 한턱 내야지 하면서 재촉했는데 아이는 내게 말을 비치지도 않았다. 드디어는 야, 내 체면 좀 살려 주라면서 그야말로 체면 불구하고 아이에게 매달리자, 드디어 아이는 내게 알렸다.

처음 당하는 일이라, 난 우선 주위 친구들에게 자문을 구했다. 모두들 이구 동성으로 네가 잘못했다, 선생님을 그렇게 곤경에 빠뜨리다니 너무 무심하다, 공부를 잘하는 아이는 으레 떡잔치를 해야 하는 거다, 하면서 나의 무관심을 탓했다. 그리곤 자식이 공부를 잘하는데 무슨 짓인들 못하겠느냐는 말을 꼭 붙였다. 난생 처음으로 교사에게 전화를 걸어, 어찌하오리까 하고 지시를 기다렸다. 다행히 담임은 지나칠 정도로 솔직하게, 교무실 풍경을 설명해 주었다. 어느 반 아이가 공부를 잘하면 담임이 책임 지고 다른 교사들에게 한턱을 먹도록 주선해야 한다는 것이다(도대체 이런 풍속은 언제부터 시작되었을까). 그게 바로 선례란다. 당시는 우리 가계가 최대의 위기에 처한 때였기에 나의 불쾌감은 상승 작용을 일으켜 극에 달했지만, 어쩌랴, 담임과 학부모의 관계는 인질범과 그 인질 부모의 관계라는데.

나의 침묵을 완벽한 동의라고 해석했는지 담임은 드디어 실질적인 질문을 해왔다. "아무개 어머니, 그래 얼마를 예상하십니까?" 나는 "생각해 보겠습니다"라는 말 이외에 단 한 마디도 할 수 없었다.

며칠간의 고민 끝에 결국 난 타협을 했다. 흰 봉투가 아닌 서류 봉투에 나의 심정을 적은 편지와 함께 현금 10만 원을 넣어 봉해서 아이 편에 보냈다. 이건 뇌물이 아니라 관례적인 행사 비용을 부담한 것이라고 애써 자위하면서.

둘째 아이의 중1 때 담임은 일종의 암시를 보내 왔다. 아이가 똑똑한 것 같아 특별 지도를 하고 싶은데 어머니께서 찾아오시지 않아 전화를 걸었노라고. 나는 짜증이 났다. 그 아이는 별 특징도 문제도 없는 아이이니 특별 지도보다 그저 보통으로 지도해 주시면 고맙겠다고 잘라 말했다. 그러자 상당히 불쾌해진 음성으로 담임은 그 아이가 사실은 문제가 많다, 학급 회의 때 보니까 사회 비판 성향이 강한 것 같다, 집안의 교육에 문제가 있다, 그런 아이는 꼭 운동권이 되더라면서 경고를 주었다.

그래서 되도록 상대의 기분을 거스르지 않으려는 마지막 안간힘을 벗어 던진 채 나는 정면으로 받았다. 충고 고맙다, 그러나 교육관이 다른 것 같다. 운동권이 되면 되는 거지 미리 걱정할 필요는 없다는 식으로 잘라 말했다. 담임은 드디어 교사 생활 15년에 아무개 어머니 같은 사람 처음 본다면서 비꼬았다. 그때 내가 되받은 말은, "그러니까 세상이 재미있는 것 아닙니까"였다.

비슷한 경험을 한 친구에게, 어느 고등학교 교감은 간절히 충고를 보내왔다. 요점은, 할 만한데 안하면 미움받는다는 것이다. 할 만한 사람은 누구인가. 환경 조사서에 나타나는 부의 정도, 공부를 뛰어나게 잘하는 학생, 두 종류이다. 이런 학생의 부모가 봉투를 안하면 교사들이 무시당한 기분을 느낀다니 뭐가 잘못되어도 한참 잘못되었다 보다.

여기서 소득의 재분배론까지 등장한다. 돈 많은 부모가 박봉의 교사에게 주는 봉투는 뇌물이 아니라 소득의 재분배라는 것이다. 더욱이 강남으로 발령받기 위해 거금을 쓴 교사라면, 마땅히 투자액을 회수하기 위해 봉투를 원하지 않을 수 없다. 이런 교사들은 자신이 이미 올려놓은 생활비 기준 등 자신의 기대치에 비해 봉투가 적게 들어올 때 봉투를 강요하는 비양심적인 행동을 서슴지 않으며, 결국 이들로 인해 전체 교사의 얼굴이 먹칠된다. 흙탕물을 일으키는 데는 단 몇 마리의 미꾸라지로도 충분하니까.

어떤 이들은 타직업에 비해서 교사 봉급이 상대적으로 적다는 이유를 들어 봉투를 합리화시키려 든다. 그러나 이런 논리는 교통 순경의 봉급이 적으니까 단속에 걸린 운전자로부터 돈을 받아 챙겨 넣는 것을 정당화시키는 것과 다름없다. 이런 논리가 발전하다 보면 도둑이 남의 물건을 훔치는 것도 부당한 짓이 아니게 되고 만다.

TV 공개 토론에서 교사들에게 비난의 목소리가 커지자, 한 교사는 자신의 소감을 신문 독자란에 이렇게 썼다. 도대체 그런 정도의 비리가 저질러지지 않는 부분이 있으면 대보라고. 다 마찬가지인데, 그리고 다른 데서 오가는 뇌물에 비하면 학부모와 교사 간의 봉투라는 건 그야말로 새발의 피 같은 돈인데 매스 미디어를 비롯해 여론이 교사들을 동네북처럼 두드린다고 그는 매우 분개했다.

어떤 교사는 말하기를, 봉투를 안 받는 것이 받는 것보다 훨씬 더 어렵다고 한다. 거절을 했을 때 무안해서 쩔쩔매는 학부모를 보면 너무 면구스럽다는 것이다. 뿐만 아니라 '괜히 깨끗한 척하네' 하는 듯한 동료 교사의 눈초리도 너무 부담스럽단다.

그러나 이런 어려움에도 지지 않고 끝까지 봉투를 안 받는 교사도 꽤 있다. 모 국회의원이 서울 시내 교사들을 상대로 조사한 것으로는 80% 이상이 봉투를 받은 경험이 있다고 고백했는데, 그러면 나머지 안 받는 사람들의 생각은 어떠한가. 내가 잘 아는 한 교사는 자신의 체험을 솔직히 말해 주었다. 그도 처음에는 학부모들이 주는 대로 받았다. 그러나 학부모가 다녀간 다음에 그 아이들의 눈빛에서 무언가 변화, 즉 대가를 바라는 듯한 눈빛 또는 그 이상의 의미를 감지하게 되자 도저히 자신이 부끄러워 견딜 수가 없었다고 한다. 또 다른 교사 역시 비슷한 이야기를 했는데, 그는 한 번 받아 보았더니 은근히 또 기다려지더라고 하면서, 문득 자신이 거지와 다를 바 없다는 생각이 들더라고 하였다.

봉투를 절대로 안 받는 교사는 곧 아이들 사이에도 알려진다. 나의 큰아이는 중1 때 담임 교사를 아직도 신화처럼 이야기한다. 선생님께 봉투를 가져갔던 어머니들이 큰 창피를 당했다는 이야기들이 학기 초부터 떠돌았다. 소풍을 갈 때도 아이들이 싸다 드린 음식들을 고스란히 보자기에 싸서는 아이들에게 학교의 용원 아저씨에게 갖다 드리게끔 시켰다. 아이의 성장과 더불어 그 선생님에 대한 존경심은 같이 커가는 것 같다. 나 역시, 얼굴은 모르시만 그 이름을 신신한 기억으로 간직하고 있다. 결국 그는 아이와 나를 행복하게 만들어 준 사람이라고 볼 때, 봉투는 교사와 학생 그리고 학부모 모두를, 즉 우리 사회를 얼마나 삭막한 거래 장소로 변화시키는 마물인가 다시 생각하지 않을 수 없다.

그러나 나는 비겁한 어머니인가

봉투라는 말만 들어도 두드러기가 돋는 내가 지난 연말에는 다른 사람들에게 봉투를 강요하는 입장이 되었으니, 어떻게 부모 노릇 힘들다는 넋두리를 하지 않을 수 있겠는가. 큰아이가 고2로 올라갈 때 아이는 내게 자신이 한 번쯤 반장을 해도 괜찮겠느냐고 조심스럽게 물어 왔다. 나는 정 하고 싶으면 해도 좋으나 단, 나에게 '반장 어머니 노릇'을 강요하지는 말라고 했다. 아이는 반장이 되었으며, 나는 봄·가을 소풍날 새벽에 일어나 아이 도시락 이외에 따로 도시락 하나를 더 싸는 것만으로도 반장 어머니 노릇 힘들다고 푸념했다.

연말이 되자 어머니 대표회라는 데서 전화가 왔다. 아이들 잔류 학습을 돌봐 주는 담임 교사들께 감사하는 의미에서 반에서 20만 원씩을 걷기로 결정했으니 책임 지고 내라는 것이다. 그때의 그 참담한 심정이라니!

아들이 써온 잔류 학생 주소록을 들고 밤 10시 넘어서 전화를 돌리는 내 마음은 온갖 분노로 새까맣게 타들어 갔다. 무엇보다 자신의 비겁함이 나를 채찍질했다. 이렇게 결정되도록 내버려 두지 말고 왜 적극적으로 의사 결정 과정에 참여하지 않았는가. 결국 좋은 게 좋다는 논리를 수긍한 게 아닌가.

전화를 받은 어머니들의 반응은 세 가지로 나뉘었다. 5명 정도는 반장 어머니로서의 직무 태만에 대해서 가차없이 비난을 퍼부었다. 그중 한 사람은, 작년에는 자기 반 어머니 10명이 다달이 2만 원씩 모아 담임 교사에게 판촉비(내가 잘못 들은 말이 아님)를 드렸다고 자랑스레 보고했다. "기름 칠을 해야지요."

두번째 반응은, 철저한 계산에 따라서 행동하는 현대적 어머니들이었다. 무엇 때문에 생색을 낼 수 없는 돈을 내느냐, 자신은 개인적으로 보내겠다는 주장이었다.

울고 싶던 마음이 그나마 어루만져진 데는 단 한 명의 어머니로부터 받은 질책의 효과 때문이었다. 그는 나를 극성쟁이 엄마로 생각했는지, 여자들이 모여서 이 따위 머리나 굴리니 교육이 이 꼴이 아니냐면서 언성을 높였다. 나는 너무 반가워서 체면 불구하고 내 속마음을 털어놔 버렸다. 그리고는 밤늦도록 서로 위로하고 걱정을 나누었다.

결국 반 정도의 액수를 내가 충당해야 했으니 이만하면 반장 엄마 노릇을 톡톡히 한 셈이 아닌가. 비록 얼굴 없는 봉투이지만.

아이는 담임 선생님이 꽤 인격자이신 것 같으니 한번 만나 뵈라는 말을

1년 동안 몇 번이나 되풀이했다. 어머니 소신은 알지만, 봉투에 대한 거부감 때문에 왜 학교에 오는 것 자체를 거부하느냐, 결국 소신이 약한 게 아니냐면서 그 아이는 나의 아픈 데를 찔렀다. 아이는 어른의 비겁함을 꿰뚫어 본다. 문제의 핵심을 보는 눈을 아이들은 갖고 있다.

봉투는 학교와 학부모를 이간질시킨다. 봉투는 선생님과 아이를 이간질시킨다. 8학군 문제를 다룬 교육 특집 프로그램에 나온 어떤 고등학생의 말은 불신이라는 단어로도 충분치 못하다.

"저 운동장의 자동차들을 보세요. 꽉 찼잖아요. 선생님들 월급으로 어떻게 굴리겠어요. 뻔하죠, 뭐."

지난 2월 말, 인천에 있는 한 사립 학교에서 교사들과 학부모들이 함께 모임을 갖고 '봉투 안 주고 안 받기 운동'을 벌이기로 결의했다는 소식은 새 풀잎만큼이나 싱그럽다. 학교 교사들은 학부모들이 언제든지 부담 없이 학교에 찾아와 대화를 나누도록 하기 위해서는 먼저 봉투를 없애야 한다고 보았다. 특히 학부모와 함께 결의했다는 사실이 문제의 본질을 파악하는 데 기울인 그들의 노력을 대변해 주는 것 같다.

교육 민주화를 위해 힘을 쏟는 단체인 전교협에서도 촌지 거부 운동을 벌이고 있다. 그들의 주장은 나의 생각과 일치된다.

"촌지 거부 운동은 떳떳하지 못한 학교 사회의 관행을 교사들 스스로가 앞장 서서 바로잡음으로써 올바른 교사-학부모-학생 관계를 정립하고 부끄러움 없는 사표로서의 교사상을 확립, 교육의 민주화를 앞당기는 데 의의가 있다."

이들에게 박수를 보내며 그들의 뜻이 더욱 확산되도록 학부모 운동을 벌이기를 재촉해 볼 참이다. ■

샛별 국민학교의 교육 방침은
'마음껏 뛰어 놀고 틈틈이 공부하자'이다.
이러한 방침 아래 벌이는
모든 학교 행사는 몇 가지 원칙을 가지고
이루어진다. 첫째는 모든
행사에 모든 어린이가 참여하는 것이고,
둘째는 아이들이 자율적으로 행사를
계획하고 준비한다는 것, 셋째는 아이들의
협동을 이루도록 한다는 점, 넷째는
창의성을 살리도록 한다는 점이다.

실험 교육

우리 아이들이 역사의 주인이 되는 교육

전성은*

역사의 주인됨을 위하여

「재단 법인 거창 고등학회」 안에는 세 개의 학교가 있습니다. 샛별 국민학교, 샛별 중학교, 그리고 거창 고등학교가 그것입니다. 우리 학교가 그 동안 나름대로 소신 있는 학교 운영을 할 수 있었던 것은 초기의 교육 이념을 잘 지켜 나갔던 데에 있습니다. 이 교육 이념을 소개하는 것으로부터 우리 학교에 대해 간략히 설명해 드리겠습니다.

이 세 학교의 교육 이념은 '기독 신앙을 바탕으로 한 민주 시민을 양성한다'입니다. 좀더 자세히 설명하자면 이렇습니다.

첫째, 교육은 역사와 민족이 나아가야 할 올바른 방향과 일치해야 한다는 것입니다. 일제하에서 우리의 역사가 나아가야 할 방향은 자주 독립이었으며, 그때의 교육은 직접적으로든 간접으로든 학생들에게 독립 정신을 불어넣어 주는 일을 했어야 마땅합니다. 만약 교육이 그와 반대로 일본 제국에 충성해야 한다고 가르치거나, 그런 방향에서 영향을 끼치는 일을 했다면 그것은 교육이 아니고 이미 세뇌 작업인 것입니다.

그렇다면 해방 이후에는 어떻게 해서든지 민주적 국가를 건설하는 데 일익을 담당해야 했습니다. 독재 정권을 지지하거나 옹호하는 일을 했다면

---

* 샛별 국민학교 교장으로 재직할 당시에 이 글을 썼으며, 현재는 샛별 중학교 교장으로 활동하고 있다.

―마지못해 했건 적극적으로 했건―그것 역시 이미 교육이 아닙니다.
 이렇게 교육은 크게 역사의 나아가야 할 방향, 즉 만인의 자유·평등·정의·평화와 일치해야 한다는 것입니다. 어떤 정치 이념도 주입시켜서는 안된다는 것입니다. 그러한 생각의 밑바탕에는 어떤 정치 이념이나, 그 이념이 그리고 있는 사회 제도의 모습이 아무리 이상적이라고 하더라도, 아니 이상적일수록 주입되어서는 안된다는 생각이 깔려 있습니다. 자신의 삶, 특히 직업을 통해서 정의와 평화를 실천하고자 하는 양심을 길러 주는 일이 교육이라고 생각되기 때문입니다.
 둘째로는, 인간은 자기 자신 혹은 절대자, 또는 하느님 앞에 홀로 설 수 있는 삶을 살아야 한다는 것입니다. 우리는 이것을 주로 '영원' 앞에서의 삶이라고 얘기합니다. 도덕적으로 윤리적으로 깨끗한 삶을 살아야 한다는 말은 이 두번째의 생각에 속하는 것입니다. 우리 학교에서는 다음과 같은 말들이 복도에 걸려 있는 것을 보게 됩니다.
 '작은 곳을 비추는 작은 등불이 되라.'
 '빛과 소금.'
 이러한 말들은 두번째의 교육 이념을 요약한 것들이지요.

마음껏 뛰어 놀고 틈틈이 공부하자

 위에서 말씀드린 교육 이념을 각급 학교에서 실천하기 위해서 우리는 다음과 같이 각 단계에 따른 교육 방침을 정하고 있습니다.
 샛별 국민학교는 '마음껏 자유스럽게 뛰어 놀 수 있는 학교로 만들자'이며, 샛별 중학교는 '마음껏 뛰어 놀고 틈틈이 공부하자'입니다. 그리고 거창 고등학교는 '열심히 공부하며 틈틈이 놀자'입니다.
 고등학교도 좀더 많이 놀 수 있으면 좋겠지만 어느 정도 현실과 타협하고 있는 형편입니다. 그런데도 요즘에 와서 갑자기, 고등학교가 도시의 인문계 학교들에 비교해 볼 때 많이 놀고 있는 학교라고 해서 주목을 받고 있는 실정입니다.
 앞으로 말씀드리고자 하는 샛별 국민학교는 그러한 교육 이념과 방침 아래에서 운영되고 있습니다.

아이들을 위한 아이들의 학교 행사

(1) 우리 학교에서 벌이는 모든 행사는 모든 학생들이 참여함을 원칙으로 하고 있습니다

어떤 운동 경기나 학예 발표회에서도 잘하는 아이만 뽑아서 하는 일이 없고 전교생이 골고루 참여합니다. 그렇지만 샛별 국민학교에서 하는 학예회나 운동 경기의 수준이 결코 뒤떨어지지는 않습니다.

다른 여러 학교들의 학예 발표회나 운동회에 참석해 보면 잘하는 아이들을 뽑아서 따로 연습시켜서 하는 경우가 많습니다. 그렇게 되면 구경꾼들은 재미가 있을 것입니다. 그러면 출연한 아이의 부모들만 재미있지 다른 아이의 부모들은 그렇지 않을 것입니다.

발표회의 목적은 구경꾼이 재미있어 하라는 것이 아닙니다. 잘하건 못하건 아이들이 평소에 연습한 것을 무대 위에 나와서 발표한다는 데에 발표회의 교육적 의미가 있다고 생각됩니다. 샛별 국민학교의 발표회에는 학부모들이 굉장히 많이 참석합니다. 그 이유는 모든 아이들이 출연하기 때문입니다.

(2) 자율적으로 하도록 합니다

아이들이 스스로 할 수 있다고 생각되는 것들은 스스로 하도록 계획합니다. 예를 들면 여름 캠핑 때는 십여 명이 한반이 되도록 반편성을 하는데, 둘째 날 저녁엔 반별 연극 경연이 있습니다. 이때 아이들 저희끼리 만들어서 연출하는 연극을 보면 얼마나 기발한 착상들이 나타나는지 모릅니다. 창의성은 바로 이런 과정을 통해 길러지며, 이런 기회에 교사들이 오히려 배우게 되지요.

(3) 협동을 이루도록 합니다

무엇을 하든지 함께 즐기는 것이 중요합니다. 나만 즐겁고 다른 사람들은 즐겁지 못하면 안되지요. 예를 들면, 교내 구기 대회(4, 5, 6학년이 어린이날 전에 실시함)에서 함께 즐거워하는 대회가 되도록 미리 말해 줍니다. 이러한 생각에서 되도록이면 상품도 모두에게 고루 나누어 줍니다.

(4) 창의성을 살리도록 합니다

  샛별 국민학교의 졸업식에선 졸업장만 주지, 일체의 상이 없습니다. 또 글쓰기나 그림 그리기를 하고 나면, 잘된 글이나 그림만을 뽑아서 전시하지 않고, 그림은 교실벽 뒤에다 모두 붙여 두고 글은 모두 모아 학급 문집을 만들어 줍니다.

  어떤 글, 어떤 그림이 잘되었다고 선정하고 그것만 발표를 하면 자연히 아이들은 그러한 글이나 그림을 모방하게 되기 때문에 우리 학교에서는 등수 매김을 하지 않습니다.

(5) 기타

  운동회가 끝나면 진 편이나 이긴 편 모두에게 똑같이 상을 줍니다. 학급 반장은 일주일씩 돌아가면서 합니다.

  학예 발표회 프로그램을 보면, 단체 발표가 있고 다음엔 개인 발표가 있습니다. 그 이유는 단체 발표가 막 안에서 준비되는 동안, 막 앞에서 개인 발표를 하게 하여 시간을 맞추는 것입니다. 결국 여기에는 개인의 특별한 소질도 무시하지 않으면서 모두의 발표가 주가 되도록 하자는 의도가 숨어 있는 것이지요.

  이런 모든 행사나 활동은 아이들만을 위해서 기획되어야 합니다. 아이들만을 위할 때 교육적인 행사가 될 수 있으며 교육적인 활동이 되기 때문입니다. 물론 시행 착오가 없을 수 없으나, 아이들만을 위한다는 원칙이 학교 행사의 생명이 아니겠습니까!

야외 학습, 내 생각 발표회, 그리고……

(1) 야외 학습

  한 학기마다 두 차례에 걸쳐 실시합니다. 1·2학년은 가까운 산이나 냇가로, 3·4학년은 좀 먼 농장이나 가까운 유적지 등으로, 5·6학년은 멀리 거창군 내에 있는 거열 산성이라든지 감악산 정상에 있는 KBS 방송 송신소까지 갑니다.

  샛별 국민학교의 어린이들이 살고 있는 집들은 대부분이 읍내에 있습니다. 거창이 비록 농촌이라고는 하지만 우리나라의 대부분의 읍소재지가 그러하듯 거창읍도 중소 도시의 생활 환경과 크게 다르지 않습니다.

　어렸을 때에 대자연과 접하는 경험은 교육적으로 매우 중요합니다. 그래서 그때 그때 계획을 세워 냇가나 산에 가서 자연을 관찰하고, 글도 쓰고, 그림도 그립니다. 또 5·6학년은 역사적인 유적지를 찾아보기도 하는데, 그 오고 가는 도중에 냇물을 만나면 물놀이도 하고, 산과 들에서 뛰놀기도 하면서 즐겁게 하루를 보낼 수 있도록 단순하게 계획을 세웁니다.

　버스가 서서히 움직이기 시작했다. 멀미를 할 것 같아 운 아이들도 있었다. 한참 가다 보니 가축 시장이 보였다. 나는 개 시장은 보지 못했고 소 시장은 봤다. 그런 황소들을 보고 불쌍하다는 생각이 들었다. 소가 태어난 후 커서 죽도록 밭 갈고, 또 남은 목숨도 오래 가지 못하고 죽음을 당해야 하는 것이다. 그러고 보면 사람으로 태어난 게 행복하게 느껴졌다. 조금도 불평해선 안되겠다는 생각도 들었다.

　이제 담배밭이 나타났다. 사람들은 뜸했지만 담배는 많았다. 이 밭 주인은 이 담배로 살아가고 있겠지만 나는 이 밭이 없어지면 좋겠다고 생각이 들었다. 왜냐하면 이런 담배를 피우시는 아버지들의 폐가 나빠지기 때문이다.

　버스가 어느 매점 앞에서 멈추었다. 그때부터 산길을 오르기 시작했다. 산을 오르는 길에 송동목 선생님께서 얼마 안 가서 '연수사'란 절이 있다고 말씀하셨다. 한참 걷다가 방송 중계탑을 찾아보니 아직까지 중계탑은 조그마한 게 몇 개의 산 뒤에 솟아 있었다.

　선생님과 많이 떨어져서 길을 더듬어 가는데 길이 네 갈래로 갈리었다. 민이는 용케 길을 찾아냈다. 바로 앞에 절이 보였다. 좀 무서운 생각이 들었다. 난생 처음으로 절에 와봤기 때문이다.

　물을 먹고 걸음을 서둘렀다. 축축한 옷이 귀찮았다. 그렇게 기다리고 기다렸던 오늘이 이렇게 괴로운 날일 줄이야. 빗면의 원리를 이용한 쇠부랑 산길을 얼마나 올라왔을까? 드디어 중계탑이 보였다. 나는 이렇게 반가운 일을 기다렸던 것이다.

　점심을 먹고 나서 쉬다가 철조망 문 안으로 들어갔다.

(중략)

　밖으로 나와서는 안테나에 대해 설명을 들었다. 거울이 반사하는 성질을 토대로 만들었다고 한다. 거대한 안테나를 보니 내가 저 위에 올라서 아래로 내려다 보는 것을 상상하다가 갑자기 떨어지는 생각이 나서 몸이 섬뜩했다.

　MBC와 KBS-2 TV는 같은 안테나에서 전파를 받고 또 가정으로 보낸다고 한다. 또 이 감악산의 높이는 해발 951m나 된다는 것도 알게 되었다. 나는 내가 자랑스러웠다.

산을 내려올 때에 어떤 할아버지를 보았다. 허술한 겉옷, 때가 꼬작꼬작 묻은 옷을 입은 할아버지였다. 우리 선생님께서는 꾸벅 절까지 하시며 사진도 찍어 드렸다. 그 할아버지의 말씀을 들어 보니까 딸을 이화 여자 대학까지 보내신 아주 훌륭한 분이라는 것을 알게 되었다. 나는 깨끗한 옷을 입고 있었지만 때가 묻은 옷을 입고 계시는 할아버지 앞에서는 도리어 내가 부끄럽기도 했다.

두 시간을 걸어 올라가는 것이 멀어서 울고 싶었던 나를 돌이켜 보았다. 그런데 이 산동네 아이들은 배우고 알기 위해 학교까지 두 시간이나 걸리는 산길을 매일 오가는 것이다.

산을 내려와 어느 매점 앞 버스 있는 곳에 다다랐다. '휴우' 한숨을 내쉬고 평상에 앉았다. 선생님을 올려다보니 얼굴이 빨갛게 그을려 있었다. 나는
"선생님, 선생님 얼굴이 빨개요."
하고 말했다. 그러자, 선생님께서
"네 얼굴도 빨갛다. 꼭 탈무드에서 굴뚝 청소를 한 소년의 말 같구나"
(하략)
―「감악산을 다녀와서」, 이은영(5-2)

(2) 봄철 구기 대회

4~6학년 어린이들이 모두 한 종목 이상의 운동 경기에 참가하는 이 운동회는 '봄 운동회'라고 불러도 괜찮겠으나 봄철 구기 대회라고 부르는 이유는 4학년 이상만 참가하고, 규모가 작으며 종목이 주로 구기에 치중되어 있기 때문입니다. 몇 년 전부터는 마라톤과 씨름 등이 참가되기도 했습니다.

각종 운동 경기의 규칙을 익히는 기회이기도 하지만 주요 목적은 심신의 단련과 아울러 '함께 즐기기'를 익히는 기회로 삼습니다.

"여러분, 이런 구기 대회를 통해서, 그 동안 잘 어울리지 않던 동무들이나 다른 학년의 형이나 아우들과 서로 친하게 되는 좋은 기회로 삼아 주세요. 또 나만 즐겁고 다른 사람은 즐겁지 않은 대회가 되어서는 안되겠지요. 나도 즐겁고 너도 즐거운 운동회가 되려면 규칙을 잘 지키고, 이기고 지는 데에 집착하지 말아야 되겠지요."

이런 훈화가 매년 구기 대회 때마다 미리 교장이나 담임 교사들에 의해

서 여러 번 주어집니다. 물론 지고 이기는 데에 따라 울기도 하고 웃기도 하는가 하면, 또 때로는 싸움도 일어납니다. 그러나 그렇게 꾸준히 가르쳐 오고 있습니다.

대회가 열리기에 앞서 약 한 달 동안 아이들 스스로 연습을 하며 규칙을 익히고, 자기들끼리 여러 가지 이기기 위한 계획도 짭니다. 이 행사는 잘하는 몇 선수가 하는 경기를 나머지 아이들이 구경이나 하는 체육 행사가 아니라 모두가 참여하여 종목별로 선수를 정하고, 한 달 동안 함께 연습하고, 머리를 짜내며 준비하는 과정이 교육적으로 더욱 중요하다 하겠습니다.

(3) 내 생각 발표회

각 반별로 자기가 체험하고 생각한 것을 누구나 급우들 앞에 나와서 5분 정도 발표하게 합니다. 주로 국어 시간에 '주장하는 글쓰기' 등을 통해 글을 쓰게 하고, 그 글을 발표하게 합니다.

그냥 글을 쓰는 것과 여러 사람 앞에서 말로 자기 생각을 발표하는 것은 큰 차이가 있습니다. 말을 더듬는 아이, 소리가 너무 작은 아이, 너무 큰 아이 등 별별 아이들이 다 있습니다. 그러나 모두 나와서 한 번씩 발표함으로써 사람들 앞에 나서서 말하는 훈련도 되지만, 아이들 스스로 자기들의 문제를 스스로 생각해 보는 기회를 갖게 하여 다른 학생들은 어떻게 생각하는지를 알아볼 수 있는 계기가 되기도 합니다.

그리고 각 반에서 세 사람 정도를 뽑아서 4~6학년이 강당에 모인 자리에서 발표를 하게 합니다. 전체적으로 걸리는 시간은 약 두 시간 정도입니다. 내용은 매우 다양합니다. 또 어떤 때는 그때 그때 나라 안의 큰일들(예: 올림픽)이 주제가 되는 경우도 많습니다.

열아홉 어린이가 발표한 것을 주제별로 보면, 전자 오락에 대한 것이 6개로 가장 많았고, 다른 나라에 진 빚에 대한 것이 5개, 책읽기에 대한 것이 3개, 그밖에 시간의 중요성, 고운말 쓰기, 자연 보호, 실내에서 조용히 하기, 군것질에 대한 내용들이었다.

"전자 오락을 지능 개발이라 하는 것은 우리를 속이는 말이다." "나도 전자 오락에 빠져 있어서 그때는 멍청한 아이였다." "욕은 나부터 하지 않으면 된다." "책은 건성으로 보지 말고, 만화는 멀리하고, 바른 자세로, 귀하게 다루어야 한다." "떨어진 속옷을 입고 다니는 부자도 있다"는 등, 어른을 나무라기도 하고 또 스스로를 반성하는 말들을 했다.

그런데 말은 뜸적뜸적하게 떨리는 목소리였으나, 그 글을 쓰기 위해서 친구들의 필통과 자료실의 주인 잃은 물건의 가짓수와 갯수를 일일이 조사 관찰한 박상엽(6년) 군의 태도는, 우리가 그런 주장하는 글을 쓸 때의 본보기로 삼아야 할 만했다.

그리고 검정 고무신을 신고 다니는 주하아린(5년) 군이 '고무신 신는 바람'을 발표하고 났을 때는 6학년 쪽에서 누군가가 휘바람을 불기도 했다. 어쩌면 그 아이도 고무신을 사 신게 되었는지 모른다.

—『샛별』제29호, 1985. 7. 16, 「소식」중에서

'외채'라는 낱말은 제가 생각하기로는 우리의 생활과 아주 관계 깊은 말이라고 생각됩니다.

우리는 과연 국민 한 사람이 진 빚이 얼마만큼 되고 있습니까? 불과 몇 년 전에 국민 한 사람이 외국에 진 빚이 80만 원이라고 하더니, 올해는 100만 원을 넘어섰다고 합니다.

우리는 이 많은 외채를 줄이기 위해서 어떻게 생활하고 어떻게 행동하여야 하겠습니까? 제가 말씀드리고 싶은 것은 바로 이 외채를 갚기 위해서 해야 할 우리의 생활과 행동에 관한 것입니다.

첫째, 우리는 아껴 쓰는 생활을 하여야 합니다. 요즘 우리는 '아껴 쓴다'는 말에 대하여 어떻게 생각하며 생활하고 있습니까? 우리의 교실에는 주인 잃은 물건들을 모아 두는 상자가 있습니다. 우리 학교에는 거의 교실마다 그런 상자가 있습니다. 그 상자에서는 별의별 것이 다 모여듭니다.

제일 많은 것이 지우개와 연필·볼펜, 그밖에는 자·가위, 심지어는 숟가락이나 젓가락까지도 모여듭니다. 그리고 우리 학교의 자료실에는 찾아가지 않은 물건이 많습니다. 제가 조사한 바로는 잠바 9벌, 티셔츠 4벌, 신주머니 7개, 운동복 4벌, 여자 치마 3벌, 조끼 1벌, 모자 2개, 도시락이 가방까지 쳐서 3개, 각종 실내화가 톱밥 통에 1통이나 있었습니다. 과연 이러한 행동이 외채를 갚기 위한 행동과 생활이라고 할 수 있을까요?

둘째, 우리는 외채를 갚아야겠다는 굳은 각오를 하여야 합니다. 외채를 갚아야겠다는 굳은 각오를 가지면 자연히 아껴 쓰는 행동을 하게 될 것입니다. 그러므로 외채를 갚아야겠다는 굳은 각오가 아껴 쓰는 행동보다 중요하겠다고 할 수

있습니다.

　셋째, 외제를 쓰지 않아야 합니다. 요즘은 부자인 사람들이 생활 물품을 거의 다 외제를 쓴다고 하는 소리를 많이 듣습니다. 한국제를 파는 시장은 조용하고 외제를 파는 시장은 왜 복잡한지 모르겠습니다. 과연 무엇이 좋아서 외제를 쓰는 것일까요? 국산도 좋은 물건이 많이 있는데도 말입니다.

　끝으로 아껴 쓰는 사람의 예를 들어 보겠습니다. 저는 그 사람의 필통을 자세히 관찰했습니다. 그 사람의 필통은 300원이고 내용물까지 합해서 돈으로 따지자면 920원이 되었습니다. 하지만 낭비하는 사람의 필통은 지우개 하나에 200원이나 해서 모두 4,700원이 되었습니다. 얼마나 낭비인가 알 만하시지요?

　우리는 외채를 갚기 위해서 아껴 쓰고 외채를 갚으려는 굳은 각오를 길러서 국민 한 사람에 100만 원이나 되는 빚을 하루 속히 갚아야 하겠습니다.
—「외채를 갚기 위한 행동」, 박상엽(6년)

(4) 학부모 협의회

　교육은 학교만으로는 균형을 잡기가 어렵습니다. 부모님들과 협력하지 않으면 안됩니다. 그래서 한 학기에 두 번씩 학부모님과의 만남의 시간을 가집니다.

　주로 밤에 강당에 모여 학교장의 말을 듣는 것으로 시작합니다. 교장은 학교의 중요한 교육 방침을 설명하고 학부모님들의 이해와 협력을 부탁합니다. 때로는 '도벽' 문제 같은 것을 어떻게 해결해야 하는가 하는 실질적인 조언을 하기도 합니다. 또 '왜 상 제도를 없앴는가,' '인격이란 구체적으로 무엇인가,' '왜 시험 점수를 물어서는 안되는가' 등 학교의 교육 이념과 방침에 대한 내용들입니다.

　이것이 끝나면 각 반별로 흩어져 담임 교사와 만나 가정과 학교에서의 아이들의 생활에 대한 정보를 나누고 의논을 합니다.

　학부모들의 참가는 물론 자유입니다. 그럼에도 대부분의 학부모님이 참석하여 밤늦게까지 진지하게 담임 교사와 협의를 함으로써 자녀들의 학교 교육에 참여하고 있습니다.

(5) 교직원 수양회

　흔히 교사를 교육의 주체라고 합니다. 그렇다면 교육의 주체인 교사들이 교육 문제에 대해 연구하고 결정하는 역할을 담당해야 함은 당연하다고 하겠습니다.

평상시 교무 회의에서 모든 일을 의논하지만 특히, 일 년을 마치고 지나간 일 년의 교육 활동을 평가하고 반성하며 새로운 계획을 세우는 일이 없어서는 안됩니다.

교무 주임을 맡고 계시는 박경자 선생이 쓴 88년도 직원 수양회에 관한 글을 소개합니다.

수양회 장소인 구천동의 덕유 산장에 도착한 시간은 11시였다. 여장을 풀고 점심을 먹고 난 후 자유스럽게 휴식을 취했다. 향긋한 산나물 반찬으로 저녁을 먹고 8시에 복음 찬송으로 시작하여 간단한 예배를 끝내고 회의를 시작했다.

먼저 지난 일 년 동안의 일들을 돌아보는 평가회를 가졌다. 주로 시험 성적 때문에 재촉당하는 어린이들을 어떻게 보호하며 가르칠 수 있을 것인가에 선생님들의 관심이 집중되었다. 그래서 올해 89학년도부터는 성적표의 양식을 바꾸기로 했다. 지금까지의 4단계 평가(매우 잘함, 잘함, 보통, 힘써야 함)에서 한 사람 한 사람에 대한 종합적인 내용을 서술 형식으로 바꾸기로 했다. 그 외에 학년별로 꼭 읽기를 권장해야겠다고 생각되는 책들의 목록을 만들어 보자, 교과서의 내용을 분석·검토하고 우리 지역의 실정에 맞는 교과서의 내용은 어떠해야 할까 등을 일 년 동안의 과제로 삼기로 했다. 흙을 만지는 교육, 매월의 행사 계획 등을 점검하고 새학년도의 담임 결정과 사무 분장으로 들어갔다.

전례에 따라(교무 주임은 2년씩 돌아가며 함) 내가 교무 주임을 일 년 더 하게 되었고, 담당 부서는 몇몇 힘들다고 생각되는 업무들은 나누어 맡는 등 전년도와 큰 변동 없이 결정되었다. 끝으로 각자 담임하기를 원하는 학년을 1, 2, 3지망까지 써내어 결정했다.

회의를 마치니 밤 11시, 취재차 내려온 KBS 취재팀들도 청해서 함께 편을 나누어 윷놀이를 했다. 다음날 오전엔 KBS-TV 취재팀의 요청으로 선생님들의 간단한 인터뷰가 있었다.

(6) 직원회

직원회에 관해서는 그 전체적인 성격과 분위기를 파악하는 데 도움을 주기 위해, 85년에 교무 주임을 하셨던 주중식 선생이 직원회에 대해 쓰셨던 글을 소개하겠습니다.

누구나 1년에 한 두 차례씩 반장이 되어 봅니다. 반장이 되면 학급을 위해 여러 가지 봉사 활동을 하기도 하고, 또 학급 회의 진행 등 발표력·통솔력을 키우는 좋은 기회가 됩니다. 한두 명의 특정 어린이만이 독차지하던 때와는 달리, 누구도 반장이라고 거만하거나 뽐내지 않으며, 반장이 아니라고 열등감을 갖지도 않습니다.
―『샛별』,「입학 안내」에서

  이것도 직원회에서 결정된 일입니다. 아이들이 학교에 들어서자마자 위축되게 하는 주번도 없애는 등 비민주적인 방법이 아이들을 누르지나 않나 늘 살피면서 잘못된 것은 직원 회의 의결을 통해 고쳐 나갑니다.
  우리 학교의 직원 조례는 성경의 가르침을 묵상하고 찬송하며 기도하는 간단한 예배 모임으로 하고, 하루 일과를 시작합니다.
  그리고 아침에는 생활 지도 사항이나 그밖의 알릴 말들이 전해지는 정도로 직원 조례는 간단히 끝납니다. 이런 아침 모임은, 수요일 아침에는 저금을 받기 때문에 빼고, 날마다 갖습니다.
  종례 모임은 따로 가지지 않습니다. 교재 연구나, 학습 지진아 지도, 특별 활동 등의 일을 알차게 하기 위해서입니다. 꼭 논의해야 할 특별한 문제가 있으면, 직원회가 열릴 시간을 아침에 알리게 됩니다. 그러나 이런 모임은 가끔 있는 일입니다.
  우리 학교에서는 정기 직원회를 월말마다 합니다. 먼저, 지나간 한 달 동안에 있었던 일들에 대해서 간단히 반성해 보고, 이어서 새 달에 처리야 할 여러 가지 행사에 대해서 그 날짜와 실시 방법에 대해서 의논합니다. 샛별 국민학교에서 이루어지는 행사나 크고 작은 일들이 모두 이 직원회에서 의논되고 결정된 것들입니다.
  어떤 안건에 대해서 서로 반대되는 뜻을 가진 경우에 더러 부딪치기도 하지만, 여러 사람의 생각은 그것을 서로 잘 조정이 되게 해주므로 풀리지 않는 문제는 없습니다. 이때에 맨 먼저 고려되어야 하는 것은 아이들입니다.
  누가 어떤 문제를 안건으로 내어도 좋습니다. 그것이 아이들을 위하는 일이고, 우리의 실정에 알맞은 일이라면, 누구의 의견이더라도 채택이 됩니다. 그러나 모든 문제를 이쪽에 찬성하느냐 반대하느냐로 물어서 의결하는 어리석음은 서지르지 않습니다. 물어 볼 것도 없을 만큼 뚜렷한 연구나 성과가 나타나 있는 문제에 대해서는 따라가야 한다는 자세를 가집니다.

샛별에서는 직원회가 결정한 문제를 직원 스스로 해 나가는 것이 원칙입니다. 그런 까닭에 그 책임 또한 직원 모두에게 있으니, 누가 시키는 일을 마지못해 하는 것과는 여러 면에서 차이가 납니다. 따라서 일은 벅차고 힘이 들지만, 마음만은 자유스럽고, 획일적인 데서 오는 피곤함을 느끼지 않아서 참 좋습니다.

지금까지 해오던 월말 평가는 서울의 '○○문화사'에서 출제한 문제지로 해왔다. 이 방법을 내년부터는 완전히 바꾸어서 우리 학교에서 낸 주관식 문제로 평가하기로 하였다. 그 준비 작업으로, 지난 3월 말 평가부터 한 달에 한 과목씩 우리 학교 선생님들이 출제한 문제로 평가를 해보고 있다.
지금의 각종 입시 문제들이 대부분 단편적인 지식의 암기만을 측정하는 데 그치고 있다. 그래서 우리는 국민학교에서라도 거기에서 벗어난 평가를 해서 창의성을 키워야 하겠다는 뜻에서 이런 시도를 하게 된 것이다.
―『샛별』제29호, 1985. 7. 16,「소식」에서

이것 역시 직원회에서 작년부터 얘기해 오다가 올해에 결정하여 시도하고 있는 일입니다. 이것은 어쩌면 너무나 당연한 일을 직원회를 통해서 의논하고 결정한 것이 아닌가 여겨지기도 하는 문제입니다.

(6) 문집 활동
학교 문집『샛별』을 한 학기에 한 차례씩 내고, 학급 문집은『들꽃』과『꿈나무』를 일 년에 서너 차례 학급 형편에 따라 내고 있습니다.『샛별』은 전교생을 대상으로 하는 문집이기 때문에, 모든 학년 아이들의 글을 고르게 나누어 싣고, 학부모·교사·교장의 생각이 담긴 글도 싣습니다. 그리고 그때 그때의 학교 안의 소식이 실리고, 책 소개나 다른 학교 아이들의 글을 감상 작품으로 싣기도 합니다. 편집하는 일, 즉 원고를 모으고 글을 선정하고 인쇄를 맡기고 교정을 보는 일은 직원회에서 원칙적인 것만 논의하고 실제의 일은 편집 담당 교사가 대부분 해냅니다.
이 문집은 4·6배판 2단으로 분량은 12쪽에서 16쪽 정도이며, 사진 식자 옵셋 인쇄로 펴내므로 사진이나 그림도 아주 선명하게 나옵니다.
학교 문집은 글을 발표하는 자리가 한정되어 있고 좁습니다. 이것을 극복하는 자리가 학급 문집이고, 그 학급 어린이 모두가 참여하는 학급 문집 발간은 말 그대로 학급 문화의 꽃이라 할 수 있습니다.

올해에도 『들꽃』, 『꿈나무』라는 이름의 학급 문집을 5학년 1반과 6학년 1반 교실에서 펴내고 있습니다.

학급 문집은 다음과 같은 과정을 거쳐서 나오게 되는데, 국민학교에서는 어느 학급에서나 조금만 관심을 가지면 제각기 다른 학급 문화를 살려 내는 문집 활동을 할 수 있겠기에 간단히 소개합니다.

학급 문집에는 그 학급에서 일어나는 온갖 이야기가 다 실립니다. 주로 모든 아이의 생활 일기에서 가치 있는 글을 가려서 싣고, 그밖에 학급 소식, 시, 나의 생각(전자 오락에 대하여, 미스코리아 선발 대회를 보고 등 어떤 주제에 대한 각자의 생각이나 느낌을 쓴 글), 독서 감상문, 교과 학습 기록물, 편지, 부모님의 글 등 학급 문화를 이루는 것이면 무엇이거나 다 중요한 것입니다. 이런 것을 그때 그때 정리하여 편집하면 됩니다. 여기에는 어떤 격식이나 틀이 있을 수 없고, 지도하는 선생님과 아이들의 취향에 따라 특색 있게 만드는 것이 좋습니다.

이렇게 모은 글은 담임 교사의 교육관에 따른 교육적인 배려와 글을 쓴 아이의 의견을 존중하여 발표할 글을 선정합니다. 그런 다음에 이것을 복사 인쇄 용지용 원고지(「한국 글쓰기 교육 연구회」에서 개발하여 실비로 보급하고 있음)에 자기 글씨로 베껴 쓰고, 그것을 차례에 따라 보통 8절 모조지에 4·6배판으로 인쇄 원본을 만듭니다. 복사 인쇄(마스타 인쇄)는 복사되듯이 인쇄되어 나오기 때문에, 만들고 싶은 모양대로 베껴 쓴 글을 잘 배치하여 잘라 붙여 나가기만 하면 됩니다. 이때 중간 중간에다 글에 어울리는 삽화를 아이들 솜씨로 그려 넣으면 더욱 좋고, 빈자리가 생기면 좋은 책 소개나 알리는 말을 써 넣는 자리로 이용할 수 있습니다.

인쇄 원본이 다 되었으면 필요한 만큼 인쇄하여 꼭 나누어 읽는 순서를 가지는 것이 좋습니다.

그러나 한 번 만에 잘되기를 성급하게 기대하기보다는 처음에 나온 것을 잘 살펴서 다음에 나올 문집의 거울로 삼으면, 몇 번 해보는 사이에 어떻게 하는 것이 더 좋을지 요령을 터득할 수 있을 것입니다.

이 활동을 통해서 아이늘의 일기 쓰기 지노가 활발해지고, 그닐 그닐 보고 듣고 느낀 것을 자세히 쓰자니 사물을 대할 때 예사로 보아 넘기지 않는 태도가 길러집니다. 그리고 발표된 다른 동무들의 글을 통해서 생각을 서로 나누어 가지는 자리가 되기도 합니다.

문집의 이름을 정하는 문제나 비용을 어떻게 감당할 것인지에 대해서는 학급 회의를 통해 교사와 아이들이 그 해결점을 함께 찾아보는 것이 보통입니다. 또 발간 횟수 역시 학급 형편에 따라 한 달에 한 번이나 계절마다 한 번을 낼 수 있으며, 경우에 따라서는 학기마다 또는 학년말에 한 번을 내는 수도 있습니다.

이런 학교 문집이나 학급 문집에서 아이들만의 때묻지 않은 깨끗하고 훌륭한 글을 읽을 수 있습니다. 그래서 아이들만의 귀한 생각을 잘 모아서 살려 두려는 것이 문집 발간의 또 다른 중요한 목표가 된다고 하겠습니다.

샛별 학교의 운영틀

물론 샛별 국민학교의 조직도 이사회가 있고, 교장・교감・교사들로 구성되어 있습니다.

교장은 이사회를 대표하는 상임 이사의 역할을 합니다. 재정 문제는 전적으로 상임 이사의 역할을 담당하는 교장에게 책임이 있습니다. 그러나 모든 학사 문제는 교무 회의에서 결정합니다. 교장은 거의 일주일에 두 번 정도, 주로 월요일과 토요일에 참석합니다. 또 필요에 따라 교무 회의에 참석하지만, 학사 문제를 결정할 때는 한 사람의 교사로서 의견을 제시할 따름입니다. 그리고 운영 전반에 걸친 문제일 때는 이사회를 대표하는 입장에 서게 됩니다.

저희 생각은 기본적으로 이사회가 최대한으로 재정적 책임을 지고, 교사들이 학교 내에서 자유스럽게 교육 활동을 할 수 있도록 보장해 주는 데 그 역할이 있다고 봅니다. 교내에서 교사의 자율성이 보장되려면 밖에서 오는 어떤 압력이나 간섭도 교사의 자율성을 침해하지 못하도록 막아 주어야 하는데 그 역할이 이사회에 있고, 특히 이사회를 대신하는 상임 이사인 교장에게 있다고 보는 것이지요.

밖으로부터의 간섭이란 교육 행정 기관으로부터의 비교육적 지시나 명령, 학부모들로부터 올 수 있는 비교육적 요구, 또 권력 구조로부터 오는 비교육적이거나 비도덕적인 요구 등을 들 수 있습니다. 이것을 막아 내는 방파제 역할이 이사회의 중요한 역할이고, 이사회가 이 역할을 잘해 낼 때 교사의 자율성이 보장된다고 생각하기 때문입니다.

교직원회는 앞에서 자세히 소개했듯이 학교가 시행하는 모든 교육 활동을 책임 집니다. 교무 주임의 사회로 진행되는 직원 회의에서 연중 학사 일정뿐만 아니라 모든 행사 하나하나의 기획과 평가 등이 논의·결정됩니다.

교무 주임은 2년씩 돌아가며 하고 있습니다. 그리고 담임의 결정은 교사들이 자기가 하고 싶어하는 학년을 써냅니다. 그런 다음 중복이 되는 학년을 회의를 통해 결정합니다. 사무 분장도 그렇게 합니다.

학교 외적인 조직으로는 어머니회가 있습니다. 육성회는 없습니다. 주로 가정에서 아이들과 많은 시간을 보내는 쪽이 어머니라고 판단되어 몇 년 전 아버지들 중심의 육성회 대신 어머니회를 만들었습니다. 어머니회는 주로 자녀들의 교육 문제를 간혹 학교와 협의하는 일을 합니다.

1년에 네 번 정도 담임 교사와의 협의회가 있습니다. 「학부모 협의회」라고 부르는 이 회의에서는 교장이 30분 정도 학교의 교육 방침에 대한 설명을 하고 난 다음, 각 담임 교사와의 개별 면담이 있습니다. 이 개별 면담을 통해서 서로 아동에 대한 정보를 교환합니다. 그리고 1년에 한 번 외부에서 강사를 모셔다가 교육 문제에 대한 강연회를 갖는 일을 합니다. 또 1년에 한 번씩 읍내에 있는 이웃 국민학교 어머니회와 친선 운동회를 가지기도 합니다.

덧붙이는 말: 작은 학교의 좋은 점

여러 가지 이야기를 했습니다만, 결코 자랑하고자 하는 마음은 없습니다. 무엇 무엇은 절대 하지 않는다고 하는 것들이 어쩌면 더 중요하지 않나 생각되지만, 시대적 제약 때문에 다 얘기하지 못하고 생략할 수밖에 없습니다. 결코 자랑하고자 하는 마음이 없다고 하는 것은 거짓이 아닙니다. 하고 싶은데 아직 하지 못하고 있는 것들이 너무나 많기 때문에 자랑스럽기보다는 답답한 심정입니다.

끝으로 한마디 덧붙입니다. 샛별 국민학교가 이나마도 할 수 있었던 것은 뭐니 뭐니 해도 규모가 작았기 때문입니다. 큰 학교에서는 절대로 할 수 없습니다. 샛별 국민학교에서 하는 것들을 다른 학교에서 그대로 할 수 있겠고, 또 더 잘하는 곳도 있겠지요. 그러나 문제는 큰 학교에서는 절대로 할 수 없는 것이 교사와 아동 사이에 이루어지는 애정의 밀도입니다. 학교가 크면 클수록 교사와 아동 사이에 형성될 수 있는 애정의 밀도는 약해집니다. 또 전교생이 출연하는 행사를 하기가 어렵습니다.

똑같은 행사를 똑같은 방법으로 하더라도, 평소에 교사와 교사 사이의 신뢰와 애정의 밀도에 따라 교육적 효과는 차이가 납니다. 교사와 교사 사이에 형성된 신뢰와 애정의 밀도가 모든 교육 행정의 내용을 결정 짓기 때문입니다.

학교의 규모가 작아야 할 또 다른 이유는 몇십 명의 교사들이 한마음 한뜻이 되기가 어려운 점입니다. 불가능합니다. 그러나 십여 명이 모이면 서로의 생각과 의견이 달라도 한마음이 되는 게 가능합니다.

샛별 국민학교에서도 교직원 모두가 같은 의견 같은 성향을 가지고 있지 않습니다. 또 실제로 다른 의견을 제시합니다. 그렇게 할 권리가 있으니까요. 그러나 의견이 다르다고 꼭 마음이 맞지 않는다고 말할 수는 없습니다. 한마음 한뜻이라는 것은 같은 교육 이념을 신봉하는 데 있는 것이지, 그 이념을 교육 현장에서 실천하는 방법에 있어서까지 의견이 일치해야 된다는 것은 아니지요. 여하간 교직원 수가 많으면 많을수록 동일한 교육 이념 아래 뭉치기가 어려워집니다.

사람은 5~6명만 모여도 취미, 성격, 기타 다른 요인들로 패가 나뉩니다. 그렇기 때문에 교직원 수가 일정 수를 넘으면 어떤 특정 교육 이념을 중심으로 마음을 뭉치는 것이 불가능해집니다. 샛별 국민학교의 좋은 점을 꼭 하나만 들라면 학교의 규모가 작다는 것입니다.

끝으로 샛별 국민학교의 1988학년도 연중 행사를 소개하겠습니다.

1988학년도 연중 행사

3월
　1일(화)　3·1절 기념 예배
　2일(수)　입학식, 일과표 작성
　4일(금)　아동 전화 번호부 작성
　9일(수)　특활 조직
　24일(목)　교실 환경 돌아보기

28일(월) 가정 방문 실시(일주일간)

4월
 1일(금) 식목일 맞이 그림 그리기
 4일(월) 산수 주관식 평가
 6일(수) 구기 대회 개최에 따른 직원 연수
 7일(목) 3월 학력 평가
11일(월) 구기 대회 연습 시작, 도서실 개방
14일(목) 성적표 제출
15일(금) 교내 글쓰기(산문)
27일(수) 성경 시험, 월말 직원회
30일(토) 봄소풍

5월
 2일(월)~4일(수) 구기 대회
 6일(금) 부모님께 편지 쓰기
 7일(토) 4월 학력 평가
11일(수) 직원 연수(지휘법)
24일(화) 신체 검사(31일까지)
25일(수) 독창 발표회, 직원 연수(자연과―플라나리아 관찰)
26일(목) 야외 학습(저·중·고학년별로 31일까지 하루씩)

6월
 2일(목) 학부모 협의회
 3일(금) 주관식 평가(산수)
 4일(토) 5월 학력 평가
 8일(수) 직원 연수(수채화 지도 방법)
11일(토) 성석표 제출, 연필 글씨 쓰기
14일(화) 단오절 맞이 씨름 대회(4, 5, 6학년)
18일(토) 학교 신문(『샛별』) 원고 마감
22일(수) 직원 연수(한자가 우리 학습에 미치는 영향)

24일(금) 동화 발표회(저학년), 내 생각 발표회(고학년)
29일(수) 산수 주관식 평가
30일(목) 야외 학습

7월
1일(금) 도 주관 총괄 평가
2일(토) 6월 말 학력 평가
6일(수) 방학 계획서 제출, 캠핑반 편성 협의
7일(목) 학부모 협의회, 기악 발표회
11일(월) 여름 야영 생활 준비 점검, 모든 장부 제출
16일(토) 1학기 종업식

8월
2일(화)~4(목) 여름 야영 생활
15일(월) 광복절 기념 예배
24일(수)~26(금) 교직원 수양회
29일(월) 2학기 개학
31일(수) 가을 운동회 종목 협의

9월
1일(목) 운동회 연습 시작
7일(수) 중간 체조 연습 시작
13일(화) 운동회 총연습
15일(목) 가을 운동회(제22회)

10월
5일(수) 9월 학력 평가
8일(토) 필독 도서 선정 협의, 어머니 친선 체육회
10일(월) 체력 검사
19일(수) 직원 연수
25일(화) 교내 글쓰기(시)

27일(목) 독서 발표회

11월
 4일(금) 산수 주관식 평가
 5일(토) 10월 학력 평가
 9일(수) 학예 발표회에 따른 협의회
12일(토) 성적 일람표 제출
17일(목) 학예 발표회 총연습
19일(토) 학예 발표회(18회)
25일(금) 불조심 포스터 그리기
30일(수) 성경 시험

12월
 1일(목) 도 주관 학력 평가
 5일(월) 11월 학력 평가
 9일(금) 방학 계획서 제출
19일(월) 12월 학력 평가
20일(화) 성가 발표회, 종업식

2월
 4일(토) 과제물 확인
10일(금) 신입생 가입학
11일(토) 중학생 추첨
16일(목) 성적 일람표 제출
17일(금) 성경 암송 대회, 모든 장부 제출
18일(토) 졸업식 예행 연습
20일(월) 수료식, 졸업식, 반편성 자료 제출 ■

실험 교육

어린이 철학 운동

김찬호*

어린이 세계와 어른의 세계

KBS의「TV 유치원」, MBC의「뽀뽀뽀」와 미국에서 만드는 어린이 프로그램인「세서미 스트리트」(Sesame Street)를 한번 비교해 보자. 우선 프로그램을 이끌어 가는 방식에서 두드러진 차이를 드러내는데, 한국 방송의 두 경우 젊은 여성이 주로 사회를 맡아 아이들을 이끌어 가는 데 비해「세서미 스트리트」는 아이들이 중심이 되어 진행하고 어른은 간간이 끼어들어 도움을 줄 뿐이다. 등장하는 어른들의 태도에서도 큰 차이가 보인다. 전자의 경우 어른들은 복장에서부터 몸짓, 말투까지 억지로 어린아이 흉내를 내느라 애쓰는 반면,「세서미 스트리트」에서는 어른은 어른의 모습 그대로 나타난다. 이는 무엇을 시사하는가? 아이들이 주인공으로 등장하지 못하는 것은 그들의 주체성을 어른들이 인정하지 않기 때문이라고 풀이할 수 있다. 어린이들 자신이 문제를 제기하고 답을 찾아내어 자기들의 세계를 만들어 갈 수 있는 자리가 막혀 있다는 것이다.

어른들이(주로 코미디언들이다) 어린아이의 흉내를 내는 것은 또 어떻게 보아야 할까? 어린아이들의 속성은 '순수함'과 '유치함'이라는 양면성을 지니고 있다. 그런데 우리의 방송 매체에 흔히 비치는 어른과 어린이와의 만남은 순수함보다는 유치함에 바탕을 두고 있으며, 어른들이 그들 세계에

---

* 연세대 인류학 강사이며, 『여백의 질서』를 학생들과 같이 썼다.

파고들기 위해서는 유치한 모습으로 변신하지 않으면 안된다는 식의 생각을 갖고 있는 듯하다.

어린이의 주체성, 그들 나름의 독자적인 세계를 인정해 주면서 어른도 있는 모습 그대로 만날 수 있는 길은 없는 것일까? 그런 만남 속에서 어른들은 아이들의 순수함을 닮을 수 있고 아이들은 어른들의 성숙함을 좇을 수 있는 것이 아닐까?「어린이 철학 교육 연구소」는 바로 이러한 문제 의식에서 시작된 철학 운동 모임이다. 서울 교육 대학 출신의 초·중·고 선생님들로 구성된 이 모임은 원래 '교사가 되기 이전에 우선 인간이 되기 위해' 철학을 공부하자는 뜻에서 대학 내 동아리로 출발했다.

이 모임은 지금까지 6권의 철학 동화집을 출판했는데, 모두가 현직 교사인 회원들이 창작해서 토론과 수정을 거쳐 완성한 것들이다. 외국 책을 참고하기도 하지만, 가장 중요한 소재나 주제는 그들이 매일 만나는 아이들의 세계 그 자체이다. 그래서 그들은 다른 교사들과 달리 아이들의 사소한 언행을 주의 깊게 관찰하고, 특히 그들의 일기장 같은 것을 세심하게 연구한다.

「어린이 철학 교육 연구소」의 활동은 누구나가 어릴 때는 매우 참신한 눈으로 세계를 만나고 이해해 가면서 나름대로 철학을 한다는 전제에서 시작한다. 그런데 잘못된 교육 속에서 어린이의 철학적 잠재성은 쇠퇴하고 주입된 지식과 고정 관념으로 어린이들의 머리가 꽉 채워지고 있다는 것이 이들의 주장이다.

여러 가지 고민과 모색 끝에「어린이 철학 교육 연구소」는 그들의 운동의 기본 입장을 다음과 같은 다섯 가지 명제로 간추렸다.

(1) 어린이도 철학을 할 수 있다.
(2) 어린이들은 이미 철학을 해오고 있다.
(3) 어린이들이 자연적으로 하고 있는 철학적 사고를 막지 말아야 한다.
(4) 어린이들이 하고 있는 철학적 사고를 북돋아 주어야 한다.
(5) 이를 위해 어린 시절부터 철학을 할 수 있는 환경(가정, 학교, 사회)을 마련해 주어야 한다.

철학 동화 — 진기한 궁금증들과 생각 굴리기

올해 6살인 팀은 꿀단지를 열심히 핥으면서 물었다. "아빠, 세상일이 전부 꿈이 아니란 것을 어떻게 알 수 있지요?"

5살 난 조단이 어느 날 저녁 8시에 잠자리에 들면서 이렇게 물었다. "내가 만약 8시에 잠을 자고 아침 7시에 일어날 경우, 시계 바늘이 꼭 한 바퀴만 돌았다는 것을 어떻게 알 수 있나요? 밤새도록 자지 않고 시계를 지켜 보아야 하나요? 만일 내가 잠시 동안만이라도 눈을 뗀다면, 그 시계의 작은 바늘은 두 바퀴를 돌지도 모르잖아요.."

데이비드는 사과가 살아 있는지 죽어 있는지 고심을 했다. 그는 사과가 나무에 달려 있을 때만 살아 있고, 나무에서 따서 집으로 옮겨 놓았을 때는 살아 있지 않다고 걱정했다.

모두가 얼핏 생각하면 우스꽝스러운 궁금증들이다. 그러나 그것을 실마리로 해서 생각을 굴려 나가는 것이 바로 어린이의, 어린이를 위한, 어린이에 의한, 또는 그들과 어른이 함께하는 철학이다.

이 연구소가 펴낸 창작 철학 동화의 한 예로『노마의 발견』, 기초 입문편의 Ⅳ장「갈라서 따져 보기와 모두 헤아리기」중 '진짜 나는 누구일까?'를 보자.

노마의 이모는 노마가 부모를 닮지 않았다면서 다리 밑에서 주워 온 아이라고 놀려 댄다. 고민에 빠진 노마는 엄마에게 묻기를, 만일 자기와 똑같이 생긴 아이가 나타나 자신이 진짜 노마라고 우겨 대면 어떻게 구별하겠느냐고 한다. 여러 가지 대화 끝에 과거의 공통된 기억, 가령 함께 놀러 갔던 일을 기억하고 있는가로 판별할 수 있을 것 같다는 결론에 이른다. 그러나 다시 기억 상실의 문제가 대두된다.

"그럼 엄마, 자기가 누군지 알 수 있는 건 기억 때문인가요?"
"그런 셈이지. 나는 이렇게 자라 왔다, 내 이름은 노마다, 우리 아빠는 누구다, 이런 것들도 다 기억의 일종 아니니?"
차츰 묘한 생각이 든다. '내가 노마라는 것을 기억이 있어야만 확인할 수 있다

고? 그럼 나도 기억 상실증에 걸리면 내가 누군지 알 수 없다는 건가? 그것 참
……'
"그런데 엄마, 컴퓨터에서 그 동안 기억된 것을 지워 낸다고 해요. 그래도 그 컴퓨터는 원래 그 컴퓨터 그대로잖아요?"
"그렇겠지. 그러나 사람은 기억이 사라진다면, 엄마 생각엔 성격, 습관까지 싹 바뀔 테니 전혀 딴 사람이 될 것 같은데."
"기억이 사라진다고 습관이 바뀔까요? 가령 나처럼 손톱 물어 뜯는 습관이요?"
"글쎄, 그건 잘 모르겠는걸."
"……엄마 저는요, 나한테서 이름이 바뀌더라도 또 성격이나 습관은 고쳐지기도 하고 없어질 수도 있으니까 또 그런 것까지 바뀌더라도, 그리고 기억마저 사라지더라도 노마는 노마로 남아 있을 것만 같아요."
"후후, 그럴까? 그런데 그때의 노마는 전혀 새로운 노마이겠지?"
그때 가만히 듣고만 있던 이모가 끼어들었다.
"얘, 노마야, 넌 노마가 하나뿐이라고 생각하니? 난 여러 개라고 보는데 가령 아기였을 때의 노마 하나, 1학년 때의 노마, 10년 후의 노마, 또 할아버지가 되었을 때의 노마까지, 여러 개 아니니?"
"여러 개라뇨? 내가 무슨 물건인가 뭐."
"호호, 미안 미안. 어쨌든 우리는 자꾸 자기 자신을 고쳐서 새 사람이 되려고 노력하잖아. 맨날 똑같은 사람이면 무슨 재미로 살겠어?"
"……."

여기에 다음과 같은 '생각해 볼 문제'가 뒤따른다.

여러분이 「왕자와 거지」에 나오는 거지옷을 걸친 왕자라고 합시다. 남들이 왕자인 것을 안 믿어 주면 어떻게 증명하겠습니까?
만약에 철수와 영득이가 함께 사고를 당해서 철수의 몸에다 영득이의 뇌를 이식시켰다고 해요. 그럼 그 애는 철수입니까, 영득입니까?
가끔 '내가 왜 그랬을까? 그건 내 진심이 아니었어' 하는 마음이 들 때가 있을 것입니다. 우리는 때때로 스스로 후회할 일을 하곤 하지요. 그때 그 일은 과연 나 자신이 한 걸까요? 내 속에 있는 또 다른 내가 한 걸까요?

그리고 이러한 문제들을 응용해 보는 '철학 연습'은 다음과 같다.

토론—나를 이루고 있는 것은 무엇일까?: 이름? 얼굴? 옷? 마음? 생각?

이와 같이 각각의 동화에서 의도하는 주제는 '생각해 볼 문제'와 '철학 연습'에서 요약되는 셈이다.

즉 이 책들은 기존 철학의 중요한 부분들, 즉 논리학에서부터 인식론(지각 심리학의 착시 현상도 포함되어 있다), 윤리학, 사회와 문명 비판에 이르기까지 광범위한 문제들을 다루고 있다. 물론 이러한 문제들에 대한 해답은 전혀 제시되어 있지 않다. 어릴 때부터 당연시해 온 습관과 사고 방식을 반성하고 주입식, 암기식 교육을 받으면서 깊이 뿌리 박힌 고정 관념을 다시 근본적으로 따져 보도록 생각의 실마리를 던져 줄 뿐이다.

철학 캠프—서로 생각 키워 주기

이러한 철학 동화들은 혼자서 조용히 읽을거리로보다는 토론을 위한 자료로 쓰일 때 제 의미가 살아난다. 그래서 이 연구소에서는 철학 캠프도 열고 있다. 1988년 7월 25일부터 28일까지 3박 4일 동안 경기도 가평군「어린이 철학 교육 수련원」에서 열린 캠프 현장으로 가보자. 철학 동화의 독자인 어린이들과 필자인 선생님들이 만나 대화 속에서 철학의 즐거움을 맛본다는 취지로 처음 열린 이 캠프에는 국민학교 3학년에서 6학년까지의 어린이 82명(남자 58명, 여자 24명)이 참가했다. 캠프 교사는 현직 교사 10명과 대학 교수 3명, 그리고 교육 대학 졸업생 및 재학생 3명이었다.

프로그램은 놀이와 체육 대회, 자연물 채집, 모닥불 잔치 등 일반 어린이 캠프에서 행해지는 것들도 있었지만, 가장 중점을 둔 것은 토론을 통해 생각하는 힘을 기르는 데 있었다. 토론의 주제는 다음과 같은 것들이었다.

(1) 귀신은 정말 있는 것일까?: 보통 어린이들이 흔히 강한 호기심을 보이는 주제로서, 감각할 수 없는 대상에 대해서까지 자연스럽게 생각을 넓혀 감각과 인식과의 관계, 구체적 대상과 추상적 관념과의 관계 등에 대해 생각해 볼 수 있도록 한다는 취지에서 마련했다.

(2) 남자 요리사, 여자 비행사: 가정이나 학교, 그밖의 사회에서 경험하는 사고 방식과 관행들을 성차별적이지 않은 시각에서 분석하고 합리성에 바

탕을 둔 생각을 정립시켜 행동의 근거로 삼도록 하는 데 목적이 있었다.

(3) 죄와 벌: 『레 미제라블』을 제재로 장 발장이 재판을 받는 법정의 상황을 빌려 아이들로 하여금 피고인, 변호사, 검사 각기의 입장에 서서 논리적으로 설득력 있는 변론을 제기하도록 했다. 또 작품의 줄거리 전개 중 인물이 자신의 처지를 잘 드러낼 만한 곳에서 대사를 빈칸으로 제시하여 어린이들이 극중 인물이 되어 그 대사를 작성하도록 하였다. 이를 통해 아이들이 자기 중심적인 사고에서 벗어나 볼 수 있는 연습을 하도록 했다.

그 반별 토론에서 귀신 이야기를 하다가 추상적 개념에 관한 토의로 다음과 같이 자연스럽게 옮겨졌다.

아동 A: 귀신도 실제로는 안 보이지만, 하나님도 실제로 안 보이니까, 그럼 하느님도 귀신이 아닌가요?
아동 B: 안 보인다고 다 귀신은 아니잖아요.
교사: 지금 A가 말한 것을 정리해 보자. (아동과 함께 풀기) — '귀신은 안 보인다.' '하느님도 안 보인다.' '그러므로 하느님은 귀신이다.'
교사: 그럼 B가 한 말이 맞는지 어떻게 증명할까?
아동 B: 안 보여도 귀신이 아닌 것이 있으니까요.
교사: 예를 들면?
아동 C: 공기요.
아동 D: 양심도요.
아동 E: 양심은 보이는데…….
아동 D: 성격은 어떨까요?
아동 F: 시간이요.
아동 E: 시계로 보면 되는데…….

이러한 토론들은 애당초 계획된 1시간 30분이라는 시간이 빠듯할 정도로 활발하게 진행되었다. 첫날에는 지루한 표정을 보이던 아이들도 시간이 지나면서 차츰 적극적으로 토론에 참여했다. 대부분의 아이들이 합리적인 결론에 도달하고자 노력하는 태도를 보이고, 캠프를 통해 생각하며 생활한다는 것의 중요성을 깨달은 것은 이 행사의 좋은 성과로 평가된다.

'남자 요리사, 여자 비행사'의 경우, 먼저 연극에서 한 여자 어린이의 불만을 통해 어른들이 남녀를 차별해서 대우하는 현실을 보여 주고, 반별로

(한 반에 8~10명) 토론을 벌이도록 했다. 토론의 내용은 남녀의 차이, 남녀가 각각 불리한 경우는 무엇이며 어떻게 대우받아야 하는가 등이었다.

토론 과정에서 일반적으로 지적되는 여성 차별적인 관행들은 거의 다 나왔고, 남자가 차별받는 예로는 '데이트할 때 남자만 돈을 낸다,' '남자가 돈을 벌어 오면 여자가 쓴다,' '선생님께서 힘든 일은 남자한테 시키신다,' '똑같은 잘못을 해도 남자가 더 야단 맞는다,' '남자만 군대에 간다' 등이 지적되었다.

토론 결과 남녀의 차이는 많은 부분이 자연적인 것보다 관습적인 것이라는 것, 그리고 남자와 여자가 부당하게 차별받는 경우가 많다는 것을 모두 인정하게 되었다. 여기에서 남녀의 역할 분담 자체는 크게 문제시되지 않았으나 남자는 남자 우위론을, 여자는 여자 우위론을 내세웠던 자신들의 주장이 너무 편협한 이기심에서 비롯된 것이라고 시인했다.

토론중에 교사는 자기도 모르게 특정한 결론으로 유도하는 경우가 많았음을 시인했다. 그리고 교사가 완전히 중립적일 수 있는지에 대해, 또 항상 그렇게 해야 할 필요가 있는지에 대해서도 문제가 제기되었다.

어린이 철학 교육이라는 것이 말만 그럴 듯하게 하는 아이들을 길러 내 안 그래도 영악한 아이들을 더 영악하게 만드는 게 아니냐는 우려도 근거없는 바는 아니다. 또 철학 교육을 마치 피아노나 컴퓨터 같은 또 하나의 특기, 또는 영재 교육의 일환으로 착각하는 부모들도 없지 않다. 그러나 그런 우려와 부작용들에도 불구하고 「철학 교육 연구소」의 여러 작업들은 긍정적인 전망을 갖는다. 도리어 그들이 펴내는 철학 동화는 그런 잘못된 교육 풍토까지도 내용으로 삼아 아이들로 하여금 비판하도록 유도한다.

삶을 바로 보게 하는 철학 연습

중학교 1학년 도덕 교과서에는 철학자 소크라테스가 각광을 받고 있는데, 바로 그가 감옥에서 탈출할 기회를 거부하고 독배를 마시면서 '악법도 법이다'라는 말을 남겼기 때문이다. 그 예화가 어떤 '학습 목표'를 위해 인용되는지는 뻔하다. 거기에 근거해서 출제되는 시험 문제들도 모두 '잘못된 법도 지켜야 한다'는 내용을 답으로 삼고 있다(중1 도덕『완전 정복』, 76쪽, 5번;『필승』, 91쪽, 14번). 이렇듯 맹목적 신념만 주입시키는 우리의 도덕 및 윤리 교육에 철학은 무엇을 할 것인가? 끊임없이 물음과 대답, 이른바 '산파술'이란 대화법으로 제자들을 깨우친 소크라테스의 방법론을 따라 다음과 같은 물음들은 제기해 볼 수 있다.

'악법도 법이기 때문에 지켜야 한다'는 말은 절대적 진리인가? 소크라테스에게는 그 상황에서 독배를 마시는 것밖에 다른 선택의 여지가 없었을까? 그런 결단을 내리게 된 윤리적 근거와 시대적 배경은 어떠하며 오늘 우리의 상황에서 그의 결단은 어떻게 해석되어야 하는가?

한걸음 더 나아가 '올바른 준법 정신은?'이라는 물음에 '악법은 고쳐야 한다'는 또 하나의 선택지를 추가하여 새로운 논리 공간을 아이들에게 열어 줄 수도 있을 것이다.

철학 교육은 이처럼 빼앗긴 물음의 기회를 되돌려 주고 감추어져 있는 해답을 찾아내려는 모색이어야 한다. 그래서 아이들로 하여금 사고의 주인의 자리를 되찾도록 하는 운동으로 나아가야 한다.

오늘날 많은 어린이들이 과잉 보호 속에 자기밖에 모르는 '응석받이'로 크고 있다. 어떻게 하면 이 아이들이 자기 중심적인 유치함을 벗어나 '주체적 자아'로 성숙할 수 있을까? 그들의 억눌린 사고가 해방되어 자유롭게 뻗어 나가야 한다는 것만은 분명하리라. 철학 동화 운동은 오늘날 이렇게 왜소한 채로 남아 있는 아이들의 앉은뱅이 생각을 일으켜 세워 당당하게 걸어갈 수 있도록 하려는 하나의 소중한 몸짓이다. ■

실험 교육

정직한 삶, 살아 있는 글
「글쓰기 연구회」의 교육 운동

석재은*

우리 사회의 교육 현장은 아이들로 하여금 자신들의 삶을 외면하게 하는 데 큰 몫을 담당해 왔다. 획일된 교과서가 그렇고, 그러한 내용을 성찰의 과정 없이 그대로 암기하게 하는 학습 방식이 또한 그렇다. 자신의 생각과는 전혀 다르더라도 교과서에 그렇게 쓰여 있기 때문에 '정답'이 되어 버리는 식의 시험 위주 교육을 통해 아이들은 스스로 생각하는 방법을 잊어버리고 앎과 삶, 앎과 힘이 연결되지 못한 분열된 삶에 익숙해져 가고 있는 것이다.

이러한 교육 풍토 속에서 있는 그대로 자신의 생각을 더듬어 가는 글짓기 작업이 제대로 될 가능성은 희박하다. 현재의 글짓기 교육은 이른바 '문예 교육'이라는 이름 아래, 손끝으로 잔재주나 피우고 글장난을 일삼게 된 감이 없지 않다. 많은 아이들이 글짓기는 자기 자신과는 관계없는 가공의 세계를 상상해 내고, 그것을 예쁜 말이나 어려운 말로 꾸며 쓰는 것으로 알게 되었다. 어린 세계의 삶을 잃어버린 글이 난무하고 아이들은 글쓰는 데서 오는 기쁨을 잃어 가고 있는 것이다.

오염되고 있는 교육 환경과, 특히 글짓기 교육의 문제점들을 인식하고 이를 바로잡고자 하는 노력이 일선 교사들을 중심으로 이루어지고 있다.

* 연세대 사회학과 4년 때 쓴 글이다. 현재 (주)휴먼 컴퓨터에서 마케팅 분야의 일을 하고 있다.

여러 곳에서 산발적으로, 개인적으로 이루어지고 있던 글쓰기 교육 운동이 1983년 「한국 글쓰기 교육 연구회」(이하 글쓰기 연구회)가 발족함으로써 보다 조직화되었다. 글을 머리로 지어 만든다는 느낌이 드는 '글짓기'라는 말 대신, 이 모임에서는 삶을 정직하게 쓴다는 의미에서 '글쓰기'라고 고쳐 부르고 있다. 글쓰기 교육에 뜻을 같이하는 사람은 누구나 이 모임에 참여할 수 있으며, 현재 15개 지역에 분회를 두어 각 지역에 따른 특성을 살릴 수 있는 글쓰기 교육을 하고 있다. 1년에 두 차례의 전체 연수 모임과 틈틈이 있는 글쓰기 소모임을 통해 교사들은 서로의 의견을 나누면서 글쓰기 지도 요령을 개발하고 있다.

이 모임에서는 기존의 아동 문학을 비판하고 아이들의 삶을 담은 글들을 출판하기도 한다. 기존의 아동 문학은 아이들을 하나의 인격체로 보기보다는 어리고 미숙한 존재로 간주하고, 어린이들을 위한 글은 흥미나 현실과는 상관없는 상상의 세계를 그려야 한다는 전제를 깔고 있다. 다시 말해서 기존의 아동 문학은 어른이 규정한 동심의 세계를 그리는 것으로, 이는 일제 시대 이후 뿌리 내린 '동심 천사주의 문학'과 맥을 같이하고 있다. 글쓰기 연구회는 이처럼 아이들의 관심과 체험을 무시하는 문예 교육의 기본 전제를 거부하고 그 대안으로 아이들의 느낌과 경험을 그대로 담은 글모음을 출판하는 등의 활동을 통해 우리 사회의 교육 문제를 풀어 가는 조그만 움직임을 벌이고 있다.

문제 있는 글짓기 교육

「글쓰기 연구회」는 현재의 이지러진 글짓기 교육의 모습을 세 가지 점으로 정리하고 있다.

첫째, 어른 세계의 상업주의에 연루된 글짓기 교육이다. 각종 글짓기 대회와 웅변 대회 등에서 수여하는 상품과 장학금이라는 미끼와, 관의 협찬이나 후원이라는 꼬리표가 달린 수많은 글짓기 대회는 학생들의 글짓기 향상을 위한다는 목적을 내걸고 있으나, 사실상 영업 수단이나 선전 광고의 목적이 숨겨져 있는 경우가 대부분이다. 입상자를 심사하는 일에 있어서도, 어른들의 이익 관계나 친분이 얽혀 있는 경우도 허다하다고 한다. 때로는 학교에서 상타 오는 데에만 급급하여 '글짓는 능력'이 뛰어난 소수 어린이만을 집중적으로 훈련시키거나 아예 선생님이나 학부모가 대신 써줘서 어린이들이 스스로 글쓰기 능력을 키울 기회를 잃어버린다.

둘째, 기존의 글짓기 교육은 기교 있게 표현하는 세련된 문장 만들기에만 치우쳐 있다는 데 문제가 있다. 기본적으로 글은 기교가 아니고 진솔한 삶의 표현이어야 함에도 불구하고 글짓기 교육은 문학의 허구성과 상상력이라는 미명 아래 글은 거짓으로 꾸며 쓰는 것이라는 인식을 심어 주었다. 이러한 문제는 국민학교 아이들의 교과서에서부터 발견할 수 있다. 아이들의 삶에서 오는 감동이 배제된 채로 그럴 듯하게 짜맞춰진 글들이 아동 문학가의 이름으로 교과서에 실려 있다.

짜랑짜랑 쬐는
햇볕 아래
참외랑 수박 익는
냄새가 난다.

밭 가운데 덩그런
원두막 하나
언제나 서늘한
바람이 좋다.

먼 하늘에 떠가는
구름을 보니
애국가 한 곡조가
절로 나온다.
―4학년 1학기 국어 교과서에 실린 「원두막」

하늘에 떠 있는 구름을 보며 '애국가 한 곡조'를 부른다는 것은 아무래도 아이들의 체험과는 거리가 있는 듯하다. 이 동시의 지은이는 아이들이라면 '이렇게 느낄 것이다'라는 전제에서 썼을 테지만 정작 이 시를 읽는 아이들은 전과나 선생님의 가르침을 받아 적거나 밑줄 긋기에만 바쁘다. 때로는 어른들의 사변적, 언어적 기교에 불과한 글들마저도 '동시'라는 이름으로 아이들의 글쓰기 교육의 모델로 제시되고 있는 것이 현 실정이다.

이런 교과서를 배우는 아이들은 어른들의 곡해된 아동관의 소산으로 쓰여진 글들을 흉내 내는 데에 길들여지고 만다.

다른 실례를 들어 보자. 전국 규모의 백일장에서 당선한 아이가 상을 받고도 기뻐하지 않고, 오히려 울려고 하길래 그 아이의 어머니가 그 이유를 물었다고 한다. 그 아이는 거짓말로 글을 썼고 그러한 글이 당선되자 자책감을 느낀 것이다. 그 아이의 어머니는 문학에는 허구성이 있게 마련이고 원래 글짓기는 없는 일도 상상해서 쓰는 것이라며 아이를 달랬다고 한다. 정직한 표현을 통해 삶에 대한 보다 깊은 이해를 가능케 하는 문학의 기능이 여기서는 그 의미를 잃고 있다.

셋째, 아이들은 어른 중심의 이데올로기와 관념에 아부하는 글을 쓰도록 강요당하고 있다. 자신의 말이 아닌 상투적이고 추상적인 어른들의 말과 생각을 아이들은 앵무새처럼 되뇌고 있다. 특히 어버이날 글짓기, 반공 글짓기, 자연 보호 글짓기, 불조심 글짓기 등과 무슨무슨 독후감 등 일 년이면 몇 차례씩 치르는 각종 교내외 글짓기 대회에 출품된 글들을 보면 온갖 구호와 선전 문구, 어른들의 도식적인 훈화와 강요된 규범으로 가득하다. 이러한 현상은 고학년으로 갈수록 심해진다.

이러한 글짓기 환경에서 진정한 글을 기대할 수 없음은 자명하다. 이제 삶을 가꾸는 글쓰기 교육 운동의 필요성은 새삼 강조할 필요도 없을 것이다. 아이들의 글을 직접 보면서 글쓰기 교육이 지향해야 하는 바를 가늠해 보자.

'살아 있는' 글

이 운동에 참여하는 교사들은 자신을 표현하는 능력은 인간 모두가 평등하게 공유해야 할 기본 권리라고 믿고, 모든 아이들이 스스로의 느낌과 생각을 참되게 쓰도록 돕는 것을 목표로 삼고 있다. 이들은 주로 아이들과 만나는 교실에서 수업을 통해 또는 학급 신문이나 학교 신문을 통해 이러한 노력들을 실천해 왔으며, 새로 쓰여신 '살아 있는' 아이들의 글을 모아 책으로 엮기도 한다. 다음 글들은 글쓰기 연구회의 89년도 연수 자료로서 여러 학급 신문들에 실린 글들을 모은 『어린이 글모음』에 실려 있는 글들이다. 거의 아이들의 필체로 쓰여져 있고 사투리나 틀린 철자까지도 그대로 적혀 있다(여기서도 고치지 않고 그대로 옮겨 놓았다).

    오늘 학교에서 연을 날렸다. 우리 반에서 문식이가 제일 높게 날렸다. 나는 그 연이 내 연이면 얼마나 좋을까 생각했다.
    내 연은 잘 날지 않았다. 우리 아빠하고 같이 만들었는데 잘 날지 않았다.
    나는 아이들한테는 내가 만들었다고 했다. 그래야 우리 아빠가 욕을 안 얻어먹지.
    나는 내 연을 다시 날려 보았다. 연이 자꾸 땅에 처박혔다.
    규한이가 옆에 있었는데 내 연이 자꾸 규한이 머리를 때렸다. 규한이는 내 연 보고 깡패연이라고 별명을 지었다.
    연을 날리면서 많이 웃었다.
―최원우(석포국 3),「연」,『정직한 나라』

비록 아이는 거짓말을 했지만 거기에는 아빠를 생각하는 따뜻한 마음이 담겨 있고, 비록 자기 연이 깡패연이 되었지만 친구와의 장난스러움이 가득 담겨 있다. 솔직하게 가장 잘 나는 친구의 연이 자신의 것이었으면 하는 마음을 드러내면서 동시에 아버지와 함께 만든 연에 대한 아이의 깊은 애정이 담겨 있음을 발견할 수 있다. 이 글에서 우리는 아이가 연이 잘 나는 것에만 관심을 가진 것이 아니라 실은 아버지와 같이 만들고 친구들과 함께 날린다는 데서 더 큰 기쁨을 얻고 있다는 것을 보게 된다.

    매일마다 건조기
    도는소리에 시끄러워
    잠못잔다.

    아기울음 소리보다
    더 시끄러운
    건조기 도는 소리

    그 건조기는
    엄마아빠의 수고를
    모르는지

시끄럽게 시끄럽게
울고만 있네

고추값이 싸다고
울고만 있네
―김은정(남면국 6),「고추 건조기」,『우리 글을 살려 쓰자』

같은 현상에 대해서도 사람마다 느끼는 감정은 다르며, 자신들이 처해 있는 상황에 따라서도 달라진다. 정직한 글이란 무엇을 보거나 듣는 그 순간에 떠오르는 느낌을 자신의 처지에서 자신의 말로 쓴 것이다. 그래서 다른 사람은 흉내 낼 수 없으며 다른 사람을 흉내 내서도 안된다. 정직한 글을 통해 우리는 글쓴이의 진실한 체험을 느낄 수 있으며 감동을 받는다. 이 글에서는 시끄러운 건조기 도는 소리에 잠 못 이루는 체험이 그냥 짜증으로만 남거나 거짓된 미화에 그치지 않고 자신의 삶을 이루는 부모님에 대한 걱정과 고추 값에 대한 걱정으로 이어지고 있는 것이다. 다음의「아기 업기」란 글에도 어린이의 감정이 그대로 나타난다.

아기를 업고
골목을 다니고 있다니까
아기가 잠이 들었다.
아기가 잠이 들고는
내 등때기에 엎드렸다.
그래서 나는 아기를
방에 재워 놓고 나니까
등때기가 없는 것 같다.
―이후분(김룡국 6),「아기 업기」,『글쓰기 교육』14호

아기를 업어 보지 않고는 느낄 수 없는 감정일 뿐 아니라 '등때기기 없는 것 같다'는 표현은 글쓴이 자신의 언어인 것이다.
이처럼 아이들의 글은 자신들의 삶을 바탕으로 자신들의 느낌이 들어가 있을 때야만 비로소 '살아 있는' 글이 되며, 상대방에게도 감동을 전하게

된다.

글쓰기 교육은 정직하게 자신들의 감정과 생각을 적을 것을 강조하기 때문에 글쓰기를 통해 정직한 삶을 사는 실제 교육이 함께 이루어진다. 교사들은 글을 통해 아이들의 생각과 일상 생활을 파악하여 아이들의 요구와 아이들에게 필요한 것을 발견할 수 있고, 아이들은 아이들대로 스스로의 삶과 인간 관계를 다시 깊이 생각해 볼 기회를 갖게 된다.

    나한테 선물준 아이는 사춘기가 들었나 보다. 다른 아이들보다 일찍 들었나 보다.
    사춘기가 안들었으면 여자가 남자에게 선물하지는 않았을 것이다. 근데 나도 이상하다. 나한테 선물한 여자애가 보고 싶어진다. 그리고 이런 저런 생각도 한다. 우리반일까? 아니면 이윤숙이가 쓴 것이 거짓일까? 나도 사춘기가 들었나 보다. 사춘기에 빠지면 나쁜애가 된다. 엄마는 나한테 기대를 건다. 사춘기에 절대로 빠지지 않을 것이다.
—김형규(소래국 6),「사춘기」,『민들레』

    나는 우리반 남자들에게 지지 않으려는 버릇이 있다. 어쩔 땐 욕도 잘한다. 나는 남자들한테 지기가 싫다.
    왜냐면 남자 여자 다 3학년인데 여자가 이유없이 맞는 것은 않된다고 생각한다.
    그렇지만 어른들은 여자가 참아야 한다고 하신다.
    '왜 여자만 참아야 해. 남자들은 참으면 안되나' 하고 마음 속으로 생각한다.
    우리 선생님은 참으면 복이 온다고 하셨다. 앞으로는 선생님 말씀대로 따르겠다.
— 박희정(석포국 3),「남자」,『정직한 나라』

아이들은 어른들의 생각에 쉽게 오염된다. 사춘기가 무엇이며 사춘기에 빠지면 왜 나빠지는 것인지에 대해 좀더 끈질기게 의문을 제기하지 않고, 어머니의 기대 때문에 그저 자연스러운 감정들을 억제해야 한다고 믿는 어린이의 마음을 위의 글에서 보게 된다. 다음 글에서는 비교적 논리적으로 남녀 차별적 현상에 대해 문제 제기를 하면서도 결국 선생님의 말씀을 따르겠다고 다짐하는 '모범생 콤플렉스'가 엿보인다. 여기서 우리는 어머니나 선생님에 대한 신뢰가 교육에 있어서 가장 중요한 핵심인만큼 그러한 맹목적 신뢰를 얻는 책임이 또한 얼마나 큰 것인지를 다시 한 번 생각하게 된다.

아이들의 정직한 글은 또한 어른들의 세계를 비판하고 어른들로 하여금 스스로 성찰하게 한다.

> 내가 선생님이 된다면, 육상 선생님이 되고 싶다. 왜냐하면, 육상은 재미가 있어서 육상 선생님이 되고 싶다.
> 돈 좀 써서라도 육상 선생님이 되고 싶다.
> 매일 아이들에게 빵도 사주었다고 해서 육상 선생님이 된다면 좋겠다.
> ─권기삼(목천국 4),「내가 만약 선생님이 된다면」,『푸른 솔』

어른들의 금전 만능주의가 순수해야 할 아이들의 삶을 오염시키고 있다. 흔히들 어른들은 '요즘 애들은……' 하면서 자신들의 모습이 아이들의 삶에 반영되고 있음을 간과한 채 아이들에 대해 비난만을 할 뿐이다. '돈 좀 써서라도' 자신이 되고 싶은 것을 이루겠다는 아이의 글에서 어른들은 스스로를 반성할 기회를 갖게 된다.

> 장학사가 오면 선생님들은 그저 잘 보일라고 청소를 안하나, 장학사가 오면 선생님들은 장학사가 신이라도 되는 것처럼 잘 보일라고 한다. 장학사가 왜 그래 포옴을 내고 오는지 모르겠다. 장학사가 와도 이때까지 교실에서 해온 것처럼 했으면 좋겠고, 또 장학사가 와도 선생님들은 발발 안 기면 좋겠다. 그리고, 또 한 가지는 그전에 우리 학교가 우수학교가 되었다고, 또 이번에는 경남에서 우수학교가 될라고 더 장학사가 오면 발발 긴다. 그런 것 좀 안했으면 좋겠다.
> ─박운규(거창 쌍봉국 6),「장학사」,『글쓰기 교육』10호

이 글에서는 어른들의 세계가 아이들의 눈에 비쳐져 신랄한 비판으로 되돌아오고 있다. 이 글뿐 아니라 아이들의 학급 신문에 실린 일기나 시, 기사, 주장하는 글 등을 살펴보면 텔레비전이나 광고, 대중 가요, 시사 문제, 통일 문제 등에 대한 아이들의 생각을 접하게 된다. 아이들은 글쓰기를 통해 자신들이 살고 있는 터전과 계속해서 살아가야 할 사회에 대한 비판

의식을 키워 가고 있다. 비판 의식이 싹트는 그 자리에 자신의 삶을 적극적으로 만들어 가도록 하는 건강한 자세가 또한 들어선다. 건강한 자신을 길러 가는 모습과 인간에 대한 따뜻한 사랑이 엿보이는 아래의 글에서 우리는 내일을 열어 가는 아이들의 가능성을 보게 된다.

    내가 농부가 된다고 하면 어머니 아버지는 '이 촌놈아 할 일이 없어서 농부가 되냐!' 하고 말할 것이다.
    그러나, 그러나, 농부가 된다면 착실히 농사를 하여 돈을 많이 벌겠다. 그리고 남은 돈은 농촌을 위해 쓰고 나는 한 평생 곤충하고 살거다.
―유태욱(성일국 6),「내가 농부가 된다면」,『배워서 남주자』

아기가 남자가 아니라고 집안 식구들은
매일 욕을 한다.
그때마다 어머니께서 수건을 들고
우는 모습을 본다.
"어머니 왜 우세요?"
하고 물으면
"아무것도 아니다. 걱정 말아라."
할머니께서는 아기 얼굴마저도
돌아보시지 않는다.
여자 놓든 남자 놓든
엄마 마음대로 놔
나는 속으로 이렇게 중얼거린다.
차라리 태어나지 말지
설움만 받고 크는 아기
어째서라도 나는
아기를 키우고 말겠다.
―김은정(울진 온정국 3),「아기」,『글쓰기 교육』14호 ■

실험 교육

숙제와 성적표가 없는 학교, 서머힐

김은산*

서머힐의 교육 목표 — 어린이에게 맞추는 교육

시험, 숙제, 석차, 성적표 등이 없고 어른들의 벌이나 잔소리가 없는 꿈속에서나 있을 법한 자유롭고 행복한 학교가 이 세상에 실제로 존재하고 있다. 그곳은 20세기의 대표적 교육 개혁가인 A. S. 닐(Alexander Sutherland Neill; 1883~1973)이 영국에 세운 서머힐 학교이다.

그가 학교를 처음 세울 무렵(1921년)의 영국 교육은 공부라면 무조건 학과목들을 외우게 하고 걸핏하면 가죽 매를 휘두르는, 오늘날 우리 교육과 흡사한 엄격하고 강제적인 것이었다. 닐은 이에 반기를 들고 '어린이들을 학교에 맞추는 대신, 어린이들에게 맞추는 학교'를 만들어 보려는 결심으로 이 학교를 시작했다. 따라서 이 학교의 가장 근본은 어린이들이 그들 본연의 자연스러운 모습으로 생활하도록 많은 자유를 허용하고 스스로 배워 가는 교육 환경을 만드는 데 놓여졌다.

어린이의 태어날 때부터의 선성(善性)과 발전 가능성을 굳게 믿은 닐은 놀이나 창조적인 활동을 통해 어린이들의 감정과 재능을 자유롭게 해주었을 때 그들의 지성도 활발하게 개발된다고 보았다. 그는 특히 인생을 부정직으로 보고 금욕적 훈련을 토대로 하는 기독교적 종교 교육, 성격을 틀에

---

* 홍익대에서 교육학을 가르치고 있으며, 「한국 닐 연구회」에서 활발한 연구 활동을 하고 있다.

집어 넣는 도덕 교육을 시키지 않았다.

런던 동북쪽 서포크 주 레이스튼 읍에 위치한 이 학교는 개교한 지 70년이 지나고 닐이 세상을 떠난 현재에도 가족들에 의해 그 기본 방침의 변화 없이 운영되고 있다. 이 학교는 기숙 학교이며 현재 7세에서 16세에 이르는 세계 각국의 남녀 어린이 약 70명이 10여 명의 교직원들과 함께 생활하며 공부하고 있다. 이곳의 교육 목표는 학업 성적을 올리는 데 있지 않고 학생들 자신이 느끼는 행복, 성실한 삶의 자세, 조화로운 인간 관계와 자유로운 심성 등에 있다. 또 '항상 어린이의 편이 되어 준다'고 하는 사랑의 교육을 기본으로 삼고 있다.

서머힐의 교과 내용과 방법 — 자율적 선택과 긴 공동 회의

이 학교의 기본 이념은 자유이다. 여기서의 자유는 남의 자유를 방해하지 않는 한(남에게 폐를 끼치지 않는 한) 자기가 하고 싶은 대로 하는 외적인 자유와 내적인 자유인 공포, 증오, 위선, 불관용으로부터의 자유를 의미한다.

두번째 이념은 아동의 전인적인 성장이다. 두뇌에 치중하는 사회 전반 분위기에 반하여 이 학교가 두뇌의 발달보다 감성 교육을 중시하는 이유가 거기에 있다. 그래서 이 학교에서는 미술, 음악, 연극, 댄스 등 창조적인 활동이 활발하다.

일상적 공동체 생활은 미리 정해진 교칙이 없는 대신, 학생들과 교직원 모두가 각 1표씩의 동등한 권리를 행사하는 것으로 이루어진다. 전교인이 참여하는 토요일 회의는 약속을 정하는 시간이다. 약속을 어겼을 경우에는 또한 전교 회의인 재판 모임에서 그들 스스로 나름대로의 제재를 가한다. 제재나 벌은 예를 들어 식사 배급 받을 때 줄의 맨 뒤꽁무니에 서야 하는 일, 하루 동안의 수영이나 외출 금지, 용돈에서 벌금 내는 일 등이다. 이러한 자치(自治) 제도를 통해 서머힐은 교사들의 훈계나 잔소리, 꾸지람, 벌 없이 질서 있는 공동체적 삶을 이루어 간다.

학습 방법도 자유롭게 진행된다. 매학기 초(1년은 3학기로 되어 있다) 시간표가 게시되면, 학생들은 그중에서 자기의 수준과 흥미에 맞는 반을 골라 들어간다. 배우는 학과목들의 내용과 수준은 대학 입학을 위한 국가 고시에 응시할 수준에 대강 맞추어져 있다. 수업 출석은 자유여서 자기가 들어

가고 싶지 않으면 며칠이건 몇 주건 몇 년이건 안 들어가도 된다. 하지만 한번 택해 들어갔던 교실에는 2주 동안 결석하면 다시 들어갈 수 없는데, 그 이유는 다른 학생들의 진도에 방해가 되기 때문이다. 수업 출석 면을 보면 어려서 이 학교에 온 학생들은 처음부터 수업에 잘 들어오는 편인데, 도중에 전학해 온 학생들은 이전 학교에서 심어진 수업 혐오증 때문에 상당 기간의 자유를 즐긴 뒤에야 수업에 들어온다고 한다. 전학 온 학생들이 서머힐에 적응하는 기간은 대개 3개월 정도 걸리고 최장 기록은 수녀원 학교에서 온 소녀로 3년간 수업에 들어가지 않았다고 한다. 시험, 숙제, 성적표, 석차 등이 없는 이 학교에서는 학생들이 대략 13세까지는 주로 마음껏 활발한 놀이에 열중하고 예술, 창작 활동을 즐기는 편이라고 한다. 그러다가 14세쯤 되면 대개 대학 진학이나 취직을 해야겠다고 스스로 목표를 세우고 열심히 공부하기 시작한다고 한다. 한번 결심을 하면 수업 출석이 강제인 다른 학교에서 7, 8년간에 거쳐 얻는 실력을 단 2년 반 만에 얻어 대다수의 학생들이 좋은 성적으로 대학에 진학하고 있다.

서머힐 졸업생들 — 가르치며 창조하며

서머힐 출신자들의 직업을 보면 교수, 교사, 유치원 교사 등 교직 종사자가 가장 많고 다음으로는 음악가, 미술가, 작가, 사진 작가, 배우, 가구 디자이너 등 예술가 내지 자유업 종사자가 많다. 그밖에 변호사, 의사, 기사, 사업가, 사무원, 운동 선수 등 다양한데, 큰 조직체 내에서 일하는 것보다 자신의 자율 영역이 확보되는 직업을 선호하는 경향을 보인다. 지적 전문직 종사자의 비율이 현저하게 높은 이유는 서머힐의 교육이 자발적이며 적극적인 지적 탐구 태도를 배양시키는 데에 중점을 두기 때문일 것이다. 예술가가 많은 것도 가능한 한 억압하지 않고 각자의 재능과 창의성을 발휘할 수 있는 많은 자유 시간을 주는 감성 중심의 교육 방침 때문으로 보인다.

출신자들의 인품 특성으로 자주 지적되는 점은 사회성, 자신감, 남을 있는 그대로 받아들이는 관용, 남의 권리에 대한 존중, 생에 대한 긍정적 태도이다. 서머힐이 출신자들에게 끼친 또 다른 영향으로는 성(sex)이나 권위에 대한 건전한 태도이다. 이들은 권위주의적이지 않기 때문에 권위 있는 인물들을 대할 때도 자연스런 신뢰와 안심감을 갖고 대하며 이성간의 교제도 자연스럽다. 개인의 흥미와 능력에 따른 억압되지 않은 성장 발달은 이들이 자기 자녀들에게 좋은 부모가 되게 하는 데 기여한 것으로 보인다. 자유로운 이곳의 교육은 소위 문제아들을 정상아로 회복시킬 뿐 아니라 문제아를 만들어 내지 않으며 시대를 앞서가는 인간을 만든다.

우리 교육에도 이렇게 적용될 수 있다.

서머힐 교육 정신을 한국 교육에 수용하는 데에는 크게 두 가지 방법을 들 수 있다. 그 첫째는 서머힐 정신의 영향을 받아 현재 세계 각국에서 성행하기 시작한 '열린 교육'(혹은 개방 교육) 방식을 우리나라에도 받아들여 현행 교육을 적극적으로 개선하는 방법이다. 둘째는 현행 교육의 틀을 그대로 유지하면서 가능한 한 서머힐 정신을 교육 현장에 도입·실천하는 소극적인 방법이다.

첫번째의 적극적인 방법을 생각해 보자. '열린 교육'은 1960년대와 1970년대에 걸쳐 영국과 미국을 중심으로 일기 시작한 운동이다. 유럽에서는 자유 학교(Free School) 운동, 혹은 비공식 교육(Informal Education)으로, 미국에서는 '벽 없는 대학'(University Without Walls) 운동 등으로 불리기도 한다. 이들은 서머힐 정신의 영향을 받아 종래의 획일적인 수업 방식을 탈피하여 종래 교실의 벽들을 헐어 없앤 넓은 공간에서 학생 각자가 짠 학습 계획표에 의해 학생들 스스로가 공부하도록 한다. 교사는 이것을 도와줄 뿐이다. 여기엔 교사가 채점하고 석차를 정하는 시험도 없다.

'열린 교육' 운동은 세계 각국의 교육 개혁에 큰 영향을 주고 있다. 최근 일본에서는 정부 지원하에 1년에 5백 개 정도의 학교가 이 방식으로 신축 혹은 개축되고 있어서 이미 3천5백여 개의 학교가 이런 식으로 변했다고 한다. 우리나라에는 4년 전에 운현 국민학교(덕성여대 부설 국민학교)가 이 교육 방식으로 처음 출발하였다.

두번째로 현 교육 체제를 유지하면서 우리가 받아들일 수 있는 점들을 생각해 보자. 먼저 우리의 아동관을 근본적으로 수정하는 일이다. 우리들은 어린이들을 그냥 자유롭게 놓아 두면, 자라서 바보가 되거나 사회의 낙오자가 될 것으로 생각하는 경향이 있다. 그러나 서머힐이 교육 실험은 그렇지 않다는 것은 보여 주었다. 따라서 적어도 국민학교 시기만이라도 친구들과 어울려 놀면서 자라고 실물을 통해 많은 경험을 하며, 마음껏 클 수 있도록 해주어야 한다. 그러기 위해서는 숙제의 양, 시험의 횟수를 대폭 줄여 주어야 한다. 그리고 자신이 원하지도 않는 여러 가지 특기 교육을 너무 어릴 때부터 억지로 시키는 일은 말아야 한다.

「장학 퀴즈」로 대표되는 현행 교육관 역시 대폭 수정해야 한다. '되도록 넓은 분야에 걸친 많은 양의 지식을 암기했다가 재빨리 뱉어 내는 일'에 상금과 영광을 안겨 주는 이 TV 프로그램은 두뇌 위주의 암기력과 민첩성을 중시하는 교육을 조장하고 있다. 그러나 컴퓨터가 일상화되어 가는 앞으로의 사회가 요구하는 것은 암기력이 아니라 창의력이며, 민첩성보다는 논리적이고 종합적인 사고력이다. 각기 타고난 재능과 발달 속도가 다른 학생들을 획일적인 일제 수업 속에 집어 넣고 모든 학생에게 각 학과목에서 높은 점수를 받도록 요구하는 현 교육 방법도 재검토해야 한다. 그리고 주로 암기 위주인 학과목 시험에서 얻은 점수를 합산·평균해서 석차를 정하고, 그것으로 사람의 우열을 매기는 현행 평가 제도도 개선해야 한다.

석차를 매긴다면 과목별로 매기고 표창도 이에 따라 해야 한다. 이렇게 할 때 학생 누구나가 각자가 가진 재능을 주위로부터 인정받고 기뻐하면서 이를 잘 키워 나가 이 사회를 풍요롭게 만들 것이다.

이런 많은 과제는 흔히 시간표에 형식적으로만 들어 있는 현행 특별 활동 시간과 명목만 자율일 뿐 실제로는 강제 학습인 자율 학습 시간을 제대로만 운영하면 상당히 이루어질 수 있다. 또 각자가 자기 하고 싶은 일을 마음껏 하면서 보낼 수 있도록 시간과 공간 및 시설을 제공해 주기 위해 어른들은 다 함께 노력해야 한다.

자율적인 민주 시민을 기르기 위해서는 서머힐의 자치 제도에서 배울 것이 많다. 질서 유지를 위해서는 어른들의 일방적인 냉령, 훈계, 간섭, 벌이라는 타율적 방법이 불가피하다는 식의 사고를 버리고 가정에서는 가족 회의, 학교에서는 학급 회의와 전교 학생 회의 등을 통해 자유로운 의사 교환과 자치적 결정을 해 나가는 능력을 길러야 한다. 지켜야 할 규칙들을 성원들 스스로가 정하고 규세도 스스로 하며 공동체 내의 여러 문제들을 자율적으로 처리해 나가는 장이 실제로 크게 열려야 한다는 것이다. ■

실험 교육

우리 문화, 우리 아이들

김정자*

요즘 아이들의 놀이

얼마 전 큰아이의 생일 때였다. 마침 토요일이라 오전 수업을 마친 아이들이 하나 둘 모여들었다. 아이들은 신발을 벗기가 무섭게 방으로 들어갔다. 흰떡에 고추장을 풀어서 가스불에 얹어 놓고 김밥을 말다가 궁금증에 잠깐 아이의 방을 들여다보았다.
"삼십만 원 가불할게."
"제주도 살 거냐?"
"오케이."
"호텔에 이백만 원 지불."
방바닥에는 커다란 말판이 펼쳐 있고 각자의 앞에는 조잡하게 그려진 백만 원, 십만 원, 오만 원, 만 원 권의 축소된 지폐가 가지런히 놓여 있었다.
"야, 싱가폴이다. 이십만 원 내놔."
"오백만 원 투자하겠어."
아니 쟤네들이……. 나는 섬뜩했다. 돈이 오고 가고 주사위가 쉴 새 없이 던져지고 있었다.
"그게 뭐니?"

---

* 「한마당 교육 문화 연구회」에서 활동하고 있다.

"블루마블 게임이에요."

아이들은 게임에 정신이 팔려 쳐다보지도 않고 대답했다. 왜 하필 돈놀이를 하느냐며 그만두라고 하자 아이들은 오히려 모르는 소리 말란다. 세계 여행을 하는 게임이기 때문에 놀면서 사회 공부를 하는 것이나 마찬가지라는 것이다. 기가 막혔다. 어쨌든 그건 좋은 놀이가 아니니 다른 놀이를 하라고 말하고서 부엌으로 돌아와 김밥을 말았다.

벨 소리와 함께 두 놈이 들이닥쳤다. 그중 한 녀석이 엎어지듯 달려가 텔레비전의 스위치부터 눌렀다.

"야, 맥가이버 한다!"

아이들은 우르르 몰려 나와 텔레비전 앞에 앉았다. 점심때가 지나는데도 먹을 걸 달라는 소리조차 없다. 아이들의 앞에다 상을 펼쳐 놓고 과자를 갖다 놓았다. 아이들은 텔레비전에 눈을 고정시키고 손을 더듬어 과자를 입에 넣는다. 감히 텔레비전을 끄자는 말을 할 수 없을 정도로 화면과 열 개의 눈동자는 팽팽하게 이어져 있었다.

범죄자 중의 하나가 노란 머리의 미녀를 납치해 놓고 희롱하면서 맥가이버의 상관과 흥정을 한다. 협상에 응하는 척하면서도 맥가이버는 미녀의 구출 작전을 펼친다. 와중에 총이 난사되고 인질범들이 모조리 총에 맞아 죽고 맥가이버는 가벼운 총상을 입는다. 자기를 구출해 준 맥가이버에게 미녀는 애정을 느끼고 헤어지게 됨을 아쉬워한다. 두 사람은 열렬한 포옹과 키스를 한다.

이 대목에서 아이들은 히죽히죽 웃으며 그제서야 상에 놓인 김밥과 떡볶이로 달려들었다. 한 아이가 맥가이버의 뛰어난 머리 회전과 과학적 지식 활용에 대해 칭찬을 아끼지 않는다. 그러자 다투어서 텔레비전 외화의 모든 주인공들을 등장시킨다. 6백만 불의 사나이, 에이 특공대, 에어울프 등등. 주인공으로 등장하는 배우들의 이력까지도 너나없이 주르르 꿰고 있었다. 급기야는 미국 예찬론으로까지 발전한다.

이 아이들을 어찌할 것인가?

초콜릿 구걸하던 세대의 놀이

1950년대 6·25의 폐허 더미에서 어린 시절을 보냈던 나의 뇌리에는 각인

된 표시가 하나 박혀 있다. 성조기 밑에 악수하는 큰 손이 그려진 그림이다. 그 그림은 미군 부대 자리였던 학교 운동장에서 배급이 있는 날, 누런 우유 가루통마다 붙어 있었다. 딱딱하게 찐 우유 덩어리를 혀끝으로 녹이면서 어린 우리들은 성조기의 위대함과 미국의 은혜, 미군들의 미소를 가슴으로 받아들였다. 배고픈 우리에게 그것은 분명 꿈 같은 환상이었다. 초콜릿은 또 어떠했는가. 여의도 군용 비행장 근처에 살았던 나는 카키색 지프를 탄 미군들이 던지는 초콜릿과 껌을 받아 쥐는 행운을 잡기 위해 샛강 둑에서 살다시피 했었다. 그 기막힌 맛이란.

악수하는 성조기와 함께 나의 입맛은 차츰차츰 변해 갔다. 무슨 뜻인지도 모르는 팝송은 나의 18번이 되었고, 흑인들이 목욕탕에서 착안했다는 트위스트를 잽싸게 추기 위해 땀을 뻘뻘 흘리며 신발 바닥을 문질렀다.

이러한 모든 것들의 의미를 깨닫게 된 것은 스무 살이 넘어서였다. 그때까지 악수하는 성조기의 의미를 나에게 말해 주는 이는 아무도 없었다. 학교 선생님들도 부모도 친구도 사회 어느 구석에서도 그것의 본질을 가르쳐 주는 이는 없었다. 아니 그들은 오히려 그것의 본질을 은폐하는 데 큰 몫을 했다는 게 맞을 것이다. 배우지 못해 아는 것 없고 가난했던 우리 부모들은 뭔가 껄그럽기는 했을지언정 시류를 거역할 수는 없었다. 신식이 무조건 좋다는데야 어쩔 도리가 없었으리라.

나는 그렇게 교육을 받았다. 나의 둔한 감각과 어리석음의 탓이기도 했겠지만 학교로부터 사회로부터 왜곡된 지식을 전달받았다. 그리고 미국은 지상 천국이라고 믿었다. 물론 '현대화'라든가 미국식의 사고 방식이나 문화에 긍정적인 측면들도 많이 있다고 생각한다. 그리고 내가 발을 딛고 있는 땅, 내가 뿌리를 내리고 사는 이 나라가 어떤 나라이며, 어디로 흘러가고 있는지를 모르는 채 나이를 먹고 죽어 간다는 것은 얼마나 가슴 아픈 일인가. 다행히 이런 질문을 하는 한 가닥 오기가 남아 있었다.

'짹짹 꼬레이 짹 꼬리샤,' 뭔지 몰라도 달달 외우기

결혼 후 첫아이를 낳았을 때 당시 아기를 가진 어머니들의 필독서처럼 되어 있던 스포크 박사의 육아법이나 텔레비전에 출연한 유아 교육 전문가들의 조언을 나는 크게 따르지 않았다. 왠지 그러한 방법이 지나치게 냉정하다는 느낌이 들어서 그랬던 듯싶다. 과학적이고 분석적인 면이 오히려 생리에 맞지 않았다. 게으른 탓도 있었지만, 한편으로 서구인들의 기준으로 아이를 키운다는 그 자체를 어줍잖은 나의 자존심이 허락하지 않았다. 과민성이랄까, 옹고집이랄까, 아니면 피해 의식이랄까, 뭐 그런 요인들이 복합적으로 작용했으리라.

아이를 재울 때에는 우리의 전래 민요나 아름다운 동요를 자장가 대신 불러 주었다.

"엄마가 섬그늘에 굴 따러 가면······."

이 노래는 자장가의 지정곡이다시피 했는데 아이는 '스스로 팔을 베고 잠이 듭니다' 하는 대목에 이르면 어김없이 노랫말 그대로 눈을 감고 잠이 들곤 했다.

나는 기회가 있을 때마다 아이를 데리고 탈춤이나 연극 공연이 있는 곳을 찾아갔다. 너댓 살 된 아이들의 기억력이 얼마나 비상한가는 아이를 키워 본 어머니들이라면 잘 알고 있을 것이다. 다섯 살 때쯤이던가. 봉산 탈춤을 보고 집으로 돌아온 아이는 양손에 화장지를 길게 늘어뜨리고 첫째 과장의 팔목중 춤을 그럴 듯하게 추어 댔다. 아리랑이라든가 농부가, 성주풀이 같은 민요는 귀가 닿도록 들어서 그런지 제법 멋까지 넣어 가면서 불렀다.

물론 편협한 마음으로 민요나 탈춤 등 우리의 전통 문화만을 고집할 생각은 없다. 그저 우리의 전통에 뿌리를 내리고 살아가는 아이로 키우고 싶은 소망이 내게는 있었다.

아무튼 유아기에는 그럭저럭 텔레비전 공해나 기타 잘못된 가치관으로부터 아이를 어느 정도 떼어 놓을 수 있었다.

아이가 유치원에 다니기 시작하면서부터 상황은 달라지기 시삭했다. 놀이의 양상과 생활 감각 면에서 조금씩 변화되어 갔다. 유치원의 여름 캠프에서 배운 하와이 춤을 엉덩이를 흔들어 가며 춘다든가 영어가 드문드문 섞인 노래를 율동을 곁들여 부르기도 했다. 우리 전통춤은 프로그램 어디에도 없었다. 그숭에서도 나의 뒤통수를 성동으로 한 내 믹인 이상 아릇한 구호 비슷한 노래가 있다. 운동회 할 때 부르는 응원가다.

짹짹 꼬레이 짹 꼬리샤

이쌰 이쌰 밍가 이쌰 이쌰 밍가
꼼메이 꼬레이 꼼메이 꼬레이…….

대충 이런 식으로 이어지는 노래인데 가르치는 선생님도, 부르는 아이들도, 또 그걸 듣는 부모들도 도대체 어느 나라 말인지, 무슨 뜻인지 짐작조차 못하리라. 그런데도 아이는 가을 운동회가 끝나고 겨울이 깊어 갈 때까지 그 소리가 입에 붙어서 쨱쨱 꼬레이를 외쳐 댔다. 우리말로 신나는 구호를 만들 수는 없었을까?

국민학교를 다니면서부터는 문제가 조금씩 복잡해지기 시작했다. 선생님과의 면담은 촌지라는 부담 때문에 자연스럽게 이어질 수 없었고, 성적이 그저 그런 아들을 둔 나는 선생님 면전에서 게으른 어머니, 자식을 사랑하지 않는 어머니로 낙인이 찍혔다.

거기까지 좋다고 치자. 이제 겨우 열 살 안팎의 개구쟁이들이 시험 성적에 의해서 인간적인 평가까지도 받아야 되겠는가. 그 따위 시험 성적에 신경 쓰지 않겠다.

다른 과목도 그렇지만 음악이나 미술도 시험을 잘 보려면 정말로 보거나 듣고 느끼는 과정은 대충 생략한 채 답안지를 작성하기 위해 무조건 달달 외워야 한다. 한번은 점수를 매긴 시험지에 도장을 찍으면서 기상 천외하게 출제된 문제를 보고 실소를 한 적이 있다. 미술 책에 게재된 그림을 그대로 복사를 했는데 프린트가 잘 안되어 형체를 분간할 수 없을 정도로 그저 시커멓기만 했다. 그런데도 그 문제의 질문은 그림의 색조와 느낌까지도 요구하고 있었다. 그런데도 아이는 신통하게도 정답을 짚었고 선생님은 빨간 색연필로 동그라미를 크게 쳐주었다.

그러나 뭐니 뭐니 해도 나를 가장 곤혹스럽게 하는 것은 사회나 도덕 과목에서 다루는 이데올로기에 관한 내용들이다. 특히 반공에 대한 부분은 아이에게 어떻게 설명해 주어야할지 난감할 때가 한두 번이 아니다. 사실을 말해 주자니 아이가 혼란스러워할 것이고, 교과서대로 말하자니 내 양심이 허락하지를 않는다. 요즈음은 그래도 북한에 관한 이야기나 사진이 텔레비전이나 신문에 자주 등장하고 문교 당국자들도 종래의 반공 교육을 일부 수정하여 교사들에게 자료를 제시하기로 하였다니까 전보다 나아지기는 하겠지만, 진실을 알려 주고 싶은 선생님들이나 학부모들은 그래도 교과서와 사실 사이에서 갈등을 계속하리라.

우리나라 교육은 내용과 방법에 있어서 문제가 많다. 교육에 대해 연구를 해서가 아니라 5학년짜리 아이를 둔 어머니가 피부로 느끼고 있는 것들이다. 그러한 문제들은 생각컨대 사회 구조적인 문제와도 깊이 연결되어 있다. 반공 교육이 그렇고 입시 위주의 교육이 그렇다. 여기에 교육 환경도 결정적으로 한몫을 하는 것 같다.

소음 공해에 찌들어 있는 대도시의 학교, 손바닥만한 운동장, 형식만 갖춘 놀이 기구들, 영하 5도는 되어야 땔 수 있는 조개탄 난로, 낡은 책걸상들, 그리고 무엇보다도 교사를 무기력하게 만드는 과밀 학급 등. 문제점은 이루 헤아릴 수 없을 정도다. 세계 최고의 교육열을 자랑한다는 우리나라의 교육 환경이 왜 이 모양인가?

나의 작은 시도 — 아이들의 독서 모임

아이가 학교를 입학하기 전에 나는 조금은 엉뚱한 공상을 해본 적이 있다. 찾을 수만 있다면 기존의 국민학교를 보내지 않고 제대로 된 교육을 시키는 그런 곳에 보내면 어떨까 하고 말이다. 내가 알고 있는 어떤 선배도 나와 똑같은 생각을 했노라고 실토한 적이 있었다. 그러나 그건 단지 공상에 불과했을 뿐 취학 연령이 되자 어쩔 수 없이 입학 절차를 밟게 되었다. 한마디로 전혀 현실성이 없는 꿈에 그쳤던 것이다.

아이가 3학년이 되었을 무렵, 나는 조그마한 시도를 해보기로 작정하였다. 학교에서는 여러 여건상 할 수 없는 일들을 내 아이를 비롯해서 이웃의 몇몇 아이들과 함께 해보고 싶었다. 3학년 이상의 아이들 여섯을 모아 독서 모임을 만들었다. 아직은 어린애들이라 자기 스스로 꾸며 가기는 어려울 것 같아 우선은 내가 주도하기로 하고, 일주일에 한 번씩 책을 읽고 와서 이야기를 하는 형식으로 끌어 나갔다. 주로 우리나라와 외국의 전래 동화와 창작 동화를 비롯하여 동시, 민담 등을 읽고 줄거리를 말이나 글로 성리해 보기, 아이들의 현실에 비추어 새롭게 생각해 보기 등이었다. 처음에는 서로 잘 아는 사이이고 또 누구네 엄마가 선생님이라고 자처하면서 하니까 심심풀이로 모여들고 장난으로 시간을 메우는 게 대부분이었다. 아이들에게는 학원이다 뭐다 해서 시간이 안 맞아 가까이에 살면서도 서로 자주 만날 수 없었던 자기네들을 친절하게도 모이게 해주었으니 얼마나 좋았겠는가. 또 어머니들은 밑져야 본전이라는 식으로 자기 아이들을 선선히 보내 주었다. 최소한 국어 공부만큼은 도움이 되리라는 막연한 기대감 때문이었으리라.

두어 달은 난장판 속에서 겨우겨우 진행되었다. 여섯 살 터울인 세 살배기 둘째 아이는 그때마다 이웃집 아주머니의 등에 업혀 놀이터로 쫓겨 가곤 했다.

아이들이 점차 독서 모임에 익숙해지면서 나는 도움말을 주는 정도로 하고 뒷전으로 빠졌다. 그리고 아이들이 번갈아 가면서 사회를 맡아 모임을 진행했는데, 처음에는 쑥스러워하던 아이들도 제법 의젓하게 발표를 하게 되었다.

전래 동화를 자기들 나름대로 재해석하는가 하면 자신들이 안고 있다고 생각되는 여러 가지 문제점들을 책을 통해서 객관적으로 바라볼 수도 있게 되었다. 개인주의적이고 이기적인 마음들, 물건을 아낄 줄 모르는 소비적 성향, 우리나라 역사에 대한 새로운 인식 등을 그들의 수준에서 이야기하였다. 특히 명절이나 크리스마스 때는 부모님들과 언니 동생까지 모두 모여 즐겁게 노는 시간을 마련하였다. 물론 아이들이 처음부터 끝까지 진행을 맡았으며 프로그램까지도 자신들이 직접 짰다. 촌극과 노래, 율동이 섞인 콩트 등을 보며 박장 대소를 했던 기억이 선명하다.

우리의 작은 시도 — 민속 학교

그즈음 나는 학교 선후배들의 모임에 우연히 참여하게 되었다. 학창 시절에 탈춤을 위시하여 우리 문화에 남다른 관심을 갖고 활동했던 사람들이 대부분이었다. 친목을 도모하는 수준에서 계도하고 이따금 책을 읽고 토론도 하며 못다한 풍물과 민요, 탈춤도 배우는 소박한 모임이었다.

10년을 그런 식으로 모이다가 세월이 흐르면서 결혼하는 회원들이 늘어나고 또 아이들이 학교에 다니게 되자 공통의 관심사는 자연스럽게 자녀 교육으로 모아지게 되었다.

우리가 아이들을 위해 할 수 있는 일이 무엇일까? 그 동안 정신 없이 애 키우고 살림하느라 묻어 두었던 우리의 열정과, 서툴지만 꾸준히 관심을 갖고 기량을 쌓아 온 풍물, 탈춤, 민요 등을 좀더 배워 아이들에게 가르쳐 줄 방법은 없을까? 내 아이뿐만 아니라 이웃의 많은 아이들에게 우리의 민속을 알게 함으로써 그 속에 담겨 있는 공동체적인 삶의 지혜를 얻도록 하는 방법은 무엇일까? 우리는 학교 교육에 있어서의 미진함과 어린이들의 생활과 의식을 압도하는 소비적이고 향락적인 문화 풍토에 대해 비판적인 입장을 공유하고 있었다.

3년 전, 찌는 듯한 초여름의 더위와 집안 살림에 허덕이며 우리는 다방 한 구석에 머리를 맞대고 앉았다. 방학 기간을 이용하여 민속 학교를 열기로 하고 전문가들의 조언을 받으며 1박 2일간의 프로그램을 짜고 교사를 선정하였다. 교사는 물론 회원들이 맡았다. 나는 이러한 일이 나 혼자 시도해 보았던 독서 모임보다는 한 단계 올라간 수준에서, 보다 많은 어린이들과 만날 수 있고 또 여러 학부모들이 힘을 모으는 것이라고 생각했기 때문에 열성적으로 뛰었다. 서둘러 교재를 준비하고, 각각의 프로그램을 실습해 보고, 한편으로는 참가할 어린이들을 확보해 나갔다. 처음 해보는 일이었지만, 회원 모두의 열성과 신념으로 민속 학교는 좋은 성과를 거두었다. 여러 해가 지난 지금도 그때의 광경이 눈에 선하다.

어찌하여 우리 민요 외면당하고
어찌하여 외국 팝송 유행하나요.

어찌하여 우리 춤은 외면당하고
어찌하여 디스코만 유행하나요.

우리 민속 배우면서 깨쳐 나가이
우리나라 우리 민족 나갈 길일세.

(후렴)
에야디야 에야디야 해뜨는 교실
에야디야 에야디야 해야 솟아라

아이들은 목청 높여 민요를 부르고 꽹과리, 장고, 징, 북을 마을이 떠나가라 두드렸다. 길놀이로 시작되어 지신 밟기, 촌극 놀이, 인형극, 민속 놀이, 탈춤 등으로 어른 아이 할 것 없이 모두가 한마음으로 신명을 돋우었다. 특히 대동 놀이가 벌어지면 분위기는 그야말로 절정에 달한다. 강강술래에 맞춰 손에 손을 잡고 모닥불 주위를 돌아간다. 문지기 놀이, 기와 밟기, 꼬리 따기가 끊이지 않고 이어지고 모두의 신명은 하늘을 찌를 듯하다. 피어오르던 불꽃이 서서히 사그라질 때쯤 마음속 깊이 묻어 두었던 바람을 옮겨 적은 소원지를 모닥불에 태우는 의식이 벌어진다. 재가 되어 타버림으로써 우리들의 소원이 이루어지라고 굳게 믿으면서.

그 후 6회에 이르는 동안 민속 학교는 보다 체계적으로 자리를 잡아 갔고 다양한 내용들이 보충되었다.

민속 학교를 열면서 느꼈던 점은 온갖 외래 문화의 범람에도 불구하고 우리들의 피 속에는 아직도 우리의 춤과 가락이 면면이 흐르고 있다는 것이다. 학교에서 도외시하고 있는 우리의 노래, 장단, 우리의 춤, 우리의 놀이들은 현대를 살아가는 어린이들에게도 흥과 신명을 돋우어 준다. 치열한 경쟁 사회에서 자신의 이익만을 위해 살도록 강요당하는 아이들에게 민속 문화는 함께 사는 지혜와 건강함을 심어 줄 수 있다.

복고주의에 빠진다든가 국수주의자로 치닫자는 것은 결코 아니다. 옛것과 현대의 기계적인 접목을 꾀하자는 것도 아니다. 또한 민속 문화를 복원하는 것만이 교육이 나아갈 길이라고 부르짖는 것도 물론 아니다. 나는 민속학자도 교육자도 아니다. 다만 답답한 교육 현실과 저속한 외래 문화가 판을 치는 이때에 우리의 민속 문화에 깃들어 있는 정신을, 교육을 담당하는 분들이나 사회, 그리고 나와 같은 학부모들이 올바로 인식하고 아이들에게 일러 주었으면 하는 소망이다.

이 일은 쉽지 않고 민속 문화가 무엇인지에 대한 연구는 앞으로도 오랫동안 이루어져야 할 것임을 날이 갈수록 절감한다. 그러나 우선 우리의 아이들이 뜻도 모르는 외국 팝송에 심취한다거나 폭력이 난무하는 영화에 열광하여 미국을 선망하는 따위의 무분별함이 생겨나지 않도록 보살펴야 한다. 어린 시절 초콜릿에 끌려 미군의 꽁무니를 쫓아다녔던 그런 식의 일들을 우리 자식들에게 다시 이어 줄 수는 없지 않은가.

이제 우리 학부모들도 학교만이 교육을 책임 져야 한다는 사고 방식에서 벗어나자. 선생님과 학생, 학부모가 힘을 모아야만 좋은 교육이 이루어질 수 있다는 의식을 갖고 조그마한 일부터 실천해 보자. 그러기 위해서 우리는 이기적인 마음을 과감하게 떨쳐 버려야 한다. 모두가 내 자식이라는 생각을 갖고 교육에 관심을 가질 때 우리의 교육 현실도 좀더 나은 내용과 제도를 갖추게 될 것이다.

우리 민속 배우면서 깨쳐 나감이
우리나라 우리 민족 나갈 길일세.

에야디야 에야디야 해뜨는 교실
에야디야 에야디야 해야 솟아라. ■

실험 교육

새로운 경제학에 토대를 둔 지역 사회 학교의 출현과 그 의미*

헬무트 베커 · 위르겐 짐머(박혜란 옮김)

이 글은 현재 유럽과 아시아에서의 교육 문제와 앞으로의 인류 사회가 지향해야 할 교육의 방향에 대하여 우리 두 사람이 연구하고 고민하는 과정에서 이루어진 것이다. 완벽하게 작성된 보고서라기보다는 앞으로 논의되어야 할 착상과 관계 자료를 모아 놓은 글로 읽어 주기 바란다.

교육의 식민지적 / 신식민지적 경향

1931년, UN의 전신인 제네바 국제 연맹은 장개석의 초청으로 중국에 대표단을 파견하였다. 이때 중국 정부는 대표단에게 중국 학제의 개혁에 대하여 자문을 청하였다. 영국, 러시아, 폴란드, 프랑스 출신의 저명한 학자들로 구성된 이 대표단이 내린 결론은 매우 간단했다. 그것은 중국이 외국의 영향에서 벗어나야만 한다는 것이었다. 이들은 중국이 서구, 특히 미국의 교육학을 받아들일 것이 아니라, 중국의 문헌과 유구한 역사 속에서 그 뿌리를 찾을 것을 강조했다.

  외세의 침투는 그 이후에도 계속되어 2차 대전 후에는 상당 기간 소련의

---

* 이 논문은 1988년 10월 20일 연세대 동서 문제 연구원과 주한 독일 문화원이 주최한 「한독 교육학 학술 세미나」에서 발표된 글이다. 글쓴이 헬무트 베커와 위르겐 짐머는 베를린 자유대에서 가르치고 있고, 옮긴이 박혜란은 여성학 강사로 활동하는 한편 「인간 교육 실현 학부모 연대」 공동 대표를 맡고 있다.

영향을 받게 되었다. 1980년대에 들어서서 현대 중국이 어떻게 외국의 경험을 통해 배우면서 동시에 자주적인 교육학을 개발할 수 있는가 하는 질문이 새롭게 제기되고 있다. 하나의 세계 공동체가 이루어지고 있는 마당에, 경우에 따라서는 외국의 경험이 큰 도움이 될 것이다. 그러나 그것은 오로지 자주적인 중국적 경험을 가질 수 있을 때에만 가능한 것이다.

어떻게 자기 자신을 발견하는가? 어떻게 고유한 전통의 발자취를 지키는가? 어떻게 전통이 박물관의 전시품이 되는 신세를 면할 수 있는가? 어떻게 전통으로부터 구체적인 교육적 이상향을 끌어낼 수 있겠는가? 이러한 질문에 대한 답을 구하기 위해 제일 먼저 검토해야 할 문제는 그 나라의 교육 제도가 얼마나 식민주의와 신식민주의에 근거하고 있는가의 문제이다.

19세기와 20세기 초의 식민 통치자들은 죽었다. 당시 빈곤층을 위해, 또는 국가 엘리트를 위해 학교들을 설립했던 선교사들도 이미 오래 전에 죽었다. 그러나 식민주의 유령은 계속 살아 남아 오늘날 '문화 침략' '근대화 이론' 또는 다른 말로 불리우고 있다. 이 유령은 외세 문화가 전통 문화의 힘으로부터 생성된 것보다 훨씬 좋다고 소곤대거나 외치고 다닌다.

이는 물론 교육학에만 국한된 문제가 아니다. 발리 섬 해변에는 원주민보다 호주인이 더 판을 치며, 코카콜라가 망고 주스보다 훨씬 맛있고, 스위스 분유는 모유보다 더 값져 보인다. 또 인스턴트 식품이 신선한 죽순보다 좋고, 유럽의 유명 상품이 전통 의상보다 더 좋다고들 믿어 온 지 오래다. 선교사와 식민 통치자들의 식민주의적 정신은 교육 분야에서 더욱 교활해졌다. 더구나 그 정신은 아직까지 문교부의 수많은 교사의 머리 속에 유령처럼 달라붙어 있다.

그 양상을 한번 보자.

'자발적으로' 학교가 설립된다. 지역 사회로부터 격리된 학교, 군대식 조회를 하는 판박이 학교들이다. 교사 중심의 수업, 세분화된 시간표, 교실에만 앉아서 받는 훈련과 암기식 학습으로 쫙 짜인 학교 생활이다.

'자발적으로' 교사들이 양성된다. 그들은 화이트 칼라 의식에 가득 차서, 지역 사회의 생활과 개발에는 무관심하며, 정신 노동과 육체 노동을 분리시키고, 학교가 있는 마을에 살기보다 40km나 떨어진 이웃 도시에서 버스로 통근하는 것에 대해 오히려 자부심을 느낀다.

문교부의 교과 계획 위원들이 '자발적으로' 유럽과 북미에서 건너온 교과서를 베낀다. 지역 문제에 전혀 적용될 수 없는 개념을 그대로 수입하고 외우게 한다. 심지어 제3세계의 몇몇 나라에서는 '자발적으로' 유럽에 중·고·대학생의 시험 답안지를 보낸다. 그곳에서 평가를 받게 하고 아울러 시험 문제를 보내 달라고 주문한다.

저급 취미를 지닌 국제 마피아단에 의해서 '자발적으로' 국민학생용 교육 오락물이 만들어지고 배포된다. 텔레비전에서는 미키 마우스, 아기 사슴 밤비, 알프스 소녀 하이디가 판을 친다. 이 만화로부터 빈민 지역 아이들은 무엇을 배울까? 자신들이 어떻게 살아가야 하며 건강을 유지할 수 있는가, 어떻게 그 지역의 자원을 이용하고 보존할 수 있는가 하는 질문에 대한 해답을 조금이라도 얻어 낼 수 있을까? 그들은 스위스의 알프스, 맨하탄의 스카이라인, 잔디 깎는 기계를 미는 유럽의 아버지들, 현대식 부엌에 있는 어머니들, 안경 낀 치과 의사 따위에 관해 알게 되어 머리만 잔뜩 복잡해질 뿐이다.

중앙 집권적 교육 계획과 교과 과정의 개발로 지방 문화는 '자발적으로' 제거되고, 지방 언어가 국가 언어에 의해 질식되며, 맹렬한 장삿속과 상업적 획일주의가 두메 산골에까지 뻗어 간다.

제3세계의 여러 나라에 교육 제도의 양적인 팽창과 더불어 신식민주의의 정신은 만연되었다. 신식민주의는 북유럽과 북미의 초산업 강대국 안에서 여전히 기승하고 있으며, 그 정신은 제3세계의 엘리트들에게 다음과 같은 말을 전한다.

"남쪽에 식민지가 필요하노라. 값싼 노동력과 통제하기 쉬운 경제, 투자하기 알맞은 기후가 필요하노라. 많이 일하고 최저 임금에 감지 덕지하는 자는 복을 받을지어다."

그러나 모순은 변화를 낳는다. 우선 중국처럼 해방 투쟁을 해 나가면서 식민주의와 반동주의의 멍에를 벗어 던진 나라들에서, 탈식민지화 운동이 지속적으로 필요하다는 의식이 뚜렷해졌다. 식민주의와 신식민주의의 정신을 속속들이 집어 내어 추방하는 일이 필수적이라는 인식이다. 교육은 일상적 학습으로부터 허위 의식에 대한 저항 운동으로 바뀌어 갔다. 교육은 아래로부터의 학습 조직, 학습과 지역 사회의 결합, 그리고 학습과 사회·정치적 조직의 결합을 의미하게 되었다. 이것은 바로 브라질 교육학자 파울로 프레이리가 누누이 강조해 온 것이기도 하다. 그는 침묵의 문화를 깨고 자신이 사는 땅의, 그 지역의, 그 나라의 역사 속으로 행동하며 발을 들여놓는 사람을 만들어 내는 것이 이 시대의 교육임을 강조해 왔다.

중국은 이제 그 깨달음의 경지에 들어섰다. 그렇지만 서양은 어떠한가? 서양은 허위적인 모형과 신화로부터 벗어났는가? 그렇지 않다. 서구 역시 사고 방식과 학습에서 탈식민지화가 필요하다. 서구인들 역시 사상이 희미하며 삶과 단절된 학습을 받고 있다. 여전히 교사 중심의 수업 방식이 우세하며 교육 제도는 정신 노동과 육체 노동을 분리시키고 있다. 학습은 목표의 위계에 따라 세분화되어 있고, 담당 교사가 자주 바뀌면서 이미 연관성이 상실된다. 중앙 집권적으로 개발된 지리한 교과서를 견뎌 내야 하고 경험적으로 보다 적합한 지식이 아니라 점수와 시험의 합리성을 받아들여야 한다. 창의성은 자격 제도에서 방해 요소로 간주되고 학습 공간 역시 법령 더미 속에서 획일화되게 마련이다.

이렇게 볼 때 우리 모두에게는 공동 과제가 펼쳐져 있음을 알게 된다. 이 과제는 다양성 안에서만 해결될 수 있는 것이다. 물론 국제화와 보편적 세계 교육 이념을 인정하지만, 획일성에 대항하여 싸우기 위해 먼저 지방적, 국가적 다양성에 대한 고려가 필요하다.

아동에게 알맞는 교육

현대의 많은 가정에서의 교육은 아동의 인격적 자립성을 개발하는 데 부적합하다. 아동은 일찍부터 스스로 결정하고 선택하는 것을 배워야 한다. 그러나 가정에서 교육은 어린이가 주어진 질서에 순응하며 성장하도록 버려 두는 성향이 있다. 최근 취업보(母)의 증가에 따라 0세에서 3세까지의 아동을 위한 시설들이 점점 더 많이 생겨나고 있다. 이런 시설은 주로 어린이방(Kindekrppe)이라고 불리우는데 단순한 보육이 아니라 정서적, 이성적 영역의 발달을 도와주기 위한 기관이다.

이상적인 어린이 방이나 유아원을 제도화시키는 데에는 몇 가지 문제점이 따른다. 서독에서는 어떤 방법으로 이 문제들을 다루었는지 살펴보자.

60년대 서독의 유아원은 다른 나라와 마찬가지로 학교의 연장선상에 있었다. 학교의 철학은 유아원에 영향을 미쳐 국민학교 교과 과정의 일부가 그대로 옮겨졌다. 발달 심리학에서 기술한 개체 변인들이 학습 목표로 작성되었으며 서로 채 연결되지 않은 기능 훈련, 또는 취학 준비의 차원에서 취학 전 아동에게 학문 원리로부터 나온 개념을 익히게 했다.

이런 항목들은 곧 유아원 교사들로부터 비판을 받았다. 특히 아동의 생활 현실로부터의 유리, 그리고 학교화된 교육 계획이 비판의 초점이 되었다. 70년대에 이에 대신하는 구상이 교사와 학자의 공동 작업을 통해 나왔다. 그것은 아동의 실제 생활 조건을 교육적 추진의 출발점으로 삼는 것으로 학습 내용의 변화뿐 아니라 유아원 제도 자체의 변화를 가져왔다. 그 후 10년 동안 이 개혁 캠페인에 수천 명의 교사들이 참여하였고, 초기 아동기 학습에 대한 새로운 이해를 갖게 했는데, 그 특징은 다음과 같다.

1. 학습과 경험은 아동의 생활 조건과 밀접하게 관련되므로 가능한 한 그러한 조건을 마련하여 그 조건 내에서 아동을 자립적이고 현실적으로 대해야 한다.

2. 사회적 학습과 사실 연관적 학습이 중요하다. 지식과 기술의 획득은 사회적 학습 이후의 문제이며 가능한 한 학습은 사회적 연관을 맺는 형태로 이루어져야 한다.

3. 연령 혼합 집단에서의 활동이 연령 동질 집단에서의 학습 조직에 우선한다. 연령 혼합을 통해서 아동들간의 교류와 경험 전달은 더 강하게 이루어지며 위계적인 교수·학습 관계로 극복될 수 있다.

4. 부모와 다른 어른들이 유아원 교육 활동에 참여한다. 부모는 자녀와 생활 조건을 공유한다. 따라서 그들은 자신들이 실생활에서 얻은 능력을, 아동을 위한 교육 활동에 도입할 수 있으며 동시에 함께 배울 수 있다.

5. 아동들도 교육 활동을 계획하는 데 참여한다. 어른과 아동의 관계는 전통적인 교수·학습 관계가 아니라, 어른과 아동이 공유하는 경험과 커뮤니케이션 과정이다. 더 이상 교사 혼자서만 전문가적 역할을 하지 않는다.

6. 생활 조건을 위한 학습이란, 유아원 밖의 활동 영역에서의 학습도 의

미한다. 따라서 학습 장소는 지역 사회 내 모든 활동 계획에 대해 개방적이며, 개혁된 유아원들은 지역 사회의 중심이 된다.

7. 일과 계획은 개혁이 시작되기 전보다 더 개방적이다. 일과는 고정적인 절차에 따라서 진행되는 것이 아니라 상황에 따라서, 그리고 소집단 지향적으로 진행된다.

8. 개혁된 유아원의 설비는 훨씬 자극적이고 독창적이며, 덜 삭막하다. 통로가 활동 공간으로 변하는 등 기능적 분리는 부분적으로 제거되고 집단 공간은 다양한 학습 영역과 경험 영역으로 개조된다.

구체적 예를 들어 보자.

한 부인이 휠체어를 탄 채 유아원을 지나치게 된다. 몇몇 아이들이 창문으로 내다보고는 웃어 댄다. 그 부인은 되돌아와서 교사와 이야기를 나눈다. 그녀는 아이들과 함께 놀면서 아이들에게 장애아가 된다는 것과 휠체어에 앉아 있는 것이 어떤 것인지 보여 주겠다고 나선다. 사람이 다리를 쓸 수 없다면, 보지 못하고 듣지 못한다면 어떨까. 그 부인은 여러 날을 아이들과 함께 논다. 그러다가 아이들은 자기들 집단에 장애아가 없다는 사실을 깨닫는다. 그러나 이웃에 장애아가 한 명 있다는 것을 알아낸다. 그리하여 교사와 아이들은 이 가정과 관계를 맺는다. 그 후 얼마 지나지 않아 장애 아동은 그 집단에 자연스럽게 받아들여진다.

두번째 예는 '시내에서 길 잃기' 예이다. 아이가 백화점 안에서 길을 잃는다. 어머니가 눈앞에 보이지 않자 그는 공포에 질린다. 유아원에서는 아이들이 길을 잃는 상황에 대비하여 다음과 같은 계획을 세웠다.

계획 1: 한 집단은 백화점으로 가서 누구에게 길을 물어 볼 수 있으며, 어디로 가야 할까 논의한다. 아이들은 상품 뒤에 숨어 있고 한 아이가 용감하게 나서서 길을 물어 안내대까지 찾아간다. 그곳에서 방송으로 알린다.

계획 2: 부모와 교사가 아이들과 함께 길 잃기와 다시 찾기 놀이를 꾸민다. 부모는 동행인 역할을 하는 것이며, 아이늘의 과제는 두 십난으로 나뉘어 미지의 장소 A에서부터 유아원까지 도달하는 것이다. 150m 간격으로 '통행인'이 표시로 신문을 들고 있고 횡단 보도나 두 갈래 길에서는 모두 특별히 조심한다.

이런 예들은 교육 기관들이 더 이상 생활과 단절된 게토 지역이 아니라는 것을 보여 준다. 아이들을 전처럼 어른들의 생활에 참여시키고, 교사들은 사회 사업가이자 지역 사회 개발 담당자가 되며, 교육 기관이 지역 사회의 중심이 되는 것이 얼마나 중요한지를 가르쳐 주고 있다. 이러한 유아원 교육은 패쇄성에 개방성을 대비시키려는 시도 중 하나의 예일 뿐이다. 이런 시도는 현재 '이유 학교'라는 표어를 내건 초·중등학교에서 또는 '지역 연관'이라는 표어를 내건 대학교에서도 활발하게 시도되고 있다.

여기서 시험과 평가 제도의 유해함에 대해 잠깐 언급할 필요가 있다. 평가는 학생들의 성취에 대한 신뢰성 있는 판단을 내리는 데 객관적으로 쓸모 있는 도구가 아니라는 연구들이 쏟아져 나오고 있다. 그러나 여전히 평가야말로 아동의 미래에 관한 확실한 예견을 제공해 준다는 생각이 지속되고 있다.

교사는 글짓기 과목에서도 최고점과 최하점을 매긴다. 만약 학생의 이제까지 성적에 관한 정보를 미리 알려 주면, 교사는 빗나간 평가를 내리게 된다는 사실을 우리는 잘 알고 있다. 학기중에 교사를 교체시키면 점수가 완전히 뒤죽박죽이 된다는 것도 이미 알려진 사실이다.

그러면 평가에 대신할 수 있는 것은 무엇인가? 그것은 숫자를 대신하여 학생이 무슨 공부를 했으며 무엇을 배웠는지를 기록한 장문의 글을 적는 방법이다. 학습 과정을 기술하고 판단하는 것은 극히 중요하다. 이에 필요한 기술을 교사들은 배워야 하고 교사 교육 과정에 포함시켜야 한다. 안일한 점수 매기기를 갖가지 문장으로 바꾸는 일은 쉬운 일이 아니다. 처음에 교사들은 이런 작업을 거북해 하고 반대할 것이다. 그러나 산업 사회는 항상 허위적인 평가에 대항하여 정확한 관찰에 의존하여 향상되어 온 것인만큼 이는 반드시 실시되어야 한다.

삶과 관련된 새로운 교과 과정

세계는 너무나 급속히 변화되었으며, 가능한 지식은 너무나 확장되었기 때문에 우리는 우리가 배우고 싶은 것을 새로이 선택해야 하는 지점에 와 있다. 다음의 네 가지 문제가 오늘날 세계의 주요 문제이다.

첫째, 전쟁이 세계의 파멸을 의미하는 핵무기 시대에 어떻게 평화가 보장될 수 있는가?

둘째, 기술 개발로 인해 점점 더 환경이 파괴되는 이 시대에서 어떻게 환경을 보호할 수 있는가?

셋째, 어떻게 기술과 계몽의 변증법으로 기술의 양면성을 해결해 갈 수 있을까?

넷째, 어떻게 사회적 불평등을 제거하여 사회 정의를 실현할 수 있을까?

이와 같은 절실한 문제를 종래의 교과 과정은 비껴서 외면해 왔다. 기존의 교과 과정은 낡은 학교가 남긴 유산이다. 부유한 세계로부터 유포된 허구이다. 필리핀의 알파벳은 'Apfel'(사과)의 'A'로 시작되는데 아이들은 이 과일을 결코 본 적이 없다. 이렇게 낡은 교과 과정은 다방면으로 허구적인데다가 일단 시험을 치른 후에는 다 잊어버린다. 학생과 현실 사이에 교수법적인 여과 장치가 끼어들고, 제시된 과제들은 항상 분명한 해답을 갖고 있다. 과제들은 확실한 듯 보이지만 바깥의 '생활 속에는' 존재하지 않는 것이다. 낡은 교과 과정은 문교부 위원회가 작성한 것이다. 위원회는 '서양'의 교안을 지향한다. '서양' 교과 과정은 '인문학'과 '자연 과학'을 분리시키며, 자본주의적 이해 관계 내에서 요구되는 고립적인 능력을 기른다. 수학적 조작은 훈련시키되 그것의 사회적 연관성은 묻지 않는다. 기계의 기능은 설명하되 그들이 작업하고 있는 것이 어떠한 사회적 결과를 초래할 것인가 하는 설명은 없다.

낡은 교과 과정은 궁극적으로 학생의 사회적 선택을 강제 집행하며, 시험 준비와 시험의 연속에 꼼짝달싹 못하게 한다. 가난한 아이들이 제자리를 맴도는 동안에 부유층 아이들은 점점 더 고약해지는 경쟁을 참고 견딘다. "우리 엄만 날 아침에는 유치원에, 오후에는 학원에, 저녁에는 개인 교사에게 보내요." 시달림을 당하는 어느 필리핀 부유층의 네 살된 아이의 말이다. 홍콩의 사회국 보고에 의하면 그 나라 세 살짜리 유치원생의 매일 평균 숙제 시간은 30분에서 1시간 반 사이라고 한다. 게다가 학교처럼 공부 시간을 짜놓은 유치원에 몇 시간 동안이나 갔다 온 다음에 하는 숙제이다. 인도에서는 교사가 오선에 공립 학교에서 교과 과정을 가르치고 다시, 오후에 똑같은 과정을 거의 같은 아이들에게 시험 준비를 목적으로 다시 한 번 가르친다. 다시 말하면, 가난한 아이들은 오후 수업에 빠지는데 그들은 과외 교습을 누릴 처지가 못되기 때문이다.

그러면 이제, 새로운 대안적 교과 과정의 철학을 정리해 보자.

첫째, 교과 과정은 주민 집단과의 협동 작업을 통해 만들어진다. 문제 상황이 탐구되고 분석되며, 목표가 결정된다. 교육 계획들은 문제 상황의 극복과 해명, 그리고 평화·환경 보존·사회 계약·기술의 이용 등과 관련된 기초적인 지식과 지혜를 다룬다.

둘째, 새로운 교과 과정은 소외 계층을 위한 것이어야 한다. 말하자면 세계 변혁을 위한 투쟁의 실현이어야 한다. 그것은 사회·정치적인 운동일 수 있을 뿐이다.

셋째, 새로운 교과 과정은 신화에서 탈피하여 새로운 정체성의 개발에 대하여 질문한다. 전통에 대한 정태적인 이해를 지양하고, 그 속에 미래의 핵심이 숨겨져 있다는 것을 환기시킨다.

넷째, 새로운 교과 과정은 낡은 교과 과정을 뒤집는다. 학습자는 더 이상 지식 입문적으로 뒤떨어진 자로서 남아 있지 않고 상황 설명과 변화에 이바지하는 새로운 인식과 방법을 제공하는 데 참여한다. 아동이 학문적 훈련을 그대로 따르는 것이 아니라 학문이 아동과 그 가정의 현실에 따라서 새롭게 밝혀져야 한다.

다섯째, 새로운 교과 과정은 낡은 교과 과정이 조직적으로 파괴시켰던 사회적 연관을 회복시킨다. 교과목들은 주요 문제에 따라 새롭게 명명된다. 과목들은 사회적 맥락을 끊어 버린 수학이 아닌, 사회 수학, 사회 물리, 사회 화학을 포함한다. 과목들은 문제의 해결 방법을 찾는 데 필요한 차원에서 다루어진다.

여섯째, 새로운 교과 과정은 민중의 현존하는 경험과 지혜에 의존한다. 가정 비상약을 손수 만드는 방법을 배우기 원하는 사람은 현대적 의사에게서 배우는 것보다 민간 약사에게서 훨씬 많이 배울 수 있다.

일곱째, 새로운 교과 과정은 학습과 그 지형의 변형, 지역 사회의 발전, 소외 계층의 사회·정치적 조직을 연결시킨다. 이는 곧 두뇌와 손을 함께 쓰는 학습이다. 이러한 교과 과정은 학습 동기를 인위적으로 만들지 않아도 되고, 언제든지 사회·문화적 행위로 전환될 수 있는 지적 토대를 마련한다.

여덟째, 새로운 교과 과정은 현실과 단절되지 않으며, 교수법상의 여과 장치를 그 사이에 끼워 넣지 않는다. 새로운 교과 과정은 다음과 같은 학습 유형을 선호한다. 새로운 결정을 내려야 하는 불확실한 위급 상황에서의 상황을 연출해 내는 것이 아니라 실제 상황 자체를 학습의 장으로 지각하는 학습, 학습이 실제적이며 동시에 이론화되는 상황 극복과 연결되는 학습 등이다.

아홉째, 새로운 교과 과정은 지역 문화를 중시하며 분산적, 지역적, 향토적으로 이루어 간다. 예를 들어 니카라과의 미스키토 인디언에게 스스로를 주장하게 하고, 그들의 역사를 보다 잘 이해하도록 돕는 교과 과정을 만든다.

열째, 새로운 교과 과정은 한두 번으로 이루어지는 것이 아니라 계속적인 진행 과정을 통해 거듭 새롭게 만들어진다.

지역 사회 교육과 공동체

지역 사회 교육 운동은 학습과 지역 사회 발전을 더욱 견고하게 연결시키려는 시도로서, 교육을 생활과 지역 사회 발전의 일부분으로서 파악하고자 한다. 학교와 지역 사회 사이의 담들은 허물어지고, 학교는 스스로를 안팎으로 개방하여 젊은이와 노인을 위한 지역 사회의 활동 중심지가 된다. 또한 학교 교육과 성인 교육을 통합하며, 학습은 학교에서뿐만 아니라 지역 사회 내에서도 이루어진다.

이러한 노력은, 공동체적인 상황 변혁의 표현으로 이해될 수 있을 것이다. 서독에서는 요즈음 하나의 사회 안에 두 개의 사회가 발전하고 있다. 하나는 경제적 번영과 중단 없는 경제 성장에 대한 확신을 갖고 있는 초산업화의 사회이며, 다른 하나는 지성적인 생활 경제 사회, 즉 후기 산업 사회의 생활 방식으로 진입하려고 첫걸음을 내디딘 사회이다. 지역 사회 학교는 이 두번째의 경향을 표현하는데, 변혁의 원동력을 지역적인 수준에 두고 있다. 블로흐(Ernst Bloch)는 가장 가까운 곳을 간파하기 위해서는 가장 잘 보이는 망원경이 필요하다고 말했다. 지역 사회 학교는 가장 가까운 곳에서 세계의 모순을 파악·해결하고자 한다.

그러한 학교의 하루는 정규 학교와는 매우 달라 보인다. 오전에 벌써 어른들이 학교에 와서 학급에서 함께 배우고 시험 준비를 하든지, 그들 자신의 행사를 치르는 것을 볼 수 있다. 6세 꼬마들이 강당에서 생일 잔치와 제비 뽑기를 즐기는 걸 보면서 학교에서 마련해 놓은 계획들을 수행할 수 있는데, 예를 들면 학생에 관한 일이라든지, 이웃 센터를 개축하는 일이라든지, 병자들을 위한 식사 당번을 조직하는 일이 될 수도 있다.

이때 학교는 학교·민중 대학·휴양소·지역 사회의 회관이 섞여 있는 것과 흡사한 모습이다. 오후 중간쯤 좀 한가해지다가 저녁 무렵에 학교는 다시 활기를 찾는다. 아이들보다 어른들이 더 많이 오는데, 그들은 한편으로는 재미 삼아, 다른 한편으로는 일상적인 문제들을 해결하려는 생각에서 모임을 만든다. 토론 내용을 살펴보면, 그 지역 사회가 갖고 있는 모든 관심을 포괄하고 있다. 예를 들어 어학, 전기, 대체 에너지 획득을 위한 코스, 무술, 민속춤, 고고학 코스 등이다. 이러한 학교는 또한 문화적 중심으로서 공동체 내 문제 해결을 위한 적극적 토론의 장소를 마련한다.

이러한 운동은 학교의 변혁을 훨씬 넘어선 것으로 지역 사회 내에 학습 장소가 서로 연결되었다는 점에서뿐 아니라 그 효과가 자치 단체의 차원에까지 다양하게 나타난다는 점에서 주목을 끈다. 자치 단체들이 교육 정책에 진정한 관심을 갖게 된 것은, 그들이 오랫동안 학교에 대해서 다만 관리인 기능을 하고 난 뒤였지만 이 방향으로의 변화는 매우 고무적이다.

지역 사회 교육은 중앙 집권주의에 대한 저항 운동이며, 학습 과정의 지역적 기안을 위해 싸우고 지역적 문제 설정을 지향하며 지역 문화의 개발을 위해 싸운다. 동시에 지역 사회 교육은 지방적이기만 해서는 안된다. 서독의 평화 운동과 생태계 운동이 보여 주는 것은, 세계적 규모에서의 생태계 문제 또는 무력화 문제를 자기 집 주변에서 볼 수 있는 자연의 황폐화 또는 가까운 이웃의 중거리 로켓 배치 문제에서 지역적으로 표현한 것이다. 말을 바꾸면, 세계의 문제는 가장 가까운 곳에서부터 인식될 수 있다는 말이다.

새로운 경제학에 토대를 둔 생산 학교

우리의 현 교육 체제는 사실상 고용 체제에 순응하는 지적 무산 계급을 길러 왔다. 제도 교육을 받을수록 그들의 머리 속은 지역 사회 교육 운동을 벌이는 데 있어 쓸데없는 지식으로 채워졌다. 이제 우리가 전통적으로 가져왔던 노동 중심의 사회관이 보다 포괄적인 생활 중심의 사회관으로 바뀌어 감을 볼 수 있다. 노동 차원에 국한하여 보더라도 인간이 들이는 노동 시간은 점차 감소되는 기계 자동화 시대에 들어섰고 이에 따라 인간적 삶의 충족은 노동에서보다 일반적인 삶의 질에서 실현될 시대가 오고 있다. 이제 인간은 '새로운 일을 창출해 내는 일'을 주로 해야 할 것이고, 이에 따라 교육은 인간의 잠재력과 활동 영역의 폭을 넓히는 데 주력해야 할 것이다.

제3세계의 여러 나라들, 즉 나라 경제가 외부 세략에 의해 크게 좌우되거나 노동 운동이 없었기 때문에 아직은 19세기적 자본주의 형태가 지배하는 나라에서는 이런 논의가 별 해답이 없는 문제들로 들릴지 모른다. 그러나 경제적 자생 능력에 대한 과제는 유럽 국가들에서건 제3세계의 경우건 새로운 경제학의 출현을 토대로 해야 할 것으로 보인다.

여기서는 또 하나의 새로운 경제학, 즉 후기 산업적인, 후기 마르크스주의적인 경제학을 학습하는 일이 중요해진다. 특히 경제적, 사회적으로 의미 있는 노동을 하는 자영적 활동이 부각된다. 결론을 대신하여 한 생산적 지역 사회 학교의 예를 들겠다. 생산적 지역 사회 학교는 독일에서는 아직 시초에 불과하지만, 필리핀이나 브라질 같은 나라에서는 현재 상당히 발전하고 있는 형편이다. 생산적 지역 학교에서는 교육학과 생산의 통합이 시도되고 있다. 인습적 기업과 인습적 학교의 입장에서 생각한다면 이런 통합은 도저히 불가능할 것이다. 이들 생산 학교는 '학습과 소득'을 연결시킨다. 그들은 쓸모 있는 물건만을 만들고 싶어하며, 동시에 학생과 교사의 생계에 보탬이 되기를 원한다. 또한 잉여 이익금을 가지고 사회적으로 의미 있는 계획을 세우고 그럼으로써 지역 사회 개발에 참여한다.

이러한 학교는 종래의 기업 개념을 따르지 않는다. 여기서는 모든 공동 협력자의 지혜와 선구적 지식을 그 기본적 생산 요소로 삼는다. 공동 참여자들은 사회적 책임하에서 생산하고, '고품질'을 지향하며, 구매자가 확실한 품질과 사용 가치에 맞는 가격으로 사게끔 노력한다. 이 생산 학교는 생각하는 기업으로서 탐구적인 학습 유형을 실천하며, 사회・경제학적 상상력을 자유로이 구사하고, 유용한 경험 시항직인 학문 인식이 뿌리를 내릴 수 있도록 애쓴다. 생각하는, 활동적인, 그리고 탐구 학습의 태도가 몸에 밴 성원들로 이루어진 이러한 기업은 위기에 무력한 전통적인 학교 교육의 입장을 거부한다. 생산 학교의 기본 개념은 과정적인 자질 부여로서,

이는 새로운 상황에 처했을 때 고도의 기동력과 적응력을 발휘하는 면을 포용하는 개념이다. 이 원리에 따라 이루어지는 생산 학교는 인습적인 기업의 생산력을 능가하며 보다 큰 공동체적 가치 창출에 성공한다.

제3세계 국민의 관심은 여기서 선진 산업 국가들의 관심과 마주친다. 제3세계의 국민들이 생산성을 높이고 광범위한 토대를 정비하는 데 관심을 가지는 반면, 서방 산업 사회에서는 지역 사회 운동에 대한 관심이 증가하고 있다. 그리하여 반생산적인 태도를 취하는 게 아니라 다른 모델, 이른바 생산의 후기 산업적 모델을 개발하고 그럼으로써 오늘날 산업 사회에 팽배한 천박한 근대화 사고로부터 탈피할 여지를 열어 주고 있는 것이다. ■

실험 교육

컴퓨터와 함께 자라는 아이들*

쉐리 터클(허향 옮김)

이 글은 『제 2세대』라는 컴퓨터 세대 연구 서적 가운데 한 장을 골라 번역한 것이다. 이 장은 국민학교에서 컴퓨터를 도입함으로써 아이들의 개성이 보다 두드러지게 나타나고 인정받게 된다는 것, 전통적 과학주의를 넘어서서 보다 유연한 예술적인 사고가 과학과 융화되어 새로 태어나게 된다는 것, 아이들이 보다 다양한 친구 관계를 맺게 된다는 것에 대해 논의하고 있다. 어쩌면 우리와 아직은 거리감이 느껴지는 이야기로 들릴지 모르는 내용이나 한편 우리에게 선뜩 다가올 내일의 문제일지도 모른다. 아이를 기르는 모든 이에게 어린이의 심리와 개성, 그리고 정보화 사회에 대해, 나름대로 생각해야 할 과제를 던져 주는 글이라고 여겨져 여기에 싣는다.

컴퓨터와 이야기하는 세대

컴퓨터 앞에 서서 그것을 다루고 있는 네 살 먹은 아이들 보라. 로빈이라는 이름을 가진 이 아이가 다니는 유치원에서는 컴퓨터를 가르친다. 우리는 흔히 텔레비전에 붙어 앉아 화면에 정신을 빼앗긴 아이들에 대해 걱정한다. 텔레비전 프로그램 내용이 아이들에게 어떤 영향을 줄 것인가? 폭력적인 것인가? 싱직인 것인가? 교육직인 깃인가? 등등 그 프로그램 내용에

---

* Sherry Turkle, "The First Generation," *The Second Self-Computers and The Human Spirit*(London: Granada Pub, 1985). 옮긴이 허향은 여성학을 공부하였다.

관심을 기울인다. 그러나 로빈은 화면을 수동적으로 보고 있는 것이 아니다. 그 아이는 복잡한 매체를 다루고 있는 것이다. 컴퓨터 앞에 있는 어린 아이는 우리에게 또 다른 불안을 안겨 준다. 보통 천진 난만한 아이들은 주로 집 밖에서 자유롭게 뛰어 놀아야 하고, 기계란 집 안에 있는 것으로 생각해 왔기 때문에 기계와 아이가 너무 가깝게 어울리는 데서 불안한 것이다.

우리는 로빈에게서 또 한 가지 새로운 모습을 보게 된다. 그는 컴퓨터 게임을 하듯이 손잡이를 돌리거나 버튼을 눌러서 컴퓨터를 다루지 않고, 컴퓨터에 지시를 하기 위해 글자를 쳐 넣으면서 메시지를 주고 있다. 그 아이는 힘겹게 천천히 치는데, 그것은 어렵고 힘들어서가 아니라 그 소년이 컴퓨터와 얘기하면서 치기 때문이다. 아주 어릴 적에 이 아이는 컴퓨터를 다루는 중에 저절로 글자 쓰는 법을 배우게 된 것이다.

컴퓨터는 벌써 새로운 문화의 상징이 되어 우리 곁에 다가와 있다. 각 학교에 컴퓨터가 설치되어 있고, 어린아이들은 컴퓨터 전문가가 되어 가고 있다. 지금 자라나는 로빈과 같은 아이들을 우리는 컴퓨터 세대라고 부르며, 그들과 기성 세대 간의 차이는 현격하게 나타나고 있다.

이런 상황 속에서 우리는 새로운 관찰을 하게 된다. 즉 많은 아이들이 컴퓨터를 다루고 있지만 서로 다른 방법으로 다루고 있으며, 각각의 아이들이 다루는 방법을 자세히 살펴보면 그 방법은 그들의 성장 과정에 따라 크게 다르다는 사실이다.

학교의 컴퓨터는 아이들에게 항상 개방되어 있다. 아이들은 여러 종류의 컴퓨터 언어로 프로그램을 짠다. 각 반에는 프로그램 짜는 일에 특히 관심이 많은 아이들이 몇몇 있다. 이 아이들은 이 분야에서는 전문가이며, 심지어 교사보다도 전문가이다. 이러한 컴퓨터쟁이 집단은 자연 발생적으로 형성되는데, 특히 이런 집단의 아이들은 수학·전자학 혹은 전문적 과학 기술 분야에 강한 흥미를 가지고 있다. 컴퓨터를 자유롭게 만질 수 있게 해 놓은 학교일수록 컴퓨터에 깊이 몰두하는 아이들이 많다. 이런 가운데서 아이들은 각기 나름대로 프로그램 짜는 방식을 발전시킨다. 아이들이 컴퓨터와 상호 작용하는 것을 통하여 우리는 그들의 지적 타입과 인성과의 관련성을 파악할 수 있다. 한 학교를 선정하여 알아보기로 하자.

사립 학교인 오스틴 학교에서는 컴퓨터를 교과 과정에 넣지 않고 누구나 자유롭게 접근할 수 있도록 해놓았다. 그래서 어떤 아이들이라도 자기가 원하면 자유롭게 프로그램을 짤 수 있다.

교사는 학생들보다 아는 것이 많으며 교사의 역할은 학생들의 학습 동기를 높이도록 이끌어 주는 것이라는 생각이 이제까지의 통념이었다. 그러나 많은 컴퓨터를 보유하고 있는 이 학교의 경우는 이와 다르다. 이 학교 아이들은 컴퓨터에 대한 학습 동기나 탐구 열정이 아주 대단해서, 교사의 가르침 없이도 자연스럽게 컴퓨터와 친숙해지며, 깊이 탐구해 들어간다. 또 다른 또래들을 보면서 많은 것을 해결해 간다. 교사들이 할 일은 다만 가끔씩 새로운 영역으로 이끌어 주는 일뿐이다.

아이들이 흥미 있어 하는 영역 가운데 하나는 화면에 여러 그림들이 나타나도록 프로그램을 짜는 그래픽이다. 이 학교에서 사용할 수 있는 그래픽 체계는 32종류의 그림 원본을 가지고 있어, 지시어로 화면에 다양한 그림들이 나타나게 할 수 있다. 각각의 그림 종류에 따른 번호를 선택하고, 색과 모양을 지시하면서 아이들은 자신들이 원하는 그림들을 그려 낸다. 아이들은 새로운 모양을 디자인해서 만들어 낼 수도 있고, 또 그런 모양에 속도와 방향을 주어 움직이게 만들 수도 있다. 그렇게 속도와 방향을 주어 움직이게 만드는 프로그램은 2학년 학생들에게 너무 어렵고 복잡하다. 그들은 각도의 개념을 이해하지 못하기 때문이다. 그러나 게리라는 2학년 학생은 상급생들이 하는 화면을 보고 그 기법을 스스로 터득하였다.

게리는 자신이 터득해서 다루고 있는 것이 각도라는 사실을 알지는 못한다. 그러나 자신이 이미 알고 있는 코드와 각도 개념을 일치시키는 방법을 스스로 찾아낸 것이다. 전통적인 학교 수업 도구인 책과 공책에 비교해 볼 때 컴퓨터 학습은 아이들에게 스스로 참으로 많은 것을 배우게 한다.

오스틴에서 우리는 일반 학교에서 볼 수 없는 특수한 지적 집단이 성장하고 있음을 알 수 있었다. 이 아이들은 매우 다양한 인성과 흥미를 나타내며 프로그램 짜는 스타일에서도 많은 차이를 보인다. 그중 제프와 케빈을 보라.

4학년생인 제프는 학교에서 컴퓨터 전문가로 알려져 있으며 학생회 회장이기도 하다. 제프는 우주 위성 프로그램을 짠다. 그는 미리 계획을 세워서 프로그램을 짜는데, 그가 짜는 내용은 주로 로켓 우주 여행 등이다. 이런 내용을 미리 생각해 놓은 계획에 맞춰 짠다. 우리가 일반적으로 생각하는 컴퓨터 공학자, 과학자—즉 기계도 잘 다루고, 과학도 잘하며 자신의 확신과 계획을 가지고 세계를 구상하는 사람—란 바로 이런 아이리라.

케빈은 제프와 매우 다르다. 제프가 모든 행동에 있어 정확한 반면, 케빈은 꿈이 많고 직관적이다. 케빈의 성격은 따뜻하고 온순하며 타인에 대한 관심이 많다. 그래서 그런지 인기가 좋다. 그는 싸움이나 경쟁을 좋아하지 않는다. 제프는 어려서부터 주로 탱크, 자동차, 자전거 등 기계류를 가지고 놀았지만, 케빈은 이런 것들을 가지고 놀지 않는다. 그는 이야기를 좋아하고 책 읽기를 좋아한다. 또한 케빈은 나무 이름들을 많이 아는 것에 자부심을 느끼며, 예술적이고 사색적이다. 제프는 어떤 것에 대해 질문을 받으면 '잘하는 방법,' '맞게 하는 방법'을 얘기한다. 컴퓨터 게임에서 보면 제프는 '우주 침입자'를 쳐부수는 전략을 주로 얘기하는 데 비해, 케빈은 그 게임을 하면서 어떤 느낌이 들었는가에 대한 자신의 주관적인 경험을 얘기한다. 그는 게임을 좋아하지 않는다.

케빈도 제프처럼 우주 공간을 그래픽하고 있지만 제프와 다르게 한다. 제프는 로켓 그림의 아주 미세한 부분에 대해서는 그리 관심을 두지 않는다. 그가 중요시하는 것은, 전체적으로 복잡한 체계의 그림을 만들어 내는 것이다. 이에 반해 케빈은 좀더 미적인 면에 관심을 가진다. 그가 우주 공간을 그래픽할 때 주의하는 것은 그림의 시각적인 효과이다. 그는 새로운 아이디어가 떠오르면 계획을 계속 바꾼다. 그래서 그의 프로그램 짜는 방식은 체계적이지 않다. 그는 완전한 계획을 미리 만들어 놓지 않고 즉흥적으로 수정해 가면서 그래픽을 해간다. 제프는 프로그램을 짜기 전에 완벽한 계획을 세우고, 그 계획으로 프로그램을 짜 나가다가 실수를 했을 때는 자신을 책망하며 그 계획에 따라 그의 기술상의 실수를 고치려 애쓴다. 그러나 케빈은 실수했을 때 제프만큼 자신을 책망하거나 분개하지 않는다. 오히려 그 실수를 고치면서 그 실수에서 비롯된 새로운 시각적 효과를 발견하고 그것에 관심을 기울인다. 그래서 케빈은 자신의 실수로 새로운 아이디어를 얻기도 한다. 실험적으로 다른 색도 써보고, 그림들을 다른 위치로 배치해 보면서 그는 새로운 아이디어를 얻게 되며, 그럼으로써 그래픽을 발전시킨다. 케빈은 다른 모양, 다른 색, 다른 속도 등 많은 새로운 시도를 해보려 한다. 그는 그 그래픽을 발전시키고자 하는 열망을 가지고 있기 때문에 자신의 많은 실수들을 받아들인다. 그런 방법으로 케빈은 프로그램을 짠다.

다양한 성향에 따라 달라지는 프로그래밍 스타일

제프와 케빈의 스타일은 문화적인 극단을 보여 준다. 일반적으로 현재 과학 기술 분야는 제프와 같은 사람들에게 해당되며, 예술과 인문 분야는 케빈과 같은 사람들에게 해당되는 것으로 간주되어 왔다.

그러나 같은 컴퓨터로 프로그램을 짜는 케빈과 제프를 관찰해 보면, 두 가지 매우 다른 '성취'가 이루어지는 것을 알 수 있다. 물론 케빈도 제프처럼 우주 공간을 만들어 내기 위해 수학적인 것, 각도, 모양, 속도, 그리고 이들의 조합들을 터득한다. 그러나 이런 것들이 케빈과 제프에 있어 다른 목적을 위해 쓰인다. 그들은 이런 것들을 이용해서 각기 다른 스타일로 프로그램을 짠다. 제프와 같은 스타일을 '하드 마스터리'(hard Mastery), 케빈과 같은 스타일을 '소프트 마스터리'(soft mastery)라고 부를 수 있겠다.

하드 마스터리에 있어서, 기계란 이미 계획된 것을 달성해 내는 수단이며 프로그램이란 계획된 통제의 도구이다. 프로그램은 주고받는 대화에 의해서가 아니라 프로그램 짜는 사람의 일방적인 의사에 의해서 짠다. 세부적인 잘못을 수정하는 융통성도 가지지만 목표는 항상 이미 계획된 것을 실현하는 데 있다.

소프트 마스터리는 보다 상호적이다. '하드' 방법이 공학자의 방법이라면 '소프트' 방법은 예술가의 방법이라 할 수 있다. '소프트' 방법은 일단 시도한 후에 응답을 기다리고, 다시 시도하는 방법으로 상호간의 대화로써 행하는 방법이다. '하드' 방법을 쓰는 사람은 이미 계획된 아이디어로만 생각하며, '소프트' 방법을 쓰는 사람은 주어신 요소들을 계속 재배열하면서 문제를 해결해 간다. 따라서 '소프트' 방법에 의해 만들어 내는 결과는 새롭고 놀라운 것일 수가 있다.

우리는 흔히 컴퓨터 프로그래밍은 케빈보다는 구조적이며 설계적인 방법을 쓰는 제프 쪽에 더 직합하다고 생각해 왔다. 그러나 사실상 컴퓨터 프로그램을 짜는 스타일은 매우 다양하다. 제프와 케빈의 경우를 세밀히 관찰하면, 컴퓨터 다루는 스타일이 곧 개인의 성향을 나타내는 것임을 분명히 알 수 있다. 즉 세계를 대하는 방법, 문제를 해결하는 방법, 혹은 위험에 대처하는 방법 등을 알 수 있다. 프로그램 짜는 스타일이 인성 스타일의 표현인 것이다. 예를 들어 '하드 마스터'는 세계를 통제할 수 있는 것으로 보려는 경향이 있다. 제프는 대중적이고 사교적이지만, 회의를 주도하는 회장이 되고자 한다. 이런 류의 사람들은 어릴 때 주로 스스로 조작할 수 있는 장난감을 가지고 놀기를 좋아한다. 그러나 이들은 운동장에서 서로 '주고받는' 놀이에서는 어려움을 겪는다. 다른 사람과 조정하고 타협해야 할 필요가 있는 상황에서는 긴장을 한다. 이들에게 컴퓨터는 큰 만족감을 준다. 프로그램을 짤 때는 자신의 의지대로 할 수 있기 때문이다.

'소프트 마스터'들은 세상을 직접 통제하기보다는 세상과 '조화'하려 한다. 이런 아이들은 모형 기차나 조립 세트보다는 장난감 병정이나 인형을 가지고 놀기를 좋아한다. 이들은 어른들의 세계를 모방하여 카우보이 모자나 옷을 입힐 수 있는 인형들을 가지고 다른 아이들과 환상적인 놀이를 한다. 그러는 과정 속에서 이들은 타협과 절충, 그리고 감정 이입을 배운다. 이런 '조화'하는 스타일은 프로그램을 짜는 방법에서도 상호적인 성향이 표현된다.

여성적인 소프트 마스터리와 남성적인 하드 마스터리

지금까지는 성별에 의한 비교 없이 소년들의 예로 '하드' 방법과 '소프트' 방법을 설명하였다. 일반적으로 소녀들은 '소프트 마스터'에 속하며, 소년들은 거의가 '하드 마스터'에 속한다. 소녀들은 컴퓨터를 대화하고 타협할 수 있으며 반응할 수 있는 심리적 대상으로 보는 편이다. 소녀들을 우리가 '소프트 마스터'들이라고 말할 수 있는 일차적 이유는 우리 문화가 소녀들을 소프트 마스터의 성향으로 교육해 왔다는 데 있다. 즉 타협과 화합, '주고받음'을 미덕으로 가르쳐 왔다. 반면 남아에게는 자기의 의지를 갖도록 하며 결정권을 행사할 수 있는 성격을 갖도록 강조해 왔다. 따라서 아이들은 사물을 대할 때 서로 다른 태도를 보일 수밖에 없다. 즉 소녀들은 인형을 가지고 놀 때 인형을 지시하는 대상으로 생각하지 않고, 돌봐 주어야 할 어린아이로 생각한다. 소년들에게 주어지는 선물의 대부분은 조립식 전기 장난감들이며 이것들 모두 소년들에게 건설자, 지휘자, 통제자의 역할을 부여한다. '협상'을 가르치는 인형과 '통제·조작'을 가르치는 전기 장난감 세트 등의 장난감을 통해 우리는 성의 차이란 아이들에게 어떤 장난감을 주는가, 또 어떤 행동 모델을 주는가에 따라서 드러나게 되는 사회 구조의 산물임을 알 수 있다.

세상을 다루는 스타일의 또 다른 차이는 어렸을 때의 모자 관계에 그 근원을 두고 있다. 대상 관계 이론(Object Relations Theory)은 이런 관점에서 성차와 마스터 스타일과의 상관 관계를 잘 설명해 주고 있다. 갓 태어난 영아들은 어머니와 매우 밀착되어 있으며, 자아와 타자에 대한 구분이 명확하지 않다. 따라서 자아와 바깥 세계와의 분리를 경험하지 못한다. 그러다가 점차 어머니로부터의 분리 의식이 발전되어 가면서 분리가 일어난다. 즉 나는 어머니가 아니고, 따라서 여자가 아니라는 의식이 형성되어 간다. 이때까지의 경험은 여아, 남아에게 공통적이다. 그러다 남아의 경우 어머니와의 성적 친밀 관계에서 아버지를 의식하게 되면서 아버지와 동일시함으로써 어머니와의 친밀 관계를 포기하게 된다. 이렇게 해서 남아의 경우 어머니로부터의 분리는 두 번 일어난다.

이러한 분리를 객관화(Objectivity)라고 할 때 남아는 이런 객관화를 여아보다 더 일찍 더 많이 경험한다. 이에 비해 여아는 남아보다 어머니와의 관계를 좀더 오래 유지하게 되므로 남아보다 덜 객관화된다는 것이다. 그래서 여아가 다른 대상들에 쉽게 밀착할 수 있으며, 그러한 친밀한 접근을 남아보다 더 잘 즐길 수 있다.

앤과 매리의 경우

앤도 컴퓨터 프로그래머이다. 이 소녀는 컴퓨터도 사고와 감정을 가지고 있기 때문에 사고할 수 있다고 생각한다. 즉 컴퓨터는 살아 있는 것이라고 생각한다.

제프와 같은 대부분의 소년들은 프로그램이란 완벽한 것이든지, 아니면 잘못된 것이든지 둘 중의 하나라고 생각한다. 작은 실수라도 있을 경우, 그 프로그램의 구조가 비록 맞는 것이라 할지라도 그에게 그 프로그램은 잘못된 것이다. 그러나 앤의 경우에 있어 컴퓨터는 인간과 같은 것이다. 사람이 불완전하듯 컴퓨터도 완전하지 않아도 된다. 앤에게 있어 기계란 절충, 조화, 타협하는 살아 있는 대상이다. 앤의 스타일은 타협적이고 관계적이다.

이러한 스타일은 그녀의 친구 매리에게도 보인다. 매리도 프로그래머인데 앤과 다른 점은, 앤이 시각적인 효과에 관심을 갖는다면 매리는 청각적 효과에 관심을 갖는다. 즉 매리는 컴퓨터와 언어적인 대화를 할 수 있도록 만드는 것에 흥미를 가지며, 앤은 컴퓨터 화면에 그림을 그리는 데 관심을 보인다. 두 사람 모두 각자의 영역을 통해 그 기계와 친해지고 밀착감을 느끼게 된다. 앤은 시각적인 효과를 내는 프로그램을 짜는 데 전문가가 되었으며, 매리는 언어를 통해 컴퓨터와 대화를 이끌어 갈 수 있는 프로그램의 전문가가 되었다.

앤은 프로그램을 짜면서 실제로는 자신을 화가라고 생각하고 있다. 이런 스타일은 다른 소녀들에게서도 나타난다. 대부분의 소녀들은 컴퓨터 시스템을 잘 다루게 될 때 큰 기쁨을 느끼나 앤은 자신이 만들고 있는 그림 속에서 기쁨을 느낀다.

우리는 흔히 프로그램 짜는 것이란 컴퓨터를 잘 다루는 것이라고들 생각한다. 프로그램을 마치 자아로부터 완전히 분리된 과학적인 탐구 대상인 것처럼 생각한다.

여성과 과학

과학의 대상은 이제까지 일상 생활로부터 떨어진, 즉 감정의 세계에서 분리된 영역에 있는 것이었고, 남성들만이 중립적인 관찰자로서 이런 객관적인 세계를 구조화할 수 있다고 믿어 왔다. 또 이러한 경향은 남성이 여성에 비해 유아기 경험부터 보다 일찍 세계와 객관적 관계 속에 놓이기 때문에 가능했다. 또한 그것은 우리가 과학이란 현실을 주체와 객체로 나누어 밝혀 내는 것이라고 확신하기 때문이다.

그러므로 여성들은 자신의 방식으로 과학의 구조와 세계를 다룰 때 갈등을 느낄 수밖에 없었다. 현재의 과학의 성격이란 남성 과학자들의 전통적인 연구 방법과 논의 방식에 의해 강화되어 왔다고 말할 수 있다. 과학은 이제까지 제프와 같은 '하드 마스터'들의 관점에서만 이루어져 왔다. 즉 과학 세계란 주체와 객체가 분명히 분리되는 영역이고 추상적인 세계였다. 이런 관점에서 볼 때 컴퓨터를 제프와 다르게 다루는 앤과 매리, 그리고 그들과 같은 다른 소녀들을 우리는 어떻게 평가해야 할까?

우리는 오스틴 학교에서 남성들이 해온 전통적인 방법뿐 아니라 컴퓨터 시스템을 그와 다른 방법으로 다루면서 터득해 가는 소녀들의 방법들도 볼 수 있었다. 소녀들은 컴퓨터 시스템과 같은 공식적 시스템과 타협하고, 상호 반응하면서 접근해 갔다. 공식적 시스템을 창조적으로 사용하고 그것을 더욱 개발시키기 위해서는 과학자의 풍부한 직관력과 비유·적인(감성적인) 사고가 요구된다. 다시 말해 앤, 매리, 케빈이 하는 방식이 요구된다. 그래서 '하드 마스터'들에게 있어 이 여성적인 방법은 더욱 필요한 방법이 될지도 모른다.

학교 성적이 나쁜 로니의 수학 연구

흔히 수학이란 우리와 전혀 다른 사람들에 의해 만들어진 것이고, 우리와 동떨어진 세계라고 생각한다. 그러나 아이들 생활에서 컴퓨터는 이렇게 분리된 세계의 다리 역할을 해내고 있었다.

로니를 생각해 보자. 그는 앤이나 케빈과 같이 컴퓨터를 자신과 동일시한다. 그는 여덟 살 난 흑인 소년이다. 그는 똑똑하고 활기 찬 아이지만 학교 수업 성적은 나쁘다. 수학도 못하고 문법, 철자 등 많은 과목에서 성적이 나쁘다. 까다롭고 엄한 규칙들을 잘 참아 내지 못함에도 불구하고 로니는 컴퓨터 다루는 것은 매우 좋아한다.

로니는 지금 어떤 프로그램에 몰두하고 있다. 색깔을 가진 공들의 움직임을 보여 주는 프로그램이다. 로니는 그 움직임들을 자신이 원하는 상태로 움직이게 하고 싶었다. 그러기 위해서는 몇 가지 변수를 조정해야 하는데, 로니는 변수라는 개념을 들어 본 적도 없고, 그에게 그 개념을 설명할 수도 없다. 그러나 여러 번의 실험과 시행 착오를 거치고 나서 그는 자신이 원하는 상태로 공의 움직임을 변화시키기 위해서는 공의 속도를 변화시켜야만 한다는 것을 이해하게 되었다. 로니는 두 가지 변수를 가지고 이리저리 해보았다. 속도와 시간을 결정하는 숫자들을 변화시켜야 한다는 것을 처음에는 알지 못했다. 그러나 점차 그 숫자들을 변화시켜 보고 그 변화된 숫자들에 의해 나타나는 효과들을 관찰하게 되었다. 이렇게 여러 실험과 시행 착오를 거쳐 그는 공의 움직임을 변화시킬 수 있는 방법을 발견해 내고, 결국 원하는 대로 프로그램을 만들 수 있게 되었다. 즉 로니는 자신이 원하는 공의 완벽한 움직임을 만들어 내기 위한 속도와 시간의 조합을 알아내게 되었다.

반나절 만에 로니는 이 작은 공식 시스템을 다루는 법을 터득하였다. 일반적으로 사람들은 이런 원칙을 '비율,' '속도,' '거리'라는 개념을 통해 '대수학 교과 과목'에서 배운다.

이러한 개념과 원칙을 배우는 표준 과정은 많은 시간을 필요로 한다. 즉 책상에 앉아서 숫자들을 거듭제곱해야 하고 종이에 써서 등식을 풀어 내는 방법을 배워야 한다. 제프와 같은 아이들은 이런 과정을 좋아한다. 그것은 이미 구조화되어 있고 규칙들도 질서가 있기 때문이다. 컴퓨터를 조작하는 것을 보면서 우리는 로니나 케빈과 같은 아이들과, 전통적인 학교 수학 방법의 스타일을 좋아하는 제프와 같은 아이들 간의 차이는 단순히 수학적 능력의 차이가 아니라 인성의 차이임을 알게 된다. 각기 그들 나름의 방식으로 수적 능력을 발전시킬 수 있는 것이다.

타냐와 말의 세계

타냐는 5학년짜리 흑인 소녀이다. 성적은 나쁘고, 철자도 틀리고, 덧셈과 뺄셈도 잘하지 못한다. 타냐의 통지표에는 '쓰지 않으려고 합니다'라고 적혀 있다. 그러나 타냐는 말하는 것을 무척 좋아하고, 또 말을 잘한다. 말을 할 때는 누구보다도 풍부한 어휘를 구사한다.

선생님은 타냐의 이야기를 글로 만들기 위해, 말로 한 문장들을 스스로 써보도록 시켰지만 타냐는 어떤 것도 쓰려고 들지 않았다. 선생님은 타냐가 문장을 쓰면 그것을 문법에 맞게 고쳐 주려 했다. 그러나 말로 하면 자신 있는 문장이 손으로 씀으로써 망가지는 것이 그녀는 싫었다.

타냐는 6학년 초에 컴퓨터에 접하게 되었다. 그녀는 자신이 만지는 컴퓨터를 피터라고 부르며 살아 있는 것같이 대했다. 첫날부터 타냐는 피터와 얘기할 수 있기를 바랐다. 타냐는 키보드로 컴퓨터와 대화할 수 있는 프로그램을 만들었다. 타냐의 첫번째 프로그램은 컴퓨터가 자신을 소개하도록 하는 프로그램이었다. '누구'(who)라고 치면 컴퓨터가 '내 이름은 피터입니다'라고 대답하도록 만드는 것이다. 이 프로그램에 몰두하는 동안 타냐는 새로운 것을 터득해 갔다. 즉 화면에 있는 것을, 지우는 버튼을 사용하여 잘못 쓴 것은 정정할 수 있고 정정된 상태로 프린트할 수 있다는 것을 알게 되자 그녀는 무척 기뻤다. 그래서 좀체 쓰려고 하지 않던 이 아이는 컴퓨터 앞에 앉아 자신이 만족할 때까지 하나의 문장을 가지고 한 시간 내내 씨름하게 되었고, 드디어는 편지를 쓸 수 있게 되었다.

타냐는 이제 말로 할 수 있는 모든 이야기들을 컴퓨터 자판으로 쓴다. 타냐는 그 동안 말붙이기가 어려웠던 같은 반 친구에게 편지를 써서 보냈고, 그래서 서로 우정이 싹트게 되었다. 이 경우 컴퓨터는 타냐와 '쓰기'를 연결시켜 준 것이다. 결국 2년이 지나자 타냐는 자신을 '작가'라고 말하게까지 되었다.

타냐는 아름다움과 추함에 대한 개념이 분명하다. 그녀는 자신의 필기체가 틀린 것도 많고 추하다고 생각했기 때문에, 글씨를 쓰려고 하지 않았다. 그녀는 수업 시간에 항상 자신의 결점, 부족함, 틀린 '철자'가 발견될 것 같은 두려움으로 괴로웠다. 그러나 컴퓨터가 프린트해 주는 결과는 항상 정확하고 깨끗한 것이었다.

타냐는 계속 '작가'로서 성장했다. 그녀는 자신의 필적을 발전시켜 이제는 자신의 필기체를 받아들일 수 있게 되었다. 이제는 더 이상 선생님이 고쳐 주지 않아도 된다.

선생님은 타냐가 잘못 쓴 것을 고쳐 줌으로써 글씨체가 나쁘다는 사실을 드러나게 했으나, 컴퓨터는 혼자 힘으로 고치도록 만들어 주었던 것이다. 컴퓨터는 친절한 동료였고, 고통스럽게 자신을 노출시키는 필기체에서 벗어나게 해주었다. 이와 비슷한 다른 경우에 있어서도 아이들이 컴퓨터를 통해 자신들에게 제한된 영역에 무리 없이 접근해 가는 예는 허다하다.

컴퓨터와 문화적 이분화

케빈과 로니와 같은 인성을 지닌 아이들은 일반적으로 기계적인 대상에 대해 두려움을 느끼는 경향이 있고, 과학과 수학에 대해 부정적 관계를 갖게 된다. 그러나 일찍 컴퓨터를 섭하면서 달라질 수도 있다. 전통적인 산수와 수학 훈련과는 다르게, 컴퓨터는 수학과 과학의 미적 차원으로 곧바로 들어갈 수 있게 해준다. 또한 컴퓨터를 통해 정서적인 것도 접할 수 있게 된다. 즉 이원된 관계는 컴퓨터를 통해 연결될 수 있고 조화를 이룰 수 있다. 한 예를 통해 이것을 살펴보자.

랄프는 우수한 운동 선수로서 스타이며 학교 팀의 주장이다. 한편 미셸은 매우 작고 안경을 썼으며 수학 박사라고 알려져 있다. 랄프는 미셸과 거의 이야기도 나누지 않으며 사귀지도 않는다.

랄프는 비디오 게임을 좋아한다. 그는 비디오 게임을 직접 만들고 싶었다. 자신이 좋아하는 플레이를 사용하는 축구 게임을 만들고 싶었다. 랄프는 아이디어는 많았지만 그것을 컴퓨터 게임으로 만들기 위해서는 전문가가 필요했다. 랄프에게는 미셸이 필요했다. 그래서 두 소년은 함께 일을 시작했다. 미셸은 랄프와 친하고 싶었다. 그는 프로그램을 짤 때 다른 사람과 함께 해본 적이 없었으나 미셸은 이번 기회를 좋아했다. 랄프는 운동장으로 미셸을 데리고 나와 비디오 게임을 만드는 데 필요한 동작들을 보여 주었고, 미셸은 비장의 프로그래밍 기법을 랄프에게 가르쳐 주었다. 그러면서 그들은 게임을 완성시켜 갔다. 점차 그들은 점심을 함께 먹으면서 대화를 나누게 되었다. 그들은 과학과 운동에 대해 서로 관심을 갖게 되었고 그들이 만든 게임을 같이하였다. 또 다른 예를 보자.

5학년생인 스탠리와 벤은 1학년 때부터 같은 반이었다. 그러나 그들은 친하지 않았으며 서로 관심 세계가 달랐다. 스탠리는 '수학 박사'로서 학구적인 아이이고 과학 기술 분야에 관심을 가지고 있다. 다섯 살 때부터 이미 라디오를 고쳤고 전자, 전기 회로에 관심이 많다. 한편 벤은 무용에 뛰어난 아이로서 학교가 끝나면 항상 레슨을 받고 연습을 한다.

스탠리와 벤 역시 공동 작품을 만들어 낸다. 즉 컴퓨터를 가지고 안무할 수 있는 프로그램을 만드는 것이다. 이들은 서로 모르는 부분을 교환하면서 관계를 발전시킨다. 벤은 무형(無形)에 대한 감각과 아이디어는 갖고 있지만 이것을 컴퓨터 프로그램으로 만들어 내지는 못한다. 스탠리는 프로그램으로 짤 수 있도록 방법들을 가르쳐 줄 수는 있지만 무형의 레퍼토리를 꾸며 낼 정도는 아니다. 결국 그들은 서로 모르는 부분에 도움을 주어 프로그램을 만들어 냈다.

이 학급은 어른 세계에서 볼 수 있는 이분화된 문화의 한 단면을 보여 주고 있다. 인문학과 과학, 예술과 수학, 그리고 육체적 스타일과 정신적 스타일로 이분화된 세계, 그리고 이 두 세계는 서로 관계를 맺고 있지 않다는 것을 보게 된다. 그러나 또한 위에서 든 몇 가지 예에서 볼 수 있듯이, 서로 다른 차원을 인식하고 받아들임으로써 서로 연관을 맺을 수도 있다는 것을 알 수 있다. 즉 스탠리와 미셸은 랄프와 벤의 세계로 몇 발자국 들어가게 되었고, 랄프와 벤은 수학이 개인들에게 연관될 수 있다는 것을 깨닫게 되었다.

컴퓨터에만 붙어 앉은 아이들

많은 아이들의 생활이 컴퓨터와 접촉하면서 발전되어 간다. 제프의 경우 컴퓨터가 그의 생활에서 가장 중요한 것이기는 하지만 그렇다고 유일한 것은 아니다. 그러나 온통 컴퓨터에만 몰두하고 다른 활동에는 거의 참여하지 않는 아이들이 있다. 헨리가 그런 아이다. 헨리는 컴퓨터에만 몰두하고 다른 아이들과 관계를 잘 맺지 못한다. 이 학교에는 공공연히 컴퓨터 박사라고 이름난 두 학생이 있는데, 바로 제프와 헨리이다. 헨리는 항상 제프와 자신을 비교하면서 제프를 라이벌로 생각한다. 헨리는 체구가 작고, 운동을 싫어하며, 긴장을 잘하며, 자아에 몰두하는 형이다. 헨리는 컴퓨터에 관한 한 자신이 최고라고 생각하며 이 자리를 지키기 위해 모든 노력을 기울인다. 헨리는 다른 아이들이 자신을 전문가로 생각한다는 것을 알고 있으며, 그것에 자부심을 느낀다.

헨리가 어릴 때 가지고 논 장난감은 기계들이었다. 즉 낡은 에어컨, 망가진 라디오, 카세트, 깨진 블랜더 등이다. 그것들을 분해했다가 다시 조립하면서 놀았다. 그러나 헨리가 만든 조립품을 사람들은 관심 있게 보아 주지도, 이야기를 해주지도 않았다. 헨리는 외롭게 성장하였다. 발명품도 홀로 만들었다. 주로 자신이 조정하고 통제할 수 있는 기계들을 만들었다. 헨리의 꿈은 전자 인간을 만드는 것이었다. 전선과 회로로 된 인간, 빛으로 된 인간을 만드는 것이다. 헨리는 사람들과 직접 사귀어 관계를 맺는 것보다 전자 인간을 만들어 자기 마음대로 다루고 싶어하는 것 같다. 헨리는 사람들과 함께 있는 것을 싫어했으며, 다른 아이들과 이야기하는 것도 싫어했다. 그는 쉽게 난폭해지고 쉽게 당황하고 위축된다. 그러나 컴퓨터를 마주하면 매우 안정이 되고 편해진다.

헨리의 프로그램은 매우 길고 복잡하며, 혼자만 알 수 있도록 짜여 있다. 그걸 이해하려면 세부적으로 기능별로 나누어야 한다. 헨리는 자기만이 알 수 있는 그런 미로식 기술을 발전시켜 갔다. 해독하기 어렵게 만듦으로써 자신의 프로그램들을 완전히 개인적인 것으로 만들었다. 그럼으로써 다른 아이들보다 유리한 위치를 지킬 수 있다고 느끼고 있는 듯했다.

헨리의 방식은 '하드 마스터'형 아이들처럼 자신의 의지대로 프로그램 내용을 지배·통제하려 하기도 하고, '소프트 마스터'형의 아이들처럼 컴퓨터와 타협하고 동일시하려 하기도 한다.

그러나 헨리가 제프와 다른 점은, 제프의 경우에는 유명해지기 위해 자신이 만든 프로그램을 누구나 알 수 있도록 명료하게 만들어 공유하지만, 헨리는 프로그램들을 인상적이면서 신비스럽게 만들기를 원한다. 그의 목표는 자신만의 사적인 세계를 만들어 내는 것이다.

한편 '소프트 마스터' 아이들처럼 헨리는 프로그램을 짤 때 프로그램 내용 속에 들어가 있지만, 그래픽을 그려 내는 커서(cursor)와 동일시하는 정도는 '소프트 마스터' 아이들보다 훨씬 더하다.

그는 사람들을 직접 대하지 못하며, 사람들의 감정과 직접 관계를 가지려 하지 않는다. 그가 안전하게 관계를 맺는 방식은 컴퓨터를 통해 사람들을 조정할 수 있는 기계로 다루는 것이다.

이렇게 헨리가 컴퓨터와 관계 맺는 스타일은 제프와 케빈의 경우와 마찬가지로 정신 분석학의 임상적 분류와 비교함으로써 설명될 수 있다. 즉 이런 스타일은 그 뿌리에 유아기가 있다. 에릭 에릭슨(Erik Erikson)이 말한 기본적 신뢰감 형성의 위기에 그 뿌리가 있다. 그 신뢰감이란 '내가 울 때 먹여 주고 보살펴 주는 사람이 지속적으로 있다'는 기본적 안정감이다. 이런 신뢰감이 결여된 상태에서 어머니로부터의 자아 분리 과정은 갈등으로 가득 채워진다. 그러한 과정 속에서 그 유아는 손상된 자아 정체감을 형성시킨다. 손상된 자아 정체감으로 인해 그 아이는 공허감을 느끼고, 항상 지속적으로 자신에게 감정을 줄 수 있는 타자가 있기를 바라는 절실한 감정을 갖게 된다. 그러나 또한 어머니에 대해 신뢰의 이미지를 발전·내면화시키지 못했기 때문에 후에도 사람과 관계를 맺는 데 어려움을 갖는다. 즉 사랑을 거절당한 유아 초기의 경험은 좌절감을 느끼게 만드는 타인에 대한 분노로 변형되기도 하고, 한편으로 타인에 대한 공포로도 변하게 된다. 즉 관계에 대한 공포, 거절될 것 같은 공포를 갖게 된다.

친밀감에 대한 공포와 홀로 되는 것에 대한 공포는 매우 모순적이다. 그러나 일반적으로 이런 상황에 있는 사람들은 비슷한 전략을 사용하여 그 공포를 없앤다. 즉 친밀감에 대한 공포 때문에 '감정'이 존재하지 않는 것으로 도망 가려고 한다. 비인간적인 것, 감각이 마비된 곳, 추상적인 곳, 감정이 없는 사상과 원칙들 속으로 도망 간다. 또한 홀로 되는 것에 대한 공포도 크기 때문에 그들은 필사적으로 다른 사람으로부터 존경받고 인정받기를 원한다. 자기 자신이 스스로 인정하는 것을 믿지 못하기 때문에 다른 사람으로부터 감탄을 받기를 원하고 또 그러기 위해 자기만이 아는 마술을 사용해서 감탄을 자아내려고 하는 것이다.

헨리도 이와 같은 방법으로 그의 전략을 발전시켰다고 볼 수 있다. 헨리가 컴퓨터와 만나기 전, 망가진 기계들을 가지고 발명에 몰두할 때, 그는 완전히 혼자였다. 그가 만든 발명품들에 대해 얘기하는 사람도 없고, 그의 말을 듣는 사람도 없었다. 그 기계들은 그를 더욱 고립시켰고 그의 생활을 고립적인 사적 세계로 몰아넣었다. 그러나 컴퓨터와 프로그램을 짜는 일이 그의 내적 생활의 중심이 됨에 따라 그는 다른 사람과 조금씩 관계를 맺게 되었다. 즉 컴퓨터에 몰입된 아이들 집단의 한 구성원이 된 것이다. 어떤 의미에서 그의 컴퓨터는 그를 인간 세계로 끄집어냈다고 볼 수 있다.

헨리는 청소년이 되어 가면서 변하게 될지도 모른다. 선생님과도 더욱 친밀한 관계를 맺어 가고, 부모와도 더욱 친밀한 관계를 맺어 감으로써 헨리가 느끼는 심리적 압력은 점차 제거될 것이고, 그럼으로써 기계의 세계로부터 사람들의 세계로 나올 수 있을 것이다. 또한 컴퓨터와의 내적 상호 활동 자체가 그를 덜 외롭게 만들었다.

헨리뿐만 아니라 모든 나이의 대부분 아이들에게 있어, 컴퓨터를 비롯한 다른 구체적 대상들을 다루는 방식은 어려서부터의 경험과 많은 관련을 맺으며, 그들의 인성과 직접적으로 관계를 갖는 것 같다. 이들이 사라 성인이 되어 만들 상처는 과연 어떤 모습일까? 진정 상상력이 필요한 시대에 우리는 살고 있다. ■

공동체 실현을 지향하는
「또 하나의 문화」
어린이 캠프에서는
어른과 아이들이
교사와 아이들이기 이전에
'함께 자라는' 인간으로 만난다.
따라서 이 캠프는
그릇된 교육에 찌든 사람들
모두가 서로 배우며
서로를 가르치는 마당이다.

캠프 생활은 크게 가족 단위,
선택에 따른 자발적 특별 활동 단위,
전체 공동체 단위로 이루어지는데,
가족은 캠프 생활의 기본 단위이다.
가족 깃발 만들기, 촌극 꾸미기 등
몇 가지 가족 단위 활동과 식사,
설거지, 잠자기 등의 일상적인 삶을
같이하는 이 가족은 자치적으로
서로 보살피며 생활함을 목표로 한다.

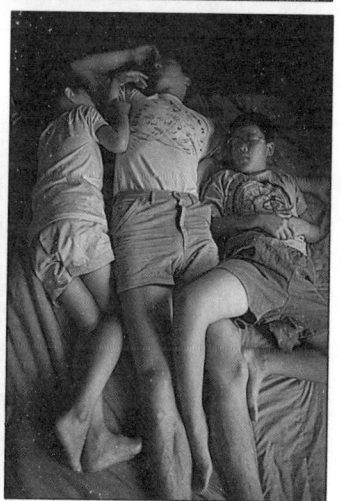

'또 하나'의 실험 캠프

「싫다반」이 있는 캠프

「또 하나의 문화」 어린이 교육 모임

이 글은 「또 하나의 문화」 어린이 교육 소모임이 만 4년 동안 8차에 걸쳐 실험해 온 어린이 캠프에 관한 기록이다. 어린이 캠프는 「또 하나의 문화」가 추구하는 이상적 사회를 향한 하나의 작은 실천으로서 당초 캠프를 구상한 동인들은 우리 사회에 민주주의를 심는 확실한 실마리를 어린이 교육 현장에서부터 찾아보자는 데 동의하고 활동을 시작했다.

「또 하나의 문화」가 권위주의적이고 획일적인 우리 문화 풍토와 사회 구조에 대한 대안, 즉 보다 인간적인 삶의 양식을 찾는다는 뜻을 세우고 활동을 시작한 지 6년이 지났고, 그 동안 주로 문자 매체를 통하여 많은 사람들과 깨어 있는 삶을 나누고 실천하려고 노력해 왔다. 사회의 근본적 변혁을 추구함에 있어 대안 문화 운동, 즉 사고와 생활 방식의 변화에 기대를 건다는 것이 과연 현명한지에 대해 회의를 갖는 사람이 우리 주변에는 적지 않다. 이에 대해 「또 하나의 문화」 동인들은 민주 사회를 만드는 장기적이고 커다란 과제 안에서 생활 세계의 변화와 경제 구조 및 국가 체계의 변화는 서로 밀접히 관련되어 있으되 우선 순위를 따질 대상이 아니며, 어느 하나를 다른 것으로 환원시킬 수도 없다는 입장을 분명히 해왔다. 그 둘은 상호 밀접하게 연관되어 있으며 동시에 자율적인 면을 지니므로 근본적인 사회 변혁을 위해서는 두 가지가 모두 이루어져야 하는 것이다.

어린이 교육에 대한 관심과 캠프 활동은 바로 이러한 맥락에서 생겨난 것이다. 이미 타성에 젖어 기존 체제에 순응하는 성인들보다는 가능성이 열려 있는 어린 세대에서 변화의 실마리를 찾을 수 있을 것이라는 데 생각을 맞춘 동인들은 어떻게 하면 어린이 개개인들이 건강한 사회를 가꾸어 갈 민주적 성원으로 자랄 수 있을 것인지를 모색하는 교육 현장으로 어린이 캠프를 열기로 한 것이다.

물론 현재 우리나라 어린이 교육 전반에 걸친 심각한 문제들, 교육의 위기 상황에 대한 우려와 문제 의식도 어린이 캠프를 여는 데 크게 영향을 미쳤다. 현재 우리의 가정과 학교는, 더 나아가 전 사회는 어린이들이 자기 자신으로 자랄 수 있는 기회를 박탈하고 있다. 학교 교육은 삶과 유리된 '교과서 읽기'만을 강조하고 급기야는 점수 경쟁 속에서 삶을 읽어 내는 능력을 상실한 타율적, 경쟁적 인간만을 양산하고 있다. 많은 어린이들은 극단적 경쟁 사회에서 전체주의, 권위주의, 출세주의에 철저히 길들어 가고 있다.

「또 하나의 문화」가 현재의 이러한 교육 상황에 대한 근본적 대안을 모색해 보려는 첫 단계의 실험이 바로 어린이 캠프였기에 당연히 이 캠프는 탈제도 교육적 성격을 강하게 띠고 있다. 이 캠프에서는 삶과 관련된 지식과 지혜를 스스로 만들어 갈 수 있는 어린이, 그래서 함께 공동체를 꾸려 갈 수 있는 어린이를 이상적인 어린이 상으로 삼고 있다. 이는 기존의 숱한 고정 관념과 경쟁 의식에서 벗어난 어린이, 자율적으로 협동하고 삶의 기쁨을 느껴 가는 어린이의 모습이기도 하다.

이러한 공동체 실현을 지향하며 어린이 캠프에서는 어른과 아이들이 교사와 아이들이기 이전에 '함께 자라는' 인간으로 만난다. 따라서 이 캠프는 그릇된 교육에 찌든 사람들 모두가 서로 배우며 서로를 가르치는 마당이다. 이 어린이 캠프는 관계 형성 자체에서부터 충격이며 실험인 것이다. 그리고 바로 이 실험 정신의 측면에서 이 캠프는 대부분의 기존 캠프와 구별된다. 이 캠프에 자녀를 보내기로 결정하거나, 망설이다 결국 보내지 않기로 결정한 부모는 이 실험에 대한 그들의 인식에 따라 결정을 내린 것이며, 이 캠프 참여를 통하여 새로운 삶의 세계를 만들어 가거나 반대로 전혀 의미를 만들어 내지 못하는 어린이 역시 이미 자신들의 가정 문화에서 지녀 온 가능성을 실험의 장에서 꽃피우고 가거나, 선혀 그렇시 못하고 있는 차이를 보이는 것이다. 아직은 캠프가 매우 한정된 집단을 대상으로 실험되고 있는만큼 그 평가는 보다 세밀한 분석을 통해 이루어져야 할 것이다. 이를 위해 캠프 교사들은 매번 자세한 관찰과 자성적 기록을 남겨 왔으며 어린이들 역시 글짓기, 편지 쓰기, 신문 만들기를 통해 기록을 남겨 왔다.

캠프 구성

캠프의 구성원은 크게 세 집단으로 나뉜다. 어린이, 교사, 그리고 기획 동인들이 그들이다. 그 외곽에 이 실험 캠프에 부담감 없이 또는 큰 기대를 갖고 어린이들을 보내는 부모들이 있다.

교사는 「또 하나의 문화」가 펼치는 교육 운동 목표에 동참하는 대학생이 주를 이루며 대개 졸업 때까지 2~3회 정도 캠프에 참여한다. 어린이는 스스로 일상 생활을 해결할 수 있는 국민학교 어린이(대개 3학년에서 5학년이 중심이다)들로 부모가 「또 하나의 문화」의 성격을 이미 이해하는 경우가 대부분이다. 부모와의 연결이 중요한 이유는 가정 문화와 지속적인 연결이 없다면 캠프의 짧은 경험은 다만 하나의 충격으로 어린이의 기억 속에 남거나 경우에 따라서는 소화해 내기가 어려운 혼란을 가져올 수 있기 때문이다.

기획 동인은 애초 캠프를 구상한 30~40대 동인들로 할머니 선생으로 불리운다. 이들은 전체 집행의 방향과 철학을 제시하고, 초기에는 구체적 프로그램 개발에 참여했다. 후기에 점차 교사들이 프로그램을 맡게 되면서 일선에서 물러나 교사들이 미처 생각지 못한 부분을 메우거나 식사 준비, 특히 주의가 필요한 어린이, 다친 아이의 치료에 이르는 뒤치다꺼리를 맡아 하고 있다.

캠프 생활은 크게 가족 단위, 선택에 따른 자발적 특별 활동 단위, 전체 공동체 단위로 이루어진다. 가족은 캠프 생활의 기본 단위이다. 가족을 짤 때에는 성별, 연령별, 캠프 참가 경험 여부 등을 고려해 골고루 어린이들을 섞는데, 「또 하나의 문화」 어린이 캠프 참가 경험이 있는 고학년 어린이가 가족의 조정자 역할을 자연스럽게 맡게 된다. 가족 깃발 만들기, 촌극 꾸미기 등 몇 가지 가족 단위 활동과 식사, 설거지, 잠자기 등의 일상적인 삶을 같이하는 이 가족은 자치적으로 서로 보살피며 생활함을 목표로 한다.

1, 2차 캠프에서는 특활 교사를 따로 두고 생활 교사 1명이 4~5명의 어린이를 완전 책임 지는 식으로 각 가족 생활을 꾸려 갔다. 이때 교사는 자

기 가족을 보살피는 한편 프로그램을 진행하는 데 벅차했고, 가족 또한 마치 엄마가 집안의 모든 일을 맡아 하는 모 중심 핵가족과 같이 배타성과 감정적 편협함을 드러내었다. 즉 어린이들은 자기 교사에게 매달리고 그 교사의 관심을 끄는 데만 신경을 집중하는 반면 교사는 자기 가족 어린이만 싸고 도는 경향을 현저하게 드러냈다. 그래서 3차 캠프부터는 핵가족적 모델을 지양하고 확대 가족적 모델을 선택하여 어린이와 어른의 수를 늘려서 가족 내에서도 상호 관계의 폭과 질을 넓히고자 하였는데, 어린이 6~9명과 서로 잘 맞는 교사 2~3명이 한 가족이 되는 것이 좋다는 사실이 경험을 통해 확인되었다.

특활 교사는 국악, 연극, 글쓰기 등 각 분야에 상당히 조예가 깊은 이들로 어린이들에게 다양한 역할 모델을 제시하고 어린이들과의 관계도 생활 교사와는 또 다른 특수한 관계를 맺어 간다. 이 캠프에서 소외감을 갖는 어린이가 적은 이유는 크게 시간에 쫓기지 않는 자유로운 특활 교사들이 있기 때문이라고도 할 수 있다.

교사의 자격은 캠프가 지향하는 바를 이해하는 한편 어린이와의 생활을 즐기고 그 체험의 소중함을 인식하는 것을 기본으로 한다. 어린이들과 스스럼없이 가깝고 평등하게 지내야 하고 어린이와 함께 뛰어 노는 에너지가 필요하므로 대개 사회 의식이 고양되어 있고 자아 성찰적인 대학 3~4학년생이 주류를 이루었다. 가족을 맡은 생활 교사는 어린이들을 항시 일일이 보살피는 '과잉 보호적' 어머니가 아니라 자기 일을 가진 어머니 정도로 생활에 참여하면서, 가족 생활이 너무 교사 중심이 되지 않도록 유의하였다. 그리고 현 제도 교육 속의 교사-학생 간의 관계를 연상시키는 교사라는 단어를 되도록 피하고 비권위주의적이고 대화 위주의 관계를 맺는 것을 원칙으로 하였다. 실제 캠프중에는 서로 '선생님'보다는 별명으로 통하고 반말이나 존댓말 사용은 어린이가 마음대로 선택해서 사용하게 되었는데, 이 결정도 대부분 캠프 초기의 회의에서 가족끼리 또는 전체가 토론한 것으로, 어린이의 적극적 참여를 통한 회의의 산물이었다. 캠프에서는 구체적인 프로그램보다는 선반적인 분위기 조성을 위해, 특히 교사가 어린이들과 맺어 가는 관계를 통해 어린이들이 스스로 그 분위기에 젖어들게 하고자 하였으므로 생활 교사는 항상 자신의 행동을 자각하고 있어야 하며 교사간에 자연스런 분위기와 유대가 형성되어 있어야 한다.

어린이, 교사, 할머니 선생 3대에 걸친 개성이 강한 사람들 모두가 서로로부터 배우고 함께 즐기는 것이 이 캠프 공동체의 기본 원리로, 이것은 3차 캠프가 끝난 뒤에 교사들이 만든 아래와 같은 '캠프 교사의 자세'에 관한 문안에 잘 드러나 있다.

캠프 교사의 자세

(1) 평소의 자세

① 우리 사회에서 인간성을 억압하는 모든 문제에 관심을 기울이고, 특히 성차별 문제를 중심으로 그 구조적 연계성을 파악, 사회 변혁을 이루어 간다.

② 인간성의 억압은 개별적인 능력이나 의지만으로 쉽게 극복될 수 있는 문제가 아니다. 개인적으로 고양된 의식을 실천에 연결시키려 끊임없이 노력하면서 집단 운동적 차원으로 그 노력을 끌어올린다.

③ 교사는 다음 세대의 삶에 깊은 관심을 가지며 어린이 하나하나를 사랑한다. 어린이의 입장에 서서 생각하고 어린이의 체험을 중요시하며 그들과 즐거움을 함께 느낄 수 있도록 노력한다.

④ 모든 문제는 열린 토론을 통해 해결해 나간다. 합의에 이르기 위한 토론과 타협에 드는 시간을 낭비로 여기지 않는다.

(2) 캠프 준비와 진행의 자세

① 캠프는 우리 사회 교육과 문화 전반에 걸친 문제를 극복하기 위한 대안 운동의 하나로 마련되었다.

② 캠프의 참가 여부는 자율적으로 결정하되, 일단 참가를 결정하면 캠프가 갖는 실천 운동으로서의 지속성을 위하여 두 번 이상 참여하는 것을 원칙으로 한다.

③ 캠프는 상호 작용의 마당이므로 참여자는 「또 하나의 문화」가 지향하는 바를 캠프를 통하여 다른 이들에게 전하는 동시에 스스로 내면화·체계화하는 데 게으르지 않는다.

④ 교사간의 성격 차이, 취향과 가치관의 차이는 사회적으로 훈련된 결과이므로 변화 가능하다고 믿는다. 서로간의 독립적인 의사를 존중하되 성

차별 태도나 권위주의적, 단정적 언어 습관의 타파를 위해 서로 돕는다.

⑤ 캠프의 운영은 민주적으로 진행한다. 캠프의 계획과 구성에 있어서 참가자는 창의적이고 능동적으로 참여한다.

⑥ 캠프 기획 및 진행에서 참가자는 자신이 가장 잘할 수 있는 영역을 능동적으로 찾아 스스로 행하며, 문화 운동을 위한 한 가지 이상의 기능을 익힌다.

⑦ 특히 공동체적 삶을 이루어 가는 데 꼭 필요한 뒤치다꺼리 일을 찾아 함으로써 자신의 몫을 남에게 미루는 일이 없도록 한다.

⑧ 문제가 있다고 느낄 때에는 항상 분명히 의사 표시를 하고 토론을 통하여 해결해 나간다.

⑨ 시간 약속은 꼭 지킨다.

⑩ 눈에 보이는 효과에 급급하지 않는다. 지속적이며 장기적인 자극으로서의 효과를 기대한다.

생활 공동체

이미 강조했듯이 우리 캠프가 목적하는 바는 어떤 특정 프로그램의 원활한 진행에 있기보다 어른, 어린이 할 것 없이 참여자 모두가 캠프 생활을 통하여 자율적인 삶, 자유로운 선택, 공동체로서의 협동과 조화를 이루어 가는 훈련을 하는 데 있다. 성적 편견을 포함한 고정 관념의 불합리성이 자연스러운 형태로 드러나고 토론되는 분위기를 만드는 것이 주요 과제였고, 이는 곧 빡빡한 프로그램을 무리하게 진행시키는 것보다는 자율 시간을 늘림으로써 어른과 어린이들 간의 자연스러운 상호 작용을 유도하는 방향으로 나아가게 한다.

생활 공동체를 중심으로 캠프의 진행 과정을 살펴보자. 우선 가족끼리 얼굴 익히기를 한 후에 가족 약속을 정한다. 그 약속은 하루 동안 생각할 여유를 가진 후 '전체 약속 만들기' 시간에 발표되고, 또 다른 토론을 거쳐 전체 약속이 정해진다. 어린이들이 스스로 약속을 정하기 때문에 약속을 어길 경우 자체 내 반성이 크게 일고 수시로 재판, 청문회 형식의 회의를 갖게 된다. 대개 전체 약속 중에 ① 전체 회의 때 떠들지 말 것, ② 잠잘 때 남을 방해하지 말 것, ③ 성별, 나이별 차별하지 말 것 등의 조항이

들어가고 그 외 '양진당(캠프가 있었던 지방 문화재 99칸 집)을 보호하자' '밤에는 화장실이 머니까 주변 고랑에 소변을 보아도 좋다'는 등 각 캠프 사정에 따른 특유의 약속을 맺게 된다(약속의 구체적 예는 이 책에 실려 있는 「어린이 캠프 신문」, 292쪽을 볼 것).

생활에서 큰 몫을 차지하는 식사 준비의 경우, 시간이 많이 걸리고 어린 이들에게 적합한 취사 시설이 없었기 때문에 원래 계획한 만큼 어린이들이 직접 식사 준비를 하지 못하였다. 그러나 스스로 하는 생활의 경험과 음식 만들기에 대한 남자 어린이들의 거부감을 줄이기 위해서 김밥, 떡볶이 등 음식을 만들어 보는 기회를 꼭 마련하였고, 전체 청소와 설거지는 가족별 로 돌아가며 하였다.

어린이들의 식사는 주로 가족별로 이루어진다. 모두가 한자리에 모여 '밥은 밥은 하늘이다. 나누어 먹자. 별을 혼자 볼 수 없듯이 밥은 나누어 먹는 것. 밥은 밥은 하늘이다. 나누어 먹자. 별을 혼자 볼 수 없듯이 밥을 나누자'라는 밥노래를 부르고 얘기를 나누며 먹게 된다. 특별히 편식을 하 는 어린이는 볼 수 없는데, 때로 밥을 거르는 경우는 있었다. 그것은 교사 의 주의를 끌기 위해서라든가, 재래식(푸세식) 화장실에 가지 않기 위해서 라는 등 기발한(?) 까닭 때문이었다. 여건상 빨래는 겨울에는 곤란하고 여 름에는 냇가에서 물놀이를 한 뒤에 하게 되는데, 대개의 어린이들은 남녀 를 불문하고 빨래하기를 재미있어 하였다. 자신들의 더러워진 셔츠나 양말 들을 빨았는데 상당히 열중하여 신나게 빨래를 하였다. 6차 캠프에서 다른 특활반에 들기 싫어 「싫다반」에 온 어린이들은 스스로 특활 시간에 양말을 빨기로 합의하기도 하였다.

초기 캠프 때는 청소와 정리 정돈 상태를 평가하기도 하였는데, 차차 청 소와 정돈 문제는 가족 구성원들에게 전적으로 맡겼다. 그래서 대개의 경 우 청소에 대한 규칙이 가족 약속에 포함되었고, 최소한으로 하든 깨끗하 게 하든 약속에 따라 비교적 잘 이루어졌다. 가끔 「신문반」에서 기습 평가 를 하거나 정돈된 가족부터 식사를 하는 강제력도 종종 행사된다.

잠자리는 가족별로 교사, 남녀 어린이가 섞여서 잔다. 1차 때 6학년 여자 어린이들이 남자 어린이와 자지 않겠다고 하여 특활 교사들 방에서 잤으 며, 그 이후 6학년은 신체적으로 사춘기에 들어서고 생각도 3학년과 거리 가 너무 멀다는 결론이 나서 5학년까지로 상한선을 내렸다. 대개 자신의 침낭 속에서 자고, 제 방이 싫으면 할머니 방이나 특활 교사 방에서 잘 수 있는 선택이 있으므로 큰 불평이 없었는데, 8차 때 교사와 어린이들 중에 남녀가 같은 방에 자는 것을 매우 이상하게 느낀 어린이가 몇몇 있어서 그 주제로 긴 토론을 벌였다. 사실상 가족에 여자 어린이와 남자 어린이가 섞여 있기 때문에 오는 문제는 음성적으로 항상 있어 온 편인데, 잠자리 모습을 보면 철저하게 여자 어린이와 남자 어린이가 영역을 구분하여 자신의 위치를 지키고 있음을 알 수 있다. 교사가 중간에 끼어 자지 않는 한 대체로 섞여 자지 않으려 하나 이 캠프에 자주 참여한 어린이는 점차 형제 자매들처럼 어울리며 이것을 별로 문제 삼지 않게 되었다.

캠프의 첫날밤은 잠자는 시간이 지켜지지 않는 경우가 많다. 잠자지 않는 날을 두자는 어린이도 있었는데, 지속적으로 캠프에 참여해 온 몇몇 어린이는 아직도 이 안을 적극 제시하고 있다. 그러나 캠프가 진행되고 어린이들의 피로가 쌓이면 잠 약속은 대체로 잘 지켜진다. 4차 캠프에서는 한 가족의 어린이 여러 명이 옆 가족 방에 놀러 가서 떠들며 그 방 어린이들의 잠을 방해했던 일이 있었는데, 어린이들이 가족별 이야기 시간에 촌극에서 그 문제를 다룸으로써 일단락 지어졌다. 그 후에는 잠을 적게 자는 고학년 어린이가 두세 명 생기는 일이 있지만 남의 잠을 방해하지 않는 한 강제로 잠을 재우지는 않았다.

대개 저녁때 잠자리에 들기 전이나 아침에 일어나는 시간에 옷 갈아입기와 연관된 사건이 벌어지기도 한다. 남자 어린이와 여자 어린이 모두 여러 사람들 앞에서 옷을 갈아입는 것을 기피하는 경향이 있다. 이런 경우, 벽장이나 담요 같은 소도구를 이용하여 해결하려는 절충안을 내거나, 겉옷은 다른 사람과 상관없이 갈아입는다는 가족 약속을 하는 등으로 해결한다. 8차 때 물놀이 후, 2학년 어린이가 옷을 훌렁 벗고 갈아입었다 해서 '저질 소동'이 일어났고, 재판까지 하게 되었다. 전체 회의로까지 확대된 토론은 결국 '옷을 입으면 어차피 벗어야 한다. 갈아입을 장소가 마땅치 않은 장소에서 남이 보는 것에 그리 신경을 쓰지 않는 어린이라면 옷을 그렇게 벗을 수도 있다. 옷을 마구 벗는 것도 문제지만 옷 벗는 것, 팬티 보는 것에 지나친 신경을 쓰는 것도 이상하다. 옆에 사람이 옷을 갈아입을 때에는 보려 하지 않는 것이 좋다'는 식으로 결론이 내려졌다. 실상 8차 전체의 약속 중에는 '옷 갈아입을 때 훔쳐 보지 말기'가 이미 있었다. 이 사건을 통해 어린이들이 신체 접촉이나 노출에 대한 강박 관념을 상당히 갖고 있음을 확인하게 되었고, 남녀가 자연스럽게 친구로 어울릴 수 있기 위해서는 올바른 성교육을 국민학교 때부터 해야 한다는 결론을 내리게 되었다. 물론 그것은 현재의 고정 관념의 범주를 벗어난 것으로서 건전한 남녀 관계를 지향한 것이어야 한다.

교사와 어린이

교사 중심의 캠프가 되지 않도록 많은 주의를 기울임에도 불구하고, 특히 캠프 첫날은 대부분의 어린이들이 '교사 바라기'가 된다. 교사의 의견을 듣기 원하고 칭찬을 받기 위해서인지 교사의 성향을 재빨리 파악하는 데 어린이들은 놀라운 능력을 보였다. 교사가 친밀한 태도를 취하건 엄격한 태도를 취하건 간에 이러한 모습은 캠프 초기에 늘 나타난다. 이 '어른 바라기'의 습성은 어린이들이 처해 있는 어른 중심 사회의 산물이자 적응 기제라 하겠다. 그러나 이 습성은 특별한 경우를 제외하면 놀라울 정도로 빨리 바뀐다. 스스로 결정하고 행동하도록 유도하면 곧 기존 관계틀을 깨고 스스로와 동료 어린이들에게 주의를 돌리며 상당히 자율적인 태도를 보이게 된다.

교사는 대개 간섭파와 비간섭파로 나뉘는데 간섭파란 어린이들과 노상 접촉하고 늘 주의를 쏟는(쏟아야 마음이 편한) 형의 교사이고, 비간섭파란 방임적이고 한걸음 물러선 위치에 있고자 하는 교사이다. 실제 프로그램을 가족 단위로 진행하다 보면, 교사가 어디까지 참여해야 하는지의 문제로 상당히 곤란을 느끼게 되는 경우가 있다. 예를 들어 촌극이나 깃발을 만들 때 교사는 어디까지 참여해야 하는가? 특히 어린이들은 교사의 말 한마디를 자신들의 열 마디보다 더 비중 있게 여기는 경향이 있기 때문에 이 문제는 더욱 신중을 기해야 할 문제이다. 간간이 교사들은 어린이들로부터 촌극 만들기에 참여하지 말라는 부탁(지시)을 받는다. 때로 어린이들은 교사의 행동에 대해 강력하게 이의를 제기한다. 교사가 자신의 가족에게 불리한 행동을 하거나 판결을 내리는 경우에 가족 전체가 합심해 실력 행사를 하는 것이다. 캠프 기간에는 별명을 부르기로 하는데 초기에는 그래도 별명 뒤에 꼬박꼬박 '선생님'을 붙이던 것이 후기로 갈수록 선생님을 빼고 별명만으로 부르거나 자연스럽게 평어를 쓰는 어린이들이 나오기 시작했다. 7차 캠프에서는 '어린이와 교사의 동등'이 전체 약속으로 정해졌다. 8차에서는 교사들은 늦게 자도 되고 교사들에게 반찬을 더 준다는 등의 항의가 있어서 또 한차례 '평등'에 대한 토론이 일었다. 모두가 결과적으로 똑같아지는 것이 평등이 아님을 일깨우는 것은 나이에 의한 위계와 권위주의를 깨뜨리는 것 이상의 작업임을 다시 한번 확인하게 된 사건이었다.

어린이간의 상호 작용

여러 어린이들을 모아 놓은 까닭에 그 가족 구성원들 사이에는 시간이 지나면 일정한 관계가 성립된다. 그것은 일정한 지도자가 등장하는 형태일 수도 있고 특별히 드러나는 어린이가 없는 세력의 균형 상태일 수도 있다. 주도자는 또다시 겉으로 드러나는 경우와 암묵적으로 정해지는 경우가 있다. 그런데 겉으로 드러나는 경우는 구성원들에 의해 도태되는 경우도 생긴다. 주도자가 된 어린이 자신도 자기가 주도자인지 모르는 상태는 보통 가족끼리의 작업을 하는 동안 특출한 아이디어로 그 진행을 도맡아 하는 경우이다. 이 경우 일상 생활에서 두드러지지 않는 한 별 무리 없이 받아들여지는 것 같다. 대개 주도자와는 상관없이 힘있는 상대에게 굴복(?)하는 특수한 사례도 보이는데, 이는 기성 사회의 논리를 몸에 상당히 익혀 버린 어린이의 경우이다.

어린이가 문제아로 여겨지는 경우는 크게 두 가지이다. 어떤 모습으로든 캠프의 진행을 방해하는 경우와 소극적인 것을 넘어서 아예 무관심해 보이는 경우이다. 전자에 대해서 그 가족 구성원은 어떤 형식으로든 강한 거부 감을 보이고 회의를 통해 입력을 준다. 고의로 캠프 진행을 방해하는 경우 말고 이해력이 뒤진다거나 행동이 느려 가족끼리의 행동에 누(?)를 끼친 경우에도 그것이 한 번 이상 계속되면 몹시 싫어하며 그 가족에서 제외시키길 소망하는 경우로까지 발전된다. 가족 대항 경쟁은 유대 관계를 맺기 위해 필요하니 그것이 너무 큰 비중을 가질 때 능력이 뒤지는 어린이가 장기적으로 소외되는 불상사를 초래하게 된다. 두번째 경우에 있어서 가족들은 설득과 회유를 통해서 끌어들이려 노력하는데, 어린이들간에 이런저런 이야기가 오고 간 후에 그 주변적인 어린이가 흡수되기도 하지만, 끝까지

방관자나 주변인으로 머무르는 경우가 있다. 주목할 점은 이런 어린이들이 정말로 캠프가 맘에 들지 않거나 무관심한 것이 아니라는 것이다. 그런 어린이는 다른 곳에서는 더 소외감을 느끼고 살기 때문인지 자신을 있는 그대로 받아들이는(또는 거부하는) 이 캠프에 애착을 갖고 있으며, 이 점은 그들이 캠프가 다시 열리기만을 학기 내내 기다렸다가 캠프에 다시 나타난다는 점에서 증명된다.

여기서 우리는 또 한 번 사회 생활이 보여 주는 복합성과 다양성을 보게 되며, 남의 입장이 되어 본다는 것이 얼마나 어려우면서도 중요한지를 알게 된다. 개성을 드러내는 것과 문제점을 항상 드러내 놓고 토론하는 것이 장려되는 마당에서 어린이들은 가정이나 제도 교육의 장에서 어렴풋이 느끼고 있었으나 미처 언어화하지 못한 다양성, 차이, 불합리한 제도 등에 대해 명확히 인식하게 되는 기회를 갖게 된다.

프로그램

이미 앞에서 강조했듯이 이 캠프는 인적 구성과 전체 분위기를 달리함으로써 어린이들이 스스로 새로움을 느끼고 적응하게 하려는 기획 아래 이루어졌다. 우선 교사들 자신이 고정 관념에서 벗어나고자 하는 상당히 개성이 강하고 자유로운 편의 양성적 특성을 지닌 사람들로서 어린이들과 새로운 관계를 쉽게 맺어 갈 수 있었다. 지방에서 참가했거나 권위주의적인 가정에서 자란 어린이의 경우, 그런 교사를 보고 당황하는 경우도 있지만 그들로부터 자신의 새로운 모델을 찾음으로써 오히려 해방감을 느끼는 경우도 없지 않다. 두번째로 어린이들은 교사들의 상호 작용 양식을 보면서 비권위적 행동 양식과 일관성 있는 원칙주의, 그리고 남녀간의 자연스러운 접촉과 우정 관계를 배우게 된다. 어린이들은 상당히 빠른 시일 내에 「또 하나의 문화」가 지향하는 원리를 터득하고(눈치 채고) "또 하나의 문화에서는 그러면 안돼!"라고 서로 주의를 줄 정도로 새로운 분위기를 익히게 된다. 자유 놀이 시간에 교사들은 의도적으로 뒤섞여서 놀이판을 벌이는데, 특히 남자 교사들이 고무줄과 공기 놀이를, 여자 교사들이 제기 차기, 배구, 축구 등을 열심히 한다. 배구는 딱딱한 공으로 하다 보니 남아들 공이 너무 세다고 여아들이 포기하므로 고무 튜브 베개를 사용하여 남녀 어린이가 함께 즐기게 하는 등 많은 활동을 남녀가 함께 즐길 수 있는 놀이로 만들고 자 배려한다.

이러한 간접적 분위기 조성이 아니라 직접적으로 자신들의 삶을 되돌아 보게 하는 프로그램은 크게 전체 프로그램, 반별 프로그램, 그리고 특별 활동으로 나뉘어 진행된다. 각각을 차례로 자세히 살펴보자.

(1) 전체 프로그램

전체 프로그램 구성은 우선 캠프 주제 선정에서부터 시작된다. 1차 주제는 '깨끗한 지구, 다정한 친구'로 어린이들이 주변의 공해 문제를 의식하고 동시에 벗들과 이런 문제를 의논하고 풀어 가게 하려는 의도였다. '하나뿐인 지구'라는 슬라이드 프로그램을 따로 제작하였고 이 책에 실린 공해에 관한 노래, 친구에 관한 노래들이 이 캠프를 위해 만들어졌다. 2차 주제도 역시 '깨끗한 지구, 다정한 친구'였다. 1차 때의 주제와 같게 한 이유는 그것이 한 번의 캠프로 끝낼 주제가 아니었음은 물론, 1차 때는 깨끗한 지구와 함께 자유가 더 강조되었기에 1차와의 연속성을 살리면서 다정한 친구를 부각시키기 위해서였다.

3차 때는, 더불어 사는 것은 갖가지 다른 생활 방식, 의견, 환경 등을 가진 사람들이 함께 사는 것임을 강조하기 위하여 서울 어린이와 농촌 어린이와의 만남을 추구하여 '더불어 사는 생활'로 했다. 수해로 말미암아 농촌 어린이와 서울 어린이들이 따로 캠프를 해야만 하는 결과를 초래했는데, 후자가 4차 캠프가 되었다(도시와 농촌 어린이 간의 차이와 공통점에 대해서는 뒷부분에서 자세히 논의된다).

5차는 1~4차에 참가했던 교사들의 평가 모임에서 제기되었던 문제점을 보완하고, 참가했던 어린이들에게 지속적인 자극을 주기 위해 참가 대상을 이전 캠프에 참가했던 어린이들만으로 했기 때문에 프로그램을 놀이와 흥미 유발보다는 생각하고 토론하는 시간을 늘리고 공동체 생활을 체험하도록 하는 데 초점을 맞추었다.

6차 주제는 '우리가 만드는 캠프'로 캠프 알림글에서 아래와 같이 적고 있다.

우리가 사는 지구엔 서로 다른 많은 풀과 나무, 벌레와 동물, 그리고 사람들이 어울려 살고 있습니다. 혼자서만 살 수는 없기에, 모두가 남의 도움을 받기도 하고 자기 힘도 빌려 주며 스스로 삶을 만들어 갑니다. 똑같은 것은 하나도 없지만 모두가 한가족이지요. 여기 모인 우리도 한가족입니다. 서로 목소리, 생김새, 생각은 달라도 모두가 이 캠프를 만들어 나가는 주인이지요. 어떻게 한가족으로 살아갈까? 서로 다르니까 여러 가지 일들이 벌어지겠지요. 여러 동무들과 더불어 사는 가운데, 좋은 느낌과 속상한 일도 모두 마음 열고 이야기합시다. 이번 캠프에서는 남들이 하는 대로, 누가 시키는 대로 하기보다 동무들과 이야기하는 가운데, 힘을 모아 여러 가지 일을 스스로 해 나가는 슬기를 배워 봅시다.

7차 캠프의 주제는 '남이 되어 보기'로 '장애자 되어 보기,' '모두가 치마 입는 날,' 철거민 친구의 사정을 알아보는 교사 연극과 토론 등이 주요 프로그램으로 등장하였다. 알림글을 보면

우리 모두가 같다면 얼마나 재미없을까?
그런데 우리는 남에 대해 모르는 것이 너무 많다.
여자와 남자,
달동네 사는 친구, 아파트에 사는 친구,
몸이 불편한 친구, 그렇지 않은 친구.
우리 한번 자기가 아닌 다른 사람이 되어 보면 어떨까?
그럼 친구가 왜 속상해 하는지, 즐거워하는지 조금은 알 수 있을 거야.
남이 되어 보는 것, 잘 안될지 모르지만 무척 재미있을 것 같아.
그리고 다른 친구들의 기쁨과 슬픔을 이해하게 될 거야.
자! 이제 옆 친구의 손을 가만히 잡아 보렴.
참 따뜻하지 않니?

라고 쓰고 있다. 어린이들이 마치 학교에서처럼 정규 프로그램을 지루해하고 노는 시간만 기다리는 경향이 있다는 7차 캠프의 평가에 따라 8차 캠프는 다시 '우리가 만든 캠프'로 자율 시간을 파격적으로 늘리고 프로그램을 줄였다. 실제 탈제도 교육 과정은 캠프장으로 가는 버스 안에서 노래 부르는 것부터 시작되며, 가족 및 전체 주제 깃발 만들기, 교사 연극과 이에 대한 토론, 가족별 회의와 전체 회의, 동화 짓기, 신문 만들기를 통해 무르익는다. 그리고 소원 쪽지를 태우는 모닥불 놀이와 고사문을 읽는 대

동 놀이에서 절정에 이른다.

(2) 반별 프로그램

반별 프로그램은 먼저 반별로 빨리 친해지기 위한 놀이를 한 후 진행된다. 반별 약속을 만들고 상징적 깃발을 만들어 가족 구성원의 자발적 합의에 따른 공동체의 특성과 분위기를 만들어 간다. 그리고는 반별 공동체 의식을 강화하기 위해 추적 놀이, 촌극 연습과 발표, 줄넘기와 줄다리기 대회도 하고, 밤순례를 통해 다정함을 더한다. 반별로 식사하는 것, 청소하는 것, 설거지하는 것 또한 가족적 이해와 유대를 높이는 주요 프로그램이라 할 수 있다. 추적 놀이는 특히 어린이들이 즐기는 놀이인데, 이는 여러 가지 기발한 구상을 요구한다.

반별 프로그램을 비롯해서 캠프 생활을 꾸려 나가는 데 매우 까다로운 것 중의 하나는 상벌 관계이다. 상벌은 어린이들이 짧은 캠프 기간 동안에 어떤 행동이 바람직한 것이고 어떤 행동이 바람직하지 못한 것인가를 파악하는 데 중요한 영향을 미치므로, 이 상징적 중요성을 고려하여 최소한으로 그리고 매우 조심스럽게 이용해야 한다.

1차 때는 상을 주지 않는 원칙을 세워 밀고 나갔으나 어린이들이 매우 서운해 하는 모습을 보고 2차의 경우 촌극과 그밖의 몇 부분에 시상을 했다. 그런데 어린이들의 경쟁심이 매우 강해서 지거나 1등을 못했을 경우 몹시 속상해 했다. 교사들간에 매우 주의 깊은 배려가 있기 전에는 시상을 하지 않는 편이 좋을 듯하다는 의견이 지배적이었다. 3~6차에는 상이 없었고, 7~8차에는 촌극에 상을 주었지만 각각 그 평가 기준을 상이하게 설정하여 비슷한 부피의 부상을 주었는데 상 자체에 대한 별다른 부작용은 없었다. 상 때문에 놀이가 경쟁으로 변하는 경우는 없어야 한다.

벌도 상에 못지않게 까다롭다. 물론 교사가 야단을 치거나 어떤 행동을 하도록 명령하는 형식의 벌은 한번도 없었다. 그러나 공동 생활에 방해가 되는 행위에 대한 제재 조치는 필요하기 때문에 더욱 그 방식을 정하는 데 고심을 했다. 문제 행동이 일어났을 때 다른 어린이들과 교사가 보이는 즉각적인 어떤 반응은 공식적인 제재를 대신할 수도 있는데, 점차 그런 경우는 공개 토론이나 비판에 부치는 식으로 나아갔다. 2차에서는 상당히 공격적인 행동으로 문제가 되었던 어린이가 결국 마지막 날 전체 마무리 모임에서 공개적인 항의와 비난, 비판을 받게 되었다. 어린이들이 자연스럽게 문제를 지적하여 비판한 것은 매우 고무적인 현상이나 자칫 비판을 받은 어린이를 다치게 할지도 모른다는 우려가 교사들간에 있었다. 여하튼 교사가 보기에 반드시 짚고 넘어가야 할 점이 있다면 어린이들로 하여금 문제를 깨닫게 하는 자리를 자연스럽게 마련하고, 시간에 구애됨이 없이 토론을 하게 하는 것이 바람직하다. 문제 행동을 일으킨 어린이에게 어떤 형태의 처벌을 해야 한다고 다른 어린이들이 요구한다면, 그것이 체벌의 형태가 아닌 이상 교사는 어린이들 의견에 따라가는 것이 좋을 듯하다.

(3) 특별 활동

특활은 캠프에서 가장 체계화된 프로그램이다. 자연 관찰, 등산, 음악, 미술 판화, 무언극, 풍물, 신문반 등이 있는데 풍물반은 항상 제일 인기가 높고 대동 놀이 때 큰 몫을 한다. 신문반 역시 인기 높은 특활이었는데, 8차에서는 모든 어린이가 전체를 위한 소식지를 만드는 기회를 갖는 것이 중요하다고 여겨져서 가족별로 하루씩 담당하여 만들게 하였다. 이 외「비디오반」은 8차 캠프를 기록하고 있던 여성 비디오팀(바리타) 꽃돼지, 키메라에게 어린이들이 특별 교섭을 하여 만든 것이다. 「놀자반」은 그 모든 것도 싫고 그저 자기네끼리 어울려 쏘다니는 것만 좋은 어린이들이 만든 것인데, 이 모임은 남성간의 연대 결성의 성격도 띤 것으로 관찰을 요하는 모임이었다.

이 외 캠프 성격에 따라 걸개 그림 그리기, 물놀이, 민속 놀이 등이 다양하게 시도되었다(「신문반」이 만든 신문 한 호를 뒤에 싣는다).

「싫다반」과 「시험 반대반」: 어린이가 만드는 프로그램

아무 반에도 들기 싫어하는 어린이는 6차 캠프부터 「싫다반」을 만들어 자기끼리 의논하여 무엇이든 하게 하였다. 양말 빨기, 신문 기자의 취재 거부, 구호 만들기, 늦잠 자기가 이들이 주로 한 일이다. 어린이들은 다른 반에 방해가 되지 않는 한도 내에서 자기네가 하고 싶은 일을 찾아 하였으며 그들이 지은 「싫다반」의 구호는 다음과 같다.

싫다, 싫다, 아무것도 싫다.
글짓기도 싫다, 그림반도 싫다, 춤반도 싫다, 신문반도 싫다,
덩더쿵도 싫다, 싫다, 싫다, 아무것도 싫다.
싫어잉, 싫어잉, 뭐든지 싫어잉

「또 하나의 문화」캠프의 성격을 나름대로 잘 나타내 주는 「싫다반」이 처음 생긴 6차 때 평가표를 참고해 보자.

참가 어린이: 첫날 5명, 둘째 날 8명

 원래 목적은 특활의 모임에 잘 어울리지 못하는 어린이를 집단으로 모아 다른 방식으로 캠프에 참여할 수 있는 프로그램을 장만하는 것이었다.

 우선 참여 어린이들 중 다른 프로그램에 참여하기 힘든 한 명과 나이가 많아서인지 약간 시큰둥하게 캠프를 보고 있는 6학년 여자 아이가 동생과 함께 신청했다. 또 한 명은 그냥 호기심 때문에 참여한 것 같다. 둘째 날의 참가자들은 재미있을 것 같아서도 있지만 한 명은 담당 선생과의 개인적 친분, 한 명은 바로 전날 프로그램에 참가하지 않아 함께 산책을 해준 것이 계기가 된 것 같다. 이 어린이는 그때까지 식사를 전혀 하지 않았다.

 구체적으로 무엇을 할 것인가는 전혀 계획하지 못했다. 분명한 것은 참가하는 어린이에 맞으면서도 약간의 교육적 효과를 올릴 수 있는 기회여야 한다는 점이었다.

 그래서 「싫다반」에 든 아이들이 이 시간에 가장 하고 싶은 일을 다수결로 결정하여 모두 함께하기로 했는데, 소수 의견을 낸 아이들도 아주 흔쾌히 따라 주었다. 그 내용은 밖에서 놀고 싶다는 것이었는데 당시 비가 내리고 있었기 때문에 적어도 갈아입을 옷이 있어야 했다. 그리고 감기가 걸릴 수도 있다는 경고까지 했지만 모두 놀기로 하고 나갔다.

 노는 장소는 캠프 주변을 넓게 돌아보는 것으로 하고 함께 논다는 최소 한도의 규칙 속에서 이루어진 것이다. 그러나 첫날에는 남이 일을 할 때 놀며, 다른 사람들의 호기심의 대상이 되었다는 사실 때문에 더 신나하는 것 같았다. 서로의 행동 규제도 잘되어 굳이 언성을 높이거나 간섭을 할 필요가 없을 정도였다. 그날의 마무리는 함께 모여 내일은 무엇을 할 것인가를 정하는 것이었는데, 의외로 이곳에 거주하고 있는 사람들과 이야기를 나누어 보고 싶다는 안이 통과되었다.

 둘째 날은 새로운 성원을 보강한 후 캠프장 주변을 돌아보아 가장 호기심을

불러일으키는 학교와 교회를 방문하고 도중에 마을 어린이들과도 이야기를 나누자는 계획으로 길을 나섰다. 생각보다 먼 거리였지만 잘 걸었다. 끊임없이 주변 곤충과 식물에 관심을 표시하고 잡아 보기도 했다. 47명으로 이루어진 학교 이야기와 조그마한 교회에 매우 관심을 보였다.

그러나 둘째 날은 지나치게 거리가 멀고 인원 수가 많아 모두 함께 이야기를 나눌 시간이 없었으며 방향만 같이하며 긴 선을 만들면서 움직였다. 그리고 그 순례 시간이 많이 걸려 마을 어린이들과 이야기를 길게 못하고 지나가는 어른과 중학교 1학년인 남학생과 잠시 대화를 했을 뿐이어서 아쉬웠다. 그리고 조금 피곤하니까 전날에는 문제시되지 않았던 슈퍼 헬리콥터의 비사회성이 역시 아이들 사이에서 언급되었다.

대체로 아이들이 잘 따라 주었고 주변 자연 환경이나 사람들의 생활에 관심을 갖게 한 것은 잘된 것 같다. 그러나 이러한 호기심을 이 사회에 대한 이해의 차원까지 넓히지 못한 것은 아쉽다. 충분히 그러한 측면을 발전시킬 여지가 있었는데 거리가 예상했던 것보다 멀어 시도조차 못해 그저 놀이의 성격만이 「싫다반」의 특징인 것같이 되어 버렸다.

문제점으로, 놀기 위해서 「싫다반」에 드는 식은 피해야겠다. 그런대로 특활반에 만족할 수 없는 아이들에게 탄력성 있게 참여할 수 있는 여지를 마련해서 좋지만 앞에서 서술한 내용에서 나타나듯이 그 활동이 정식으로 이름을 붙일 수 있는 것이라 다음에는 「캠프 마을 조사반」을 처음부터 설정하여 운영하는 것도 한 방안이 될 수 있다.

「싫다반」이라고 해도 마음대로 해버리는 무질서는 대체로 없었고 비교적 체계적으로 운영이 되었는데, 첫째 날에는 감기나 편도선염에 걸리는 것이 아닐까 걱정을 했고, 둘째 날에는 지나치게 피곤하게 만든 것이 아닌가 하는 염려를 했다.

다음번 「싫다반」의 운영에서는 아이들의 의견을 최대 한도로 반영시키면서도 교육적인 효과가 나고 공동 활동을 할 수 있는 안이 개발된다면 재미있는 캠프 전체의 운영의 묘가 되리라 생각된다.

「싫다반」 어린이가 일종의 우월감을 갖는 듯하고, 8차 캠프에서는 이미 너무나 자율성이 많이 주어진 편이어서 교사들간에 독립된 반으로 존재할 필요가 없다는 의문이 제기되어 「싫다반」이 없어졌다. 대신 어린이들이 새롭게 제안을 하여 만들어진 특활반이 있었는데 「시험 반대(운동)반」, 「놀자

반」과 「비디오 제작반」이었다.

「시험 반대반」은 3학년 어린이의 제안으로 「건달 행진곡」 등 학교 제도를 비판하는 노래를 부르자고 결성한 것인데, 인기가 상당히 높았고 대중시위, 서명 운동, 그리고 '높은 사람'을 찾아가거나 자기들이 커서 높은 사람이 되어 시험 제도를 고치자는 안이 나올 정도로 많은 토론을 나누었다. 「시험 반대반」에 초대되었던 교사의 기록을 아래에 싣는다.

「시험 반대반」 교사의 기록

(1) 들어가는 말

8차 캠프에서의 목표가 '진짜' 우리가 만드는 캠프였고, 이를 위해서 이전의 캠프와는 다른 시도들이 행해졌다. 그중의 하나가 특별 활동의 진행이다. 특활의 진행이 이전과 다른 점을 살펴보면, 「싫다반」이 없어졌다는 것이 가장 큰 특징이라 할 수 있다. 「싫다반」은 지난 6차 캠프에서 이번과 같은 주제인 '우리가 만드는 캠프'를 구상하면서 만들어진 것으로서, 기존의 특활 중 어느 것도 마음에 들지 않는 아이들이 특활에 참여하지 않을 수 있는 거부의 권리를 제도적으로 보장해 주려는 의도에서 설치되었다. 이 「싫다반」은 그 존재가 가지는 여러 가지 의미와 독특성 때문에 아이들은 물론 교사들에게 지대한 관심의 대상이었다. 그러나 그 실시에 있어서 '싫다'는 소극적 권리마저 특활 시간만으로 제한되는 듯한 의도하지 않은 결과를 가져왔다. 또한 그 소극적 권리가 대안을 만드는 적극적 행동으로 전환되지 못하고 고작 다른 아이들이 풍물을 배우고 그림 그리고 신문을 만드는 동안 빈둥거리고 놀 수 있다는 노는 것(정확히 말하면 아무것도 안하는 것)의 특기화 이상의 성과를 거두기 힘들어 보였다. 가장 자유로울 수 있을 것 같은 「싫다반」이 갖는 한계는 자율 캠프를 지향하는 우리 캠프가 갖는 한계의 축약이라고도 생각되었다. 이에 대한 극복 방향으로 8차 캠프에서는 더욱 자율을 확대하려고 시도했다. 구체적으로 모든 프로그램의 자율 참여와 특활을, 이를테면 교양 선택쯤으로 위치 짓는 것 등의 변화를 들 수 있겠다. 이제 아이들은 4박 5일 내내 「싫다반」일 수 있으며, 더 이상 아무것도 안하는 것이 특기가 될 수 없게 되었다(적어도 계획상으로는). 따라서 특활 시간의 「싫다반」은 요새 자주 쓰는 표현을 빌리면 발전적으로 해

체되었다. 이러한 변화에 기존의 「싫다반」 성원들은 어떻게 대응할 것인가? 그들이 만들어 낸 여러 대응책 중의 하나가 「시험 반대반」이다.

(2) 「시험 반대반」의 활동

「시험 반대반」은 매우 자발적인 결사체이며, 동시에 그 모임의 목표를 처음부터 명확히 하고 결성되었다는 점에서 한 단계 진화한 결사체이기도 하다. 그 시작은 깨구리의 제의에서 시작된다. 깨구리는 캠프 장소로 향하는 버스 안에서 나에게 자신이 제안한 특활에 동참하기를 요청해 왔다. 이러이러한 목적으로 「시험 반대반」을 만들어서 「건달 행진곡」을 부르려 하니 기타 반주를 해 달라는 것이었다. 나는 기꺼이 동의했다(스스로 특활반을 조직하려는 것은 매우 고무적으로 판단되었고, 하물며 시험을 반대한다는데야!).

첫째 날: 깨구리는 사람이 많이 지나다니는 곳에 잘 보이게 모집 광고를 붙이는 등 스스로 아주 열심히 동지(?)들을 모집했다. 이날 모인 아이들은 깨구리, 둘리, 다람쥐, 꾸러기, 토돌이, 개골도사, 돼지도사 6명이었다(이 반의 성원은 매우 유동적이어서 정확히 누가 참가했던가는 기억하기 어렵다. 둘째 날 보뚱이, 나비, 사이먼이 가세했으며 주요 구성원이 되었다). 둘리와 깨구리가 열심히 동지들을 모으기는 했어도 구체적으로 무엇을 할 것인가를 결정하지는 못한 모양이었다. 그래서 우선 현재 시험 제도의 나쁜 점과 그렇다면 어떻게 고쳐야 할지에 대한 의견들을 모아 보자고 내가 제안했다. 그 결과는 둘째 날 서명 운동을 위해 정리한 우리의 주장에 잘 나타나 있다.

안녕하십니까? 저희는 「시험 반대반」입니다.
우리는 시험을 반대하는 것이 아니라 시험 제도를 바꾸려고 합니다. 그 이유는 지금의 시험 제도는, 첫째 공평하지 못하고, 둘째 우리를 꾀어 먹기 위해 사용되고 있으며, 셋째 공부를 강요하기 때문입니다. 그래서 우리는 아래와 같이 시험 제도가 고쳐지기를 바랍니다. 옳다고 생각하면 서명해 주십시오.

1. 시험 점수를 가르쳐 주지 말자(선생님만 알기).
2. 시험 날짜를 미리 알려 주지 말자.
3. 시험 감독을 하지 말자.
4. 시험 보는 횟수를 줄이자.

5. 시험 문제는 쉬운 말로 제대로 낸다.
6. 시험 문제를 쉽게 낸다.
7. 국민학교만은 시험을 없애자.
8. 시험은 보고 싶은 사람만 보자.

이상을 위한 토의 과정 중 특기할 만한 점은 우선 토론 참석 자세가 너무나 진지했다는 점이다(아이들이 얼마나 토론과 회의를 싫어하는가를 생각하면 더욱 놀랍다). 그 다음은 아이들의 토론 능력이다. 처음 시험 자체의 반대에 대해 내가 여러 가지 반론을 제기했더니, 곧 수긍하고 시험 제도 개선으로 목표를 수정하는 모습을 보여 주었는데, 이는 교사인 나의 권위에 굴복한 것이라기보다는 보다 합리적이고 정당한 것에 대한 승복이라고 보고 싶다. 개선 방향에 대한 여러 가지 기발한 의견들이 개진되고 수렴되는 과정에서도 이러한 모습이 계속 나타났는데, 시험 보는 횟수를 늘리는 것과 줄이는 것 사이의 의견 충돌과 수렴 과정, 시험을 교과서 안에서만 출제하자는 제안과 부결 과정 등이 그것이다. 이 과정에서 무성의하게 문제를 출제하는 교사에 대한 아이들의 불만이 대단하다는 것이 드러났다.

이상의 의견이 수렴된 후 나의 귀띔으로 피케팅으로 우리의 의사를 과시하기도 했다. 아이들은 신이 나서 주장을 쓰고, 일부 아이들은 구호를 샌드위치맨처럼 몸에 거는 등 재치를 보였다. 피케팅 과정에서 아이들의 모습은 매우 다양했는데, 구호를 만들고 시험에 대해 불만을 토로하는 데는 열심이었던 아이가 피케팅을 하면서는 슬그머니 뒤로 숨는가 하면, 또 반대로 토론중에는 시들하다가 행동에 들어가면서 열을 띠는 아이…… 어른들의 행동과 비교하면서 혼자 쓴웃음을 짓게 만들었다.

피케팅을 하고 돌아와 느낌들을 물어 보고 싶었으나, 아이들의 흥분이 채 가시지 않아 포기하고 노래 가사 바꾸기를 했다. 불과 20분 만에 두 곡의 노래 가사 바꾸기가 거뜬히 완성되었는데, 그 가사는 다음과 같다.

농민가: 사천만 잠들었을 때 우리는 깨어/시험 반대 절대로 반대/오늘도 내일도 모레도 놀고/이담에 또 놀고 시험 반대하겠네.

건달 행진곡: 제발 제발 제발 시험 제도를 바꿔 줘요/무슨 공부 기계인가 뭐/금

방 공부해라 맨날 공부해라/그저 뭐든지 공부밖에 모르시나 봐/공부 공부 하지만 마세요 내가 공부 벌레인가요/공부에 싸여 버린 내 모양이 아깝지도 않으세요.

둘째 날: 이날은 그 전날 정한 대로 서명 운동을 하였다. 서명 운동은 아이들이 정한 방법인데, 지난 3, 4년간의 우리 사회의 동태가 아이들에게 미친 영향 중의 하나라는 생각이 든다. 서명 운동은 그 과정 속에서 자신들의 주장이 어떠한 반응을 얻고 있나를 확인할 수 있으며, 자연스럽게 토론도 이루어질 수 있는 좋은 방법이라는 생각이 들었다. 나는 이런 합리적 방법들에 앞서 피케팅부터 생각해 낸 데 대한 자책감이 들었다. 실제로 서명 운동 과정에서 진지한 토론이 벌어지기도 했다. 한 가지 아쉬운 점은 서명을 주로 교사들에게 받았다는 점이다. 서명 운동을 이해하기에는 나이가 너무 어리기 때문일까.

(3) 평가와 반성

스스로 원해서 결성되었던만큼 참여하는 아이들의 열의나 자세는 좋았다. 문제가 있다면 「시험 반대반」 활동에 대한 자체 평가의 기회가 없었다는 점이었는데, 활동의 취지 자체가 민감한 것이었고, 신이 난 아이들이 학교에 가서 꼭 「시험 반대반」을 만들겠다고 다짐하는 모습을 보였다는 점에서 그런 기회를 가지지 못한 것은 심각한 문제점이라 할 수 있다. 하지만 다행히도 전체 마무리 시간에 특별 활동 결과를 발표하면서 자연스럽게 「시험 반대반」 활동에 대한, 그리고 시험 반대 움직임에 대한 찬반 토론의 기회를 가질 수 있었다. 반대 입장의 주장은 대체로 「시험 반대반」의 입장을 시험 자체의 반대로 받아들이고 이루어진 것이어서, 시험 자체에 대한 새로운 생각을 심어 가기에는 부적당한 것이었다. 「시험 반대반」이 내놓은 개선책 조목조목에 대한 비판도 있었는데, 이는 대체로 실현 불가능성에 대한 공박과 공부만 열심히 한다면 시험 제도가 어떤들 무슨 문제냐 식의 비판이었다. 여기서 특기할 만한 것은 고학년일수록 시험 제도가 단순히 교사와 학생 사이의 제도가 아니라 문교부, 대통령으로 이어지는 복잡한 연결망을 배후에 가진 확고 부동한 것이며, 어차피 경쟁적인 사회에서 시험이란 피할 수 없는 것이라는 인식을 많이 가지고 있다는 점이다. '시험이란 우리가 출세할 수 있는 지름길인데 왜 그것을 포기하느냐'는 발언과 '어디 용기가 있으면 대통령까지 만나 보라'는 발언들이 이를 잘 표현하고 있다. '「시험 반대반」은 공부도 못하는 말썽쟁이의 모임이다'라는 야유는 어딘지 일부 기성 세대의 논리의 연장인 것 같다는 느낌도 받았다. 이런 공격에 대한 「시험 반대반」의 반격은 그리 명쾌하지 못했다. 전적인 지지를 받을 줄 알았는데 의외라는 당혹감이 컸던 것 같고, '우리가 힘을 합치면 해낼 수 있다'는 어디서 주워들은 듯한 주장 외에는 대체로 얼굴이 상기된 채로 우물쭈물했다.

이틀에 걸친 시험 반대 운동을 통해 아이들은 어떤 것을 배웠을까?「시험 반대반」교사로서 무엇보다 가장 마음에 걸리는 것은 자신들의 주장을 합리적으로 관철하기 위해서는 자신들 스스로가 문제의 핵심을 보다 분명히 파악하고 있어야 하며, 개인에 있어서도 여러 가지 방안들이 존재한다는 것에 대한 충분한 인식을 갖지 못한 상태에서 피케팅 같은 감각적 행동을 제시했다는 점이다. 꽹과리를 쳐대는 요란한 피케팅이 쉽게 많은 이들의 관심을 끌기는 했으나 그 후 모아진 관심을 심화시킬 여러 가지 후속 프로그램이 준비되어 있지 않았던 것이다.

그렇지만 아이들이 '존재하는 모든 것은 존재하기 때문에 정당하다'는 잘못된 신화의 세계에서 한걸음 빠져 나와, 현 교육 과정에 만연된 맹목적 적응 훈련이 아닌, 회의(懷疑)를 통한 또 다른 개선과 정당한 부적응을 시도하고 주위의 압력을 이겨 낼 수 있는 인간으로 성장하는 데 최소한의 자극일 수 있었다는 데에서 그 가치는 여전히 크다.

평가와 전망

캠프 후 교사는 평가 기록서를 제출하게 되어 있다. 많은 교사들은 특히 처음 참가한 경우에 캠프의 목적이 우선 자기 자신에게 불분명하여 어떤 기준에서 캠프를 평가해야 할지 모르겠다고 당황해 하거나 불만을 제기한다. 또한 교사들은 짧은 캠프 동인에 주어진 자극이 가정에 돌아가서 살려지기보다는 오히려 부작용을 일으킬 것 같다는 불안감을 자주 고백한다. 바로 신참 교사가 느끼는 이 두 가지 점이 「또 하나의 문화」어린이 캠프가 갖는 장점이자 약점이라 하겠다.

이 캠프를 8차까지 꾸려 오는 데 가장 어려웠던 부분이 바로 교사 충원의 문제였다. 교사는 무보수로 캠프에 참여한다. 누누이 강조하였지만 이 캠프는 모두가 배우러 오는데(이것을 봉사로 착각해서는 안된다), 그중에서도 교사들은 적어도 어린이들보다는 먼저 「또 하나의 문화」가 지향하는 '문화'를 어느 정도 내면화하고 있어야 한다. 그러나 여러 가지 사정상 이것이 채 해결이 안된 상태로 교사가 되는 경우가 종종 있었고, 이것이 서로의 힘을 빼게 만든다. 또 다른 문제는 그 분위기에 익숙할 즈음에는 교사들이 대학을 졸업하고 떠나게 된다는 것이다. 이런 면에서 교사들간에 반성과 자성이 이어지는 회의와 뒤풀이가 수없이 이루어지는 편인데도 여전한 캠프 교사간의 불안정성은 상당 부문 교사의 충원과 연관이 깊다. 이 문제를 해결하기 위해서는 제도 교육계에 몸담고 있는 교사들의 참여가 장려될 필요가 있다.

한편 교사의 교수들인 할머니 선생들과 교사들 간의 상호 작용 면에서도 문제점이 없지 않다. 어린이가 교사를 권위적 존재로 보듯이 20대 교사가 30~40대 교수들과 맞물려 일하는 것 역시 쉽지 않은 것이다. 이 점 역시 서로 많은 시간을 함께함으로써, 그리고 긴 평가 회의를 통해 해결할 수밖에 없다.

그러면 어린이들은 어떤가? 계속 캠프에 참여하는 어린이는 나름대로 「또 하나의 문화」에 대한 그들 나름의 이해와 강한 애착을 갖고 있다. 처음에 투덜거리기만 하던 피해 의식이 있던 한 어린이는 이제 캠프를 오래 하자고 졸라 대고, 무조건 공격을 해서 주의를 끌어 왔던 어느 짓궂던 어린이는 그렇게 하지 않아도 관심을 끌 수 있는 이 캠프에서 이틀을 지내면서 곧 선량하고 활발한 어린이로 변신한다. 오히려 제도 교육 속에서 극히 모범생인 어린이 중에 너무 많이 주어진 자율 시간을 지루해 하거나 학교에서 받았던 존경이 없어졌다는 점에서 박탈감을 느끼는 경우가 있었다. 어린이들은 짧은 기간의 새로운 경험을 통해서 놀라운 적응력과 흡수력을 보여 왔다. 사과할 줄 알고, 토론할 줄 알게 되며, 남녀에 대한 강박 관념도 캠프가 끝날 때쯤이면 많이 없어진다. 특히 「건달 행진곡」, 「해방가」 등을 부를 때 거의 희열을 느끼는 듯 열성적으로 노래하는 어린이들을 보면 그들 속에 벌써 어떤 류의 스트레스, 억압 감정이 쌓이고 있다는 것을 확인하게 된다. 하나의 틀에 꿰어지면서 어린이들은 '행복하게' 되지 못하고 있는 것이다. 합리적인 의견이 환영받는 곳, 무슨 말이든 마음속에 있는 말을 해도 관심을 갖는 사람이 있는 곳, 그러나 남을 해치는 일을 해서는 안되고 사람 차별을 해서는 안되는 곳에서의 체험이, 또는 추억이 어린이들의 앞으로의 삶을 조금이라도 풍성하게 하리라 믿는다. 그리고 무한한 가능성이 체계적으로 억압되는 상황에서도 끈질기게 개성을 드러내는 어린이들을 보면서 탈제도 교육과 다양한 실험 학교의 장이 우리 주변에도 생겨야 함을 절실하게 느끼게 된다.

우리는 8차 캠프를 마무리 지으면서 자치, 자율성을 짧은 기간 내에 확보해 간다는 것에 더욱 큰 한계를 느끼게 되었다. 스스로 만든 자치 캠프에서의 경험은 오래 갈 것이라는 전제에서 점차 자율 시간을 늘여 갔던 것인데 돌이켜 볼 때 차라리 미숙했던 1차 캠프 때 선명한 메시지가 전달된 반면 8차 캠프 때는 혼란이 있었던 것 같고 그 혼란 상태에서 헤어진 감이 없지 않다.

이제 어린이들에 대한 파악이 어느 정도 된 상태에서 앞으로 어떤 계획을 세워야 될까? 4학년만 되면 어린이들의 상황 적응 능력은 놀라울 정도이다. 또한 가정 문화가 부재한 상황에서 매스컴이나 어른 세계의 습성을 단단히 내면화시키고 있는 어린이가 상당수에 달한다. 짧은 캠프 참여를 통해 어린이들간의 다양성이 충분히 발휘되고 서로에게 이해·소화되고 있다고 보기는 어렵다. 그리고 캠프 때마다 신청 남학생의 숫자가 많고, 여전히 남아들이 캠프에서 지배적인 위치를 점하는 경향이 없지 않다. 이런 상황을 고려하여 앞으로 캠프는 좀더 새로운 실험을 구상해야 할 단계에 온 것으로 보인다. 그 동안 나온 몇 가지 안을 정리해 보면 다음과 같다.

① 농촌과 도시, 도시 내 계층간의 만남을 위한 캠프
② 여아들만의 캠프
③ 이미 캠프에 참여한 어린이들만의 장기 자율 캠프와 신참 어린이를 위한 프로그램 위주의 캠프를 분리하는 방식
④ 실험 학교를 만드는 방안

농촌과 도시의 만남은 3차 때 한 번 시도했으나 두 집단간의 생활 환경에서 비롯되는 차이가 생각보다 깊어 보다 신중하게 시도해야 할 것으로

결론을 내렸다(이를 위해 3, 4차 캠프 보고서를 뒤에 따로 싣는다). 여아들만의 캠프는 효율성을 위한 일시적 분리일 수 있으나, 어디까지나 통합을 전제로 한 분리 캠프여야 할 것이다. 부모들의 관심과 참여의 폭을 크게 넓힌 장기 자율 캠프 내지 실험 학교를 시작하기 위해서는 보다 많은 열성적 인원과 준비가 필요할 터인데, 아무튼 다음번에는「또 하나의 문화」교육팀이 이 여덟 번에 걸친 캠프 경험을 토대로 또 한 번의 비약을 시도할 수 있을 것으로 보인다.

현재 교사들에 의해 추진되고 있는 구체적 작업은 캠프 지침서를 만드는 것이다. 교사들은 8차 캠프를 끝낸 후 곧 염리동「하나 공부방」을 중심으로 한 저소득층 어린이 캠프를 공부방 교사들과 공동으로 준비하여 또 한 번의 체험을 하였는데, 이러한 여러 번에 걸친 캠프를 토대로 보다 폭넓게 활용될 수 있는 이상적인 캠프 지침서를 마련할 수 있을 것으로 보인다. 다시 말해서「또 하나의 문화」어린이 교육 모임은 계층별, 도시·농촌별, 남녀별로 개개 어린이가 처한 다양한 문화적 환경을 어떻게 살릴 수 있을지의 문제로 아직은 좀더 많은 고민을 해야 할 것이나, 이 작업이 마무리되면 학부모 중심으로 또는 지역 공부방이나 기타 모임 중심으로 보다 민주적인 캠프를 열어 가는 데 많은 도움이 되는 캠프 지침서를 만들 수 있을 것이다. ■

'또 하나'의 실험 캠프

'89년 여름 「하나 공부방」 어린이 캠프를 마치고

호용수*

1989년 여름에 마포구 염리동의 「하나 공부방」 어린이들을 대상으로 열렸던 캠프에 「또 하나의 문화」 어린이 캠프 교사 7명이 참여했다. 그 캠프에서 도시 저소득층 어린이들인 「하나 공부방」 어린이들이 도시 중산층이나 농촌 어린이들과는 또 다른 모습을 보이는 것을 관찰할 수 있었다.

첫째로 성역할 고정 관념의 측면에서 차이가 두드러졌는데, 다른 무엇보다 교사들의 눈에 쉽게 띄는 것은 공부방 어린이들의 강한 남녀 유별 의식이었다. 「또 하나의 문화」 캠프의 중산층 어린이들 중에서도 이성과는 한사코 손을 잡으려 하지 않거나 남녀 합숙에 대해 문제 제기를 하는 어린이들이 있었으나, 공부방 어린이의 경우 그 정도가 더 심했다. 캠프 첫날 한 1학년 여자 어린이는 남자 어린이가 자신의 옆에서 잔다고 통곡을 하며 울 정도로 신체적 접촉에 대해 강한 거부 반응을 보였다. 또 놀이 시간에 남녀 어린이가 서로 껴안게 되자, 한 2학년 어린이는 곧 한숨을 쉬며 '이제 난 결혼은 다했다'고 말하기도 했다. 이런 현상은 공부방 어린이들이 기존의 성역할 고정 관념을 더 완강하게 고수하는 부모에 의해 길러지며 동시에 비좁은 생활 공간에서 성적인 것에 일찍 눈을 뜨게 되기 때문에 남녀가 섞이는 문제에 대해, 특히 여자들이 몸을 조심해야 한다는 것에 대해, 더 민감한 것으로 해석할 수 있다.

---

* 「또 하나의 문화」 간사로 일했고, 현재는 교육 관련 소모임들에서 활동하고 있으며 교육 대학원에서 공부하고 있다.

그러나 그런 투철한 남녀 유별 '의식'과는 대조적으로 실제의 성역할 '수행'에 있어서는 공부방 어린이들이 더 많은 융통성을 보였다. 예를 들어 남자 어린이들이 설거지나 밥상 차리는 일 등을 매우 자연스럽고 능숙하게 하였는데, 이는 부모가 다 일하러 나가는 상황에서 필요에 의해 스스로 밥을 챙겨 먹고 설거지를 하는 가운데 자연스럽게 갖게 된 태도로 볼 수 있다. 이는 주목을 요하는 부분으로 어른 세계에서도 쉽게 볼 수 있는 특징이다. 즉 중산층의 경우 남녀 평등적으로 행동해야 하는 것을 의식하고 있으면서도 실천하지 않는 이중성이 문제되는 반면, 저소득층에서는 자신의 '실천'이 보다 높은 차원의 가치와 연결이 되지 않기 때문에 행위자가 자신의 남녀 평등적 행동에 대해 자긍심을 갖기보다 수치심이나 박탈감을 느끼는 현상을 보게 된다. 따라서 저소득층의 경우 계몽적 의식화 과정을 통하여 자신의 행위가 갖는 의미를 파악해 가는 것이 중요해지는 반면, 알면서도 실천이 따르지 못하는 중산층의 경우는 보다 더 큰 선을 위해서 기득권자의 편안함을 스스로 포기하는 결단으로 일상 생활을 자기 힘으로 꾸려 가는 '능력과 습관'을 길러 가는 작업이 이루어져야 함을 알게 된다.

둘째로 공부방 어린이들은 중산층 어린이들에 비해 경쟁심이 덜하였다. 물론 그들은 기존의 공부방 생활을 통해서 이미 나름대로 자신들의 위계 관계를 구축한 상태였기 때문에 캠프에서 새롭게 세력 판도를 만들어 갈 시도를 하지 않았고, 그런 면에서 경쟁 의식이 완화된 측면이 없지 않다. 그러나 「또 하나의 문화」캠프에 참여한 중산층 어린이들과 비교해서 경쟁심이 덜한 근거는 다른 면에서도 찾아볼 수 있다.

일상 생활 면에서 중산층 어린이들에 비해 밀집된 주거 환경 속에서 동생들을 보살피고 또 이웃간의 부대낌과 잦은 어울림 속에서 지내야 하는 공부방 어린이들이 덜 경쟁적일 것이라는 것은 쉽게 짐작할 수 있다. 실제로 공부방에 나오는 염리동 어린이들은 공중 변소를 사용하므로 누가 배탈이 났는지 알고 지낼 정도로 남(이웃)과의 벽이 낮은 환경에서 살고 있으며, 그런만큼 경쟁 관계와는 다른 종류의 관계를 좋든 싫든 맺어 왔다. 이들은 그런 상황에서 자기보다 어린 아이를 자연스럽게 보살피게 되고, 남에게 보다 관심을 갖게 된 것으로 보인다. 그들에 비해 중산층 어린이의 환경은 이들보다 경쟁적으로 만들어 왔다. 중산층이란 극도로 경쟁적인 자본주의 사회에서 살아 남은 사람들이며, 그러한 부모 아래서 독방의 공간을 갖고 오로지 핵가족과 학교 생활에만 신경을 쓰면 되는 중산층 어린이들이 더 경쟁적이고 자기 중심적으로 자라는 것은 당연한 귀결이다.

세번째로 주목해야 할 차이는 공부방 어린이들이 토론에 서투른 반면 신체적 폭력과 욕에 상당히 익숙해 있다는 점이다. 이는 도시 저소득층 문화의 한 반영으로, 어른들이 쓰는 성에 관련된 욕을 어린이들이 주저 없이 사용하였고 폭력 또한 일상적 의사 표현의 수단처럼 썼다. 물론 이 점으로 도시 저소득층 문화가 더 폭력적이라고 일반화해서는 안될 것이다. 중산층 사회에도 폭력은 난무하나 그곳에서는 폭력이 은밀히 일어나고 숨겨질 수 있으며, 또 그런 가정에서는 자녀를 「또 하나의 문화」 캠프 같은 곳에 보낼 가능성이 적다는 데에서 그 차이를 찾아야 할 것이다.

갈등 관계에 들어서게 되면 어린이들이 폭력과 욕부터 하게 된다는 것은 일면 토론 문화의 부재를 의미하기도 한다. 그런 면에서 서로의 의견을 차분히 이야기하고 토론해 가는 훈련이 이들 교육에 매우 중요한 부분이 될 것이다. 토론이 복잡한 산업 사회 상황에서 갈등 해결을 위해 유일하지는 않다 하더라도 가장 중요한 방식일 것이며, 그런 면에서 계층을 불문하고 캠프에서 강조되어야 할 부분이다. 적어도 「또 하나의 문화」 캠프에 참여한 중산층 어린이들은 상당수가 토론에 익숙했다. 그들의 경우 토론의 형식은 알지만 실질적인 내용이 없는 겉도는 토론을 하는 것이 문제점이라 할 수 있는데, 이는 물론 보완되어야 한다. 반면 도시 저소득층이나 농촌 어린이들은 아예 토론에 대한 감을 갖지 못한 상태로 보이는데, 그런 면에서 이들에게는 토론 중심의 캠프가 더 강조될 필요가 있겠다. ■

'또 하나'의 실험 캠프

두일리와 서울 어린이의 참만남을 위해
3·4차 캠프 보고서

김미경*

'서울 어린이와 농촌 어린이와의 만남을 통한 공동체 의식의 경험'을 목표로 6개월여 간 준비했던 3차 어린이 캠프는 수해로 인하여 계획대로 진행되지 못하고, 7월 29일~31일 두일리에서 35명의 어린이가, 8월 10일~11일 수원에서 32명의 어린이가 참석한 가운데 따로 열렸다.

두 캠프에 식사 담당으로, 특활반 교사로 참석하면서 여러 가지로 느낀 점들이 많았다. 아직 정리되지 않은 생각들을 기록하는 것은 앞으로의 더 많은 논의와 정리를 위함이다.

첫째로 느낀 것은 두일리 어린이와 서울 어린이 간의 차이가 예상했던 것보다 상당히 심각한 형태로 나타났다는 점이다. 얼굴 생김새에서부터 식성, 말투, 사고 체계에 이르기까지 차이가 뚜렷하게 나타났다. 두일리 어린이의 경우 강원도가 우리나라에서도 문화적 소외 지역이라는 특수한 요인도 작용했겠지만, 서울 어린이들에 비해 표현력이나 발표력이 부족하고 일반적으로 우리가 준비해 간 모든 프로그램에 적응하는 속도가 상당히 느렸다. 이러한 현상은 결국 두 가지로 분석될 수 있는데, 첫째는 우리가 준비해 간 프로그램 자체가 철저하게 도시 중심적이었다는 점이다. 영화, 연극을 보고 토론을 하는 프로그램은 대화나 토론에 익숙하지 않은 이들에게는 부담으로 느껴졌으며, 도시 중심의 가족에서 가사 노동을 함께해야 한다는

---

* 이화여대에서 여성학을 공부하고 또 하나의 문화 간사로 일했으며, 현재는 『한겨레신문』 생활 과학부 기자로 일하고 있다.

내용의 그림 이야기 만들기는 이들에게 아무런 의미 체계를 갖게 할 수가 없었다. ET가 무엇인지도 모르는 아이들에게 'ET같이 생겼을까'라는 노래 가사는 흥미를 유발시키지 못했으며(ET가 도시에서 영화로만 상영되었지 TV 에는 나오지 않았는 사실을 간과했다), 사투리가 심한(언뜻 알아듣기 힘든 함경도 쪽 사투리를 쓰고 있었다) 이들에게 부드러운 서울 말씨로 이야기하는 교사들은 낯선 존재로 받아들여질 수밖에 없었을 것이다. 즉 우리가 준비한 프로그램 자체가 두일리 어린이들의 특수한 상황이 심각하게 고려되지 않은 채로 이루어졌기에 교사는 준비한 대로 프로그램을 진행하기에 곤란을 겪어야 했고 어린이들은 당혹감을 느껴야 했다.

6개월여 간 준비하는 과정에서 농촌 어린이와 서울 어린이 간의 차이를 극복하는 프로그램이 어떻게 가능할 수 있겠는가에 대한 논의가 이루어지긴 했지만 같은 제도 교육과 TV 문화권 속에서 자라나는 아이들이기 때문에 그렇게 심한 편차를 나타내지는 않으리라고 전제했다. 따라서 두일리 어린이들이 서울 어린이들과는 달리 소극적으로 반응하는 것에 당황하지 않을 수 없었다.

프로그램 자체가 농촌의 특수성을 고려하지 않은 채로 이루어졌다는 점과 함께 지적될 수 있는 것은 두일리 어린이들이 문화적인 소외 지역에 위치해 있다는 점이었다. 물론 우리가 준비해 간 프로그램이 문화적이었다는 의미는 절대 아니다.

두일리 어린이들에게는 나름의 문화가 있었으며, 자연 속에서 경험하는 그들의 문화는 서울의 어린이들이 누리는 문화와는 비교될 수 없는 차원의 것이었다. 그러나 문제는 사물이나 사건에 대해 의심하고 사고하고 토론하고 언어로 표현하는 훈련을 받을 기회가 제한되어 있다는 점이다. 지적인 호기심이나 흥미 유발에 약한 점은 역으로 생각하면 지나친 경쟁 의식에 사로잡힌 서울 어린이들에 비해 긍정적인 면으로 볼 수 있다. 이것은 대동놀이에서도 분명히 나타났다. 서울 어린이들에 비해 두일리 어린이들은 승부에 그리 집착하지 않았다. 그러나 그러한 긍정적인 면이 모든 일에 대한 호기심이나 동기 유발이 아예 차단되는 형태로 나타날 때는 문화적 소외 현상을 초래하게 됨은 말할 나위도 없다. 긍정적인 차원에서의 동기 유발과 대화, 토론 훈련 등은 인간이라면 누구나 가질 권리가 있는 부분이다. 두일리 어린이의 경우 이 동기 유발이 약하고 지적 호기심 자체가 차단된 상태에서, 도시 중심의 프로그램 진행은 또 하나의 소외를 경험하게 한 것이 아닌가 하는 자체 반성을 하게 했다.

이에 반해 서울 어린이들의 경우 지나칠 정도로 말을 잘하고, 모든 것에 대한 지적 호기심이 왕성하여, 그것이 경쟁 의식으로 그대로 나타났다. 토론을 할 경우, 교사들이 원하는 대답이 무엇이라는 것을 미리 간파하고 있었으며, 준비 시간이 두 시간밖에 없었던 촌극 발표도 놀라울 정도로 해냈다(두일리 어린이의 경우 촌극에 대한 개념이 없어 촌극 발표 프로그램 자체를 취소했다). 노래 부르기나 동화 만들기에서도 쉽게 배우고 쉽게 만들어 냈다. 분명히 우리의 프로그램이 도시 어린이들 중심으로 만들어진 것임을 증명이라도 하듯이 말이다.

그러나 이러한 이들의 지적 호기심과 적극성은 이번 캠프가 내세운 공동체 의식의 경험과는 잘 연결되지 못했다. 즉 개인적인 능력은 뛰어나지만 공동체적인 활동에서는 그 능력이 제대로 발휘되지 못하는 도시 어린이의 개인주의적 특성이 두드러지게 나타났다. 또한 토론이나 대화에서는 적극적으로 의견을 표시하고 정답을 알아 발표하지만 그 말은 말일 뿐, 실제 생활로는 잘 연결되지 않는 이중성을 보였다. 특히 1·2차 캠프에 참여했던 어린이들의 경우, 1·2차 캠프의 기본적인 의도를 너무 잘 파악한 탓인지(?) 전체적인 활동에서 이탈하거나 프로그램 진행을 방해하는 대표적인 집단으로 등장하여 교사들을 곤란하게 만들었다. 서울 어린이들에게 있어서 우리가 준비한 프로그램은 새로운 경험을 하고 사고할 기회를 제공하는 것이었다기보다는 평소에 누리고 있는 문화적 경험에 또 하나의 흥미 있는 경험을 보태는 수준에 그치고 있다는 느낌을 떨쳐 버릴 수 없었다.

이러한 두일리 어린이와 서울 어린이 간의 차이는 서울과 농촌의 경제, 사회, 문화적인 제반 측면에서의 격차에서부터 비롯된 것으로 보인다. 따라서 수해로 인해 프로그램을 분리하여 진행한 것은 결과적으로는 다행스러운 일이었다. 이렇게 차이가 심한 어린이들이 만나서 서로에게 상처를 남기지 않고 진정한 공동체 의식을 느낄 수 있는 장을 제공하기 위해서는 당분간 각기 그들의 특수한 상황에 맞는 프로그램을 따로따로 장기적으로 진행하여 몇 년 후에 함께 만나는 자리를 만드는 것이 더 바람직하다고 여겨졌다.

둘째로 느낀 점은 이들의 이러한 격차에도 불구하고 남녀 문제에 있어서는 공통된 양상을 나타냈다는 점이다. 특히 두일리의 경우, 남자 어린이들의 여자 어린이들에 대한 차별적, 분리적 양상이 더욱 선명하게 나타났다. 절대로 여자애들과 한방에서 잘 수 없다고 버티는가 하면, 식사 때 여자애들이 줄을 서 있어도 남자애들이 우르르 몰려와서 여자애들을 밀치고 앞에 선다든지, 같이 손을 잡지 않고, 설거지를 어떻게 남자가 하느냐고 항변한다든지 하여 남녀 유별적인 태도를 그대로 드러냈다. 서울 어린이들의 경우도 예외는 아니어서 불꽃놀이를 할 때 서로 돌아가면서 악수를 하고 인사를 나누는 시간에 여자애들이 앞에 오면 '통과, 통과……'를 크게 외치면서 손을 잡지 않으려는 남자 아이들이 있었다. 주목해야 할 것은 서울 어린이들의 경우 각 반별로 이루어진 '우리들의 약속'에서 '남자, 여자를 구별하지 말자'는 이야기가 항상 어린이들에 의해 제시되었음에 반해 실제 행동에서는 잘 지켜지지 않았다는 점이다.

캠프 마지막에 가서는 두일리 남자 어린이들도 설거지를 열심히 하게 되었지만, 그것이 실제 생활에로 연결될 수 있을까에 대해서는 계속 의문이 남았다. 프로그램을 이탈하거나 거부하는 것도 거의 남자 어린이들이었으며, 장난이나 놀리기도 남자 어린이들 담당이었다. 이러한 점들은 단순하게 평가 내리기 어려운 힘든 복합적인 현상이라 생각된다. 우선 든 생각은 서울 남자 어린이와 두일리 남자 어린이에게 공통되는 하나의 '어린이 남성 문화'가 이미 존재하는 것이 아닌가 하는 점이다. 경제·문화적인 격차에도 불구하고 두일리와 서울의 남자 어린이들은 공통적으로 여자 어린이들과 함께 놀거나 일하려는 의식을 갖고 있지 못했다. 함께 놀지 않을 뿐만 아니라 골려 주려는 의식을 기본적으로 갖고 있었다. 이것은 우리가 국민학교 시절에 한 번씩은 체험했을 일들…… 고무줄 끊기, 여자 화장실 문 열고 놀리기 등과 그 맥을 같이한다. 이는 결국 남녀가 지배 관계로 분리되어 있는 가부장적 문화를 그대로 반영하는 것이라 생각되었다.

이러한 남자 어린이들의 행동을 좀더 자세히 살펴보자. 이들의 행동은 기존의 남성 문화를 그대로 내재화하여 행동하는 것이라고 볼 수 있는 측면이 있는가 하면, 이틸이나 심한 장난 등의 행동은 교사에 의해 일방석으로 주어지는 프로그램에 대한 비판과 반항의 태도라고도 볼 수 있다. 우리가 바라는 새로운 사회는 부당한 권위와 일방적으로 주어지는 일정에 대한 적절한 비판과 거부에서부터 시작한다는 점을 생각할 때, 남자 어린이들의 행동은 긍정적인 측면도 있다. 이것은 여자 어린이들의 반응과 비교해 볼 때 분명하게 드러난다. 여자 어린이들의 경우 심하게 장난을 치거나 프로그램 진행을 방해·거부하는 행동을 보인 예가 거의 없다. 여자 어린이들의 이러한 순응적 행동을 프로그램에 동의하고 자율적으로 참여하는 것으로 보아야 할 것인지, 여성성을 내재화하여 수동적인 자세를 나타내 보인 것으로 보아야 할지에 대해서는 면밀하게 평가가 내려져야 할 것이다. 이 평가에 입각하여 여자 어린이에 대한 남자 어린이들의 고정 관념을 깨주고, 이들의 프로그램에 대한 무조건적 거부가 논리적인 비판에 입각한 적절한 대안 제시로 연결될 수 있도록, 여자 어린이들의 얌전함이 진정한 자율성으로 연결될 수 있도록 세심하게 프로그램이 재편성되어야 할 것이다.

마지막으로 그렇다면 바람직한 대안은 어떻게 제시될 수 있겠는가의 문제가 대두된다. 지금 단계에서는 농촌과 서울 어린이들의 캠프가 다른 프로그램을 가지고 따로따로 진행되는 것이 바람직하다고 생각된다.

서울 어린이 캠프는 어떤 일정한 프로그램을 제시하기보다는 어린이들끼리의 '자치 국가'를 형성해서 자체적으로 프로그램을 만들어 진행해 보도록 하는 획기적인 방법의 도입이 필요하다고 본다. 교사는 약국의 약사나, 음식을 데울 불을 지키는 사람 정도의 역할만을 담당하고, 어린이들끼리 생활 문제를 해결해 가면서 나름대로의 프로그램을 만들어 진행해 나가는 과정에서 공동체의 필요성을 절감할 수 있는 형태의 프로그램을 제시해 보는 것이 어떨까 한다. 서울 어린이들에게는 어떤 정교화된 프로그램보다는 스스로 생활 문제를 직접 경험해 보는 장을 제공하는 것이 바람직할 것으로 생각되기 때문이다. 반면 농촌 어린이들의 경우 추적 놀이 등 자연과 함께하면서 자연스럽게 토론이 유도될 수 있는 다양한 프로그램을 개발하여 사고와 의사 표현 능력을 키울 수 있는 장을 제공하는 형태로 진행되는 것이 바람직할 것이다. 또한 남자 어린이들에게 공통적으로 나타난 '남성 문화'적 행동의 변화를 위해 남자 어린이와 여자 어린이를 분리하여 프로그램을 실시해 보는 방안도 생각해 볼 수 있겠다.

이번의 경험은 캠프 소모임에 참여했던 대부분의 교사들에게 심한 충격과 좌절감을 안겨 주었지만, 그 반면 많은 생각들을 하게 했고 또한 그 생각들은 새로운 대안 모색으로 이어졌다. 방학의 거의 전부를 캠프에 바친(?) 교사들은 한편에서 '캠프 무용론'이 대두되는 가운데에서도 후속 모임을 기획하고 있다. 우리가 해 나가야 할 운동 자체가 장기적인 형태를 띠어야 하는 것이라는 사실을 다시 한 번 일깨워 준 이번 캠프의 경험이 진정한 또 하나의 시작으로 연결될 수 있기를 바란다. ■

'또 하나'의 실험 캠프

자유롭게 사는 아이들에 대한 신념을 굳히며

이병국*

1.

나에게는 현재 국민학교 4학년에 재학중인 여자 조카 아이가 한 명 있다. 이 아이는 자신의 아빠 얼굴을 모르고 자랐다. 형이 결혼한 지 일 년 반 만에 돌아가셨기 때문이다. 장손녀이기도 한 조카가 집안의 관심을 한몸에 받았다는 것은 당연했다. 나의 가족은 그 아이를 볼 때마다 형을 생각하지 않을 수 없었고, 그래서 그 아이는 늘상 아빠의 몫도 네가 대신해야 한다는 말을 들으면서 자랐다.

세월이 흘러 조카가 국민학교에 입학하게 되었다. 자식들에게도 그렇게 신경을 쓰지 않으셨던 어머님이 조카 아이를 위해 예외로 학교를 찾아다니셨다. 그러나 그러한 어머님의 노력은 얼마 가지를 못했다. 결정적인 이유는 그 아이가 받아 오는 성적이 당신의 자식들(당신께서 학교를 찾아다니지 않았어도 공부를 썩 잘했던)에 비해 좋지 않았기 때문이다. 나는 당시 방위 생활을 하고 있었기 때문에 매일 그 아이의 숙제를 돌보았고 공부를 시켰다. 그러나 기억력이나 이해력이 나쁜 편은 아니었으나 시간이 갈수록 조카 아이가 가지고 있는 능력은 기대에 못 미치는 것이었다. 그 아이에 대한 욕심의 근저에는 맹목적으로 받아들인 이 사회의 일반적인 가치관이 있

---

* 어린이 캠프 교사를 했으며, 연세대 사회학과를 졸업하고 현재 한국 토지 개발 공사에서 일하고 있다.

었다. 그래서 그 욕심이 달성되려면 그 아이는 반드시 공부를 해야만 했고, 또 잘해야 했다. 그러나 아이의 능력이 기대에 미치지 못하자 머리 아니면 피 나는 노력밖에 없다고 생각하여 거의 강제적으로 1학년인 아이를 붙들고 공부를 시켰다. 받아 오는 점수가 그 아이를 평가하는 전부가 된 상황이었기에 점수가 어떻게 나오느냐에 따라 그 아이를 대하는 집안의 태도가 달라졌다. 강제로 시키니까 조금 성적이 올랐으나 역시 기대 이하였다. 동네 아이들과 놀려는 아이를 집안에 일정 시간 동안 묶어 놓기 위해서는 당연히 체벌과 기합이 뒤따랐다. 당시 내가 알고 있었던 아이의 교육 방식은 억압과 강제라는 말로 대신할 수 있을 것이다. 아이러니컬하게도 그러한 교육 방식은 내가 학교 다닐 때 가장 싫어했던 것이었다.

다행히 내가 복학하게 되면서 그 아이는 자유를 얻을 수 있었다. 조카 아이는 광주에서, 나는 서울에서 학교를 다녀야 했기 때문이다. 평소 나의 교육 방식에 불만이 많았으나 달리 구체적인 대안이 없어서 간섭을 애써 자제하던 형이 아이의 교육을 맡게 되었다. 나보다 훨씬 자연스럽게 대하던 삼촌이 교육을 맡게 되자 조카는 그가 하고 싶은 모든 일을 할 수 있었다. 당연히 노는 시간이 많아졌고 공부하는 시간은 거의 없었다. 숙제를 하는 시간을 제외하고는 형이 아이에게 대해 주었던 방식은 아이가 학교에서 돌아오면 같이 이야기하는 것이었다. 아이의 친구 이야기에서부터 선생님에 대해서까지 자연스러운 분위기에서 이야기를 하였는데, 아이가 싫다고 하면 하지 않아도 되었다. 형이 뚜렷한 목적을 가지고 그렇게 한 것이 아니라 평소 형의 생활 태도가 그러하였다.

이렇게 아이가 자라고 있을 때 나는 교육 사회학을 수강하고 있었는데, 그 과목을 통해 소개받은 책은 나에게 엄청난 변화를 불러일으켰다. 그 변화의 출발은 조카를 대했던 방식을 참회하는 마음으로 반성하는 것이었다. 『페다고지』, 『학생들 학교에서 어떻게 실패하나』, 『교육은 권위적이어야 하는가』 같은 책 중에서 특히 '닐'에 대한 책인 『교육은 권위적이어야 하는가』는 나의 교육 방식과 사고 방식을 뿌리에서부터 흔들어 놓았다. 자유로운 아이, 공동체적 문화를 체득한 아이, 모든 인간을 동등한 주체자로 바라보는 아이, 그 아이가 이 사회의 문제를 지적하고 해결할 수 있다고 믿는 닐의 신념과 그것을 바탕으로 해서 나오는 아이들에 대한 교육, 더 정확히 말해 아이들과의 삶은 너무 이상적이라서 멀리 던져 버려야 하는 것이 아니라 현재 절실히 필요하기에 수용해야만 하는 것이었다. 학기가 끝나 가면서 약간의 자책감과 기대감을 동시에 지니고 조카를 보고 싶었다. 닐의 방식을 온전히 실행하지는 못하겠지만, 할 수 있는 것이 있을 것 같았기 때문이다. 그 동안의 나의 반성에 기초해서 아이를 동등한 인격체요 나와 동등한 한 표(?)를 행사할 수 있는 주체자로 받아들이는 일이 가능할 것 같았다.

방학이 되어 집에 내려갔다. 인사가 끝나자 조카가 종이를 한 장 가져왔는데 성적표였다. 망설이다 어머님이 웃으시면서 보라고 하기에 열어 보았더니 소위 말하는 '올(all) 수'였다. 약간은 의아했지만 크게 놀라지 않을 수 있었던 것은 한 학기의 고민이 있었기 때문이다. 지금까지 말려 왔던 아빠 사진을 보는 것도 허락했다. 어쩌면 우리는 그 아이를 생각해서라기 보다는 우리의 아픔을 생각해서 여태껏 아빠의 사진을 보여 주지 않았던 것이리라.

약간은 두려운 마음으로 나를 대하던 아이는 며칠이 되지 않아 내가 변해 있다는 것을 느꼈는지 나를 대하는 태도가 바뀌었다. 마음에 꽁한 어떤 것이 있으면 형에게만 찾아가던 아이가 이제는 나에게도 오는 것이었다. 산에 올라다니며 자연이나 숫자의 추상성에 대해서 이야기할 때도 이전에는 전혀 기대할 수 없었던 말들이 우리 사이에서 오고 갔다. 같이 공부를 할 때도 모르는 것은 모른다는 사실로 받아들였지 그것을 가지고 아이를 평가하지는 않았다. 당연히 그 시간 동안 자연스럽게 대화를 하면서 공부할 수 있는 분위기가 잡혔다. 간단히 말해 내가 참기(나의 가치관을 유보하기)를 즐겨하면 할수록 억압이 없었기에 자유로움이 있었다는 것이다.

학년이 올라갈수록 아이는 학교에서나 집에서 자신의 영역을 확보하며 살아갔다. 그 영역의 이름을 자유라고 붙이고 싶다.

2.

그러나 나에게 또 하나의 커다란 문제가 다가왔다. 그것은 가정 교사로서 각각 국민학교 3학년과 4학년 아이를 가르치면서 발생했는데, 요약하자면 자유(?)라는 것과 기존의 문화 간의 갈등이었다. 아이들은 경제적으로나 심적으로 상당히 자유롭게(내 조카에 비한다면) 자라 온 아이들이었다. 그런데 형제간의 사이는 좋다고 보기 힘들었다. 어떤 연유에서인지 두 아이의 의견이 하나로 통일되는 것을 본 적이 거의 없다(큰애는 성적을 기준으로 본다면 전교 1, 2등을 하였고 작은아이는 반에서 가장 하위에 속했다). 큰아이는 자신의 성적을 스스로 지키고자 노력하는 반면 작은애는 숙제도 하기 싫어하는 아이였다. 내 조카에 대한 경험을 기억하며 작은아이를 대하려 했으나 공부와 관련된 것은 그 아이가 무조건적인 거부 반응을 보여서 책은 거의 펼쳐 볼 수가 없었다. 공부라고 이름 붙일 수 있는 시간은 하루에 10분도 채 되지 않았고 나는 어떻게 해서라도 이 아이와 자유로운 대화를 하기를 원했다. 그러나 아이는 나를 믿지 못하는 듯했다. 무려 한 달이 조금 넘어서야 그 아이는 내가 묻는 말에 대답을 해주었다. 이때의 기쁨은 상당했으나 오래 가지는 못했다. 내가 다시 책을 손에 들었기 때문이다.

여기서 나는 첫번째 갈등을 느꼈다. 어차피 아이는 자신의 의사와 상관없이 사회에 편입되어 있고 얼마 안 가 그 아이는 치열한 경쟁의 도가니에 들어가게 된다. 이때에 이 아이는 유리한 무기를 가지고 있어야 하는데 요즈음 사회에서 그 무기라는 것은 얼마만큼 시험을 잘 볼 수 있느냐 하는 것임을 아무도 부인할 수는 없을 것이다. 이러한 가치관을 인정했을 때 이 아이가 공부라는 것을 전적으로 부인해 버리면 선생이나 부모가 취할 태도는 과연 무엇인가. 자유라는 이름으로 그대로 놔둘 수 있을까. 이러한 문제는 앞으로 사회가 얼마나 다원화되고 경제력이 향상될 것이냐 하는 거시적 문제로 확대된다. 그러나 현 사회가 그렇지 못하기에 경쟁해야 한다는 것을 잠정적으로 인정한 상황에서, 그리고 아이에게 억압이 있어서는 안된다는 것을 생활과 의식 수준에서 받아들인 상황이므로 갈등의 소지는 다분히 남는 것이다.

이것과 더불어 나에게 너 심각하게 느끼졌던 고민은 이이들이 연장자를 대하는 태도에서 비롯된 것이었다. 가족은 할아버지나 할머니만을 위해서도 부모만을 위해서도 존재하지 않으며 또한 아이들만을 위해서도 존재하지 않는다. 가족은 어차피 공동체 그 자체이기에 그 공동체 구성원 모두를 위해 존재하는 것이다. 여기서 소외되는 사람이 있다면 그 가정은 어딘가 문제가 있다고 해야 할 것이다. 아이들은 할아버지가 직장에서 돌아와도 인사를 하지 않았다. 할아버지의 큰소리가 나면 아이들은 부시시 일어나 인사를 하였고, 누워서 비디오를 보고 있었다면 그 상황에서 간단히 인사를 할 뿐이었다. 그러나 부모의 경우는 달랐다. 제법 얌전히 자세를 잡고 인사를 하였다. 할아버지는 아이들에게 그때마다 주의를 주었지만 아이들의 귀는 할아버지의 말에 향하고 있지 않았다. 우리 집의 경우를 보면 아이와 할아버지 그리고 할머니 간에 마찰이 일어날 수 있는 갈등의 소지가 이런 점에서는 없다. 무의식중에 우리가 그 아이에게 그렇게 교육을 시켰는지는 모르겠으나 우리가 아버지나 어머니께 대하는 태도를 아이가 보았기 때문에 문화적 차이를 느낄 여지가 적었을 것이다. 그런데 어느 부모가 그 예절에 대한 가치관이 달라 아이에게 할아버지에 대한 기존 문화 교육을 강조하지 않았다면 이때는 갈등의 소지가 다분히 있다. 나는 아이들을 가르치면서 이런 소리를 중얼거렸다. 기존의 예절 문화를 어떻게 바라보아야 할 것인가.

3.

이런 심적 상태에서「또 하나의 문화」에 나가던 용수 형으로부터 캠프 제안을 받고 승낙하였다. 그런데 이 승낙은 단지 관찰자로 간다는 나의 생각을 처음부터 지워 버리고 떵가요 선생(기타를 친다고 하여)으로서 캠프에 참여하게 되는 영광(땀방울을 흘리는)을 얻을 수 있게 해주었다.

나는 기타를 쳐주는 보조 업무 외에 주 업무인 교사를 하게 되었는데, 이 교사라는 것이 사람을 녹초가 되게 만들었다. 교사의 역할이란 아이들의 소리를 들어주고 캠프 일정이 아이들에게 실현될 수 있도록 그 여건을 조성하는 것이었다. 구체적으로는 프로그램이 진행되기 전 아이들에게 프로그램이 무엇을 하는 것인가를 설명하고 약간의 주의 사항을 일러주고, 아이들간의 갈등을 조절하고, 프로그램 진행에 너무 방해가 되는 것을 감시하고 주의를 주는 역할을 하면서 동시에 간섭을 최소화하는 것이다. 이 작업이 몹시도 사람을 피로하게 만들었다.

4.

우리 반의 이름은 '똥뚜깐'이다. 깡패의 단독 건의가 받아들여진 것이었는데, 이것은 남자 아이들에게는 캠프가 끝나는 날까지 매력 있는 반 이름이었음에 반해 여자 아이들에게는 캠프 이틀째 되는 날 바꿨으면 하는 이름이 되었다.

여기서 언급하고 싶은 프로그램은 반 약속 정하기와 깃발 만들기이다. 이 두 활동에 보인 깡패(국3, 여)의 반응이 논의의 초점이 되기 때문이다. 깡패는 자신의 의사를 분명히 행동으로 나타내는 아이였다. 떠들고 장난치고 싫으면 아예 그 자리를 뜨기도 하였다. 다른 아이들은 반에 주어진 일은 함께해야 한다는 의무감이 강해서인지 싫다고까지 의사 표명은 해도 곧 반에 주어진 일을 했다. 반 약속 정하기 프로그램은 회의 형태의 것이었는데 이때 깡패는 시종 일관 떠들어 댔다. 물론 자신은 주제와 관련된다고 생각하여 이야기하고 있는지 모르겠으나, 나와 상급 학년 아이들의 생각에는 장난으로밖에 생각되지 않았다.

토론 형식에 소극적으로 참여하는 아이들은 대개 저학년들이었는데, 이 아이들은 놀이의 형태를 갖춘 프로그램에 적극적으로 참여하였다. 노가리나 망아지와 같이 고학년 아이들은 프로그램이 놀이의 형태든 토론의 형태든 잘 참여하였다. 그것을 가장 잘 보여 주는 것이 깃발 만들기였는데, 이것은 반을 상징한다는 차원 이외에 나누어진 천에 공동으로 그림을 그린다는 의미가 있었다. 동화 만드는 과정에서 전체 아이들이 얼마나 그림 그리는 것을 좋아하는가가 입증되었듯이 깃발 만들기에서 아이들의 참여도는 참으로 놀라웠다. 그들은 시종 일관 고개도 들지 않은 채 그림을 완성하였다.

그림을 그리기 전에 어떠한 그림을 어떤 형식으로 그리는가를 아이들이 토론하였는데 그것은 깡패가 캠프 기간중 유일하게 참여한 토론이었다. 토론을 이끄는 망아지와 노가리, 그리고 구공탄의 재미있는 진행 방법도 유효하였지만 보다 중요한 것은 그림이라는 재미있는 놀이가 깡패로 히여금 토론 과정을 참을 수 있게 한 것 같다. 우리 반의 토론은 늘상 웃어 대는 토론이었음에도 깡패는 외유하였기 때문이다.

여기에서 우리는 중요한 것을 시사받을 수 있다. 아무리 가르치려는 이념의 형태가 중요하더라도 그것을 아이들에게 이해시키려면 어떤 형식을 따라야 한다는 것이다. 연장자는 이념을 생각하며 현재의 고통을 참아 내는 시간이 길지만 아이들은 참지 못하는, 마치 웅덩이가 없으면 그저 멈추지 않고 흘러가는 물과도 같다는 것을 알아야 할 것 같다.

아이들은 전반적인 프로그램에 잘 따라 주었다. 학년이 다른 아이들간에 어떤 위계 질서가 생기는가를 관찰하는 것은 나의 상당한 관심거리이며 흥밋거리였다. 그리고 그 관심과 흥미는 충분히 만족을 얻을 수 있었다. 그 구체적인 내용은 다음과 같다. 아이들이 어떤 토론이나 놀이를 할 때 연장자 개념은 거의 찾아볼 수 없었다. 그들에게 중요한 것은 토론과 놀이지 거기에 참석하는 사람이 아니었다. 아이들은 자신들이 가장 중요하다고 판단되는 일이 있으면 다른 것들은 부수적인 사항으로 서열을 명확히 한다. 그래서 어떤 일을 해내야겠다는 생각이 제일 중요한 사항으로 인식되면 그들에게 있어 나이가 적고 많음은 아무런 문제가 되지 않는다. 만약에 사람이 더 중요하게 인식되는 경우가 있었다면 그것은 그 아이가 일을 진행하는 과정에서 분명히 어떤 효과적인 일을 했기 때문이다. 무리한 유추일지 모르지만, 단순한 연장자의 개념으로 사람에 의한 사람의 지배가 이루어지는 것은 불가능하다는 사실을 발견한 것이다. 공동체적인 일을 아이들이 수행해 내는 과정에서 어느 누구도 다른 이를 통제할 수 없었으며, 이 과정에서 나이가 잊혀지고 있다는 것은 아이들 나름의 새로운 문화가 생겨나고 있다는 강한 인상을 주었다. 아이들에게 프로그램은 그것을 통해 무엇인가 새로운 놀이를 할 수 있는 어떤 기제에 불과하다.

5.

나는 어떤 일을 할 때는 상당히 조용한 분위기에서 하려고 한다. 그러나 아이들은 그렇지 않았다. 시종 일관 장난 치고 떠들면서 프로그램에 임했다. 그러한 소란 속에서도 주어진 일을 수행하고 있는 것이 내게는 놀라웠다. 특히 마지막 날 각자가 자유롭게 말하는 발표 시간에 나는 엄숙한 분위기를 조성하려고 노력했으나 전혀 소용이 없었다. 오히려 너무 시끄러워 아무 말도 하지 않는 나에게 아이들은 그냥 말하라고 하였다. 무조건 조용히 하라고 할 수 없는 상황에서 나는 어쩔 줄을 몰랐다. 아이들은 이런 소란함 속에서도 오고 가는 말들을 짐작하려는 노력을 하는데 나는 왜 그렇지 못한가 하고 생각했다.

'닐'의 학교는 회의를 많이 하는 학교다. 나는 그의 학생들이 회의하는 것을 생각하면서, 아이들에게 닐과 같은 한 표를 준다면 학교가 어떻게 운영될 것인가, 또한 그들이 결정하는 것은 그 공동체가 돌아가는 데 어떠한 역할을 할까 하는 회의를 가졌고 지금도 그러한 생각은 완전히 지워지지 않았다. 단지 우리 반을 지켜 보면서 걱정에 가까운 회의가 많이 가신 것은 사실이다. 그러나 그 아이들 수준에서 이루어지고 있는 문화를 전부 수용해야 하는가에 대해서는 아직 회의적이다.

6.

이 캠프에는 고도의 훈련을 거친 인력이 모인 것도 아니고 또 이념과 실현 과정이 명확히 제시되어 있지도 않다. 그러나 현대 사회의 문제를 지적하고 그것을 극복하는 방안의 하나로서 이 캠프가 갖는 의의는 상당히 크다 할 수 있다. 성의 차이에 의한 일의 구분이나 폐쇄적 사고를 이런 생활 캠프를 통해서 극복해 보고 공동체적 삶의 문화를 아이들에게 체험시키고자 함은 이 캠프의 역사가 짧기는 하나 큰 비전을 내포하고 있다고 생각한다.

닐의 말대로 의식의 차원에서 문제를 느낀 사람이 이 세계가 안고 있는 문제를 푸는 것이 아니라 몸으로 체득한 아이들이 문제를 올바로 풀 수 있다는 것을 나는 믿는다. 문제는 의식(그리고 삶의)의 영역에서 문제를 느낀 사람들이 주창하는 이념의 형태가 구체적으로 아이들이 만지고 가지고 놀 수 있는 형태로 변화되어야 한다는 점이다. 그 이행의 전화 과정에 투여해야 할 시간과 능력이 걸림돌이 되고 있는 것이다.

실제로 나는 이 점 때문에 당황스러웠다. 아이들에게 무엇을 하라고 지시해 놓고 그 다음을 생각해 볼 수가 없었다. 즉 이 프로그램의 이념적 목표가 무엇인가? 지금 아이들에게 이것을 하라고는 했는데 이 프로그램이 진행되고 있는 정도를 평가할 수 있는 척도는 무엇인가? 그저 아이들이 재미있어 하면 되는 것인가? 여기서 이탈의 기준은 무엇이고 하지 않으려는 아이를 다시 그 자리에 데려다 놓는 나는 어떤 기준을 가지고 있는 것인가?

캠프의 이념적 목표와 그 실현 과정을 명시하는 것 이외에 시급한 것이 또 있다. 그것은 캠프 회원들이 자신의 경험과 더불어 아이들에 대한 기존 연구 문헌을 학습하여 「또 하나의 문화」가 갖는 아이들에 대한 관점을 정리해 나가는 과제이다. 이는 대안 교육을 모색하는 「또 하나의 문화」 캠프

팀이 보다 많은 노력을 이론 작업에 기울여야 함을 뜻한다.

7.

캠프에 다녀와서 몇몇 사람에게 이야기를 했을 때 공통된 비판은 참여하는 아이들의 경제적 여건에 관한 것이었다. 나는, 어떤 아이에게 이러한 「또 하나의 문화」가 지향하는 이념이 받아들여지겠느냐는 질문으로 응답했다. 나는 의식의 차원에서가 아닌 생활의 영역에서 이러한 문화를 습득할 수 있는 아이는 자유로운 사고와 자유로운 행동을 보다 많이 할 수 있는 여건에서 성장한 아이라고 생각한다. 절대적 가치 기준에서가 아니라 상대적 의미에서 말이다. 「또 하나의 문화」가 추구하는 것이 새로움을 받아들이기를 극도로 싫어하는 보수주의 풍토에 새로움을 심는 데 있다는 것을 인식한다면, 인원 모집상의 한계는 비판받을 문제라기보다 앞으로 확대 과정에서 자연스럽게 해결될 과제로 보인다.

캠프를 통하여 명확한 답을 얻은 것은 아니었지만 애초부터 엉클어져 있는 실타래의 한쪽 끈을 잡은 기분이다. 아이에게 주어지는 자유는 제한될 수 없다. 그 자유로움 속에서 기존의 문화가 잊혀지는 것이 아니라 새로운 문화가 발생하고 있으며, 아이가 기존의 문화를 거부한다면 우리는 인내를 가지고 아이와 대화를 해야 할 것이다. 성급한 억압이 부르는 것은 억압된 사회와 멀지 않기 때문이다. 자유를 의식하기보다는 자유롭게 사는 아이가 있고, 그 구조적 여건을 조성하려는 노력이 있는 이상 우리 사회의 미래는 밝을 것이라고 확신한다. ■

'또 하나'의 실험 캠프

아이들에게 받기만 한 캠프

정영오*

1.

내가 어린이를 만나는 이유는, 아니 캠프를 준비하면서부터 마음이 설레이는 이유는 아이들 속에서 천국을 발견할 수 있다는 믿음 때문이 아니며, 그렇다고 아이들을 어떤 이상적인 모양으로 만들어 가는 보람을 찾기 위해서는 더더욱 아니다.

그들이 자신을 구속하고 있는 환경들을 잘 닦인 거울처럼 그대로 내비출 때 나는 거기서 함축된 사회 이론을 만나게 된다. 아무런 여과 없이 표현되기 때문에 어떤 것보다 생생하게 전달되는 그들의 여러 가지 표현들은 거의 모두가 나에게 감동으로 전해지고, 특히 그것이 나를 향한 호감일 경우 나는 행복해진다.

처음 캠프 교사 준비 모임에 참석해 약간 얼어 있는 상태에서 교사 지침, 동인 스케일, 그 동안의 교사 보고서, 동인 회보, 동인지 등 자꾸 읽으라고 내게 넘겨 준 수많은 글자들은 '내가 만나야 하는 대상은 혹시 괴물이 아닐까' 하는 공포감을 일으키기에 충분했다. 그 때문인지 캠프 전날 내가 담임 맡은 아이들에게 전화할 때, 얼마나 어색하고 숨이 막혔는지 나는 방위 생활을 하면서 겪었던 전입 신고를 연상했다. 그러나 가평 캠프장

---

* 어린이 캠프 교사로 활동했으며, 연세대 사회학과를 졸업하고 『한국일보』 편집부 기자로 일하고 있다.

으로 가는 버스 안에서 만난 아이들은 아무런 스스럼없이 나를 대했고, 나는 아주 오래간만에 '흥'을 느꼈다. 정말 다행이었다. 한 동료 교사는 그런 내 모습을 사랑의 베품으로 얘기했는데, 그 얘기를 들을 때 나는 정말 창피했다. 사실은 그 아이들이 나를 받아들인 것이다. 아무 경계 없이……

첫번째 캠프에서 내가 교사로서 지켰던 원칙은 우리 반 아이 누구도 힘이 약하기 때문에, 혹은 말주변이 없다는 이유로 열등감을 느껴서는 안된다는 것이었다. 그리고 나를 유형 무형으로 닦아세우던 의무감은 캠프에서 아이들이 보다 많이 얻어 가야 한다는 것이었다. 특히 의무감은 정해진 일정 속에서 아이들의 성취에 대한 안달과 간섭으로 구체화되었다.

이런 원칙과 의무감은 어느새 나를 '직장 다니는 어머니' 정도의 역할을 훨씬 넘어서 하루 종일 열 살도 넘은 아이를 업고 다니는 할머니로 만들어 버렸다. 그러면서도 한번은 '007빵' 게임을 하다가 결국 울고 싸우고 하는 아이들을 보면서 무력감이 들어 말릴 생각도 하지 못하고 슬그머니 자리를 뜨는데, 저편에서 정말로 아이들 중 하나로 끼어들어 평화롭게 공기를 하고 있는 감자바위 선생이 눈에 띄었다. 얼마나 부러웠는지……. 결국 나는 '우리가 만드는 캠프'였던 6차 캠프에서 비난받아 마땅한 '간섭파 교사'였던 것이다. 그런 내가 다음 캠프에 참가하는 데 조금도 망설이지 않게 된 가장 큰 이유는 아이들과의 3박 4일간의 부대낌이 그 후 내가 생활하는 데 얼마나 큰 힘이 되었는가를 느끼게 된 데 있다.

두번째 캠프는 좀 다른 기쁨을 나에게 주었다. 첫번째 캠프에서의 실패는 나의 자세를, 약간의 불안은 있었지만, 아이들 사이의 관계와 아이들의 프로그램 참여에 전혀 간섭하지 않는다는 원칙으로 180도 변화시켰다. 첫날의 베개 싸움은 이러한 나의 자세를 검증하는 첫 기회였는데, 아주 만족할 만한 모습들을 보여 주었기 때문에 나는 캠프 기간 내내 전혀 조바심을 느끼지 않을 정도로 그 원칙을 자신 있게 유지할 수 있었다. 아이들 속에서 어떤 건전한 질서를 발견할 수 있었던 것이다. 좀 비약하자면, '만인의 만인에 대한 투쟁'이라는 홉스 식의 사회관은 지극히 편견에 가득 찬 관념이라는 확신을 얻었다고나 할까. 하지만 두번째 캠프 때 나의 자세 역시 한계가 있었는데, 그런 식의 3박 4일은 이전 캠프에 비해 아이들에게 훨씬 많은 스트레스를 주었다는 점이다. 우리 반 싸움꾼 헤라클레스, 덤벙이, 안경재비, 발표력이 모자라는 킹콩과 새우 대 깔끔이의 갈등……. 이번에는

'남이 되어 보기' 구현에 실패한 '비간섭파 교사'였던 것이다.

2.

두 번의 캠프에 참여하면서 개인적으로 나를 괴롭힌 문제는 편애다. 예를 들면 말괄량이는 캠프의 다경험자에다 6학년이라는 믿음 외에도, 놀라울 정도로 안정되어 있어 마냥 사랑스러운 존재였다. 그리고 지금도 그러한 나의 관심이 다른 아이들에게 그리고 말괄량이에게 부정적인 영향을 끼쳤으리라고 생각하지 않는다. 말괄량이에 대한 나의 관심은 우리 반 아이들, 그리고 점점 넓은 범위의 아이들을 사랑하게 되는 통로 중의 하나라고 믿고 싶기 때문이다.

그러나 문제는 둘째 캠프에서 만난 헤라클레스에 대한 내 감정이다. 그와 사귀면서 다른 아이들보다 그에게 더 관심을 가지는 것이 공평한 사랑이라고 점점 더 믿게 되면서도, 그의 난폭함은 나에게 있어 머리 이전의 어떤 부분에 자꾸 부딪치게 되는 하나의 벽이었다. 어떤 이유에서건 그의 엉덩이를 감정적으로 걷어차던 나의 행위가 그에게 어떤 충격이었을까를 생각하면 정말 할 말이 없다. 웃는 그의 모습은 교사 모두를 반하게 만들 정도로 일품인데……. 자꾸 눈앞에 떠오르는 것은 엉덩이를 그렇게 채이고도 또 한 번 맑은 웃음을 보여 주던 그의 얼굴이다.

3.

돌이켜 보면 주는 것 없이 아이들에게서 받기만 한 캠프였던 것 같아 참가한 아이들에게 미안하다는 생각이 든다. 내가 무엇인가를 아이들에게 줄 기회가 늘어난다는 면에서, 아니 아이들이 우리 캠프에서 무엇인가를 찾아 가질 기회가 늘어난다는 면에서 나는 다음 캠프부터 그 기간을 늘린다는 계획에 전적으로 찬성한다. 그러나 그 외에도 캠프 교사의 지속적인 참여와 교사간의 의식 공유 문제는 앞으로 해결해야 할 중요한 문제로 판단된다. 이러한 문제가 해결되지 않는다면 아마 「또 하나의 문화」 어린이 캠프는 아이들이 교사에게 무엇인가를 주는 캠프로만 지속될 것이다. 그것이 희망이건 실망이건 간에……. ∎

'또 하나'의 실험 캠프

「또 하나의 문화」에 한 발을 내딛고 나서

남상희*

「또 하나의 문화」에서 마련하는 어린이 캠프에 대한 얘기를 처음 들은 것은 작년 여름 캠프 교사로 다녀온 학교 친구를 통해서였다. 그 당시 그는 캠프에서 받은 감명 때문에 온통 화제가 그리로 쏠렸고, 그의 말에 의하면, 어린이들이 대화하는 내용을 녹음한 테이프를 듣지 않으면 한 달 내내 잠이 오지 않는다고 했다. 다음 캠프에 함께 가자는 그의 제의에 못 이기는 척 이끌리면서도 솔직히 관심이 가는 건 어린이들보다도 그 친구였다. 대체 어떤 상황에 있었기에 저토록 한 가지에 푹 빠질 수 있었을까? 그가 자라 온 배경은 어떨까? 취향은? 이념은? 위와 같은 의문과 더불어 「또 하나의 문화」라는 실험 공동체가 그에게 던져 준 강한 충격을 짐작할 수 있었기에, 직접 나는 부딪쳐 보기로 했다.

「또 하나의 문화」에 발을 내디디면 제일 먼저 만나게 되는 것은 물론 사람들, 즉 동인들이다. 이들은 대체 어떤 사람들인가? 어떠한 방법으로 모임을 유지해 가나? 이런 질문들은 외부인인 내게는 무척 흥미로운 것이었다. 그 이유는 이들이 흔히 사회에 팽배해 있는 관료제적·권위주의적 조직을 비판하고 있기 때문이었다. 내가 직접 만나게 된 사람들은 어린이 캠프를 준비하기 위해 모인 교사 9명 정도였는데, 모두가 대학을 졸업했거나 또는 재학중이었다. 이들은 여태까지 받아 온 15년 이상의 제도 교육에 대해 비판적 입장에 서 있을 뿐 아니라, 개인적으로 체험한 가정 및 사회 환경에

---

* 어린이 캠프 교사로 활동했으며, 현재 독일에서 사회학을 공부하고 있다.

대해서도 날카로운 시선을 주고 있었다. 이 때문인지 그들은 그 나이 또래의 다른 집단들에 비해 놀라울 정도의 친밀감과 결속력을 지니고 있었으며 스스로 이 점을 자각하고 있는 듯하였다. 인맥을 통한 비공식적인 교사 충원이 매끄럽게 이어질 수 있는 것도, 이 집단이 자신들의 체험과 상당 부분 일치하며 이념적 성향이 비슷한 사람들에 대해 갖는 놀라울 만한 흡인력과 포용력이 있었기 때문일 것이다.

어린이 캠프의 준비 과정에 참여하면서 맨 처음 당혹감으로 다가온 것은, 이들이 준비 모임의 토론 과정에서 보여 준 끈질김과 여유였다. 토론은 특별한 사회자가 없는 채로—암묵적인 진행자는 있었지만—어린이들을 위한 재미있는 놀이 동작에서부터 시작하여 그 놀이의 사회적 의미와 문화적 지향성에 이르기까지 꼬리에 꼬리를 물고 계속되었다. 이른바 집행부와 연구부가 분리되지 않은, 구체성과 추상성이 쉼 없이 한자리에서 오고 가는 장시간 토론이었는데 때로는 과연 이 긴 토론이 꼭 있어야 하며 바람직한가 하는 생각이 들었다. 어쩌면 우리의 토론은 캠프 활동에 대한 이론적 뒷받침도, 다양한 놀이 개발에도 미진한 채, 그저 서로간의 정에 이끌려 가는 것은 아닐까 하는 의심마저 들었다. 물론 사무적인 일의 하향적 전달이라든가 반대를 위한 반대가 난무하는 기존의 토론에 식상한 터에, 상대방의 생각을 끈기 있게 들어주고 평하는 「또 하나의 문화」 특유의 토론 구조는 나에게 참신하게 느껴졌고, 또한 이것이 기존 교사 모두의 긴밀한 인간 관계가 뒷받침되어서 이루어진 인내와 노력, 그리고 사랑의 산물임을 부인할 수는 없다. 그러나 보다 많은 과제가 산적해 있는 「또 하나의 문화」가 나아갈 미래를 위해서는, 이와 같은 토론 구조를 형성하게 된 동기나 과정 및 작업 진행상의 효율성의 문제에 이르기까지 주도 면밀한 검토와 합의가 있어야 할 것으로 보였다.

준비 모임이 다 끝나고 실제로 캠프 활동에 들어간다고 하니 퍼뜩 떠오른 생각은 어릴 적 캠프라는 데를 가본 경험이 전혀 없고 또 남달리 평등하다거나 자유로운 분위기에서 자라지도 않은 내가 어떻게 교사로서 어린이들 앞에 나설 수 있을까 하는 강한 의구심이었다. 이러한 불안감은 '일단 가면 하게 된다,' '한번 해보면 안다'는 경험 있는 교사의 위로에도 불구하고, 아니 그 때문에 더욱 컸다. 아니나다를까 캠프 당일 서울역에서 만난 어린이들은 여느 때 흔히 볼 수 있는 아이들이었음에도 불구하고 전혀 낯선 대상으로만 여겨졌다. 그 순간은 내가 교사라는 역할로서 어린이들 앞에 서본 적이 없다는 점에서 아주 '새로운' 상황이었던 것이다. 매순간 다가오는 일련의 사태는 나에게 '웃을까 말까, 말할까 말까, 시킬까 말까, 갈까 말까' 등 일련의 선택을 강요하고 있었다. 이런 혼돈된 상황에서 나는 수평적 인간 관계니 사랑이니 대화니 하는 말들이 거의 무의미했음을, 그리고 구체적인 행동 지침을 일러주기에는 너무 미약했음을 알게 되었다. 그저 내가 지닌 행동 지침이래야 평소에 하던 대로, '자연스럽게 남에게 크게 폐가 되지 않게, 되도록이면 즐겁게' 정도였을까?

돌이켜 보건대 캠프 활동 기간을 통틀어 교사들을 선택의 기로에서 헤매이게 했던 것은, 간섭과 비간섭 또는 구속과 자유였던 것 같다. 교사들은 눈짓으로나마 끊임없이 어린이들의 숫자를 확인하고 신체상의 안전을 점검해야 했으며, 나아가 갈등이나 싸움이 일어나지 않도록 사전에 방지 또는 수습해야만 했다. 결국 교사들은 이념적으로는 자유나 평등에 친화력을 지니면서도, 현실적으로는 간섭과 통제를 해야 하는 모호한 입장에 처해 있었던 것이다.

나는 재빨리 어린이들과 같은 줄에 서서 비간섭과 자유를 부추겼는데, 솔직히 말해서 내가 그런 역할을 하면 다른 교사가 간섭과 구속의 역할을 맡지 않을 수 없으리라는 얄팍한 계산이 깔려 있었다. 다행스럽게도 내가 맡은 반은 나를 포함해 세 명의 교사가 있었는데 그들은 비교적 빨리 자신의 역할을 찾았다. 내가 자유 방임형의 철딱서니 없는 교사였다면 다른 한 명의 교사는 딱딱거리는 시어머니형 교사였고, 나머지 한 명은 그 중간 정도의 행위 유형을 따랐다.

내가 얼핏 자연스러워 보이는 이 역할 분담이 지극히 부자연스러운 것이었음을 알게 된 것은 캠프 활동이 끝난 후 후속 모임을 통해서였다. 그네들은 캠프 활동에서 간섭의 범위와 정도가 어떠해야 하는지 거의 정하지 않은 채 상황에 임하였는데, 거기에는 교사들의 자질과 자율성에 사태의 추이를 맡길 때 자유와 선택의 범위가 없어지리라는 암묵적인 가정이 있었던 것 같다. 그러나 소집단의 운용에는 예측 가능한 일반적인 인간 관계 유형이 상당 정도 발현됨에도 불구하고, 이에 대해 무방비 상태로 뛰어드는 행위는 무책임하다고 여겨졌다. 하여간 캠프 활동에서 빚어지는 갈등과 모순은 교사 '개인'이 짊어질 수밖에 없기에, 캠프가 끝난 후에도 교사

'개인'의 내면적·도덕적 부담이 컸던 것이다.

  교사 회의는 어린이들이 잠자리에 든 후 교사들만이 모이는 정규 프로그램이었으며, 토론 구조는 준비 모임에서 보았던 그대로였고 주제는 대부분이 어린이들 하나하나의 동향에 대해서였다. 특히 나를 당혹하게 만든 건 "그 애는 「또 하나의 문화」에 맞는 아이야" 또는 "그 애는 또 하나의 문화에서는 문제아지만 밖에서는 모범생이지" 하는 식의 말이었다. 그 말 속에는 「또 하나의 문화」와 기존 문화와의 뚜렷한 차이를 교사들이 암묵적으로 동의하고 있음이 여실히 드러나 있었다. 혹 이것은 개방성과 자유라는 미명하에 또 다른 굴레를 씌우는 것이 아닐까? 여기에 약간의 경계심이 필요하리라.

  나는 캠프 활동을 통해 교사들의 모임이 「또 하나의 문화」가 지향하는 문화 공동체의 모습을 상당 정도 드러내고 있음을 재확인하였다. 그러나 「또 하나의 문화」가 이념적 친화력을 느낀 몇몇이 끼리끼리 모인 공동체라는 한계를 뛰어넘기 위해서는, 더 많이 상처 입고 그리하여 신음 소리조차 낼 수 없는 많은 사람들에게 우리의 문화가 얼마나 해방적일 수 있는가 하는 자성을 멈추지 말아야 할 것이며, 그리하여 '또 하나의 문화에게로'가 아니라 '또 하나의 문화로부터' 과감히 그 한계를 넘어서서 기존 문화와의 비판적 결합을 모색하는 활동의 방향이 정립되어야 할 것이다.

  한편에서는 극기 훈련이니 스파르타식 기숙사 학원이니를 내세워 수험 준비생을 모집하는 광고가 신문 하단에 즐비한 가운데 우리 「또 하나의 문화」가 이 사회에서 가질 수 있는 교육적 가치는 무엇인가? 생각컨대 「또 하나의 문화」가 기존 문화를 보완해 주는 위치를 넘어서서 자유와 평등의 이념을 일상화하려면, 교사들이 먼저 자신들의 감상주의나 폐쇄성을 떨치고 일어나야 하리라. 그것은 교사라는 실험 공동체가 보다 철저히 삶이라는 용광로에서 단련되는 보다 긴 여정을 의미한다. ■

또 하나의 문화 제7차 1989. 1. 21. 경기도 의정부 다락방 캠프장

어린이 캠프 신문

......어린이 29명 드디어 캠프장에......

기다리고 기다리던 그날이 왔다. 서울역과 도봉산역에 모인 어린이는 모두 29명, 선생님은 열두 명이시다. 지하철을 타고 신나게 놀다 보니 벌써 도봉산역. 부슬부슬 내리는 안개비 속을 10여 분 걸어오니 아늑한 캠프장이 보였다. 우리는 각각 세 오두막으로 나뉘어서 짐을 풀었다. 만남의 모임에서는 오두막 이름과 별명을 짓고, 여러 가지 놀이를 하면서 얼굴과 별명을 익혔다. 반별 깃발도 만들었다. 다행히 오후에 날이 개어 신나게 산책하고 말타기도 하였다. 밤 순례 때는 환한 달님이 길을 앞으로 밝혀 주었다. 3박 4일이 기대된다.

전체 약속

1. 선생님과 학생은 평등(별명 부르기)

2. 사람의 무게(남자·여자)

3. 전체가 모일 때 떠들거나 장난은 금물

......남이 되어 보기......

〈우리의 의견〉 이번 캠프의 주제는 '남이 되어 보기'이다. 그런 뜻에서 말 안하고 서로 조각을 맞추어 보기도, 한쪽 팔을 못 쓰는 장애자가 되기도, 또 자기가 엄마, 아버지, 아이가 되어 보았다. 이런 일 외에도 각 반 구석구석에서 남이 되어 보는 일을 가졌다고 생각한다.

이런 일들을 통해 우리들은 정말 가슴 깊이 남의 마음을 잘 알 수 있었다. 반끼리 단결이 잘되고, 남한테 잘하려고 노력하고 있다. 하지만, 일부 어떤 사람들은 이런 일들을 귀찮아 하였다. 조각 맞추기중 낄낄 웃거나 소곤소곤 말하기도 하고, 팔을 한쪽 안 쓸 때 장난으로 알고 이쪽 저쪽 바꾸며 장애자를 오히려 비웃는 것 같았다. 이것을 진짜 장애자가 보고 있었다면 얼마나 가슴이 아플까? 이런 아이들이 집에 가서 장애자를 보면 진정으로 위해 줄 수 있을까 의심스럽다.

우리는 이 캠프를 통해 남의 마음을 이해하는 것이 얼마나 힘든가 하는 것을 알았다.

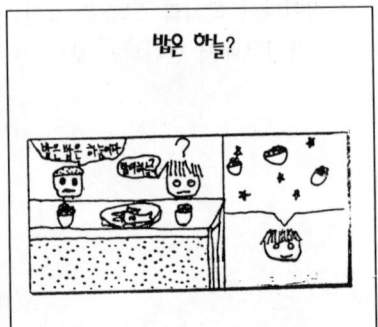

······선생님 연극과 토론······

철거촌 아이 꾸벅이를 담임 선생님과 왈패가 괴롭힌다. 결석도 많이 하고 공부도 못해서 그 반이 꼴찌를 하였다. 그것을 화근으로 '옷이 더럽다'는 등 하며 대판 싸운 왈패는 계속 결석하는 꾸벅이의 집을 방문한다. 왈패는 꾸벅이의 집이 철거촌이고 생활이 어렵다는 것을 알았다. 그리고 집은 철거당하고 명동 성당으로 옮긴 것을 알고 명동 성당으로 가서 화해한다. 그리고 돌아와서는 친구들과 토론한다. 꾸벅이는 공부 못 할 환경이라 하기도 하고 적어도 공부는 해야 되지 않냐며 토론을 하면서 연극이 끝난다.

토론에서는 공부를 못하는 것은 선생님 잘 못이라는 이야기도 하였다. 직책이 높은 사람은 저임금, 낮은 사람은 많은 임금을 주면 좋겠다는 의견도 나왔다.

······「유령 도시반」의 촌극 연습······

유령 도시에서는 보물섬의 촌극 연습을 하였다. 그런데 연습을 하지 않고 노는 사람이 많아서 모두 애를 먹었다. 또 중간에 웃고 대사가 틀려 많이 중단됐지만 잘됐다.

······「겨울산반」의 촌극 연습······

우리 반의 촌극 제목은 '777의 살인 사건'이다. 새우가 지었는데 처음에는 '777의 수수께끼'였는데 어느새 바뀐 것이다. 내용도 많이 바뀌었다.

마지막 총연습 때는 진짜 발표 때보다 더 잘하고 재미있었다. 결과는 '엉망상'이었지만 재미있게 전부 다 열심히 했다고 생각한다.

······「싫다반」의 모든 것······

누구든지 궁금해 하는 「싫다반」에 대해서 알려 드립니다.
① 유령 탐험: 험한 길로 유령 찾아 산에 오르다, 유령은 못 찾았지만, 모래 바위 미끄럼을 재미있게 탔다.

② 다른 반 방해하기: 다른 반에 가서 간첩 노릇으로 그림도 한쪽 그리고 글짓기도 했다. 글짓기반의 분위기를 성공적으로 망쳐 놓았다. 모두 내쫓고 낮잠을 잤다.
③ 비밀 장소: 비밀 집회 장소를 드디어 찾아내서 기자들을 따돌렸다. 비밀 회의를 하고 반 노래를 지었다.
④ 착한 일: 산에 가서 쥐불 놀이에 쓸 나무도 주워 오고 깡통도 구해 왔다.
「싫다반」 일동

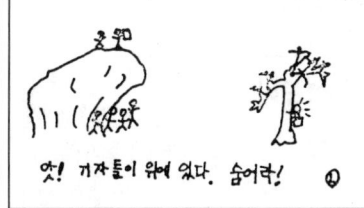

······「날꽃반」 촌극 상태······

촌극 연습 첫날 상태는 한마디로 형편이 없었다. 대본을 겨우겨우 적었을 때 선생님이 나가시자 대본에 신경을 쓰기는커녕 이불을 가지고 놀기만 했다. 그래서 우리 반은 큰일 났다 하면서 걱정을 하는 사람이 있었지만 대부분 놀기만 하였다.

그러나 둘째 날 할머니가 '무언극'으로 4분 될까 말까 하는 연극을 생각하여 한번 해보니까 꽤 재미있고 짧고 좀 교훈도 되어서 이것으로 하기로 했다. 저녁을 먹고 촌극 발표를 했는데 우리 반은 4분 가량 됐다. 연극 토론을 하고 시상했는데 우리는 '생각하게 하는 상'을 받았다.

······변소 불평······

우리는 이 캠프에 오기 전에 이미 알고 왔을 것이다. 변소가 우리 집의 것과 다르다는 것을 말이다. 하지만 더럽다고 불평하는 사람이 많았다.

여러 사람들은

어린이 캠프 신문——293

① 수세식이 아니다.
② 대변과 소변과 휴지로 가득 차서 냄새가 나므로, 좀 퍼내어 주었으면 좋겠다.
2가지 의견이 나왔는데, 대체적으로 보아서 ②번의 의견이 많이 나왔다. 내 생각에도 ②번의 의견에 찬성함.

······캠프에서 제일 인상 깊었던 것······

「겨울산반」

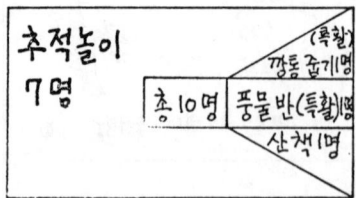

「요령 도시반」
우리 반 학생 6명에게 캠프장에 바라고 싶은 이야기나 캠프를 통해 느낀 점에 대해 물어 보았다.
돼지—이 캠프가 매우 유익한 것 같다. 이런 기회가 많았으면 좋겠다.
뚱뚱—계속 했으면······
동글—잠자는 시간을 늘립시다.
잠꾸—대동놀이 할 때 잘 봐주셨으면 좋겠다.
건망—이 캠프가 대학원까지 지속되었으면 좋겠다.

······해답······

〈가로 풀이〉 (1) 동등 (2) 문어 (4) 촌장
(6) 수산 시장 (8) 장군 (10) 여행 (11) 기특
〈세로 풀이〉 (1) 동대문 (3) 어촌 (5) 장수
(7) 미장 (9) 비행기 (12) 특별시 (13) 산불
(14) 장식 (15) 문화

······식인종에 대한 취재 기사······

· 경상남도 부산에서 태어나 고등학교까지 부산에 살았다. 5년 전 서울에 올라왔으나, 아직도 사투리만 쓴다.
· 식인종이 별명이 된 까닭은 고등학교 때 싸우지 않으려고 참고 참다 드디어 못 참고 상대편을 입으로 물어 그때부터 별명이 되었다.
· 추적 놀이를 하고 난 후, 많은 불만이 나왔는데 거기에 대해 '너무 많은 팀이 한꺼번에 몰려서 먼저 팀에 하는 손짓을 오는 팀이 잘 못 보아서 헷갈렸다'고 해명.
· 식인종의 치마는 조조 선생님 것인데 어젯밤에는 치마 속에 팬티만 입고 잤다. 또 그는 신발을 잃어버려 아직도 찾지 못해 슬리퍼를 신고 다니다 흙탕물에 양말을 적셔 양말에 구멍이 났다. 신발은 하얀색 퓨마에 빨간 무늬가 그려져 있다.
· 마지막으로 식인종은 '학생과 식인종을 동등하게 대하자'고 학생들에게 부탁했다.

······팔을 묶고 지낸 날(건망증)······

점심을 먹을 땐 왼손으로 젓가락 숟가락을 집었다고 한다. 처음 하는 게 아니라, 집에서 연습하였다고 하였다. 붕대를 풀고 나니까 팔꿈치가 아프다고 하였다.

······안경재비와의 인터뷰······

안경재비는 캠프 생활에 아주 적극적으로 참여하고 있었다. 기자가 말붙이기도 힘들었다.
4학년이 되는 그는 돈까스를 좋아한다고 한다. 유치원 때 후로 처음 온 이번 캠프는 전보다 재미있었다고 한다.
특활반은 「덩더쿵반」인데 힘들지만 재미있다고 한다. 가장 인상 깊은 것은 모닥불 놀이라고 했다.(침묵맨)

「유령 도시반」

「유령 도시반」의 총 인원은 12명으로서 선생님은 '혼수 상태,' '처녀 귀신,' '식인종'이고 학생들은 '뚱뚱이,' '전봇대,' '건망증,' '왕초,' '잠꾸러기,' '왕눈이,' '서리 맞은 개구리,' '돼지 도사,' '동글이'이다. 우리 반의 약속으로는, ① 청소 1일 3회 ② 교사와 학생 동등 ③ 남녀 차별 없애기 ④ 욕, 심한 장난, 잘난 체 금지 ⑤ 별명만 부르기 ⑥ 청소 당번은 꼭 청소 ⑦ 잘 때 낙서 안하기이다.

우리 반 선생님들의 별명은 정말 무시무시하다. 하지만, 이런 반의 학생들은 오히려 별명으로 선생님들을 놀리기도 한다. 우리 반 문에는 언제부턴가 부적이 붙어 있는데 귀신을 내쫓는 것이 아니라 우리 귀신을 나가지 못하도록 한 것이라 한다. 어젯밤 우리 반에는 혼수 상태 선생님과 학생들이 잠자리에 들었다. 따뜻해 잠은 잘 왔지만, 선생님의 무서운 이야기에 화장실도 못 갔다. 다음날 아침, 어느 한 학생의 잠자리엔 축축한 물이 묻어 있었고, 우리들은 이것이 무엇인지 알 수 없었다. 우리 반 선생님과 학생은 '유령 도시'라는 으스스한 곳에 살지만, 자기가 맡은 일은 열심히 하는 성실한 선생님과 학생이라고 생각한다.

「신문반」

우리가 무엇을 했는지는 신문을 보시면 아실 거다. 이 신문을 내기 위해 우리는 너무 열심히 일했다. 취재하고 기사 쓰고 또 깨끗이 다시 쓰고, 허수아비 선생님은 조금 독재를 하시는 듯하다. 다음 호는 단연 우리 손으로 내겠다.

기자단: 왕초, 침묵맨, 포유 동물, 촉새, 뚱뚱이, 새우, 짜장면 둘(눈꽃반, 겨울산반), 킹콩, 독수리

「눈꽃반」

우리 반은 「눈꽃반」으로 선생님까지 인원은 11명이다. 선생님은 '순악질', '왈패', '매부리코'이고 아이들은 '눈꽃반 짜장면', '침묵맨', '양달걀', '괴물 딱지', '발톱새', '촉새', '나비', '포유 동물'이다. 눈꽃반의 이름은 정할 때 여러 가지 이름을 모아서 다수결로 정하기로 했는데 양달걀이 '눈꽃'이라고 하니 다른 사람들은 다 눈꼽이라고 들었다. 다수결로 결정할 때 양달걀은 눈꼽이라고 쓴 것을 보고 '눈꽃'이라고 하니 이것이 찬성이 많아 이름은 눈꽃반으로 정하고 별명은 눈꼽이라고 하였다. 우리 반의 약속으로는, ① 베개를 든 사람 외에는 공격하지 않기(베개 싸움). ② 겉옷은 다른 사람에 상관없이 갈아입는다. ③ 남의 입장을 한번 생각해 본다. ④ 방이 더러워졌을 땐 다 같이 치운다. ⑤ 낯선 곳에 가지 않는다. ⑥ 조용조용 말한다이다.

우리 반에서는 첫날 점심 먹고 선생님이 소화를 위해 베개 싸움을 하자고 해서 신나게 하는데 옆에 있다가 괜히 맞는 사람은 억울해서 선생님이 약속 ①에도 있듯이 베개를 든 사람 외에는 때리기 없다고 하셨다. 우리 반은 좀 협동심과 끈기가 약하지만 마음만은 매우 고운 것 같다.(짜장면)

해야 솟아라

〈뒷소리〉 에야디야 에야디야 해뜨는 나라
　　　　에야디야 에야디야 해야 솟아라

1. 어찌하여 우리 민요 외면당하고
　어찌하여 외국 팝송 판을 치나요
2. 어찌하여 우리 춤은 외면당하고
　어찌하여 디스코만 판을 치나요
3. 어찌하여 우리 상품 외면당하고
　어찌하여 외국 상품 판을 치나요
4. 우리 민속 배우면서 깨우쳐 나감이
　우리 민족 우리 겨레 나갈 길일세.

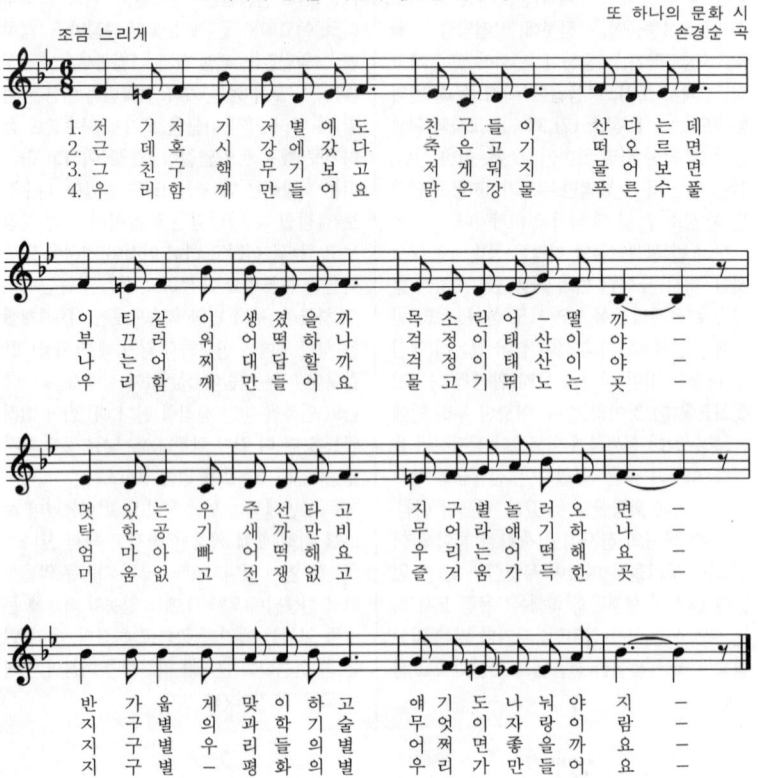

먹구름빛과 무지개빛

또 하나의 문화 시
손경순 곡

1. 옛날에 염소 일곱마리 살-고 있었답-니다
2. 옛날에 금붕어 일곱마리 살-고 있었답-니다

일곱마리 털빛-깔은 제각기 모두 달랐습니다
일곱마리 비늘-빛은 제각기 모두 달랐습니다

염소들 날마다 둘러앉아 서로 잘났다 뽐내며-
금붕어 날마다 둘러앉아 서로 예쁘다 사랑해-

싸우다 문득 둘-러 보니 모두가 먹구름 빛-
언제나 사이좋게 지내니 아름다운 무지개 빛-

바 다

어린이 캠프 노래—299

우리는 친구

조금씩 많이씩

조혜정 시
조동호 곡

너를 아주 좋아하니까

이신화 시·곡

1. 내가 너에게 물어볼게(필) 너는 무슨색 젤 좋아하니
2. 내가 너에게 물어볼게(필) 너는 무슨꽃 젤 좋아하니
3. 내가 너에게 물어볼게(필) 너는 누구를 젤 좋아하니

나는 너에게 대답해줄게 난 ○○빛 제일 좋아한단다(아-)
나는 너에게 대답해줄게 난 ○○꽃 제일 좋아한단다(아-)
나는 너에게 대답해줄게 나 는 너를 제일 좋아한단다(와-)

○○ ○○빛이 제일좋다구 나도 너의색이 좋아질거야 왜
○○ ○○꽃이 제일좋다구 나도 너의꽃이 좋아질거야 왜
너는 너는 내가 제일좋다구 나도 바로네가 제일좋단다 왜

냐 구누가내게 물어오며는 나는 너를아주 좋아하니까
냐 구누가내게 물어오며는 나는 너를아주 좋아하니까
냐 구누가내게 물어오며는 그냥 생긋한번 웃어줘야지

무엇이 되고 싶니

이신화 시·곡

건달 행진곡

「또 하나의 문화」 캠프 어린이들이 가장 신나게 부르는 노래

김민기 작사·작곡

어린이를 위한 마당놀이 「눈타령」을 위한 노래

나오는 악기·사람
매기는 노래 하는 사람
기타/장고 또는 북
기타 마당놀이에 동원될 악기들
받는 노래는 모든 어린이가 부름

고정희 시
이건용 곡

한 마 당

—— 북, 장고, 놀이 ——

어린이 캠프 노래——311

두 마당

다섯마당

1. 연을 날리자 연을 날리자 연을날리자 연을 날리자
2. 얼래를돌려라 연을 날리자 후르르르풀어라 연을 날리자
3. 슬금슬금당기고 연을 날리자 후르르르풀어라 연을 날리자
4. 들건너마을까지 연을 날리자 산너머마을까지 연을 날리자
5. 새해희망실어서 연을 날리자 새해꿈을빌어서 연을 날리자
6. 방패연산들산들 연을 날리자 치마연하늘하늘 연을 날리자
7. 꼭지연흐늘흐늘 연을 날리자 반달연팔랑팔랑 연을 날리자
8. 태극연살랑살랑 연을 날리자 꼬리연꼬리꼬리 연을 날리자
9. 가오리연흥흥흥 연을 날리자 동이연랄랄라 연을 날리자

끊지 않고 계속해서 부르되 다음의 매김 노래를 하는 동안 받음은 한 마디 쉬고 받던 방식 그대로 받는 노래를 계속한다. (다음의 첫 네 마디를 참조)

10. 연은 날아서 어디로갈까 연은 날아서 어디로갈까
    연을날리자 연을날리자

11. 바다 건너 작—은 섬 저— 하늘에—닿—을까

12. 은하수 날아서— 별 나라 가겠지 별나라지나서— 달나라 가겠지
13. 우리 꿈하나씩— 별나라에띄우겠지 우리 사랑하나씩 달나라에띄우겠지

14. 우리— 소망— 하나— 씩——

(22절 반복하면서 놀이판, 또는 파장으로 연결됨)

"전에는 교육이라면 제도 교육만을 생각하고
또 선생님과 학교에만 아이를 맡기는 걸로 생각했는데,
이제는 학부모들이 교육의 주체로서 확실히 자각할
필요가 있다고 생각해요. 그래서 고민만 할 것이 아니라
목소리를 만들어 가는 게 필요하고, 그것을 구체적으로
실천할 수 있는 대안으로서 자율 학교라든지 캠프
또는 지역 학교 등을 생각해 볼 수 있겠죠."

좌담2

우리 아이 걱정에서 학부모 운동으로

사회: 장필화   참석: 김순진, 심미옥, 조형, 조혜정, 호용수, 홍미영
때: 1989년 2월 15일 12시~5시   곳: 석란

장필화·
오늘은 각 가정과 학교 또는 다른 장에서 어린이들과 만나고 어린이를 걱정하는 분들이 모였습니다. 이 자리에서 우리의 체험과 고민을 이야기하면서 오늘의 교육 문제를 생각해 보도록 하겠습니다. 요즈음 많은 사람들이 여러 각도에서 교육의 문제를 거론하지만 직접 고민하는 학부모의 생생한 소리를 듣는 기회는 별로 많지 않은 것이 사실이지요. 특히 여기에 모이신 분들은 한 분은 예외이지만 한두 자녀의 어머니일 뿐만 아니라 어린이의 건강한 성장을 위해 또 다른 활동에 참여하시는 분이기에 좀더 폭넓게 문제를 제기할 수 있는 입장에 있다고 보는데요.
  먼저 각자의 자녀 교육 체험으로부터 이야기를 해가는 것이 오늘의 주제들을 다루는 데에 실마리가 될 것 같습니다.

김순진·
저의 경우를 보자면 경기도에 살다가 지난 11월에 서울로 이사를 왔어요. 그런데 그 후 우리 아이가 학교에서 문제아가 되었어요. 전에는 한자와 영어 공부를 안했는데 여기에 오자마자 영어 시험을 보고는 형편없는 점수를 받게 되니까 아이가 학교 생활에 적응하지 못하고 자꾸 기가 죽더군요.

조혜정·
이사를 하게 된 특별한 이유가 있었는지 물어도 될까요?

김순진·
네. 사실 저도 결국은 타협한 경우인데, 학교 때문에 남편에게 바가지 긁어

서 서울로 올라온 거예요(일동 웃음). 원당이란 데가 전출이 유독 심해서 1학년에는 7~8학급이 되다가 6학년이 되면 2학급밖에 안되는데, 그것도 한 반에 30명 정도밖에 안 남아요. 거기에서 교육열이 있고 어느 정도 경제적 수준이 되면 주민 등록만 옮겨서 갈현동이나 사립 국민학교로 보내죠. 거기에서 우리 아이는 좋았어요. 송사리도 잡고.

조혜정·

거기에 그냥 있으면서 해결하는 방법이 없었을까요?

김순진·

아뇨. 거기에는 '고양 농업 중고등학교'밖에 없는데 학교가 생긴 이래 육사에 한 명 입학했고, 지난해에 이례적으로 연대와 숙대에 한 명씩 보냈다고 떠들썩했어요. 물론 용기 있는 분도 있어요. 제 친구는 아이를 그 학교에 넣었는데 저는 도저히 그럴 자신이 없더군요. 그래서 주저주저하면서 서울로 왔는데 아직도 이렇게 오기보다는 그 지역에 좋은 중학교를 세우도록 했어야 옳았겠다는 반성을 합니다. 제대로 지역 교육 운동을 펼쳤어야 되는 건데 결국은 혼자 빠져 나온 셈이 됐어요.

조혜정·

실제로 그런 상황에서 남아 있기로 하는 것이 용기인지 오기인지, 아니면 자포 자기인지 고민하는 부모가 많을 거예요.

김순진·

그러면 뭐가 문제죠.

심미옥·

일반적인 얘기가 될지 모르지만 도시 이외 지역에는 교사가 충분하게 배치되지 못하기 때문에 한 선생님이 두세 과목을 가르치는 경우가 생겨요. 강원도에는 그런 경우가 많은데, 교사가 모자라는 상황에서 학교를 운영한다는 것 자체가 큰 문제이지요. 어머니나 다른 대체 교사가 나간다면 도움이 될 것도 같지만 농촌 지역에는 어머니들의 학력 수준이 낮기 때문에 그런 것을 기대하기 어렵죠.

조혜정·

서울 근처에서는 좀 가능하지 않을까요? 김순진 씨는 혹시 원당으로 다시 돌아갈 것인지를 아이들하고 이야기해 보셨는지요?

김순진·

얘기는 해보겠지만 아이들 자신도 도시 문화에 대한 동경이 있어요. 결국 대학에 안 가도 왜곡되지 않고 건강하게 키울 수 있는 모델이 없으니까 타협을 하게 된 거죠.
조형·
그것을 아직까지는 개인적으로 해결해야 되니까 저도 다른 부모들과 같이 강남에 눌러 앉고 말았는데, 어느 시점에선가는 실험적으로 새로운 시도를 해야 될 것 같아요. 홍미영 씨도 얘기를 좀 해보시죠. 서울에서 자란 아이를 인천 빈민 지역으로 데리고 가면서 고민도 좀 하지 않으셨나요?
홍미영·
지금 얘기를 들으면서 생각 나는 것이 있네요. 한 여성이 빈민 지역에서 동네 사람들과 애들을 위해서 2년 동안 헌신적으로 일했는데, 개인적으로 견디기 힘든 조건이 생겨서 떠나게 되었대요. 그래서 그 동안 친하게 지냈던 아주머니에게 얘기를 했더니 '이제까지 너는 마치 우리 편인 양 그렇게 해왔으면서 결국 너는 얼마든지 떠날 수 있고 좋은 자리 갈 수 있는 것 아니냐. 나는 여기서 떠날 수가 없다. 결국 너는 똑같은 부류이고 남는 것은 우리밖에 없다'고 말하더래요. 그 말이 옳은 것 같아요. 결국 떠날 수 있는 사람은 다 떠나는 게 문제예요. 저 같은 사람이 할 수 있는 일은 저 자신이 먼저 정착하고 나아가 함께 일할 수 있는 사람을 많이 만나는 것이죠. 저는 아직까지 제 아이 문제를 따로 떼어 놓고 생각해 보지는 않았는데 오히려 빈민 지역에 살면서 아이들한테 사회성이 길러진 장점도 있어요.
조혜정·
그쪽 학교 상황에 대해 좀 말씀해 주시죠. 아이들 중에는 실제로 국민학교 진도를 따라가기 힘들어하는 경우가 많지요?
홍미영·
부모가 다 있어도 맞벌이를 하거나 학력이 낮아 지도를 못할 경우 진도를 맞추기가 힘듭니다. 우리 지역은 산동네와 주택가가 산등성이를 끼고 딱 갈라져 있어요. 준비물부터 부모가 옆에서 도와줘야 하고 모든 것이 경제적인 것과 연결되기 때문에 가정의 경제적 여건이 아이들의 학교 성적을 낮추는 원인이 되지요. 우리 동네에서는 아이가 국민학교만 들어가면 공장에 다니는 엄마들이 안하던 잔업도 하게 되는데, 아이들이 자기 일을 알아서 대강 할 수 있는 나이가 되었기 때문이기도 하지만 우선 교육비를 더 벌기 위해서지요.

조형 ·

「해님 공부방」에 오는 아이들이 요즘은 한글을 다 깨쳐요? 처음에는 3학년 인데도 한글을 다 모르는 경우가 있던데요.

홍미영 ·

기특하게도 많이 나아졌어요. 다른 지역과 마찬가지로 가난한 부모들도 성적에 대한 관심은 대단해요. 그렇지만 처음부터 못하니까 낙제만 받지 않을 정도면 그냥 도장 찍어서 보내지요. 시험 문제를 봐도 자신이 모르는 것이 많으니 도와주지도 못하죠.

심미옥 ·

시골 어머니들도 아이들을 데리고 가르칠 시간이 없어요. 도시에 비해 공부에 관한 한 농촌 아이들은 거의 방치된 상태에 있고, 관심 있는 부모들이 기대하는 것은 학교가 그런 역할을 다 맡아서 해줬으면 하는 정도예요. 그래서 부모들이 가장 환영하는 것은 가능한 한 학교가 아이들을 늦게까지 붙들고 있어 주는 것이죠. 교육도 되고 보호도 될 테니까요. 그런 기대 때문에 농촌 지역 교사의 경우 근무 부담이 커서 힘들다는 얘기를 해요. 동시에 부모와 자녀 간의 관계는 점점 멀어지지요.

조형 ·

요즈음 빈민 지역 아이들의 진학률은 어떤가요?

홍미영 ·

중학교는 거의 다 가지만 고등학교는 야간 학교라든가 산업체 학교, 상업 고등학교로 많이 갑니다. 그런데 문제는 부모들은 빚을 내서라도 아이를 가르치려고 하는데, 중간에 아이들이 가출하고 탈선하는 데 있어요. 부모들이 일하는 동안 방치된 아이들이 동네에서 불량 청소년과 어울리게 되는 경우가 많아지는 거죠. 지역 내에 용돈과 오락을 제공하는 유혹적 기회가 많으니까 아이들이 탈선하게 되고, 이것이 부모를 좌절하게 만들기도 해요.

김순진 ·

그런 문제는 어디에나 있을 수 있어요. 우리 아이는 전에 전자 오락실에서 학교를 안 다니는 형을 만나게 되었는데, 그 형들이 후미진 곳에 데려가서 칼을 보여 주고는 돈을 가져오지 않으면 가만 두지 않겠다고 하더랍니다. 그래서 오락실 입구에서 몇 번 돈을 빼앗기고 산에도 같이 가서 형들 담배 피우는 것도 보면서 정신이 번쩍 들더래요. 결국 컴퓨터 학원에 다니게 되고 선생님과의 상담을 통해서 고치게 되었지만 정말 아이들 기르기가 무서운 세태입니다.

학부모 끌어들이기

장필화·
결국 지금 이야기를 들으면, 만석동이나 십정동같이 엄마가 도저히 시간을 내줄 수 없는 상황과 과잉 보호로 아이들이 완전히 망쳐지는 상황으로 나눌 수 있는데, 그 두 경우가 결과적으로 건강하지 못한 문제로 나타나는 것은 마찬가지군요. 그 와중에서 건강하게 아이를 키워 보고 싶은 부모들이 어떻게 해야 될지 몰라 방황하게 되는 거라고 생각됩니다.

김순진·
저는 신체적으로 건강한 아이로 키우고 싶고 정신적으로도 자주적이면서 민주적인 아이로 키웠으면 좋겠다고 생각은 하지만 방안이 없어서 괴로워요.

조혜정·
우리가 어린이 캠프를 하면서 많지는 않지만 '자율 학교'를 원하는 부모가 생기기 시작했다는 것을 발견하게 되었어요. 대학을 못 가는 것이 아니라 안 가고도 행복하게 사는 아이로 만들어 보자는 것인데, 그런 구상을 하는 것은 어떨지요? 컴퓨터라든가 예술 분야 등 독자적인 일을 할 수 있는 능력을 갖출 수만 있다면 그런 학교를 만들어 가는 방법도 있겠지요.

김순진·
그런 것은 한 방법이겠지만 아직 부분적이어서 공동의 해결은 되지 못한다고 봐요.

조혜정·
당장 입시 제도를 없앨 수는 없을 것이고 한꺼번에 문제를 해결할 묘안이 안 보인다고 할 때 대안이 보이는 데서부터 시작하는 것은 항상 중요할 것입니다. 뭐든지 한꺼번에 해야 된다는 강박 관념 때문에 오히려 우리가 더 타협하고 자포 자기하면서 살게 되지 않았나 하는 거죠.

김순진·
그래요. 전에는 교육이라면 제도 교육만을 생각하고 또 선생님과 학교에만 아이를 맡기는 걸로 생각했는데, 이제는 학부모들이 교육의 주체로서 확실히 자각할 필요가 있다고 생각해요. 그래서 고민만 할 것이 아니라 목소리를 만들어 가는 게 필요하고, 그것을 구체적으로 실천할 수 있는 대안으로서 자율 학교라든지 캠프 또는 지역 학교 등을 생각해 볼 수 있겠죠. 그렇지만 그것보다는 역시…….

조혜정·

그렇지만 이렇게 생각해 보죠. 학부모 운동을 전개해야 되는데 안되는 이유는 대안이 안 보이기 때문이다, 대학을 안 가도 나름대로 행복하게 살 수 있다는 것을 보여 주었을 때 학부모들이 배짱이 생길 수도 있고, 그러면 정말 교육 체제 전체를 놓고 해결 방안을 찾을 수도 있는 것이다라구요.

장필화·

좀더 장기적인 대안이라면 사회 전반적인 운동 체계와 연결해서 생각해야 할 것 같군요.

홍미영·

그런 점에서 저는 노동 운동이 강화될 때 노동자 빈민층의 어린이 교육 문제에도 희망이 보일 것이라고 생각해요. 부모들이 각기 계층적 위치에 따라 이해 관계가 달라지니까요. 예를 들어 민우회에서 도시 빈민 학부모를 참석시켜 좌담을 했는데, 이들에게는 각자 아이를 어떻게 키우느냐가 일생이 걸린 문제이면서도 당장 생활을 어떻게 하느냐가 먼저 다가오는 문제이기 때문에 학부모 운동, 교육 운동 하면 거리가 멀고 아이가 어떻게 하면 차별을 안 받고 국가가 어떤 식으로 빈민 지역에 있는 학교를 지원해야 되는가 하는 방향으로 얘기를 이끌면 아주 잘 되죠. 예를 들면 준비물을 학교가 담당하게 해보자 하는 것은 열렬하게 호응하는 부분이고, 스승의 날에 자모회에서 헌옷을 판 돈으로 공동 기금을 마련해서 화분을 갖다 주었는데 자신들의 모습을 보이고 온 것만으로도 뭔가 비춰졌겠지 하고 안도를 하는 것을 보았어요.

거기다가 과밀 학급이 문제인데, 우리 동네의 경우 노동자들이 밀집되어 있어서 한 반에 70명이에요. 분교를 세워 달라고 건의를 해보자는 생각을 하고 있는 차에 마침 분교가 생겼어요. 그런데 나라에서 학교만 세워 주고 학교 물품은 학부모들에게 가져오라고 할 것이 뻔하기 때문에 걱정거리가 더 생긴 셈이죠. 학교 예산이 더 많이 편성되어야 한다든지 하는 학부모들의 의견을 학교에 반영시키기 위해서는 자문 위원이 되어야 하는데 시간적, 경제적 여유가 없기 때문에 고민을 하고 있는 처지예요. 하여간 이렇게 자기와 관련된 문제부터 풀어 나가는 것이 중요하다고 생각합니다. 그러니까 부모들이 공장에서건 부업 현장에서건 저임금으로 장시간 노동을 해야 하는 문제가 해결되어야 해요. 학부모 운동과 함께 이 문제가 해결되어야 아이에 대한 바람직한 교육도 이루어질 수 있으리라고 생각해요.

공교육비와 사교육비

김순진·
중산층 학부모들에게도 미영 씨가 이야기한 것과 같은 문제가 있어요. 실제로 현재 공교육비로 모든 것이 되는 게 아니고 사교육비 부담이 엄청나거든요. 그러나 아직도 물질적 교육 환경이 제가 다니던 시절과 비교해서 급식이라든지 화장실 정도밖에는 별로 나아지지 못했거든요.
 그리고 아까 준비물에 대해서 말씀하셨는데 준비물은 준비하는 과정도 복잡하고 비용도 문제이지만 또 준비물이 실제로 그대로 쓰이지 않는 경우도 많아요. 낭비이지요. 일회용품이 아닌 것들은 학교에 비치해 뒀다가 반마다 돌려 가면서 사용할 수도 있겠지만 현실은 그렇지가 않거든요.

홍미영·
그런데 사립 학교는 사정이 다르더군요. 사립 학교는 부모들을 상당히 해방시켜 주더라구요. 준비물을 학교에다 다 두어서 학교에서 관리해 주고 아이들은 무거운 책가방을 안 메고 다녀도 되고……

장필화·
사교육비 부담에 있어서 치맛바람이 한몫을 하지요? 사교육비 체제를 깨뜨리지 못하는 게 학부모 이기주의의 소산이 아닌가 생각해 본 적은 없으신지요? 공적인 교육이 사적인 관계로 연결되는 대표적 사례가 돈봉투일 텐데 돈봉투를 갖다 주면 자기 아이를 한 번이라도 더 시켜 줄 것이라는 기대, 이런 것이 내재해 있지 않습니까?

김순진·
그것은 그리 간단한 문제는 아닐 겁니다. 장 선생님의 의견과는 약간 다른 차원의 문제인데 공교육비로 우리가 충분히 충당할 수 있는데 못하고 있는 것은 교육세가 목적세임에도 불구하고 그 지출 내역이 밝혀진 적이 없다는 점과 관련이 되지요. 그러니까 교육세가 다른 비용으로 전용되고 있는 것을 우리가 제대로 관리하지 못하고 있다는 거죠.

교육세가 교육에만 제대로 쓰이고 교사에 대한 처우도 나아진다면 지금보다는 교육 상황이 훨씬 좋아질 수 있다고 봐요. 사교육비 문제는 이기심에 의해 조장되고 있는 부분이 크죠. 그렇다고 완전히 자발적인 것은 아닙니다. 이를테면 아이가 반장이면 엄마도 반장이 되고 그 엄마들이 모여서 육성회를 결성하게 되는데, 이들이 하는 일은 돈을 내는 일입니다. 그리고 그 돈은 대개 교육 환경이나 교육의 질을 개선하는 데 쓰이지 않고 학교 행사 뒤치다꺼리로 쓰이거나 학급 내의 계층간의 이질화를 부채질하는 나쁜 역할을 하는 측면이 있어요.

조혜정·
교육비 문제와 관련시켜 논의를 펼치려면 우선 국가에 큰 기대를 걸고 계속 요구를 할 것이냐, 아니면 국가의 간섭을 최소로 줄여 나갈 것이냐 하는 근본적인 차원에서의 문제가 하나 있고, 두번째로는 구체적으로 공교육비가 제대로 쓰이도록 시민들이 압력 집단으로서의 실력 행사를 하는 것과 동시에 사교육비가 제대로 교육적 목표에 맞게 쓰일 수 있게 하는 문제로 나누어 볼 필요가 있겠군요.

학부모 운동의 방향 설정의 문제

호용수·
제가 걱정하는 부분이 바로 그 부분입니다. 학부모 모임이 활성화되고 목소리가 모아져 압력 집단으로서 작용한다고 할 때 그 방향이 제대로 잡혀야 한다는 거죠. 여기에서 교육비의 문제와 함께 우리 아이들이 받는 교육 내용이 어떻게 될 것인가를 짚고 넘어가야 될 것입니다.

조혁·
현재의 학부모 모임이 상당한 탈바꿈을 하지 않고서는 학교 운영이나 교육 방침 등에 대해서 부모들이 학교 당국과 건설적인 논의를 펼쳐 나갈 수 없다고 봅니다. 지금과 같이 행사 뒷바라지나 하거나 이 아이들의 부모가 이것을 했소 하는 정도로 끝나는 경우라면 없는 것이 낫지요.

김순진·
저희「한마당」에서는 촌지 문제에 대해서 현직 교사를 모시고 얘기를 들었는데 상당히 도움이 되었어요. 촌지가 얼마나 교육 풍토를 나쁘게 하고, 그러한 풍토를 만드는 데 우리 부모들이 공범자 역할을 하고 있기 때문에 개인적인 결단에서부터 이 문제를 해결해야 된다는 선생님 얘기를 듣고 하지 않기로 결정을 했어요. 그런데 이러한 결단이 지역적으로 되면 좋겠다는 생각을 했어요. 한 지역에 있는 학교 학부형끼리라도 모여서 허심 탄회하게 얘기를 해서 촌지를 안 주는 것으로 하면 좋겠지요.

조형·

개인적으로 저는 한 번도 촌지를 해본 적이 없는데, 아직은 크게 불이익을 당한 적이 없다는 얘기를 친구들에게 했더니 '너를 무시할 수 없기 때문'이라는 거예요. 엄마들은 일단 교사들이란 받아야 반응하는 사람이라고 치부하는 경향이 있고, 그 다음에 엄마가 내세울 게 없기 때문에 돈으로 성의를 보여야 된다는 강박 관념이 있는 것이 아닌지……

갖다 주는 엄마들이 생각하는 것보다 훨씬 좋은 선생님들인데 촌지 때문에 전체 교사의 지위가 낮아지는 것이 참 큰 문제라는 생각이 들어요.

김순진·

그래서 잘못하면 교사와 학부모 사이가 상당히 적대적이 될 거예요. 교육이 잘못된 책임을 서로에게 전가하게 되고 말이지요. 촌지는 미묘하게 이 둘을 연결시키고 공범자로 만들고 있어요.

홍미영·

교사들은 학부모들에게 교육 문제를 학교와 의논해 달라고 하지만 실제로 지금까지는 촌지를 갖다 주는 것이 워낙 크게 부각된 데다가 교사와 관계를 갖는 통로가 없었다는 데 문제가 있어요. 바람직한 교육의 방향이라든가 교육 내용을 얘기할 수 있는 학교 안에서의 새로운 제도가 생긴다든가 현존하는 육성회라든가 어머니회가 새로이 탈바꿈하지 않는다면 학부모들이 이루어 낼 수 있는 개선의 여지는 거의 없다고 보아야겠죠.

아이들도 함께 알아야 할 문제들

조혜정·

그러니까 교사와 학부모들이 대화할 수 있는 기회, 서로를 이해할 수 있는 기회가 제도적으로 마련될 필요가 있어요.

저희 애들이 다니는 학교는 촌지 안 받는 몇 안되는 학교 중에 하나예요. 그것이 없기 때문에 상당히 합리적이고 공개적으로 운영되는 것을 볼 수 있어요. 우선 매달 학부모 참관일이 있어서 참관한 후 교사와 의견을 나눌 수 있어요. 그리고 한 학기에 한 번씩 한 주일 내내 오후 시간을 따로 내어서 깊이 있게 교사와 상담하는 제도가 마련되어 있어요. 또 이 학교에서는 매일 새 소식을 아이들이 발표하는데 2, 3학년 교실에서 촌지 문제가 '거론'이 되지요. 공해나 노동 문제, 북한 관계 문제도 논의되고……. 그런 식으로 아이들이 사회 문제를 알아 가고 개방된 정보를 받게 되어 저절로 사회 공부를 하게 되더라구요.

이것과 연결되는 것이 우리가 여는 캠프인데, 처음 주제를 '깨끗한 지구, 다정한 친구'로 한다고 했더니 부모들이 굉장히 겁을 냈지요. 아이들로 하여금 생태계 문제, 지구의 파괴 등 문제 상황을 인식케 하여 불안에 떨게 해서는 안된다는 것이죠. 오로지 어린이는 밝고 깨끗하게 키워야 한다고 반대합니다. 제 의견은 아이들도 일찍부터 현실을 바로 알고 현실로부터 배울 수 있어야 한다고 봐요. 어른들이 '쉬쉬'한다고 애들이 모르는 것도 아니고, 오히려 기성 세대에 대한 불신만 높아지지요. 소화해 낼 수 있는 한까지는 정리를 해서 토론할 수 있고 문제를 인식해 나가도록 도와주는 것이 필요한데, 여기서도 어른들은 막을 칩니다. 그저 아동은 밝고 깨끗하게 큰다고 믿고 싶은 것이죠. 전혀 그렇게 클 수 없는 상황에 아이들을 놔두고 말이에요.

김순진·
조 선생이 중요한 지적을 하셨는데 아이들에게 있는 그대로를 알게 하는 것, 그건 정말 중요해요.

조혜정·
그런데 문제는 그것이 쉽지가 않은 작업이라는데 있겠지요. 새 소식 시간이 얼마나 꾸준하게 지속될 수 있느냐는 것인데 학교의 방침, 교사의 교육 이념, 그리고 그것을 날마다 준비해 가는 아이들이 있어야 지속이 되거든요.

장필화·
그 아이들도 저녁 신문을 읽고 뉴스를 정리해 가나요?

조혜정·
어린이 신문을 읽기도 하는데, 저학년에는 부모들이 준비해 주는 경우가 더 많지요. 부모의 성향에 따라 아이들이 가져오는 뉴스 내용이 달라진대요. 텔레비전 보고도 알아 오고, 또 요즘은 『한겨레 신문』이 한글로 나와 그걸 많이 보기도 하는데, 얼마나 이해하고 있는지는 모르죠.

조형·
지난번 여름 캠프에 참가했던 6학년 여자 아이는 『한겨레 신문』을 다 읽고 세상에 대해 상당히 알고 있더군요. 어른 세계에 대해서 상당히 비판적이구요.
　그 아이의 경우는 어떨지 모르지만, 대체로 중학교에 가면 점차 억압되기 시작해서 고등학교에 가면 완전히 억압이 되니까 다른 내부 파열이 되는 것 같아요. 이번에 대학생 캠프에서 만난 신입생들을 보고는 중·고등학교 교육에 대해 새삼스럽게 실망이 컸어요. 그렇게 무능해졌을 수가 없어요. 세상에 대한 관심도 없고 어려운 단어는 하나도 모르고 그것을 자기하고 연결시킬 줄도 모르고, 그 6학년 아이보다 못하다고 생각됐어요.
홍미영·
그런데 『한겨레 신문』을 어린이가 읽는 것에 대해서 부모들의 의견이 상당히 다르리라고 생각되는데요.
조혜정·
우선 한글 신문이 나와서 스스로 새 소식을 추출해 갈 수 있다는 것은 좋다고 생각해요.
조형·
『한겨레 신문』은 한글로, 더욱이 가로쓰기를 하여 아이들이 금방 읽을 수 있도록 만들었다는 점에서 신문사가 그 독자층에도 관심을 두어야 된다고 생각해요. 어른뿐만 아니라 어린이 독자한테까지 책임을 진다는 의식이 필요하다는 거죠.
조혜정·
그리고 동시에 부모가 신문을 비판적으로 읽을 수 있도록 일찍부터 아이들을 가르쳐야 할 거구요. 몇몇 어린이 신문을 본 적이 있는데 그렇게 아이들에게 신경을 안 쓰는 어린이 신문을 어떻게 낼 수 있는지 어른들의 양식이 의심스러웠어요. 그 내용이란 수준 낮은 만화, 문제 풀이, 그리고 스포츠, 반공에 관한 얘기뿐이죠.
호용수·
어린이를 위한 책자들도 문제인데, 취학 전 아동을 위한 것은 내용이 좋더군요. 그런데 국민학교 1~3학년 것은 정답 가려 내기 훈련밖에 없었어요.
조혜정·
그러니까 그때부터 시작해서 고등학교로 가면 선생은 문제를 얼마나 잘 꼬아서 내는가, 학생은 얼마나 그 꼬임을 잘 풀어 내는가 하는 게임이 되어 버렸죠. 그래서 선생님은 학생 중에서 백 점이 나오면 기분이 나쁘다고 그런대요(웃음). 우리와 아이가 정말 이런 식의 게임에 기계처럼 길들여져서 대학에 입학하는 것을 성공적으로 봐야 되는지를 길게 생각해 볼 때가 되었지요.

조형·
자기 자신을 살리지 못하고 남이 시키는 대로 하는, 산업 사회에 적합한 인간들을 만들어 내는 거죠.

육체 노동과 정신 노동의 이분화

홍미영·
저는 대학 입시에 목을 매는 이유가 육체적 노동을 천시하고 정신적 노동을 중시하는 풍토와 관련이 깊다고 봐요. 실제로 산업 사회가 육체적 노동력이 없이 이루어질 수 없었는데, 그 발전에 가장 혜택을 보는 사람은 머리를 잘 써서 꼬인 문제를 잘 풀 수 있는 정신적 노동을 하는 사람들이었죠. 그래서 부모들이 어렵게 살면서도 아이는 육체 노동을 안 시키려고 대학만 보내려고 안간힘을 쓰는 거죠. 이제부터라도 육체 노동에 대한 정당한 가치 인식이 되어야 하지 않을까요?

저는 대학교 졸업할 때까지는 노동에 대해서 관념적으로만 생각했었는데, 실제로 빈민 지역에 들어가서 육체 노동을 해보니까 너무 지치지 않을 정도로만 한다면 정신적으로도 더 건강하고 직접 생산물을 습득했을 때 보람도 있다는 것을 알게 됐어요. 지식을 통해서 사회에 기여할 수 있는 사람은 대학을 가고 육체적 노동을 통해서 사회에 기여할 수 있는 사람은 고등학교만 졸업하고도 자긍심을 갖는, 그런 사회가 되어야 한다고 생각해요.

장필화·
지금 중요한 지적을 하셨는데, 그것은 두 가지로 나누어 얘기를 할 수 있을 것 같아요..

하나는 사회 전체의 노동관, 특히 육체 노동과 정신 노동에 대한 가치 평가와 그 불균형에 관련된 문제이고, 또 하나는 성장 과정 중 어느 시점으로 사회가 제도화하는가의 문제입니다. 우리나라의 경우에는 대학을 졸업하고 결혼을 하고 나서도 부모로부터 자립을 하지 않는 경우가 많지 않습니까? 자립의 시기가 분명하지 않은 우리의 상황에서 부모의 무능력이 더욱 강조되어 나타나고 그것이 개인적으로 원망의 대상이 되기도 하죠.
 결국은 부모가 능력이 있어야 교육을 시키는 것이라는 생각을 하니까 공교육의 개념도 변질·약화되고 경제적 능력이 있는 층에서는 교육적인 축재(?)를 하는 반면, 경제적으로 소외된 층에서는 더욱더 소외와 무능력을 갖게 되면서 계급 재생산이 되는 것이죠. 교육은 원칙적으로 계층과 관련없이 모두가 자립할 능력을 갖추게 하는 것이 그 주된 기능일 텐데 말이지요.

조혜정·
일반적으로 산업 사회에서는 자립에 대한 긍지를 갖게 되는 게 특징인데 우리는 그 자립 시기가 늦어지면서 저임금층 부모는 항상 자녀에게 못다해 주었다고 미안하게 생각하니까 그것이 교육적으로 나쁜 영향을 끼치는 것이 아닐지요?

홍미영·
그래도 빈민층은 실제로는 훨씬 일찍 자립적이 되는 셈이에요. 실제적으로 자립을 할 수밖에 없는 상황인데, 중산층 이념이 퍼져서 부모가 괴로운 거죠.

자립이 늦추어지는 이유

장필화·
가정에서 여자 아이들은 가사 노동이나 육체 노동 면에서 볼 때 오히려 일찍 자립성을 기를 여건에 있고 남자들이 훨씬 과보호의 대상이 되는 것이 아닐까 하는 생각이 들어요. '남자 아이를 더욱 남자답게 키워 준다'는 보이 스카우트 광고를 보고 지금 사회가 남자 아이를 남자답게 키울 수 없는 것이 우려되는 사회이기 때문에 광고를 해야 할 정도가 되었나 보다 하고 생각했어요. 남녀 모두를 자율적인 어린이로 키우는 게 매우 어려운 상황이지요.

조형·
언제부터인가는 모르지만, 남자 성인들을 보면 우리나라 남자들이 다른 어느 나라 남자들보다 미숙하다는 생각이 들어요.

조혜정·
그리고 그 소리를 제일 듣기 싫어하죠(웃음).
조형·
사람이 살면서 다른 사람에게 의지하지 않고 자기 일상 생활을 꾸려 가고 그 끈적끈적한 관계를 끊어야만 성숙할 수 있다고 서머힐의 닐도 말했던데, 현재 우리나라 남자들은 의지할 수 있는 사람을 바꿔 가면서 죽을 때까지 의지할 수 있게 되어 있어요.
호용수·
실은 그렇게 사는 남성들에게도 어려운 점은 커요. 어렸을 때 여자 아이는 자기 앞가림하고 남의 뒤치다꺼리해 주고 남자 아이는 그것을 받으면서 크는데, 성인이 되면 가족을 보호하고 성숙된 측면을 보여 주어야 한다고 기대되지요. 그렇게 자라지 않았는데 그렇게 해야 된다는 것이 갈등을 낳지요. 이것이 현재 젊은 남성들이 갖는 큰 갈등이라고 봅니다.
홍미영·
우리 뒷집 아줌마가 고무 장사를 하는데 나이가 40이 되도록 남편이 생활을 책임져 본 적이 없대요. 맏아들이 장가를 갔는데 이제껏 그래 왔던 것처럼 부인이 다 해줘야 되는 걸로 알고 있어요. 그런데 그 어머니는 자기 남편이 애기 같아서 자기가 고생하는 것은 알면서 자기 아들의 현재 모습이 어떤가는 알지 못해요.
장필화·
자녀의 자율성을 키우지 못하는 원인이 부모의 자율성이 확립되지 않은 데 있다는 것이겠군요.
조혜정·
그 다음으로 아까 얘기한 것처럼 교육 자체가 꼬인 시험 문제를 푸는 데만 열중하게 되어 있는 데 또 한 원인이 있겠죠.
심미옥·
과외라는 것이 비슷한 맥락에서 이해될 수 있지 않을까요. 혼자서 못하니까 선생님 데려다가 사교육비를 대서 공부하게 하는 것 말이죠.
김순진·
지난번 과외 문제를 가지고 「민우회」와 「주부 아카데미」가 공청회를 갖고 가두 캠페인을 나갔는데, 그때처럼 50대 주부들에게 환멸을 느껴 본 적이 없어요. 완전히 욕심 그 자체예요. 자식을 가르치는 것이 뭐가 나쁘냐는 거죠.

교육 과열 풍토는 결국 대학 나와서 어떻게 살아가고 있는가를 냉철하게 생각을 해본다면 좀 달라질 수 있지 않나 생각해요.

호용수·
아이들을 자율적이고 민주적인 아이로 키운다고 했을 때 가정보다는 학교에서 더 가능성이 많을 것 같아요. 1년 동안 나름대로 교육시킬 수 있다면 효과는 금방 나지 않을까요? 요즘 그런 선생님도 많고 책도 많이 나오고 있는데……

김순진·
그런데 그런 반 평균 성적이 나빠요. 그러면 학부모들이 몰려오고 학년 주임 교사회에서도 문제 교실이 되죠. 그러니까 선생님들도 갈등이 많아요. 쉽지 않아요.

장필화·
이제 우리가 얘기해야 될 것이 평가 방법의 문제겠군요. 현재의 평가 방법이 자기 스스로 평가를 내리기도 하고 자치 활동이 중요한 평가의 대상이 되는 등 다각적 측면에서 이루어지는 식으로 바뀌지 않으면 결국은 국민학교 4학년 때부터 대학 입시 준비를 하는 것에서 전혀 변화가 일어날 수 없다고 봐요. 또 자립의 문제라든가 우리 사회의 노동관과 연결시켜 보면 다행히 대학에 입학해서 4년 동안 대학에 다녔어도 끝에 남는 것은 고등 실업과 일하는 기계, 둘 중에 하나라고 볼 수 있죠. 교육이 참다운 기능을 하기보다는 선발의 기능을 하기 때문에 마지막 정점에 남는 몇몇을 위해 전 국민이 희생하는 결과밖에 되지 않는 거죠.

고등학교만 나와서도 실제로 뭔가 자립적으로 일할 수 있는 기술을 습득하고 필요할 때 그 기술을 더 체계적으로 이론화할 수 있는 제도가 사회적으로 정착되는 것이 바람직하다고 생각해요.

조혜정·
교육의 평가, 교육 내용이 바뀌어야 된다는 얘기와 임금 체계가 변화되어야 한다는 사실은 우리가 누누이 강조해 온 것인데, 문제는 그게 잘 안된다는 데 있죠.

일본의 경우를 보면 대학을 안 가는 경향이 상당히 정착되어 있는가 봐요. 대학을 나오나마나 이미 자리가 꽉 짜여 있어 승진이 잘 안되는 것은 마찬가지이고 임금이 크게 차이가 나지 않기 때문이라는데, 임금을 비슷한 수준으로 조정하고 승진 제도를 개선하는 것은 우리도 곧 실행해야 할 점이 아닌가 생각해요. 문화적으로도 일본은 전문인에 대한 존중이 있는데 우리는 오로지 선비 의식밖에 없다는 데 문제가 있어요.

학부모 운동의 방법 모색

조형·
옛날에는 사친회가 있었잖아요. 그리고 지금도 사친회를 보완하자는 얘기가 나오고 있는 걸로 알고 있는데.

심미옥·
지금 학부모들은 대부분 재정 지원 역할밖에 하지 못하고 있어요. 원래 어머니회라든가 하는 조직의 본래 의도는 그런 것이 아니었는데 결과적으로는 소비하고 재정 지원하는 걸로 돼버렸죠.

조혜정·
사친회는 안하지만 개인적으로 교사에게 의사 전달 전화는 많이 온다고 그래요. 주로 숙제가 많다느니 하는 항의 전화지만.

장필화·
문제는 그것을 모아 주는 풍토가 없다는 데 있죠. 그런 것이 하나의 기관이 되어서 공조직화하고 자기들의 경제력을 활용할 수 있는 풍토를 찾아야 하는데 그것이 어렵거든요. 지금처럼 교육의 목표가 오로지 선발 기능에 있을 때 사친회가 새로 조직되더라도 올바른 교육 활동을 기대하기는 힘들 테구요.

김순진·
그래서 바람직한 사친회의 모델은 어떤 것이며 그 모델은 어떤 과정을 통해 나올 수 있겠는가가 현재 우리가 풀어 가야 할 과제라고 생각해요. 기존의 육성회에 들어가서 그것의 체질을 바꾸는 것이 이상적이긴 하나 그런 사람이 한둘 들어간다고 쉽게 해결될 일은 아니라고 봐요. 다른 대안은 바람직한 생각을 가진 학부모들이 일종의 집단적 힘으로 모아졌을 때 새로운 의견을 내놓는 확실한 저항 세력으로서 커 나가는 방법이 있지요. 그러니까 보다 나은 교육 환경 조성을 위한 강한 의욕을 가진 부모들이 모여서 저항 세력을 형성하고 압력 단체로서의 역할을 할 때 변화가 올 수 있다는 말이지요. 그렇지 않고서는 현실적으로 역부족이고, 하고 있는 곳도 아주 드물어요. 결국 학부모들의 의견이 논리적 설득력을 갖고 그것이 개인의 힘이 아니라 집단적인 힘이 되었을 때, 그리고 다른 지역과 연대가 되어 이루어질 수 있을 겁니다.

조혜정·

그런데 문제는 그것을 어떻게 하느냐에 있지요. 학부모들이 충분히 문제를 인식하고, 또 집단적인 힘을 모았을 때 개인이 손해를 보지 않는다는 믿음을 가질 수 있겠는가의 문제이지요.

김순진·

그러니까 예를 들어 부모들 자신이 촌지를 갖다 주면서 내 아이만 어떻게 잘해 보겠다는 것이 환상이라는 것을 깨달을 필요가 있겠지요. 우리나라 중학교 학생의 14%만이 대학에 들어가게 된다는데, 그렇다면 나머지 86% 아이들은 그 14%들의 말벗이나 되어 주기 위해서 아침부터 밤까지 공부하는 것이죠.

그런데 현재로서는 학부모 운동으로 성공할 만한 모델을 발견하지 못하고 있는 셈이에요. 그런 면에서 많은 한계를 느끼고 있지만 이 시점에서 애기할 수 있는 것은 그런 각성을 촉구하는 일이라도 꾸준히 벌여야 하고 어린이 캠프라든가 느슨하지만 지역 활동이라도 해야 한다는 거예요.

문제의 제기와 실천 운동

홍미영·

그 지역을 넓은 지역이 아닌 좁은 지역을 중심으로 할 때 더 효과가 크지 않겠나 싶어요. 지금 우리 동네의 경우 이번에 분교가 생기면 십정1동 아이들이 전부 한 학교에 들어가게 되거든요. 그러면 우리 학부모들이 힘을 발휘할 수 있는 영역이 넓어지리라고 봐요. 집이 밀집되어 있기 때문에 친밀도가 강하고 그 다음에 경제적으로 어렵기 때문에 자신감이 없는 것과 학교라는 곳을 더 어렵게 느끼는 것, 그리고 스스로 교육의 주인으로 느끼지 못하는 점에서 벗어나기만 한다면 작은 단위로 묶을 때 교육에 제대로 참여할 수 있는 세력으로 강화될 수도 있지 않을까 생각해요.

김순진·

가능한 일이죠. 그런데 중산층 주부들의 경우 지역 모임을 한다 해도 제사가 있어 안되고 아이가 아파 안되고 그렇게 어려울 수가 없어요. 현재로서는 개인의 헌신 없이는 집단적인 일을 할 수가 없는데, 그 개인적인 헌신을 끌어내기가 힘들어요.

조혜정·

방법이 하나 있는 것 같아요. 어머니뿐만 아니라 아버지도 함께 참여하는 모임을 하는 것은 어떨까요.

김순진·

사실 학부모는 아버지도 포함하는 것이기 때문에 교육의 문제를 거론할 때 어떤 면에서는 아버지들도 같이 참여하는 게 원칙이에요. 그런데 아버지는 밤 10시까지 밖에 있어야 되는 사람이고, 교육 문제를 개선하는 것은 여자들끼리 모여서 하는 것이 우리의 현실이라구요.

장필화·

얘기를 듣다 보니까 풀 수 없는 의문이 생겼어요. 지금 어머니회가 문제가 된 게 어머니회가 학급 단위로 이루어지고 그것이 학교 단위의 건의로 이루어지지 못하는 상황에서 당장 자기의 아이에게 승산이 없다는 근시안적인 생각으로 학부모 운동에 참여하지 않는 거잖아요. 그러면서도 또 아이들 때문에 이사하고 하는 걸 보면 부모들로서는 아주 장기적인 안목도 갖고 있다고도 볼 수 있는데, 그 장기성과 단기성을 묶어 줄 만한 중단기적인 것이 있지 않을까요.

조혜정·

본격적으로 실천하기 위해서 우선 급한 문제들에 대해 설득력 있는 제안들을 해야겠어요. 교사법 개정안 같은 것에 대해서도 토론을 통해 개정안을 지지하든가, 그 개정안을 또 개정하는 그런 수준까지는 가야 된다고 생각해요.

김순진·

과밀 학급을 해소한다든지 2부제 수업을 없애자든지 하는 문제는 모든 부모들이 공감하고 있기 때문에 대단위 차원에서 학부모 운동으로 전개한다 해도 성공할 확률이 높다고 봅니다. 그것은 선생님들도 원하는 바이고 적극적으로 서로 참여하고 지원할 수 있는 영역이죠. 요즘 교사들은 교육법 때문에 몹시 심각한 상태인데 이럴 때 학부모들이 무분석으로나마 시원해 주고 그 타당성을 인정해 주는 것도 중요한 일이 되겠죠. 당장 교권 문제까지는 못 간다고 하더라도 과밀 학급을 없애 달라든지 2부제 수업을 없애 달라든지 준비물은 학교에서 담당하라든지 하는 행사 정도는 시작할 때가 되었다고 생각해요. 그런데 이런 걸 할 때 인원이 어느 정도 모여야 하거든요. 지역 활동이라든지 구체적으로 확실히 나올 수 있는 인원이 있어야지 그렇지 않고서는 힘들어요.

다시 말해서, 우선 이슈를 잘 골라서 차분히 설득을 해 나가면 동의할 학부모가 많이 모이리라 생각됩니다. 단지 사건만 터트리는 것은 무모한 일이지요. 그러기 위해 학부모 모임에 관심이 있는 「주부 아카데미」나 「민우회」, 「한마당」 같은 단체들이 계속 만나서 의견을 나누고 운동을 확산해 가는 것 또한 중요한 일이죠.

장필화·

이제 마무리를 해야 할 시간이 된 것 같습니다. 농촌의 교육 문제를 같이 다루었으면 좋았으리라는 생각이 드는군요. 그것을 보충하는 것으로 마무리를 해봅시다.

호용수·

농촌의 분교 같은 경우에 성적을 제외한다면 자율적으로 키울 수 있는 여지는 더 많은 것 같은데요?

심미옥·

교사들이 자율적으로 교육시킬 수 있는 가능성이 많기는 하지만 지역이 워낙 좁다 보니까 아이들의 안목도 한계가 있고 부모들은 신경을 써줄 수 있는 시간적 여유도 정서적, 지적 여유도 없기 때문에 나름대로 문제가 있어요. 그런 경우에는 도시의 경향에 물들지 않았다는 것이 별로 혜택도 아닌 것 같아요. 개인을 상황에 맞게 계발시킨다는 교육의 본질적 측면과 연결시켜 본다면 그런 환경이 꼭 더 바람직하다고 말할 수 없는 거죠.

조형·

그러니까 그러한 환경적 특성을 살려서 대안을 찾아 나가야 할 텐데 목표라는 게 하나밖에 없는 상황이니까 문제가 커요.

장필화·

그런데 읍 단위의 고등학교의 경우를 보면 실제로 대학 진학을 하는 아이는 한둘 정도밖에 안되잖아요. 그런 곳에서는 그런 획일적인 목표를 거부할 수 있는 충분한 기반이 된다고 생각되는데.

심미옥·

그렇지도 않아요. 강원도의 경우 광산촌이 많기 때문에 그 지역 특징이 드러나거든요. 광부의 아들딸들이 대학에 가는 경우는 별로 없죠. 그럼에도 불구하고 부모들은 자기 자녀만은 정신 노동을 시키겠다, 이 새까만 동네에서 끌어내 보겠다는 열망으로 가득해요. 가능성이 적기 때문에 오히려 쉽게 포기할 수 있지 않느냐는 것은 잘못된 판단이고, 조금의 가능성이라도 내 아이에게 해당된다고 생각하면 무조건 매달리는 게 그곳 부모들의 대부분이에요. 그런데 오히려 아이들은 나름대로 저항 문화를 형성해서 내부적으로 청소년 비행 집단도 많고, 그래서 지역 자체가 불량해지는 경향이 있어요. 그리고 또 지역 문화에서 배울 수 있는 것도 술 먹고 싸우는 것밖에 없기 때문에 그렇게 희망적인 상황은 아닌 것 같아요. 부모고 아이고 그곳에서 탈출하는 것이 소원인 거죠.

조혜정·
지역 운동 같은 것이 없는 한은 참으로 힘들다는 생각이 들어요. 농촌에서도 그런 가능성을 찾아보아야겠지요.

장필화·
모두 좋은 말씀해 주셔서 감사합니다. 내일을 제대로 열어 갈 어린이 교육까지 가려면 좀 시간이 걸리겠지만 하여간 뭔가 열릴 것 같은 기분입니다. 힘을 냅시다. ■

시 ■ 김혜순*

우리 전사들의 일기

학교 가면 선생님이
자, 따라 하세요
틀렸습니다. 아닙니다. 그렇지 않습니다.
칸을 지르고 금을 그어요.
금 밖을 벗어나면 목숨을 잃어요,
살아나고 싶은 사람! 자,
나 따라 해요, 하시고요.

집에 오면 우리 아빠
피하는 법
숨는 법
따돌리는 법
달아나는 법
속지 않는 법
믿지 않는 법
지지 않는 법
법. 법. 법. 법. 법.

저녁 먹을 때 우리 엄마
빨리쌀로 밥을 짓고

---

* 1955년생. 서울 예전 문예 창작과에서 시를 강의하고 있으며, 시집으로 『또 다른 별에서』, 『아버지가 세운 허수아비』, 『어느 별의 지옥』, 『우리들의 음화』, 『나의 우파니샤드, 서울』이 있다.

얼른얼른밀가루로 튀김하여
어서어서콩나물로 국을 끓여
백점백점밥그릇에 밥 담아 주신 후에
일등일등전등불로 불 밝혀 주셔요.

아아아 그런데 오늘 아침
내 머리통에서 천사들이 자라요.
내 손목에서 송곳들이 자라요.
가슴이 방패처럼 딱딱해요.

두 편의 고백

나의 시「고백」을 읽고 나서 내 딸이 화답하는 시를 써주었다. 이 완벽한 결렬! 나의 완벽한 이중!

열!
——열 번 세는 동안에 고백하라고 알았어.
아홉!
——벌써 아홉이야?
여덟!
——거꾸로 세는 거구나. 그럼 고백을 시작하겠……
일곱!
——그러면 어떡하지? 고백 경험이 전혀 없는걸.
여섯!
——좀 천천히 할 수 없니? 생각을 해야잖아. 내가 정말 그런지, 안 그런지. 또는 앞으로 그럴 건지, 또 안 그럴 건지. 혹은……
다섯!
——…….
넷!
——걷어차지 말고 숫자 세는 거에나 전념하시지.
셋!
——알았어. 한다니까, 유창하게, 고백을, 휘영청 달 밝은 밤에 이 가슴 설렙니다.
둘!
——간을 빼주면 안되니? 솔직히 말해서 고백이란 하고 나면 시시해지는 거 아니니?

하나 반!
——하나 반? 모두들 고백했다고? 넌 복도 많고 애인도 많고.
하나 반의 반!
——반의 반? 때리지만 말고 네가 한번 해봐. 그럼 널 따라 하지, 내가. 정말이야. 그대로 따라 외친다니까. 너도 아다시피 난 창의력이 부족해!
하나!
——앗, 끝이야? 그럼 좋아…… 사랑해.

— 나의 「고백」

피아노 학원 갈 때 생긴 일
피아노 갈 시간이다
피아노 다닌 지 오래오래 됐다
난 가기 싫다
엄마가
——셋 셀 때까지 가!
내가 신발 신으니까 벌써 하나 두울도 안하고
——셋!
내가 화가 나서
——하나에서 열까지 세주세요
그러자 하나에서 아홉도 안 세고
——하나 셋 열!
이렇게 세었다

나는 또 화가 나서
──하나에서 백까지 세주세요
엄마는 하나에서 아흔아홉도 안 세고
──하나 백!

나는 졌다. 할 수 없이 피아노로 갔다.

─휘재의 「피아노 학원」

엄마와 딸의 공상

촛불을 앞에 놓고 내 딸과 나는 시를 지었다. 내 딸의 시, 촛불. 촛불이 더 운지 땀과 물을 흘리네/촛불이 하하하 호호호/뭐가 좋은지/춤을 추다가/자꾸만 웃네/촛불은 춤추며 웃네. 나도 시를 지었다. 촛불. 두 손을 머리 위 높이 모두우고/성냥으로 불을 붙인다/그 다음 춤추며 노래하리라/치맛자락 펄럭이며/무한 천공 저 너머/안드로메다 저 너머/사라진 내 어머니들 나라까지/날아가 보리라/이 땅에서 가진 내 몸의 모든 물기/모두 꺼내어/내 어머니들에게 먹이리라/내 머리칼 불처럼 뜨겁고/모든 얼음 혹성들 떨고 있지만/나 젖을 짜/내 어머니들을 기르리라/내 몸을 모두 짜내어. ■

소설 ■ 이남희*

뒷골목 예수

"아이 언더스텐……."

학생들은 녹음기를 따라 기계적으로 입술을 오므렸다 폈다 하면서도 눈만은 겁겁하니 배명희를 주시하고 있었다. 그녀는 물음표가 잔뜩 실린 눈빛들과 아까 우연히 본 낙서가 엇갈려서 수업을 하면서도 마음이 편치 못했다.

'진리를 박해하지 말라.'

상급생들이 주로 이용하는 본관 뒤편 후미진 구석에다 분필로 휘갈겨 쓴 낙서는 많은 학생들의 침묵을 대변하고 있는 듯했다.

진리와 박해라는 두 낱말은 언뜻 순교자라는 말을 연상시켰고 그런 분위기를 풍기는 이 학교 교사가 요즘 학교 당국으로부터 시달림을 받고 있는 중이었다. 이름은 윤성식이라고 했고 그녀의 옆반인 팔반을 담임하고 있었는데 오늘로 담임직을 박탈당하였다. 윤 선생은 늘 수염이 덥수룩했고 키가 작고 가냘픈 몸에 후줄근한 흰 셔츠만 입는 경우가 많아 학생들로부터 뒷골목 예수라는 별명을 얻고 있었다. 왜 하필 뒷골목이란 말이 붙었을까? 윤 선생과 친하지 않은 교사들은 명색이 교사라는 사람이 외관이 학교 청소부와 구분이 안되어 오인을 받는 데서야 쓰겠느냐고 펄쩍 뛰었으나ㅡ하긴 배명희가 보기에도 매점 부근에서 휴지를 줍는 윤 선생의 모습이 거의 청소부처럼 보였다ㅡ윤 선생은 그런 비난엔 아랑곳도 하지 않는 눈치였다. 교장으로부터 넥타이를 매고 다니라는 주의를 여러 차례 받고서도 그 모양이라고 하였다.

배명희는 점심 시간에 순시하다가 그 낙서를 발견하고 저도 모르게 손

---

* 1958년생. 부산에서 태어나 서울에서 중학교 교사 생활을 하였으며, 소설로 『저 석양빛』, 『개들의 시절』, 『음모와 사랑』, 『소설 갑신정변』 등이 있다.

수건을 감아 쥐었다. 당장 지워야 할 것 같았다. 그렇잖아도 윤 선생 일로 학교가 시끄러운데 그 낙서는 일을 확대시킬지도 몰랐고 그렇게 된다면 대단히 불편할 거였다. 한편으로는 그냥 두어 교감의 눈에 띄었으면 싶기도 했다.

"지우지 말고 그냥 뒀어야 합니다. 그건 윤 선생의 성실성을 학생들이 입증해 주는 것이 되니까요. 교사가 의지할 데가 학생들밖에 더 있겠습니까? 우리들의 힘은 바로 학생들의 신뢰입니다."

김진수는 낙서를 지운 배명희를 책망했다.

"그렇지만 문제가 확대될 테고 시끄러워지면 좋을 게 없잖아요?"

"시끄러워져서 좋지 않을 사람은 누굽니까? 윤 선생? 아니면 부당하게 교사를 괴롭히고 있는 장이나 감입니까? 아니면 배 선생은 시끄러운 게 귀찮아서 미리 피하고 싶다는 겁니까?"

배명희는 내심을 지적당하자 찔끔했으나 지지 않고 말했다.

"윤 선생을 위해서도 시끄러워서 좋을 것이 없구 나도 귀찮은 건 질색이에요. 만약 이 일이 학생들한테까지 알려져서 좋지 않은 영향이라도 끼친다면 그건 누가 책임질 건가요?"

"뭐가 좋지 않은 영향이라는 겁니까? 이미 학생들도 눈치 채고 있는 일을 쉬쉬하는 게 교육적인 행동이라는 겁니까? 그 낙서만 해도 학생들이 알고 있다는 사실과 학생들의 의사가 무엇인지 명확히 드러내고 있지 않습니까? 공연히 학생들을 핑계 삼아 비겁한 자신을 비호하려고 하지 말아요."

친한 사이가 아니라면 따귀라도 올려 붙였을 만큼 김진수는 가차없이 말했다. 그녀가 화가 나서 아무 대꾸도 하지 않자 김진수는 어조를 낮추며 속삭였다.

"여기서 이럴 게 아니라 이따 퇴근하면 뜨락으로 오십시오. 몇이 모여 논의를 해보기로 했으니까요."

교사가 한눈을 팔면 학생들은 예민하게 눈치를 채고 떠들기 일쑤였다. 그런데 팔반 학생들은 녹음기가 끝났는데도 조용히 기다리고 있었다. 배명희는 황급히 정신을 가다듬고 녹음기를 끈 후 칠판에 예문을 적고 설명해 나갔다. 겁겁한 학생들의 눈빛이 여느 때와 다른 교실 안의 정적과 함께 참을 수 없는 압박감을 주었다. 그녀는 예문을 따라 연습하도록 지시했다. 오늘 팔반은 담임이 바뀌는 날이었으니 학생들의 기분도 고려하여 지나치게 닥달하지 말아야 했다.
"하다가 모르는 게 있으면 질문하세요."
기다렸다는 듯 진혁이가 손을 번쩍 들었다. 가끔 실없는 소리를 해서 반을 웃기곤 하는 학생이었다.
"우리 담임 선생님 오늘부터 담임 안하신다는 거 정말이에요?"
"응? 어디서 들었어요?"
학생들이 궁금해 한다는 것은 짐작하고 있었으나 정면으로 물어 올 줄은 몰랐던 터라 마음에 준비가 없던 그녀는 여간 당황하지 않았다.
"점심 시간에요. 아파서 담임 못하신대요."
엉뚱하게 시간을 대었다.
"정신이 병들었대요."
그녀는 점점 더 입이 벌어졌다.
"정신이 병들다니…… 누가 그런 말을."
"교감 선생님이요. 점심 시간에 우리 반에 와서 그러셨어요."
푸르르 화가 치밀었으나 그녀는 애써 억눌렀다. 학생들에게 교사의 정신 상태를 함부로 비난한다는 것은 상식 밖의 일이었다.
"거짓말이야. 아픈 게 아니라 우리 반이 너무 떠드니까 선생님이 찍힌 거야."
"야, 우리 반만 떠드냐?"
"아침에 학급 문집을 걷어 갔잖아. 우리한테 나쁜 걸 가르친 거래."
"뭐가 나쁜 거래? 뭔데?"
봇물 터지듯 왁자지껄하게 떠들어 대어 조용히 시킬 수가 없었다. 학생들은 제 세상을 만난 듯이 뺨이 빨갛게 달아 오르도록 신이 나서 지껄였다. 그녀는 교탁을 두들겼다. 학생들은 말을 멈추고 일제히 그녀를 주시했다. 마치 시험 정답이 발표되기를 기다리는 정적이었다.
"너희들이 그렇게 떠드니까 앞으로 무서운 선생님이 담임이 돼서 때려 주라고 그렇게 조처하신 건지도 몰라요."
농담으로 사태를 얼버무리려 하자 가장 얌전하던 반장 아이가 벌떡 일어났다.
"우리 선생님이 때릴 줄 몰라서 안 때리는 건 아니에요."
"영어 선생님도 거짓말하는 거야."

마침 들려 온 수업 끝종은 구원이었다. 나오는데 진혁이가 줄레줄레 따라와 그녀의 옷자락을 슬그머니 잡아당겼다. 눈자위가 불그스레한 것이 고아를 보는 듯하여 가슴이 아팠다.
"왜 그러니?"
진혁이는 한참이나 눈을 꿈벅꿈벅하더니 나지막하게 말했다.
"우리 선생님은 고독해요. 선생님이 도와주세요."
고독하다는 엉뚱하게 쓰인 표현에도 그녀는 웃을 수도 없었다. 중학교 이학년치고는 숙성한 편이어서 학급 생활에 적응하지 못한 적도 있는 녀석으로선 제법 제 선생을 감싸려는 의젓함이어서 가슴이 찡했다. 진지하게 자기를 쳐다보고 있는 진혁이의 눈 속에 야릇한 슬픔으로 그늘진 불투명한 공간이 있는 것이 흡사 윤 선생의 눈을 들여다보는 것 같았다. 윤 선생도 흔히 그런 눈빛이어서 볼 때마다 까닭 모를 부끄러움을 느끼곤 했었다.
지난 삼월에 윤 선생과 처음으로 대화다운 대화를 나누게 되었을 때 그의 눈 속에서 그런 공간을 발견하고 부끄러웠다. 바로 진혁이 때문이었다.
봄은 어린것들의 핏속도 근질거리게 만드는지 봄이 시작되면서 가출이며 사고가 부쩍 늘어났다. 배명희가 담임한 반의 동렬이도 무단 결석을 했다. 학교에서 원주민이라고 부르는 산동네의 학생으로 다른 학급 친구들과 잘 어울리지 못하고 겉도는 생활을 했다. 가출했다는 소문이었다.
"바쁘지 않으면 퇴하할 때 저하고 같이 가정 방문을 가시겠습니까?"
윤 선생은 자기 반 진혁이가 동렬이와 같이 나갔다면서 그런 제안을 했다. 그녀는 신임 교사와 같은 열정을 내보이는 것이 쑥스럽다고 여겼고 내심 윤 선생이 혼자만 선생 노릇을 하는 양 설친다는 비틀린 생각도 들어 쌀쌀 맞게 내꾸했다.
"전 동렬이 어머니를 학교로 나오시라고 했어요. 혼자 가보시죠."
그렇게 말하고 윤 선생을 쳐다보니 그 깊숙한 두 눈에는 슬픔으로 그늘진 불투명한 공간이 있었다. 윤 선생의 선의를 느끼자 곧 그녀는 후회했다.
"그 동네에선 어머니들도 일을 나가니까 학교에 나오라는 것은 하루벌이를 포기하라는 것과 같지요. 바쁘지 않다면 우리가 가보는 게 좋겠습니다."
부드럽고 간곡한 투로 권하는 품이 어쩔 수 없이 따라 나서게 만드는 구석이 있었다.

늘 지친 사람처럼 후줄근해 보이는 윤 선생의 부드러움 뒤에 숨어 있는 힘을 깨닫게 된 것은 가출한 두 녀석이 돌아와 처벌받는 과정에서였다. 학교측은 의례적으로 선도 위원회라는 것을 열어 정학을 결정했는데, 그 선도 위원회라는 것은 형식에 지나지 않는 거여서 주임들이 모여 처벌 내용을 결정한다고 했으나 실은 교감과 학생 주임이 적당히 결정하고 통고하는 이름뿐인 것이었다. 정학 처분이 결정되자 윤 선생은 몹시 화를 냈고 당장 학생 주임과 교감에게 달려갔다.

"학급 생활에 적응을 못해서 가출한 학생이고 나가서 나쁜 짓을 저지른 것도 아닌데 무조건 정학이라고 낙인을 찍어 격리시키려는 조치엔 반대합니다. 그렇게 하면 학생들에게 도움이 안됩니다."

학생 주임은 무슨 군말이냐는 듯 손을 홰홰 내저었다.

"다 위에서 알아서 결정한 것이니까 담임들은 지시대로 따르기만 하면 됩니다."

"무슨 말씀입니까? 학생을 가장 잘 아는 사람이 담임인데 담임도 참석시키지 않고 여는 선도 위원회가 어딨습니까? 더구나 학생을 선도위에 불러다 정식으로 해명할 기회는 주고서 결정한 겁니까? 학생이 범죄자도 아닌데 범죄자도 갖는 기회를 주지 않고서 처벌을 결정한다는 건 정말 부당합니다."

"봐요, 윤 선생. 우린 교칙대로 한 거니까 조금도 하자가 없어요. 다른 담임들은 다 가만 있는데 왜 윤 선생만 야단이오? 윤 선생 혼자 선생 하는 게 아니니까 그만해 두시오. 학생은 감싸기만 해서 잘되는 게 아니에요."

"그렇지만 처벌이란 원칙적으로 교육적 효과를……"

윤 선생이 물러나려고 하지 않자 곁에서 교감이 벌컥 화를 냈다.

"윗사람들 하는 일에 일일이 따지고 들어 반항하려거든 윤 선생도 선생 노릇을 그만두는 게 좋을 거요. 거 젊은 사람이……"

분위기가 험악해지자 몇몇 나이 든 선생들은 중재를 한다고 나서서 윤 선생에게 사과하라고 종용했다.

"젊은 사람이 어른에게 대들어서야 쓰나."

"자넨 아버지 앞에서도 그렇게 하나? 교감 선생님은 직장의 어른이 아닌가?"

"잘못된 것을 바로잡자는 겁니다. 제발 혼동하지 마십시오."

윤 선생은 답답해 하면서 소리 쳤고 끝내 자신의 주장을 굽히지 않았다.

배명희는 종종 윤 선생네 진혁이는 가출 이후로 그럭저럭 적응을 한 듯 보이고 때로는 활발하다고 할 수 있음에 견주어 같이 처벌받은 자기 반 동렬이는 여전히 음울했고 학급에서 겉돌기만 한다는 사실을 쓰라리게 생각하곤 했다. 물론 그 원인에는 두 녀석의 성격 차이도 있을 터였으나 담임교사의 영향도 크지 않은가 싶었다..

동렬이는 가끔 가다가 사유 없는 결석을 하곤 해서 한번은 그걸 나무랐더니 그녀를 빤히 올려다보며 이런 물음을 툭 던졌다.

"우리 반이 무결석이 되면 선생님은 무얼 받게 돼요?"

너무 어이가 없어 기가 막혔다. 교사들이 학생들에게 극력 숨기려 하는 돈봉투의 왕래를 눈치 채고 있고 그로 인해 무슨 일에든 교사가 뭘 받았으리라는 불신감을 드러낸 물음이었던 것이다. 배명희는 피할 수 없었다는 핑계로 돈봉투를 아주 거절하지를 못했는데 가난하여 그런 데 예민해진 동렬이는 눈치 빠르게 그것으로 그녀를 가늠하고 있는 거였다. 부끄럽기 짝이 없었다. 학생들이 눈치 못 채는 일이란 없다는 것을 명심하고 있었어야 했다. 옛날 그녀가 담임했던 학생 하나가 자살을 했는데 그 학생은 지나치리만큼 많은 관심과 사랑을 받고 있었지만, 그럼에도 불구하고 자살을 해버렸던 것이다. 그 학생의 눈에 비친 세상이란 분명 황량하기 짝이 없었던 것이리라. 그 아이는 원망과 쓸쓸함이 가득 담긴 유서를 남겼었다.

"나를 사랑하기 때문이라고 하면서 숨쉴 새도 없이 공부만 강요하는 어른들의 위선을 난 참을 수가 없다……"

위선이란 단어는 그때 그녀를 오랫동안 추억에 잠기게 만들었다. 그녀도 청소년기에 두 번이나 입시를 통과해야만 했는데, 그 시절처럼 세상이 황량하고 쓸쓸하게 여겨진 적이 없었다. 마치 전쟁터에 내던져진 것 같았고 누구더러 살아 보라고 권할 만한 곳이 아니었었다. 교사가 학생을 사랑으로 돌보아야 하는 것이 원칙일진대 위선이 아닌 진정한 사랑으로 돌본다는 것은 어떻게 해주어야 하는 것일까? 그녀는 궁리할수록 막막해졌고 혼란되었다.

"아이들이 가출하거나 사고를 일으키는 심정을 저도 공감할 수 있다면 선생님은 놀라겠어요?"

배명희가 답답해 하며 그런 말을 던졌을 때 윤 선생은 전혀 놀라지 않았다. 예의 서글픔이 짙게 배인 그늘진 눈빛으로 고개를 끄덕이기까지 했다.
"당연하지요. 학교가 학생들에게 인간적인 삶을 살도록 해주지 못하는 현실에선 당연히 그런 회의도 들게 마련입니다. 학교에선 밤낮 경쟁을 강요하여 친구도 경쟁자로 여기라고 가르치지 않습니까? 경쟁에서 탈락된 소위 성적이 나쁜 학생들을 우리는 어떻게 대우하고 있습니까? 성적이 좋아야만 교사에게 인정을 받고 저희들끼리도 성적이 비슷해야 친구로 사귀고 반장이나 학급 간부가 되려고 해도 성적이 우수해야 하고 심지어는 선행 학생을 뽑을 때도 성적 우선이 아닙니까? 성적이 나쁘면 문제 학생이고요. 이러니 교사나 학교 사회가 무언중에 가르치는 원리가 피비린내 나는 약육강식의 원리이고 학생들은 그런 원리에 따라 살아가도록 훈련당하고 있는 겁니다. 여기서 이기지 못하면 낙오자라고 비하하게 되고 학교 생활에도 취미를 잃게 마련이지요. 학교가 공부에 재능이 없는 학생들에게 무엇을 해주고 있습니까. 도망 가라고 강요한 거나 다름없는데 도망 갔다고 처벌을 하는 모순을 저지르고 있는 겁니다."
윤 선생은 조용히 슬픈 어조로 말했다.
배명희는 윤 선생의 눈 속에 그늘진 불투명한 공간이 무엇에서 비롯되었는지 알고 싶었다. 시간이 흐를수록 윤 선생 주변에는 젊고 아직은 열정을 잃지 않은 교사들이 모여 교육의 근본 문제나 교육 행정의 모순을 논의하는 일이 많아졌는데 윤 선생의 예의 서글픈 듯한 태도는 변함이 없었다. 그 조용한 자세 뒤에 교장이나 교감을 두려워하지 않고 자신이 옳다고 믿는 바대로 교육해 나가는 용기가 숨어 있다는 것은 놀라운 일이었다. 젊은 교사들은 모여 서로의 이야기를 듣게 되자 서로 비슷한 문제에 부닥쳐 고민하고 있음을 깨닫게 되었고, 같이 힘을 합한다면 작은 문제부터 해결해 나갈 수도 있지 않을까 하는 희망도 품게 되었다. 그러나 쉽사리 용기를 내지 못했으며 또 그것이 반드시 싸움을 통해서 풀어 나가야 할 문제인가에 대해서도 명확한 인식이 없는 상태였다. 이에 전환점이 된 것은 청소 도구와 화분 값을 걷는 문제였는데 그것은 윤 선생이 학교 당국으로부터 미움을 받게 된 결정적인 계기이기도 했다.
일정 기간마다 당연히 새것이 지급되어야 할 청소 도구가 학기 초의 것을 그대로 사용하라는 지시와 함께 지급되지 않았다. 그러나 대부분의 학급은 청소 도구가 없었기 때문에 학생들이 돈을 걷어 갖추지 않으면 안되었다. 정기 장학 감사를 앞두고 청소 도구가 부족한 반은 문책을 당했고 환경 미화를 위해 복도에 화분을 늘어놓겠다고 화분 값까지 학생들에게 걷으라며 야단이었다.

"뭐, 청소 도구뿐만이 아냐. 학교 유지비는 어디다 쓰길래 유리창 깨진 것까지 학생들이 돈을 내서 끼워야 한다는 거야?"

교사들은 모여서 수군거렸다.

"학교 유지비라는 게 있었어?"

"화분은 뭐하러 놓는다고 야단이람. 안 그래도 좁은 복도에 화분을 늘어놓으면 그게 얼마나 갈 거라구. 게다가 돈이나 조금 드는 일이야?"

"체육부를 성원하는 쌀 걷어라. 커튼 값 걷어라, 이거 뭐……."

불평은 차츰 구체적인 행동을 요구하게 되었다. 결국 젊은 교사들은 교장에게 공개적으로 질문하기로 결정했는데 문제는 누가 대표로 이야기할 것인가였다. 다들 꽁무니를 빼고자 해서 한동안 설왕 설래했다. 누군가 논의의 한가운데다 윤 선생의 이름을 던져 넣었다.

"별명도 예수고 하니까 우리 뒷골목을 위해 십자가를 져야지 뭐."

모두들 흥분된 눈초리로 윤 선생을 주시했다.

"하겠나?"

"알았네. 뭐든 그렇지만 혼자만으로는 안되고 앉아서라도 같이 호응을 해줘야만 하니까 다들 약속을 해주게, 같이 행동하기로."

"걱정 말게. 명색이 교직원 회의인데 교사가 일어나서 이야기를 하겠다는 걸 막지는 못하겠지."

결정이 되자 덮개 같은 것이 휙 젖혀진 듯 상쾌한 기분이었다.

윤 선생이 일어나 발언하기로 약속된 날, 젊은 교사들은 야릇하게 들떠가지고 피가 근질거려서 서로 눈짓을 주고받으며 직원 회의 시간을 기다렸다.

"아마 교장은 처음에는 놀라겠지만 어쩔 수 없이 들어주겠지."

김진수는 미리 좋아하며 윤성식에게 속삭였다.

"여기서도 옳소 하고 박수 치고 저기서도 그러고 그러면 전체가 같은 의견이라는 걸 알게 될 테니 그렇게만 되면 우리 의견이 관철되겠지."

박 선생의 말에 윤성식은 예의 서글픈 미소를 띠었다.

"그럼 박 선생님은 교장이 전체의 의사를 모르기 때문에 저런다고 생각하십니까?"

"그럴 수도 있지요. 윤 선생은 왜 매사를 부정적으로만 봅니까? 우리 교장도 퍽 인간적인 분이라고 생각합니다. 교사들을 쫀쫀하게 구속하는 일도 없고 교사들의 편리를 봐주려고 애쓰고 말입니다."

"물론 우리가 지시대로 따르는 동안은 교장도 인간적으로 나오겠지요. 그렇지만 우리가 교장의 지시에 반대하고 옳은 걸 주장하게 되면 어떨까요? 난 인간적인이라는 게 별 뜻이 없다는 생각을 종종 합니다."

"하여튼 용기를 내서 잘해 봅시다."

회의가 시작되자 교무실 안은 여느 때와 달리 긴장감이 넘실대는 듯했다. 지시 사항을 전달하는 주임들의 메마른 목소리와 삐그덕대는 의자의 용수철 소리만 가득했다. 전달 사항이 끝나고 교장, 교감의 잔소리가 덧붙여지거나 하는 시간이 되자 윤성식은 손을 번쩍 들고 일어났다.

"교장 선생님께 질문할 것이 있습니다."

교장이 인상을 쓰며 고개를 저었다. 교감이 눈치 빠르게 마이크를 잡았다.

"곧 수업을 시작해야 하고 바쁘니까 개인적인 용건은 나중에 처리합시다."

"개인적인 용건이 아닙니다. 청소 도구의 지급과 환경 미화에……."

"이봐요. 학생들 수업에 지장을 주면서까지 회의를 할 수는 없어요. 교사는 수업이 본령입니다. 할 말이 있거든 나중에 하세요."

젊은 교사들이 앉은 자리에서 웅성거리려고 하였으나 주변에 있는 주임들의 매서운 눈초리를 받자 대부분 움추러들고 말았다. 교무실 안은 쥐죽은 듯 조용해져서 자리에 우뚝 서 있는 윤성식만 외딴 섬처럼 고립되어 보였다. 김진수는 엉겁결에 세차게 얼굴을 문질렀다.

"지금 할 수 없다면 오후에 직원 회의를 여실 겁니까?"

"삼학년 보충 수업을 해야 하니까 시간이 없어요."

"그렇다면 일반 교사들의 의견을 어떻게 수용하실 겁니까?"

그에 대한 대답은 교감의 권한 밖이었던 모양으로 교감은 대답을 못하고 우물쭈물하며 교장을 보았다. 교장은 신경질적으로 마이크를 받고 일어났다.

"아마 선생님들께서는 건의하실 게 있는 모양인데 그런 경우 이용하실 수 있는 계통이라는 것이 있습니다. 주임 선생님을 통해 건의를 하시면 타당한 의견인 경우 얼마든지 들어드릴 용의가 있으니 선생님들은 계통을 밟아 일을 처리하시기 바랍니다. 교장인 저로서는 젊은 선생님들의 열정은 높이 사지만 어른들에게 대들 듯하는 무례한 태도는 못마땅하다고 생각합니다. 우리는 학생들에게 모범이 되어야 할 교육자가 아닙니까? 그렇게 아시고 어서 교실에 들어가십시오. 학생들이 기다리고 있습니다."
 교장의 목소리는 느긋하여 오히려 윤성식을 왜소하고 부정적인 인간으로 보이게 했다. 교사들은 한 마디 더할 사이도 없이 내몰리듯 교무실을 나왔다.
 그 사건은 결국 주임을 통해 건의하라는 말로서 흐지부지 끝났다. 윤 선생이 분투한 보람도 없이 청소 도구는 학생들이 사야 했고 화분 값도 걷어야 했다. 그때부터 윤 선생은 요주의 인물이 되었다. 학교측에선 내놓고 사사 건건 윤 선생에게 트집을 잡았다. 폐휴지를 걷는데 윤 선생 반만 미달이라든지 그 반만 청소 상태가 나쁘다, 아침 자습이 형편없다. 심지어는 교사로서 넥타이를 매라는 주의까지 교감의 입에서 오르내렸다. 하루도 윤 선생이 지적당하지 않고 조회가 끝나는 날이 없었다.
 저녁이 되면 도심지의 술집은 집과 근무처 사이를 연장해 보려고 피곤한 행렬로 꽉꽉 들어찼고 그들의 하루는 담배 연기처럼 뭉게뭉게 피어올라 흔적도 없이 사라지게 마련이었다. 젊은 교사들은 칸막이 된 자리를 잡고 우선 술과 담배를 주문하였다. 그래야만 굳어 있던 입이 풀어져 꽉꽉 다져진 하루의 억압이 말로 변하여 저녁 연기 속으로 흩어질 수 있는 것이었다. 이런 곳에서 마음을 열고 이야기하기란 조금은 힘들지도 몰랐다. 괴성과 같은 음악과 이웃 좌석의 말다툼과 실서 잡히지 않은 대화의 습관을 지니고 있는 그들은 이야기를 나누기보다 고백을 한다는 편이 어울렸으며 심하게 표현한다면 일방적으로 풀어 내는 화풀이에 지나지 않았다.
 김진수는 그런 관행을 알고 있었기 때문에 술집 '뜨락'에 들어서면서 적이 불안했다. 가십거리로가 아니라 진지하게 윤 선생의 남임 박탈건을 의논하고자 한다면 학교 내에서 충분히 할 수 있었고 또 그것이 당연하다는 생각이었다. 여기서라면 무책임하게 불평을 늘어놓는 자리밖에 되지 않을 거였다. 왜 윤 선생의 문제를 교사들 일반의 문제로 받아들이지 못하는가 김진수는 떨떠름했다.

그들은 몇 잔 마시기도 전에 취한 척 감정을 과장해 가며 우선은 일반적인 역사에 관해 패배주의적인 감정을 늘어놓았고, 한국 역사의 정체성과 반복에 관해 논했다. 그리고 교육이라는 것의 본질과 시대의 한계와 지식인의 기회주의적인 속성 등등에 대하여 막연히 떠들었다. 그러면서 간간이 고문 치사 사건에 관해 요즈음 항간에 떠도는 이야기를 늘어놓았고 4·13 호헌 조치로 경색된 정치계에 대한 소문을 곁들였다. 그 정도라면 어두운 시대와 범죄적인 방관을 카타르시스하기에 족할 거였다. 난데없이 배명회가 음산한 목소리로 시를 외우기 시작했다. 한 구절 한 구절이 질타하듯 울렸다. 아무도 입을 벌리지 못했다.

……나는 참으로 암울한 시대에 살고 있구나!
악의 없는 언어는 어리석게 느껴진다. 주름살 없는 이마는
무감각을 나타나게 되었다. 웃는 사람은
끔찍한 소식을
아직 듣지 못했을 따름이다.
나무에 관한 이야기가 곧
그 많은 범죄 행위에 관한 침묵을 내포하므로
거의 범죄나 다름없으니, 이 시대는 도대체 어떻게 된 것이냐!

담배 연기가 안개처럼 층을 이루며 그들을 숨막히도록 내리 눌렀다.
"자, 흥분하지 말고 십자가를 지려다 못박힌 우리 뒷골목 예수를 위해 건배하자구."

고참인 박 선생이 얼버무리려고 컵을 높이 치켜들었다. 김진수는 윤 선생이 자리를 지키고 있는 까닭을 알 수 없었다. 도대체가 무익할 자리였다. 윤 선생은 침울한 낯으로 다소곳이 술잔만 비울 뿐 쓰다 달다 말 한 마디 없었다. 그런 태도가 자신을 모두 교사들에게 맡겨 버린 듯해서 김진수는 오히려 더 부담스러웠다. 박 선생은 배 선생 때문에 열적어진 분위기를 의식하고 떠들기 시작했다.

박 선생은 한때 악착같이 대학원을 다녔는데 그건 분필 가루 대신 뭔든 다른 것을 손에 묻히며 살기 원했기 때문이었다. 아무리 사명감을 갖고 직

업 의식이 투철해지려고 애써 봐도 젊은 교사들을 좌절케 만드는 일은 끊임없이 일어나게 마련이었다. 특히 그의 교사 생활 초기는 새 역사 창조라는 지도자의 의지가 새로운 헌법으로 나타난 때였다. 따라서 새 역사 창조의 일익을 담당한다는 쓴맛을 보며 교사 생활을 시작하지 않을 수 없었다. 박 선생은 누군들 별 수 있었겠느냐는 어조로 굴욕적인 그때를 회상하여 젊은 교사들의 분노를 샀다.

"그래서 그때 우리들은 가정 방문을 갔다구. 유신 헌법에 찬성 투표를 해주십사 하고 학부모에게 간청한 다음, 그랬다는 학부모의 확인 도장을 받아 왔지. 요즘에 교사가 된 사람은 모르네, 교사라는 게 얼마나 천하고 별 볼일 없는 말단 공무원에 불과한지를. 차라리 스승이니 사도니 하는 말이 없었더라면 덜 굴욕스러웠을 거야?"

"그러구서도 학생들 앞에 설 낯이 있었습니까?"

젊은 교사들이 마구 흥분하면서 대들었다. 박 선생은 좌중의 유일한 연장자로서 달관한 양 비죽 웃음을 흘렸다. 김진수는 비굴한 웃음이라고 생각했다.

"뭘 흥분하고 그래. 그때 다른 수가 있었다고 보나? 그래 김진수 넌 교사가 뭐라고 생각하나? 성직자? 전문가? 흥, 교사는 공무원일세. 난 그 일 이후로 깨닫게 된 걸세. 우리는 정부가 주는 월급을 받고 정부의 지시대로 움직여 주는 공무원이란 말일세."

"박 선생님은 교사 본연의 임무가 무엇인지는 생각지 않습니까?"

"이봐 김진수. 자넨 겨우 경력이 이 년밖에 안된 햇병아리야. 그러니 좀더 지내 보고 이야기를 하세. 대학 시절에 배운 교육학이, 거기 나오는 온갖 교육학 이론들이 현장에선 모두 허접쓰레기에 지나지 않는다는 걸 경험할 걸세. 누군들 젊은 시절이 없었을까? 젊었을 때야 혈기 방장하지. 내 의지대로, 내가 믿는 대로 세상이 되어 갈 것 같겠지. 나도 첨엔 그랬어. 원칙 그대로 학생들을 교육해 보려고 했다니까. 그런데 선배 교사들이 나에게 충고하더군.

여보게 박 신생, 애들을 인격적으로 교육한다 거 좋은 말일세. 그렇지만 우리처럼 산전 수전 다 겪어 보게나. 애들이야 첨엔 좋아서 날뛰겠지. 그러나 차차 불평이 일어날 걸세. 그건 학부형들의 항의라는 형식으로 돌아오게 돼. 그들은 항의하겠지. 우리 애들 상급 학교 진학은 안 시킬 겁니까.

인격이구 나발이구 상급 학교에 붙고 난 뒤 얘깁니다. 우리가 선생에게 바라는 것은 시험에 합격시켜 달라는 것이지 쓸데없는 걸로 시간 낭비하는 것이 아닙니다. 진학도 못하는 주제라면 인격이 무슨 소용입니까? 학벌 없는 인격을 알아주는 사횝니까?

이것이 바로 학생, 학부모, 학교 당국이 교사에게 요구하는 것이고 우리는 이런 요구를 들어주는 대가로 월급을 받는 걸세. 나도 깨닫지 않을 수 없었네. 문교부가 내건 전인 교육이란 슬로건을 순진하게 믿고 그대로 실천하겠다고 버둥거려 봐야 현실이 그걸 용납하지 않아. 김 선생도 결국 나이를 더 먹으면 이상과 현실과의 차이를 깨닫게 될 걸세. 이게 바로 인간적인 진실이라는 걸세……."

배명희가 옆구리를 쿡쿡 찔렀다. 얼굴이 하얗게 질려 있었다.

"도와줘요. 나 토할 거 같아."

김진수는 그냥 앉아 있다가는 박 선생과 주먹다짐이라도 할 기분이어서 자리를 피할 겸 일어나 나왔다. 칸막이마다 왁자지껄한 소음이 높았다. 모두들 허황하면서도 아무래도 좋은 이야기로 잠시 동안 열을 올려 보는 거였다. 그들은 좁다란 통로를 비집고 나와 화장실로 갔다. 배명희는 토하고 난 뒤 손 씻는 곳으로 와 물을 틀었다. 곤색 타일이 입혀진 벽을 배경으로 배명희의 질린 얼굴이 유달리 두드러졌다.

"난 정말 못 참겠어요."

배명희는 거울 속의 김진수를 노려보며 격앙된 어조로 말을 뱉었다. 화장실에는 그들밖에 없었다.

"저런 썩어 빠진 감상이나 듣자고 우리가 모인 건 아니지 않아요?"

"그럼 뭐 하러 모였다고 생각했어요?"

배명희는 필요도 없이 물을 틀어 놓고 손을 적셨다. 번쩍거리는 시선은 단순히 알콜 때문에 생긴 열만은 아닌 듯 보였다.

"난 오후 내내 아이들이 쓴 낙서를 생각했어요. '진리를 박해하지 말라.' 우리보다는 아이들이 정직하게 세상을 보고 표현할 줄 아는 게 아닌가 하는 거요. 여기 모인 교사들을 생각해 봐요. 모두가 윤 선생이 부당한 조처를 당했다고 여기지요. 학교에서 여태까지 젊은 교사들이 행정을 바로잡으려고 노력한 데 대한 보복으로 윤 선생의 수업이니 학급 경영 등을 트집 잡았고 담임까지 빼앗았다고 생각하고 있어요. 이 점에 있어선 누구도 이의가 없겠죠. 그런데 우리는 뭘 하고 있는 거죠? 공연히 헛소리나 하면서 자신의 비겁함을 변명하려는 건 아닌가요? 여기서 어물쩍 넘어가지 맙시다. 애들의 반만이라도 정직합시다. 그 쓰잘 데 없는 경험담으로 우리를 김새게 만드는 할아버지, 그 박 선생 누가 오라고 한 거예요?"

그때 화장실 문이 열리고 박 선생이 원숭이처럼 빨갛게 취해서 나타났다. 그는 자기 이름이 들리자 황급히 소변 보는 곳으로 가버렸다. 김진수는 열적어서 음성을 낮추어 속삭였다.

"아무에게나 함부로 적개심을 갖지 말아요. 박 선생만 해도 우리에겐 동정적인 교사니까. 인간적인 진실을 외치는 인간의 약함도 이해합시다."

배명희는 서양인처럼 몸을 크게 흔들며 말했다.

"안돼요. 아무 거나 다 이해할 수는 없어요. 그 때문에 청산되지 못한 역사를 짊져야 하는 우리예요. 너무나 흔히 인간적이라는 말로 잘못을 은폐해 왔어요. 인간적? 절대 안돼요."

박 선생이 손 씻는 곳으로 와서 두 사람을 노려보았다. 눈까지 열이 올라 이글이글 타는 것이 두 사람을 집어삼킬 기세였다.

"그래 배 선생은 내가 못마땅하다 그거지? 하지만 배 선생이나 김 선생은 인간적이라는 것이 무엇인지를 모를 거요. 현실에 어쩔 수 없이 순응하게 된다는 내 주장에는 강력한 인간적인 근거가 있소. 내겐 마누라가 있고 새끼가 있소. 큰애는 벌써 중학교 일학년이고."

"그건 변명이 못돼요."

배명희는 비명을 지르듯 말했다. 박 선생은 세차게 고개를 저었다.

"아니야 강력한 근거요. 그게 얼마나 강력한지는 미혼인 배 선생은 모를 거요. 모든 게 다 거기 가서 걸리고 마는 강력한 근거란 말이오."

박 선생은 숨이 뒷도록 세차게 말을 쏟아 냈고 갑자기 울음을 터뜨려 눌을 당황하게 했다. 김진수가 달려들어 붙잡았다.

"선배님, 술에 취하셨어요."

"난 용납할 수 없어요. 김진수 선생이 처리해요."

배명희는 치미는 울회를 참지 못하고 빽 소리 쳤다.

"우리로 하여금 이런 추태를 보이게 만드는 것이 무어죠? 인간다운 품위조차 지키기 어렵도록 우리를 좌절하게 만드는 것요. 난 무서워요. 오 년 후, 십 년 후 내가 그런 모습이 될까 두려워서라도 힘껏 싸우겠어요. 물리

설 수 없어요.”
　배명희는 분노로 씩씩대며 나가 버렸다.
　눈알이 시뻘겋도록 울던 박 선생의 모습이 밤새도록 위협하듯 눈앞에 어른거렸다. 윤 선생을 제외한 젊은 교사 여섯이 대책을 논의했다. 윤 선생의 담임 박탈에 대한 공개적인 설명을 요구하고 가부를 교직원 회의에서 물어야 한다는 요구서를 교장에게 보내기로 하고 거기에다 뜻을 같이하는 교사들의 서명을 덧붙이기로 했다. 그 동안 윤 선생이 학교 문제에서 십자가를 져왔던만큼 이번 일은 윤 선생 개인의 문제가 아니라 전체 교사의 문제였고 교사의 권리 문제로 대처해야 한다는 시각이었다. 마침 윤 선생이 출장 가는 날이어서 본인을 두고 이야기한다는 미묘함은 피할 수 있어 좋았다. 김진수가 주임들 회의에 들어간 틈을 이용하여 마이크를 잡고 서명의 필요성을 설명했고 오전 내 평교사를 중심으로 서명을 받았다.
　"바깥에서 호헌을 철폐하라는 서명이 유행이라더니 우리 선생님들도 유행을 좇아 가려고 서명을 하자는 거요?”
　"이러다 우리 학교에도 최루탄이 날아오는 거 아뇨?”
　아무리 설득을 해도 젊은 층이 아니고선 진지하게 자신의 문제로 받아들이지 않았다.
　"이름 석 자조차 공포 없이는 쓸 수 없는 시대라니……. 한심하군요.”
　배명희는 한탄했다.
　그래도 삼십 명 넘게 서명을 받아 오후엔 교장에게 전달할 수 있었다.

　교장은 한참이나 해명 요구서를 들여다보며 말이 없었다. 벌써 더위가 시작된 옥외와는 달리 교장실은 서늘하여 아직도 여름이 오지 않은 것 같았다. 간밤에 과음했기 때문에 머리 속이 느른한 막을 한 겹 입힌 것처럼 불투명하고 묵지근했다. 종일 윤 교사 일의 결말이 이상한 불안감으로 차지하고 있더니 결국은 당돌한 젊은 교사들에 의해 문제로 비화하고 만 것이었다. 교장은 갑자기 전류가 통한 것처럼 몸을 도사렸다.
　"공무원 주제에 단체 행동이라니……."
　그는 말로만 듣던 불온 분자의 실체를 보는 듯했다. 좀더 일찍 손을 써서 윤 교사의 영향을 차단했어야 했다. 교장은 삼십여 명의 서명을 곰곰 따져 보며 불순한 세력이 의외로 깊이 침투했다는 사실을 깨달았다. 자신에게 책임을 물을 교육 위원회를 떠올렸다. 그리고 자신의 관리 능력을 화제로 씹어 댈 교장단 회의도 생각났다.
"요즘은 중·고등학교까지 불순한 세력이 침투해 있습니다. 특히 젊은 교사층에서는 멋모르고 대학의 좌경 세력에 무조건 동조하는 무리가 있어 우리의 일사 불란한 교육계를 혼란시킬 목적으로 의식화하려고 하고 있습니다. 그런 경우엔 단호히 대처하여 싹부터 없애지 않으면 안됩니다. 특히 대학 시절에 데모에 가담한 경력이 있다든가, 불법 교사 단체에 가입해 있는 의식화 교사가 있는 학교에서는 철저히 감시하여 일반 교사들이 물들지 않도록 각별히 유의하시기 바랍니다. 또 교육 민주화 선언에 서명한 교사에 대해서는 매달 동향 보고서를 내고 무슨 수를 쓰든 뿌리 뽑도록 하십시오. 그 정도도 처리하지 못하는 교장이라면 무능하다고 볼 수밖에 없습니다."
교장은 이윽고 결심을 하고 입을 열었다.
"그러니까 선생님들께서 요구하는 바가 무엇입니까?"
김진수가 침착하게 말했다.
"거기 다 쓰여 있습니다. 윤 선생이 담임 박탈을 당한 사유를 공개석상에서 설명해 주시고 저희의 의견도 들으셨으면 하는 겁니다."
교장은 짐짓 음성을 높였다.
"그건 교장 고유의 권한이오. 교장이 원한다면 얼마든지 담임을 그만두게 하는 게 당연한 거요. 문교 법전을 보면 그렇게 나와요. 교사는 교장의 명에 복종할 의무가 있을 뿐이지 교장이 하는 일에 간섭할 수 있는 권리가 없소."
"교사 대다수의 의견이 그렇습니다. 무시하시면 곤란할 겁니다."
배명희가 말했다. 교장은 이제 겨우 신임 딱지를 면한 젊은 여교사의 당돌한 말에 화가 나서 노려보았다. 그러나 여기서 성질 부린다고 해결되는 문제는 아니었다. 그는 자제하면서도 자제해야 한다는 사실이 더욱 노여웠다.
"젊은 사람들이 무모하기는……. 이런 서명 같은 짓은 공산당이나 하는 짓거린데……. 얼마나 위험한 일인지 모르는구먼. 아무것도 모르고 선의로 서명한 교사들을 궁지에 빠뜨리는 일이오. 윤 선생에게서 담임직을 박탈한 것도 다 윤 선생 문제가 확대되기 전에 내 딴엔 신경 쓰느라고 한 일이오."

"여기서 말씀하시지 말고 전체 교사들 앞에서 납득할 만한 설명을 하시는 게 좋겠습니다."

교사들은 조금치도 양보할 기색이 없이 말했다. 교장은 사태의 심각함을 느꼈고 비장의 무기를 사용하기로 결심했다.

"좋습니다. 당장 회의를 열 테니까 교무실로 가서 기다리시오."

교장은 당장 주임 교사부터 소집했다. 교장의 답변은 이미 준비된 거나 다름이 없던 터여서 주임과 교감을 평교사들의 관리 소홀로 문책하는 정도에서 회의를 마쳤다. 삼학년의 마지막 수업을 빼기로 하고 그 시간에 임시 직원 회의를 열기로 했다. 불온한 싹은 일찌감치 잘라 버려 대다수의 교사가 의식화되지 않도록 막아야 했다. 물론 직원 회의라고 해봤자 평교사들은 발언할 용기를 내지 못할 것이었고 그의 위협만 듣고도 즉시 서명한 것을 후회하게 될 것이었다. 윤 선생이 출장 가고 없다는 사실은 일이 순조롭게 풀릴 조짐이기도 했다.

갑자기 수업을 중단하고 교무실에 모인 교사들은 눈에 띄게 불안해 하고 있었다. 무거운 침묵이 지배했다. 교장은 이야기의 중대성을 강조하기 위하여 잠시 뜸을 들인 후 마이크를 잡았다.

"전 오늘 충격을 받았습니다. 여러 선생님들께서 요즘 대학생들처럼 경거 망동하셨다는 사실, 교육자로서의 본분을 망각했다는 사실이 제겐 충격이 아닐 수 없습니다. 아마 여러 선생님들께서는 잘 모르시고 단순히 윤성식 교사에 대한 동정심에서 서명을 해주신 것으로 압니다만 서명이라는 게 얼마나 무서운 행위인지 깨닫지 못하시는 듯합니다. 육이오 무렵에 저는 이런 일을 겪어 봐서 압니다만 서명 한 번에 사람 목숨이 왔다갔다할 수 있는 일입니다. 윤 선생은 민교협이라는 불법적인 불온 단체의 비밀 회원으로 학교 현장을 소란스럽게 만들라는 지령을 받은 사람입니다. 이미 철저하게 의식화되어 문제를 일으킬 소지가 있다고 상부에서 위험 인물로 주목받고 있을 정도입니다. 여러 선생님들께서는 그런 줄도 모르시고 동정심으로 서명해 주셨지만 그게 저들의 손으로 넘어가면 학교를 파괴하는 데 쓰이게 되는 겁니다. 교장인 나로서는 학교를 지키고 교육이 계속되도록 하기 위하여 누차 윤 선생을 불러다 타일렀으나 개전의 정이 보이지 않으므로 부득이 학생들만이라도 윤 선생의 영향으로부터 보호하겠다는 의도에서 담임을 그만두게 한 것입니다. 여러 선생님들을 봐서 서명건은 없던 것으로 하겠지만 주동을 했던 선생님께서는 사태의 심각성을 깨닫고 자진해서 교장실로 오셔서 경위서를 쓰는 정도로 마무리 짓도록 하겠습니다."
 교장이 일방적으로 말을 마치고 나자 교무실엔 불안스런 침묵이 감돌았다. 교장은 교무실을 휙 둘러보고 천천히 나갔다. 교감이 나섰다.
 "도대체 이게 뭡니까? 선생님들까지 의식화 교사를 좇아 덩달아 춤을 추다니. 요새 안 그래도 좌경 용공 분자가 날뛰어 사회가 혼란스러운데 교사들까지 위험한 짓을 하면 어떻게 할 거요? 윤 선생은 불순 단체의 지령을 받고 학교를 혼란시키려는 사람이오. 빨갱이예요, 빨갱이. 그런 사람을 옹호하는 서명을 했으니 만약 이게 외부에 알려지면 여러 선생님들도 오해를 받아 곤란을 겪을 겁니다. 다행히 교장 선생님께서 너그럽게 마음을 쓰셔서 없던 일로 해주시겠다니까 망정이지 이게 외부에 알려져 봐요."
 교사들은 웅성거리기 시작했다. 김진수는 참을 수가 없었다.
 "좌경이니 불순 세력이니 하시는데 윤 선생이 그렇다는 증거가 있으면 말씀해 주십시오. 그래야 우리들도 납득을 하겠습니다. 마치 저희들이 아무 판단력도 없는 중학생처럼 말씀하시는데 저희가 한두 살 먹었습니까? 누구도 그 뜻을 모르고 서명을 하진 않았습니다. 서명한 내용 그대로 윤 선생이 담임직을 박탈당한 이유가 무엇인지 질문했을 뿐인데 그것이 왜 좌경 세력에 동조하는 행동이라고 매도당해야 합니까? 우리가 서명한 것을 보면 누구도 그걸 좌경이라고 생각하지 않을 겁니다."
 교감의 얼굴은 붉으락푸르락해졌다.
 "젊은 사람이 버릇없이…… 어쨌든 윤 선생은 반국가 단체 회원이오. 빨갱이라는 건 의심할 여지가 없소……. 어쨌든 윤 선생은 의식화 교사로서 주목을 받고 있으니까 서명한 사람은 의식화에 동조하는 것이 되는 거요. 그리고 교사는 공무원이에요. 공무원이 서명이라는 단체 행동을 했다는 사실. 얼마나 중대한 사태인지 모르겠소? 주동자는 이미 다 알고 있으니까 경위서를 쓰고 퇴근하시오."
 교사들을 중학생 정도밖에 간주하지 않는 교감의 발언은 교사들을 벌떼처럼 일어나게 만들었다. 여기저기서 아우성처럼 말이 터져 나왔다. 교감은 대답이 궁해지자 일방적으로 회의를 끝내 버렸다. 위에서 하는 말이 너무 무경우이기 때문에 미온적인 교사들까지 분개했다.
 "매스컴에서 문제 교사, 문제 교사 하길래 따로 있는 줄 알았더니 즈이들 잘못한 일을 지적하면 다 빨갱이고 의식화 교사구먼."
 모두들 교장실에 가서 경위서를 써서는 안된다, 우리가 옳았다고 끝까지 밀고 나가야 한다는 데 의견을 모았다. 교사들은 교장과 교감을 비웃으며 퇴근했다. 주임들만 겁먹은 표정으로 허락 없이 퇴근하는 평교사들을 보고 있었다. 놀라운 변화였다.

 윤 선생은 출근길에서 어제 있었던 사건을 전해 듣고 깜짝 놀랐다. 예상 못할 행동은 아니었는데도 눈 가리우고 뒤통수를 얻어맞은 듯해서 가슴이 떨렸다. 유월인데 오싹 오한이 스쳤다. 여기서 자신이 잠자코 있는다면 저들의 말에 수긍하는 것밖에 되지 않는다는 판단이 섰다. 교직을 그만두는 한이 있더라도 밝힐 것은 밝혀야 한다고 이를 악물었다.
 비열하게 학생들까지 불러다 수업 내용을 조사하던 것이며 수업을 하는 데 불쑥 들어와 잔소리하던 것이며 학생들의 노트를 걷어다 검사하고…….
 갑자기 자신이 이런 행위들을 모두 참고 선생 노릇을 할 수 있었다는 게 믿어지지 않는 기분이었다. 윤 선생은 등줄기가 시리도록 이를 꽉 물고 있다가 교직원 회의가 시작된다고 알리는 순간 벌떡 일어나 앞으로 나갔다.
 "회의에 앞서 공개적인 해명을 요구해야 하겠습니다."
 갑자기 교장이 벌떡 일어나며 이성을 잃고 소리쳤다.
 "마이크 뺏어."
 "개인적인 일로 학교일을 방해하지 마."
 "왜 개인적인 일입니까? 한 교사가 본인이 없는 자리에서 비열한 인신공격을 당하고 빨갱이라는 말까지 들었는데 그러구서도 어떻게 학생들 앞에 설 수가 있겠습니까? 해명을 받아야 하겠습니다."
 "시끄러워. 왜 윤 선생 개인의 문제로 학교를 소란스럽게 하는 거야? 나가."
 윤 선생과 교감 사이에선 엎치락뒤치락 마이크를 빼앗으려는 몸싸움이 벌어졌다. 교사들이 우우 일어났다. 외침이 터졌다.
 "왜 말을 막아요?"
 "발언하게 해요."
 그러나 교장은 윤 선생의 입을 막기 위해 필사적이었다. 주임들에게 소리쳤다.

"끌어내."

주임들이 달려들어 윤 선생을 잡았다. 윤 선생은 주임 둘에 의해 질질 끌려 교무실 밖으로 나갔다. 배명희는 늘 조용하기만 하던 윤 선생의 격렬한 몸짓에 놀랐고 자신도 무언가 하지 않으면 안된다고 느꼈다. 마이크를 달랄 필요도 없었다.

"이럴 순 없습니다. 아무리 평교사지만 말도 못하게 개처럼 끌고 나가고. 이러고서도 교직원 회의라고 하는 겁니까?"

배명희는 눈물을 쏟으며 목청을 다해 외쳤다. 마침 마이크를 들고 발언하려던 주임이 버럭 소리를 질렀다.

"여자가 아침서부터 재수 없이. 거 시끄러워요."

교무실은 걷잡을 수 없이 들끓었다. 달래지 않고선 도저히 회의를 진행할 수가 없을 분위기였다. 교장은 하는 수 없이 오후에 윤 선생 문제를 정식으로 논의할 시간을 주기로 약속했다.

배명희는 양호실로 윤 선생을 찾아갔다. 윤 선생은 무릎을 세우고 고개를 묻은 채 침대에 웅크리고 있었다. 그녀가 들어가자 양호 교사가 손짓해 불렀다.

"아까 아침에 김 주임이 소리 질렀던 거 오후에 회의 열거든 사과받아요. 이건 배 선생 개인 문제가 아니라 여교사 전체의 문제라구. 우리가 자기 딸이나 며느리야. 여자가 아침부터 재수 없다니. 무식하기는."

"알겠어요."

배명희는 아까 넘쳐 났던 눈물이 아직도 멎지 않은 상태여서 떨떠름하게 대꾸했다.

양호 교사는 나지막하게 말했다.

"힘을 내요. 우리 아줌마 선생들도 도울 테니까. 난 여지껏 의식화 교사라는 게 따로 있는 건 줄 알았어요. 사실 윤 선생이 잘못한 게 뭐 있어요? 즈들 맘대로 이름을 붙이니까 좌경 용공이지 까놓고 보면 잘못하는 거 잘하자고 비판한 일밖에 더 있어요? 말 안하고 산다고 사람을 바지저고리로 알아도 유분수지······."

그녀는 윤 선생에게 오후에 직원 회의가 있을 거라고 알려 주었다.

"잘될 거예요. 모두 윤 선생이 옳다고 생각해요."

"걱정은 안합니다. 떳떳하니까 쫓겨난대도 두렵지 않구요. 만약 책임 있

뒷골목 예수——363

는 해명을 하지 않는다면 사표를 내고 누가 옳은가 물고 늘어질 겁니다."
윤 선생은 불투명한 공간이 더욱 짙어진 눈을 하고 그렇게 말했다.
"그만두면 안돼요. 애들은 어떡하구요. 반드시 교직에 머물러 담임도 찾고 해야 해요. 여기서 지면 선생님은 제 값을 살리지 못하는 거예요. 억울하잖아요."
"지지 않으려고 그런 결심을 한 겁니다."
윤 선생은 비싯 웃었다. 수업 시작 종이 울렸다.
학생들은 말없이 필기를 했다. 누에가 뽕잎을 갉아먹는 것 같은 사각거리는 소리뿐 교실 안은 조용했다. 윤 선생은 잠시 창 밖을 내다보았다. 아침 햇살이 운동장에 가득했고 체육하는 학생들의 떠드는 소리가 아득하게 올라왔다. 저들의 애환을 꿰뚫어 알고 있음에도 학생들의 떠드는 소리를 들으면 언제나 행복이란 말이 연상되었다. 행복이라는 것이 상품처럼 선사할 수 있는 것이라면 고운 포장지에 싸서 학생들에게 주었으면 싶었다. 새삼스레 학교를 떠날 각오를 했다는 사실이 떠올라 가슴이 뻐근해졌다. 이런저런 이유로 쫓겨난 교사들을 생각해 보았다. 어떻게 아이들에게서 떠날 수 있었을까? 갑자기 눈물을 참을 수가 없었다. 눈물을 참으려고 애썼으나 그럴수록 더욱 넘쳐났다.
불쌍한 아이들. 대학을 나와야 보장된다는 행복한 미래를 위해 지옥 같은 시험 공부를 강요당하지만 대학을 졸업하면 행복한 미래라는 걸 실제로 누릴 학생들은 고작해야 한 학급에서 열댓 명 안팎일 터였고 나머지는 성적 좋은 학생들의 들러리나 서다가 사회에 나가면 비인간적인 처우를 받게 될 터였다. 그럴 때 이 아이들은 자신이 당연히 누려야 할 것을 가로채는 폭압의 근원을 깨닫기나 할 것인가? 순수해야 할 학교마저도 이 아이들에게 인간적인 대접을 하지 않는데 나중에라도 그런 대우를 받아 보기는 할 것인가? 그는 소매치기나 강도 등으로 경찰서에 드나들어 문제아로 찍혀 뒷줄에 앉은 학생들의 얼굴을 찬찬히 새겨 보려 했으나 눈물이 가려서 볼 수가 없었다. 자기가 아니면 아무도 이들을 보살피고 깨우쳐 주지 않을 것 같은 착각까지 일어났다.
학생들은 그의 눈물에 깜짝 놀랐다.
"선생님 왜 울어요?"
그 물음에 눈물이 더욱 쏟아졌다. 그는 돌아서서 코를 풀고 진정하려고 했다.

"미안하다, 눈물을 보여서. 너희들을 보니까 눈물을 참을 수가 없구나. 자세한 사정은 이야기할 수 없지만 난 오늘 사표를 낼 결심을 했다. 아마 내가 그만두면 다른 해직 교사의 경우에 그랬듯이 교장 선생님이나 교감 선생님이 나를 빨갱이니 간첩이니 할지 모르겠다. 너희들에게 부탁하고 싶은 게 있다. 너희들이 여태 나를 겪어 봤으니까 알겠지만 난 간첩이 아니다. 그리고 이게 단순히 나와 교장 선생님 간의 갈등이 아니라 우리 사회에 만연되고 있는 뿌리 깊은 문제라는 걸 기억해 주었으면 한다. 이건 우리의 현대사가 바르게 청산하지 못했다는 결함에서 오는 한 증상이기도 한 것이다. 내가 교사로서 하고 싶었던 일은 너희들이 학교 생활을 하는 동안 조금이라도 행복하게 인간답게 살 수 있었으면 한 것과 무엇보다도 너희들이 자신의 인생을 인간답게 살아갈 힘을 갖도록 가르치고 깨닫게 해주고 싶었었다. 내가 떠나더라도 너희들이 그것만 기억해 준다면 더 바랄 것이 없을 것이다."

윤 선생은 울먹이며 예정에도 없던 그런 말을 했고 학생들도 울음을 터뜨렸다.

사태는 빠르게 회전하기 시작했다. 학생들은 놀라 교무실이나 복도에서 아무 교사나 붙잡고 윤 선생님이 학교를 그만두는 게 사실인지, 왜 그만두는지 캐물어서 학교측을 난처하게 했다. 주임들은 윤 선생이 학생들을 이용한다고 비난을 했다. 그만두어도 좋다는 결심이 서자 윤 선생은 뻔뻔스러워졌다. 다들 들으라는 듯 자기가 빨갱이라는 증거를 대거나 그러지 못하면 공식 사과를 하고 담임을 도로 주어야 한다, 사표를 쓰고 이 일을 외부로 가져가는 한이 있어도 끝까지 싸우겠다고 떠들고 다녔다. 학교 전체가 들썩거리자 나이 많은 선생이 중재를 하겠다며 말을 전해 왔다. 교감이 인신 공격을 공식 사과하는 선까지 양보할 수 있다는 타협안이었다. 윤 선생은 응하지 않았다. 결국 그날 오후의 직원 회의는 열리지 못했다. 그런데 학생들의 동요와 윤 선생을 위해 데모하자는 낙서가 나타나 사태는 심각해졌다.

"학생들을 이용하려고 선동했다는 사실을 학부모들이 납득하지 않을 겁니다."

다음날 교감은 윤 선생을 따로 불러 말했다. 억지로 온화한 표정을 짓고는 있었으나 뼛속 깊이 감추어진 미움을 숨기지 못하고 있었다.
 "교장 선생님께선 학교의 체면 문제도 있고 하니까 되도록이면 이 일이 외부로 새어 나가지 않고 해결됐으면 하셨소. 그러니 윤 선생도 타협을 하는 게 좋을 거요. 학생들을 이용했다는 비난도 있고 보면 윤 선생도 유리한 입장은 아니라고 생각돼요. 정식으로 조사에 들어간다면 데모하자고 낙서를 한 학생도 찾아내어 처벌을 하게 될 테고 모두가 피해를 입는 거요."
 윤 선생은 협박이라고 생각은 했으나 학생을 걸고 넘어지는 마당에 강경하게 밀고 나갈 용기가 나지 않았다. 생각해 보겠다고 답변을 미루었다.
 "사과야 당연한 것이고 저들이 잘못을 인정한다면 담임도 도로 받아야 합니다."
 한번 눈뜬 교사들은 미적지근한 해결에는 반대였다.
 "하지만 위에서 조사를 나오게 되어 학생들이 다치면 어떡합니까?"
 "정말 이 사건을 외부에다 알릴 생각일까요? 교장은 구린 게 많을 텐데."
 "이틀 여유가 있으니 생각해 봅시다."
 윤 선생은 고민했다. 위에서 개입한다면 잘못이 누구에게서 비롯되었든 학생들 역시 처벌을 받게 될 게 뻔했다. 자신이 그만두는 것은 그렇다 쳐도 이 일로 중학생인 아이들이 다친다는 것은 너무 부당했다. 그러나 교장이 정말로 이 일을 상부에 보고할 작정인지 그것도 미심쩍었다.
 유월 말이란 시한이 다 되도록 그는 마음을 정할 수 없었다. ■

서평

현대 교육과 인간 해방

최현희*

기존의 교육 이념과 방식에 대한 비판이 전세계적으로 거세게 일고 있다. 이들은 기존의 교육이 사실상 지배층의 권력 유지를 위한 도구로 사용되어 왔음을 밝히면서 인간화 교육을 모색하는 노력을 활발하게 전개하고 있다.

여기서는 이런 움직임과 관련하여 세 권의 책, 『현대 교육의 위기』, 『교육과 정치 의식』, 『해방을 꿈꾸는 교육』[1]에서 제시된 기존 교육의 실상과 새 교육의 모습을 살펴보기로 하겠다.

근대 교육의 실체와 진보적 자유주의의 이념

『현대 교육의 위기』는 캐리어(Clarance J. Karier), 비올라스(Paul C. Violas), 스프링(Joel Spring), 그리섬(Thamas Grissom)의 공저로 20세기 미국 교육사의 전개와 반성에 대한 일련의 논문들을 담고 있다. 이 책의 주요 쟁점은 두 가지로 집약되는데, 하나는 일반적인 학교 교육의 실체에 관한 것이고 다른 하나는 미국 교육의 기본 이념이었던 진보적 자유주의에 관련된 것이다.

---

* 연세대 국문과 4학년 때 이 글을 썼으며 현재 대학원에서 국문학을 선공하고 있다.

1) C. 캐리어 외, 『현대 교육의 위기』, 심성보 외 옮김, 한길사, 1987; 파울로 프레이리, 『교육과 정치 의식』, 한준상 옮김, 학민사, 1986; 아이라 쇼어·파울로 프레이리, 『해방을 꿈꾸는 교육』, 김시원 옮김, 이웃, 1988.

기존의 학교 체제에 대한 비판은 「상업적 가치와 교육 국가」, 「사회 통제 제도의 한 유형으로서의 교육」, 「교화에 대한 논쟁과 대공황」, 「학문의 자유와 교사」, 「교육과 냉전」, 「미국의 청년 문화」, 「사회 혁명의 한 형태로서의 탈학교」, 「무정부주의와 교사」 등의 제목 아래 다루어지고 있는데 그 대표적 논문으로 볼 수 있는 캐리어의 「상업적 가치와 교육 국가」를 중심으로 그 논지를 알아보자.

중세에서 근대 자본주의로의 전환기에 서구에서는 빈곤에 대한 개념, 그리고 노동에 대한 근본적인 태도에 변화가 일어나는데, 이는 한마디로 이익추구의 옹호와 관련되어 있다. 이를 교육 차원에서 살펴보면 초기에는 교회를 중심으로 하여 빈곤에 대한 공포심과 부에 대한 욕구, 노동의 가치 부여, 검소의 필요성, 그리고 사회의 생산적이고 유용한 일꾼이 되고자 하는 의무감이 강조되는 교육이 이루어졌다. 이는 자본의 축적에 기여하는 윤리가 새롭게 형성되어 간 시기였다.

근대적 국민 국가가 성립함에 따라 대중 교육을 위한 초등 보통 학교 체제가 만들어지는데 이 학교에서는 국가를 중심으로 한 새로운 정치 질서와 상업 문화를 유지해 주는 가치들을 가르쳤으며 자본주의 경제 질서의 산물인 계급 체제 유지에 필요한 사회적 신화들을 효과적으로 가르쳤다. 이는 학교뿐만 아니라 기업, 군대 등에서 사용한 교재와 각종 지능 및 적성 검사에서도 여실히 나타난다. 예를 들어 죽기 직전까지도 예금을 해야 한다는 식의 청교도적인 윤리 의식, 빈부, 지식, 능력의 차이를 마치 선천적인 차이인 것처럼 주입시킨 것 등이 그것들이다. 20세기 초반에 학교는 정치적, 경제적 통제를 위한 핵심적인 매체가 되어 특히 일관 작업 계열의 부품으로서 업체에 쉽게 동화될 수 있도록 훈련된 사람들을 배출했다.

2차 대전 이후 냉전의 전개와 군산(軍産) 복합체의 출현으로 인해 고급 기술 인력이 크게 부족하자 학교는 전자 기술 사회의 인력 요구에 봉사하게 되었다. 그리고 60년대 말에는 군사 자본주의 경제 체제에 의해 풍요의 시대를 누리면서 공학 기술이 사회 문제들을 해결해 주리라는 신념 아래 수단이 목적이 되고 인간의 완성이 아닌 기술의 완성이 목표가 되어 생활이 조직화, 객체화, 비인간화하게 된다.

이렇게 교육이 극도로 도구화된 것은 당시의 지배 이념과 깊은 관련이 있다는 것이 이 책에 실린 다른 몇 편의 논문의 주제이다. 「진보주의 사회 철학」,「신자유주의」,「자유주의 이데올로기와 질서 정연한 변화의 모색」,「통제 조합적 자유주의 국가에서의 질서와 통제를 위한 검사」의 논문들이 바로 진보주의적 자유주의 이념에 대한 글인데, 비올라스의 '진보주의 사회 철학'을 중심으로 그 논지를 요약하면 다음과 같다.

　진보주의자들에게 있어서 사회는 살아 움직이는 유기체로서 사회가 모든 개인적인 행위의 기준이 된다. 개인은 그가 속한 사회 집단과 조화를 이루어야 하고 또 각 사회 집단은 전체 사회의 질서에 기여해야 한다. 날로 복잡해지는 현대 사회에 이러한 문화는 반드시 필요하며 또한 전문적인 기능의 확대와 문화는 더욱 불가피하다. 이와 관련하여 합리적인 엘리트는 극히 소수이고 대부분의 대중은 동물적인 수준에 머물러 있다는 견해를 바탕으로 대중의 직업적, 사회적 역할의 과학적 관리라는 명목하에 엘리트에 의해 대중에 대한 구속을 정당화했고, 미국은 또한 이를 전체 인류 사회에 적용하여 인종 차별을 정당화했으며 이러한 계급적·인종적 편견에서 나온 이민 제한 조치를 통해 국가적 통합성을 유지하려 했다. 학교는 심리 검사의 도움을 받아 각 개인의 능력을 '공평하게' 판별하고 그에게 적절한 직업적 목표를 부과, 그 속에서 효율적인 인간이 되도록 훈련하는 곳으로 간주되었는데, 여기서 그들이 말하는 '과학적 관리,' '심리학적 검사'에 의한 공평한 '판별'이란 타고난 지능이 아닌 일종의 적응 능력의 측정으로 이미 기득권층에 속해 온 성공한 개인에 의해 타당성을 확보한 사후적 스케일에 지나지 않는다.

　한편 진보적 자유주의자들은 개인의 사회적 이동, 기회 및 자유를 보호해야 한다고 하는데 이때 자유란 사회의 요구에 부합되는 한에서 자신의 역량을 최대한 계발하는 것이요, 계급 갈등을 막기 위해 하층 계급 가운데 능력 있는 소수의 상승을 허용하면서 체제의 정당성을 확보하고 사회의 통합을 이루는 수단인 것이다. 그들의 다원론도 각각의 구성 요소가 자체의 내적 요구와 논리에 따라 독자적인 주체로 발전하도록 허용하는 구조적 유연성이 아니라 전체의 요구와 논리에 따라 발전되는 한계를 갖는, 기존 체제 질서 속의 다양성인 것이나. 그들은 질서와 계속성을 중시하면서 그 안에서의 변화와 유연성을 허용하고자 하는 것이다. 바로 이러한 한계를 벗어나야만 참교육으로의 발전이 가능함을 이 논문은 시사한다.

'침묵의 문화'와 표현과 창조의 원리

『교육과 정치 의식』은 제3세계 교육학자 프레이리의 저서로 기존 교육에 대한 비판과 인간 해방으로서의 교육을 '문화, 권력, 그리고 해방'의 문제를 중심으로 전개하고 있다. 그 내용은 브라질에서의 실제 경험을 바탕으로 한 '읽고 쓰기로서의 농민의 문자 해득 운동'이 구체적 방법, 그의 인간관과 교육관, 인간 해방으로서의 교회의 역할, 그리고 해방 교육에 대한 대담집으로 구성되어 있다. 여기서는 그의 인간관을 중심으로 기존 교육에 대한 비판과 해방 교육의 모습을 살펴보겠다.

프레이리의 기본 인식은 인간은 매몰된 채 살아가는 동물과는 달리 자신과 세계를 객관화할 수 있다는 데서 시작한다. 의지적 행동을 통해 인간은 세계를 변화시키고 세계를 선언하고 세계를 표현한다. 그는 자신을 표현할 때만 세계 안에서, 세계와 더불어 동료들과 진정으로 존재한다. 따라서 '말한다는 것,' 즉 표현과 창조는 누구나 지니는 본원적인 인권이며 소수의 특권이 아니다.

이런 인식에서 볼 때 기존 교육은 인간의 기본 인권을 무시하는 교육임을 프레이리는 지적한다. 기존 교육에 깔린 전제를 보면 인간은 '채워져야만'하는 빈 그릇이며 따라서 교육은 '아무것도 모르는' 학습자에게 지식을 주입시키는 작업인 것이다. 이러한 고정적 지식의 주입을 통하여 현대 사회의 대중의 의식을 길들여 왔으며 가장 큰 병폐는 그들에게 자신이 올바로 사고하고 있다는 환상을 심어 줌으로써 지식의 비판적 적용을 어렵게 만들고 사회를 수정하거나 논박할 수 없는 '신성한 것'으로 만드는 데 있다. 대중을 침묵시키기 위해 구체적인 문화 형태뿐 아니라 피억압자에게 지배자의 가치를 내면화시키는 방식을 이용하여 대중의 진정한 자기 존재의 인식과 실현을 억압해 왔다.

특히 제3세계의 '침묵의 문화'는 종주 사회와의 구조적 관계의 결과물로 한편으로는 종주 사회의 가치와 생활 양식을 내면화함으로써 종속 사회에 매혹되고, 다른 한편으로는 이를 거부하는 오랜 종속 경험으로 인한 양면성을 나타낸다. 이러한 침묵성은 지배 엘리트에 의해서 제3세계 자체 내의 관계 속에서 되풀이되는 것이다.

프레이리는 이러한 교육의 비인간화는 바로 인간에 의해 형성된 것이기 때문에 변화될 수 있으며 조정될 수 있다고 본다. 이는 지배 계급의 관점에서 현실 순응의 이데올로기를 전수하는 관계에서 벗어나 교육자와 학습자가 동등한 지식 습득의 주체로서 학습자의 현실을 문제화하고 삶의 문제를 진정한 맥락에 포함시켜 고찰할 때 변화가 가능하다는 것이다. 프레이리에게 있어 교육은 대화를 통해 '정치적 문맹,' 즉 역사·사회적 조건을 배제한 지식의 보편성, 주어진 현실을 하나의 기정 사실로 간주하는 사고 방식, 이론과 실천의 분리 등의 생각에서 벗어나 지식의 주체로서 자신의 삶을 실현할 역사, 사회의 근본적인 변혁을 추구하는 과정인 것이다.

해방 대화와 '일탈 신용장'

『해방을 꿈꾸는 교육』은 변혁의 문제를 깊게 다룬다. 이는 프레이리와 미국 교육학자 쇼어의 대담집으로 「어떻게 해방의 교육자가 될 수 있는가」, 「변혁에 대한 두려움과 위험은 무엇인가」, 「해방 교육은 엄격함과 구조를 가지는가」, 「대화식 가르침이란 무엇인가」, 「제1세계 학생들에게도 해방이 필요한가」, 「해방 교육자는 학생과의 언어적 차이를 어떻게 극복할 것인가」, 「사회 변혁의 꿈」이라는 제목을 중심으로 교사들이 해방 교육에 대해 제기하는 주제와 실천 과정에서 직면하는 문제들이 집중적으로 논의된다. 그들은 자신들의 경험을 토대로 제3세계와 제2세계를 관련시켜 전통적 억압으로부터 교실을 어떻게 해방시킬 것인가에 대해 이야기한다.

프레이리는, 제1세계는 제3세계의 희생을 바탕으로 한 풍요로운 소비 사회로서 민주주의를 표방하지만 사실상 모순·불평등·착취가 문화로 은폐되어 있으며 사람들은 거대한 조직과 대중 문화 속에 물화되며 소외되고 있다고 본다. 따라서 군부의 권위적인 통치와 제1세계에 대한 경제적, 문화적 종속성으로 인해 심화된 빈곤과 모순이 직접적으로 드러나는 제3세계와 마찬가지로 제1세계 역시 해방 교육이 필요한 곳이다. 현 교육의 현실은 특히 경험으로부터 사유를 이분화시켜 권력을 가진 자들의 이해 관계에 따라 교과 과정이 형성되는데, 학생들은 이러한 권위주의적 교육에 대해 수동적으로 움츠러들어 불평을 하지 않거나 무기력함의 분출로서 공격적인 사보타주를 한다. 이는 학생들이 불만은 있으나 비판적인 발전을 거부하도록 교육되어 자신의 자유를 위한 교육 변화를 모색할 능력을 상실했기 때문이다.

프레이리와 쇼어는 공격적인 사보타주, 즉 반란 의식을 어떻게 현실을 변혁시키는 힘으로 변화시킬 수 있는가에 대해 논의한다. 그들은 학생 자신들의 문화, 주된 관심 주체를 중심으로 대화하고 일상에 대한 비범한 재경험, 즉 '상황 교육'을 통해 제한했던 한계를 넘어서는 것이 가능하다고 본다. 결국 '해방 대화'란 지배 집단의 신화를 폭로하고 스스로의 문화를 다시 만들 자유를 긍정하면서 설명해 내는 의사 소통이라 할 수 있다. 이러한 해방 교육에 있어 학생과 교사는 기계적 교육의 전통적 권위가 아닌 자신이 권위를 부여하고 비판적 학습을 행하는 주체로 서는 것이다.

교사는 제도권 내에서 해방 교육을 행함에 따라 위협에 직면하게 되는데 이에 대해서는 비판적인 이해를 함으로써 한계와 교훈을 얻고 두려워도 행동할 수 있어야 한다고 프레이리는 주장한다. 그리고 동료 교사에 대한 성향을 파악, 제도권 내의 '이데올로기 지도'를 만들고 조직을 형성함으로써 두려움을 감소시킬 수 있다. 또한 제도권 생활의 사소하고 다양한 과제들에 참여하여 인정받음으로써 일탈할 여지를 더 많이 가질 수 있는 '일탈 신용장'을 얻어 합법적인 근거를 가질 수 있다. 그리고 언어는 각 계급의 정체성과 권력을 표출하는 중요한 것이므로 그들의 삶에 구체적으로 접근시키는 언어 연구와 관용어의 비판적인 재창조가 이루어져야 한다. 해방 교육의 교사는 자신의 과목에 대한 비판 능력을 가지고 대상이 어떻게 존재하는지를 학생들이 숙고하도록 진지한 연구를 지도한다는 점에서 학생과는 다르며 그들을 조작해서도 안되지만 방치해서도 안된다. 이러한 해방 교육이 여성 해방 운동, 환경 보존 운동 등의 제반 사회 운동과 함께 이루어질 때 사회 변혁으로서 힘을 가질 수 있다.

인간이 주체가 되는 교육을 향하여

위의 세 책은 제1세계, 제3세계에서 모든 기존의 교육이 사회적 발전과 중립성을 표방하면서 사실은 불평등한 사회 구조를 유지하는 기제로 사용되고 있음을 밝힌 비판 교육서이다. 그것은 특권층 소수가 자신들의 사적인 이익을 '국가 이익'이라는 명목 아래 전체 사회를 지배하는 자본주의 사회 속에서 교육은 이들 소수의 이익을 대변하기 때문이다.

이들 비판서는 나아가 해결책을 제시하고 있는데 『현대 교육의 위기』는 주로 기존 교육의 분석에 치중하면서 이에 대한 해결책으로 '탈학교'를 내세운다. 즉 인간이 무엇인가를 배우고 싶을 때 그것을 배울 수 있는 방법을 스스로 모색한다는 신념에 기초하여 개성과 자율을 중시하면서 학교 제도를 파기하고 학교 교육에 대한 맹신을 떨쳐 버릴 것을 주장한다. 그러나 학교 제도의 파기란 그들도 인정하듯 현실성이 부족하며 지배 집단이 교육, 선전 등을 통해 조직적으로 그들의 이익을 위한 불평등한 사회 구조를 유지하고 있음을 고려할 때 보다 구체적이고 사회적인 차원의 대처 방법이 필요하다.

이 책은 이렇게 비현실적인 해결책을 제시하고 있으며 방법론에서도 약점을 지닌다. 그리고 용어가 부적절하며 문장이 매끄럽지 못하다는 번역상의 문제가 있다. 그러나 해방후 현재까지 우리 교육 현장에 미국의 교육 이론이 무비판적으로 수용된 점을 생각할 때 이 책에서 지적한 미국 교육의 문제점과 그에 대한 비판은 우리 교육의 현실을 조명하는 데에도 도움을 줄 수 있다는 데 그 의미가 있다.

한편 『교육과 정치 의식』, 『해방을 꿈꾸는 교육』은 현실에서 출발하며 다른 사람들과 함께 현실을 넘어서는 의식화 교육을 통해 주체적 인간을 지향하는 사회적 행위로서의 인간 해방 대안으로 제시된다. 이는 의식의 개혁과 더불어 의식의 개혁을 통한 사회 구조의 변혁을 지향하는 사회적인 방식의 대처라는 점에서 현실적이고 타당하다고 생각된다.

이렇듯 방법론과 해결책에 차이를 보이지만 공통적으로 드러나는 참교육의 모습은 인간이 지식의 주체로서 자신의 삶과 관심에 관련된 지식을 탐구하고 실천함으로써 삶을, 그리고 현실을 변화시키고 창조해 가는 과정으로서의 교육임을 알 수 있다. ■

서평

제대로 숨을 크게 쉬기를 하나……
『고3 엄마』와『불량 제품들이 부르는 희망 노래』를 읽고

김효선*

　여성들이 사회 활동 욕구를 절감하는 요즘에도 40대 주부들간의 모임에선 '고3 휴가'라는 것이 있어서 모처럼 만에 무언가를 해보자는 애초의 의욕에 초를 치는 일이 있다는 얘기를 들은 적이 있다. 한둘 있는 자식이 고3이 되면 그 뒷바라지를 해야 하기 때문에 사회 활동은 물론 일체의 외출까지 삼가는 사람들이 생기기 때문에 처음에 계획했던 일이 뜻대로 되지 않는다는 이야기이다. 고3이면 자랄 만큼 자란 나이이고 시험이야 대신 볼 수도 없는 노릇이건만 외출까지 삼가는 고3 엄마의 조신은 또 웬 치맛바람이냐고 한차례 씁쓸한 웃음을 보낼 사람도 있을 것이다. 하지만 이 이야기를 매해 대학 입시날이면 고사장 앞에서 발을 동동 구르고 교회나 절을 찾아 기도하고 백팔배(百八拜)를 해대는 수험생 어머니들의 모습과 연결시켜 보면 우리나라의 대학 입시는 수험생뿐 아니라 그 어머니의 인생이 걸린 지극히 종교적인 행사임을 느끼게 된다.
　삐걱거리는 산업화의 바퀴가 일류 대학 신화에서 교육열로 이어지는 먼지 바람을 일으키며 방향 없이 달려간 지 30년 만에 우리 사회에는 '고3 엄마'라는 직함이 생겨났다. '한 가정의 승패'를 판가름하는 대사를 치르는 온갖 뒷바라지가 '고3 엄마'들의 업무 내용이다.

＊ 이화여대에서 여성학을 공부했으며, 현재『여성 신문』편집 부장으로 일하고 있다.

자식이 수험 공부를 하는 동안에 어머니라는 존재는 독한 상전을 만난 종이나 다를 바 없다. 제대로 숨을 크게 쉬기를 하나 말을 마음 놓고 할 수가 있나…….

단지 수험생의 손과 발 노릇을 하는 로봇이 되어 하루하루를 보내야만 하는 것이 수험생을 둔 주부가 하는 일의 전부이다.

수험생의 생활에 맞추어 내 생활 방식도 바꾸어야 했다. 새벽 4시쯤 일어나 식사 준비를 하고 밤에는 훈이의 공부방에 불이 꺼진 다음에야 잠자리에 들었다. 그즈음 내게 생긴 새로운 버릇은 새벽에 일어나 훈이의 방에 불이 켜져 있나를 확인하고 훈이의 방문 앞에서 몇 분간 눈을 감고 기도를 올리는 것이었다. 물론 나는 기독교 신자도 불교 신자도 아니었다. 그러나 뭔가에 의지하여 우리 훈이가 무사히 험난한 과정을 이겨 내고 입시에 통과해 주기를 기원하지 않고서는 하루 종일 불안한 마음을 이겨 낼 수 없었다. 간혹 실수로 늦잠을 자 약속한 시간에 훈이를 깨워 주지 못하면 마치 어머니의 자격을 상실한 듯 하루 종일 마음이 괴로웠다. 약간 여유가 있는 낮 시간에도 학교에서 공부하느라 고생하고 있을 훈이 생각에 마음이 편치 않았다.

자녀와 함께 생지옥을 살고 있는 '고3 엄마'들의 체험담이 이렇게 글로 풀려 나왔다. 「작은 기획」에서 발행한 『고3 엄마』이다. '어머니가 쓴 대학 입시 합격 수기'라는 부제를 달고 있는 이 책의 필자들이 실로 다양한 성공과 고난의 행적을 여유 있고 당당하게 표현해 낼 수 있음은 이 지면이 일류 대학에 합격한 승자에게만 허용되는 '영광'의 기쁨이 있는 자리이기 때문이리라.

수험생 자녀가 대학의 의미와 삶의 의미에 대한 근본적인 질문을 제기해 올 때 이 유능한 '고3 엄마'들은 (문제 의식을 가지면서도) 자녀의 잡념이 커질 것만을 걱정해 옹색한 답변밖에 할 수 없는 난처함을 경험한다.

공부로 인간을, 성적으로 인간됨을 평가하는 세상. 친구간에도 인간으로 먼저 만나는 것이 아니라 경쟁자로서 만나서 같이 잘되기를 바라는 것이 아니라 네가 못됨으로 내가 잘된다고 생각하는 세상……. 알 수 없는 세상이다. 이 속에서 난 존재하고 있다. 내 존재의 근본 이유는 무엇이며 그 근거는 어디에서 찾아야 하는가?
―「돈버는 학과 밥 굶는 학과」에서

　이렇게 근본적인 회의를 키워 가는 '철학적인' 딸아이의 일기장을 본 '고3 엄마'는 '입시 공부도 중요하지만 인간에 대한 신뢰부터 심어 주어야 한다고 생각'했지만 결론은 '우선은 입시가 코앞에 있다'는 것으로 맺고 만다. 또 "왜 우리는 우리가 원하지도 않는 이런 제도에 묶여서 로봇처럼 공부만 해야 돼요?"라는 수험생의 당연스런 문제 제기는 "네가 열심히 공부해서 왜 이런 제도가 좋지 않은지 알아보는 것도 좋지 않겠니?" 하는 '구렁이 담 넘어가는 식'의 답변으로 희석되고 '제대로 대답을 못하는 나, 엄마 아빠가 하라니까 하는 너 다 같은 엉터리'라는 농조의 대화에 머물고 만다. 제도와 삶에 대한 자기 생각을 키울 여유가 없음을 드러내는 이 대목들은 '고3 엄마'들의 가장 큰 허점이고 바로 이 허점 속에는 대학 입시라는 괴물이 주리를 틀고 들어앉아 달콤한 영양분을 섭취하면서 점점 비대해져 가고 있는 것이다.

　이런저런 '현실'적인 이유로 근본적인 변화 의욕을 포기한 채 제도의 수행자가 되고 만 학부모들의 수험 뒷바라지 사랑이 폭력적 제도의 기름진 먹이가 되어 있는 그 마지막에서 아주 신선한 목소리가 들려 오고 있다. '다우리'라는 이름의 문학패에 모인 8명의 중·고등학생들이 공동 창작으로 내놓은 글 모음집 『불량 제품들이 부르는 희망 노래』(동녘, 1989)가 바로 그것이다. 이 책의 지은이들은 스스로를 '불량 제품'이라 칭하고 있는데 그 이유는 참교육을 원하는 이들과 참교육을 거부하는 이 사회의 교육적 가치와의 마찰에 근거한다. 어린 지은이들은 지금의 교육 제도에서 자신들이 잃어 가고 있는 것이 무엇인지를 분명히 알고 참교육을 소망하는 자신들을 '불량'이라 표현함으로써 이 사회의 '불량성'을 고발하고 나선 것이다.

　　지각했다고 맞고
　　떠든다고 맞고
　　대든다고 맞고
　　성적 떨어졌다고 맞고

그래 내가 잘못했으니까
하지만 잘못했다고 다 맞을 수는 없잖아
―「매를 맞으며」

객관식 문제에선 ④번 답이 나오면
그 다음 문제엔
절대로 ①번 답이 나오지 않아
찍기 시험 요령
―「학력 고사」

분명 있는 대로 썼을 이들의 글에 나오는 교실 풍경이란 살벌하기 짝이 없다.

이물질을 걸러 낼 거름 종이처럼
우리를 무더기로 걸러 낼 시험지를
앞뒤로 뒤적이며
(……)
우리 이렇게 앉아 있어야 하는가
갈수록 좁아지는 깔대기의 출구로 자꾸만 자꾸만 밀려
우리는 어디까지 가야 하는가
―「학력 고사」

『고3 엄마』에서 은근한 자랑으로 표현되었던 수험생 어머니들의 뒷바라지도 이들을 소이는 데 단단히 한몫한다.

……일요일엔 보충 수업 없니?
방문 열고 소리 치는
어머니 목소리에 놀라
벌떡 잠 깬다
아직 어둠이 낮게 깔린 새벽 다섯 시
"모든 건 너를 위함이야

너를 사랑하기 때문이야"
함께 입시생이 된 어머니
나는 발악하듯 힘주어 연필을 잡는다
—「어머니」

학교에서건 집에서건 입시 강박 관념을 부채질하는 환경에 사는 이 학생들은 영특하게도 입시 교육이라는 제도화된 폭력의 속셈을 훤히 꿰뚫어 보고 있다.

깊게 생각할 필요가 없는 교육을 받아 오면서 내 머리도 따라 단순해지는 것 같아 불안하다. 깊게 생각하면 헛갈릴 뿐 답은 네 개 중 하나인 것. 이해하지 못해도 외우기만 하면 답을 고를 수 있는 이건 교육이 아니다.
—「답은 네 개 중 하나」 중에서

일단 '교육'이라는 이름으로 자행하는 부당한 권위와 폭력에 '이건 아니다'고 말하기 시작한 이들의 살아 있는 의식은 친일파 시인의 시가 씌어진 교과서와 위선에 가득 찬 연구 수업, 맥가이버로 대변되는 식민주의의 의미를 파헤쳐 나가 마침내 참교육을 그리는 꿈을 노래하게 된다.

······내가 어른이 되면
우리 집을 교실로 만들겠어
강요하고 암기시키는 그런 교실이 아니라
함께 배우고 함께 가르쳐 주는 교실
꿈이 있고 희망이 있는 교실
남을 밟고 올라서는 방법보다
더불어 사는 세상에
자기를 희생하는 모습을 보여 주는
그런 교실
그런 선생님이 될 테야.
—「내가 어른이 되면」

『불량 제품들이 부르는 희망 노래』는 대학 입시라는 우상 숭배로 형편없이 일그러진 우리 교육 현실 속에서도 참교육의 터전은 여전히 남아 있다는 기쁨을 안겨 주는 귀중한 소득이다. 못난 어른들이 만들어 놓은 '불량 사회'에 깊은 참회와 변신에의 용단을 요구하는 '진짜들'의 '희망 노래'인 것이다. ■

누르는 교육 자라는 아이들
[또 하나의 문화] 제5호

- 초판 발행일
  1995년 7월 10일
- 4쇄 발행일
  1999년 4월 20일
- 편집인
  또 하나의 문화 동인들
- 발행인
  유승희
- 발행처
  도서출판 또 하나의 문화
- 주소
  서울 서대문구 창천동 53-57 우일빌딩 4층 (120-180)
- 전화
  (02) 324-7486
- 팩스
  (02) 323-2934
- 홈페이지
  http://tomoon.com
- 출판등록번호
  1987년 12월 29일 제9-129호
- ISBN
  89-85635-15-8 03330

※ 책값은 뒷표지에 실려 있습니다.
※ 잘못된 책은 바꾸어 드립니다.
※ 1988년 청하에서 첫 발행된 책을
   또 하나의 문화 10주년 기념으로 다시 펴낸 것입니다.